金融风险管理

Financial Risk Management

鞠荣华　编著

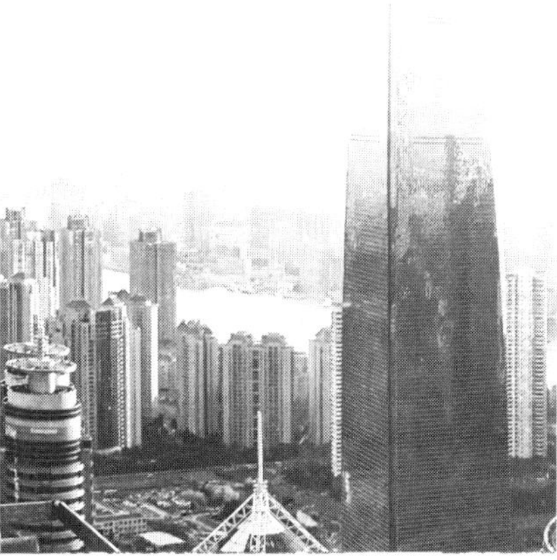

中国财经出版传媒集团
经济科学出版社
Economic Science Press

前　言

诺贝尔经济学奖获得者罗伯特·默顿认为，现代金融理论的三大支柱是资金的时间价值、资产定价和风险管理。风险管理作为近年快速发展的一个新领域，亟须理论、技术和方法的创新、应用和整合。欧美的金融机构作为金融风险管理实践的先行者，已经积累了相对完整的学科知识；随着我国金融市场的进一步发展和金融机构管理的进一步规范，对已有知识进行整合、转化和创新，建设中国特色的完整的金融风险管理理论体系，编写与时俱进的金融风险管理教材，培养有理论知识准备的金融风险管理人才，越来越成为当前金融学专业教育的迫切任务。在此背景下，笔者编写了这本《金融风险管理》教材。

本教材有以下几个特点：

1. 理论知识框架完整

全书主要由市场风险管理、信用风险管理、操作风险管理和流动性风险管理四部分构成。每一部分的内部结构安排遵循该部分的知识脉络展开，逻辑清晰，结构合理。

2. 合理处理与其他金融工程学科课程的边界

《金融风险管理》与《金融工程学》《衍生金融工具》《投资学》等课程都有交叉融合的内容，本教材在处理各门课程内容的边界方面，聚焦《金融风险管理》的核心内容，并适当兼顾了国内相关教材未能涉及的与《金融风险管理》有关的基础内容。

3. 主要使用量化分析手段

基于计算机工具的量化分析是金融工程学科最为鲜明的特征。金融风险管理作为金融工程学科的一部分，其理论基础和实践应用都建立在量化分析的基础之上。本教材涉及的量化分析工具由简入难，较为复杂的分析工具可以作为学生之后深入探究的方向。

4. 理论与实践有机结合

本教材既系统介绍了金融风险管理领域的理论知识，也融入了业界金融风险管理的实践方法。金融风险管理的知识创建源于实践，与实践问题紧密结合，业界的实践探索不断推动着该课程内容的发展。为了缓解单纯讲授风险管理理论知识过于抽象的难题，本教材把业界前沿公司的风险管理方法和工具吸收了进来，如 RiskMetrics 模型、CreditMetrics 模型、KMV 模型等，提升了教材所讲授理论方法的可操作性，便于安排实践和实验教学环节。

5. 例题和场景面向中国金融市场

与以往的同类教材以欧美市场数据为基础安排例题不同，本教材的例题和场景兼顾了中国的金融市场，从而拉近了这些理论知识与中国学生之间的距离，有利于加深学生对中国金融市场风险管理理论和实践的理解。

本教材是在编者给中国农业大学金融系本科生讲授《金融风险管理》课程的讲义的基础上编写而成。在编写过程中，研究生高含、洪彦菊、谭明良在收集、翻译国内外资料方面，做了大量工作。

本教材编写过程中参考了国内外同行和业界的研究成果，在此表示衷心的感谢。

由于编者水平和时间有限，若有错误和疏漏之处，敬请读者批评指正。

鞠荣华

2019 年 10 月

目　录 Contents

第三篇 其他风险管理

第1章　金融风险管理概述

1.1　金融风险概述

1.1.1　风险

风险是指未来发生不利后果的可能性。从广义上讲，只要某一事件的后果存在两种或两种以上的可能性，就认为该事件存在风险。而在与风险关系最为密切的保险领域中，风险仅指损失的不确定性。

由于对风险的理解和认识程度不同，或对风险研究的角度不同，学术界对风险概念有不同的解释，可归纳为以下几种观点。

1. 风险是事件未来结果的不确定性

威廉姆斯（Williams，1985）认为，风险是在给定的条件和特定的时期中未来结果的变动；马奇和夏皮洛（March & Shapira，1987）认为，风险是事物可能结果的不确定性，可由收益分布的方差测度；马科维茨（Markowitz，1952）和夏普（Sharp，1964）等将证券投资的风险定义为该证券资产的各种可能收益率的变动程度，并用收益率的方差来度量证券投资的风险，通过量化风险的概念改变了投资大众对风险的认识。

2. 风险是损失发生的不确定性

罗森博（Rosenb，1972）和克莱恩（Crane，1984）等认为风险意味着未来损失的不确定性；卢埃里（Ruefli，1981）等将风险定义为不利事件或事件集发生的概率。这种观点又分为主观学说和客观学说两种派别，主观学说认为不确定性是个人对客观事物的主观估计，不能用客观的尺度予以衡量，不确定性的范围包括发生与否的不确定性、发生时间的不确定性、发生状况的不确定性以及发生结果严重程度的不确定性。客观学说则是以风险客观存在为前提，以风险事故观察为基础，以数学和统计学观点加以定义，认为风险可用客观的尺度来度量，如奈特（1921）认为风险是可测量的不确定性。

3. 风险是指可能发生的损失程度的大小

这种观点认为风险是预期收益的不利偏差。例如，马科维茨（1959）提出了下偏风险的概念，即实现的收益率低于期望收益率的风险，并用下偏标准差的概念度量下偏风险。

4. 风险是指损失的大小和发生的可能性

风险是指在一定条件下和一定时期内，由于各种结果发生的不确定性而导致行为主体遭受损失的大小以及这种损失发生可能性的大小。朱淑珍（2002）认为风险是一个二分概念，风险以损失发生的大小与损失发生的概率两个指标进行衡量。王明涛（2003）认为风险是指在决策过程中，由于各种不确定性因素的作用，决策方案在一定时间内出现不利结果的可能性以及可能损失的程度。它包括损失的概率、可能损失的数量以及损失的易变性三方面内容，其中可能损失的程度处于最重要的位置。

5. 利用一定置信水平上的损失定义风险

如1993年发表的30国集团的《衍生证券的实践与原则》报告中，对已知的头寸或组合的市场风险定义为：在给定时间间隔和一定置信水平上的最大可能损失，并将这种方法命名为风险值或在险值（value at risk，VaR）法，此后这一方法也被推广应用于对信用风险和其他风险的度量。

6. 利用不确定性的随机性特征定义风险

为了衡量某一风险单位的相对风险程度，胡宜达和沈厚才（2004）提出了风险度的概念，即在特定的客观条件和时间下，实际损失与预测损失之间的均方误差与预测损失的数学期望之比。它表示风险损失的相对变异程度，是一个无量纲量。

1.1.2 金融风险的含义

金融风险是指在金融活动中，经济主体由于各种风险因素的发生引起事先无法预料的变化，导致其遭受损失的不确定性或可能性。具体而言，金融风险是指金融变量的变动引起的资产组合未来收益的不确定性；或由于金融变量的变动所引起的资产组合未来收益偏离其期望值的幅度和可能性。金融风险与金融活动相伴而生，哪里有金融活动，哪里就有金融风险。

本书所指的金融风险主要是指金融机构风险。金融机构在具体的金融交易活动中出现的风险，有可能对该金融机构的生存构成威胁。某一家金融机构发生危机，有可能对整个金融体系的稳健运行构成威胁。一旦发生系统风险，金融体系运转失灵，必然会导致金融危机，引起全社会经济秩序的混乱，甚至引发严重的政治危机。因此，金融风险分析和管理活动是各类风险管理活动的核心内容。

金融风险源于风险敞口以及影响资产组合未来收益的金融变量变动的不确定性。风险敞口是指未来收益有可能受金融变量变动影响的那部分资产组合的资金头寸。金融变量是指金融市场上不断变化的风险因子，如利率、汇率、商品价格、股票价格等。

1.1.3 金融风险的特征

金融风险具有客观性、隐蔽性、累积和叠加性、可控性等特征。

1. 金融风险的客观性

金融风险是一种不以人的意志为转移，独立于人的意识之外的客观存在。尽管通过金融风险管理技术可以降低风险发生的可能性和损害后果，但不可能完全杜绝金融风险的发生。人们只能设法去认识它、度量它。

2. 金融风险的隐蔽性

由于金融机构有信用创造能力，可在较长时间里通过不断创造新的信用来掩盖已经发生的损失和问题，从而使金融风险在引发金融危机或存款支付危机之前具有一定的隐蔽性。

3. 金融风险的累积和叠加性

风险因子通常会交织在一起，通过相互作用放大风险。然而，由于金融风险具有隐蔽性，风险隐患不容易被外部投资者和监管部门发现。金融风险在没有得到妥善内部解决和外部监督的情况下，会逐渐累积叠加，在一定条件下可能会突然爆发。金融风险在刚爆发时可能仅影响个别金融机构、地区和国家，但如果缺乏有效的控制、预防和隔离措施，就会迅速向周边地区和国家蔓延。

4. 金融风险的可控性

经济主体通过认识和把握金融风险的规律性，采取积极的风险管理措施，可以把金融风险发生的可能性和损失程度降至最低。随着金融风险度量和管理理论的发展、金融市场的完善和智能性管理系统的使用，金融风险可以得到有效的预测和度量。

1.1.4 金融风险的类型

按照金融风险的驱动因素，可将金融风险分为信用风险、市场风险、操作风险、流动性风险等类型。

1. 信用风险

信用风险是指债务人或者交易对手未能履行合同所规定的义务，或信用质量发生变化，影响金融产品价值，从而给债权人或金融产品持有人造成经济损失的风险。信用风险是商业银行业务经营中面临的最主要的风险。对于商业银行来说，贷款是最大、最明显的信用风险来源。但事实上信用风险的存在非常广泛，既存在于传统的贷款、债券、投资等表内业务中，也存在于信用担保、贷款承诺等表外业务中，还存在于衍生产品交易中，商业银行正面临着越来越多的除贷款之外的其他金融工具所包含的信用风险。信用风险对基础金融产品和衍生产品有不同的影响。对基础金融产品而言，信用风险造成的损失最多是其债务的全部账面价值；而对衍生产品而言，对手违约造成的损失一般小于衍生产品的名义价值，但由于衍生产品的名义价值通常很大，因此潜在的风险不容忽视。信用风险被认为是最为复杂的风险种类，通常包括违约风险、结算风险等主要形式。信用风险很大程度上由个案因素所决定，观察数据少且不宜获取，因此具有明显的非系统性风险特征。

2. 市场风险

市场风险是指由于金融市场价格因素（如利率、汇率、股票价格和商品价格等）出现不利变动而使金融资产持有人发生损失的风险，通常包含流动性风险。根据国际清算银行的定义，市场风险是指资产负债表内和表外的资产价值由于受到股票价格、利率、汇率、商品价格的变动而发生反向变化的风险。根据巴塞尔银行监管委员会（以下简称“巴塞尔委员会”）的定义，市场风险是市场价格波动引起的资产负债表内和表外头寸出现亏损的风险。根据导致市场风险的价格因素，市场风险可以分为利率风险、汇率风险、股票价格风险和商品价格风险。利率风险和汇率风险是整个金融市场中最重要、最普遍的风险。

相对于信用风险而言，市场风险具有数据量大和易于计量的特点，可以通过多种技术手段加以控制。同时，市场风险发生时，往往涉及地区性和系统性的金融动荡或严重损失，因此具有明显的系统性风险特征，难以通过资产多样化来分散和回避，国际性商业银行通常分散投资于多国金融市场，以减轻所承担的系统风险。

3. 操作风险

操作风险是指因失败或不充分的内部控制、制度、人员或外部事件导致损失的风险。根据巴塞尔委员会的定义，操作风险是指由于不完善或有问题的内部操作、人员、系统或外部事件而导致直接或间接损失的风险。因此，按照驱动因素，可以分为由流程、人员、系统和外部事件所引发的四类操作风险。比如银行业务流程和内部管理出了差错，必须做出补偿或赔偿；法律文书有漏洞，被人钻了空子；内部人员监守自盗；外部人员欺诈得逞；电子系统硬件或软件发生故障，网络遭到黑客侵袭等，都属于商业银行的操作风险。银行业务对以计算机为代表的 IT 技术的高度依赖和金融业务的全球化趋势，使得一些操作上的失误可能带来很大的，甚至极其严重的后果。国际上不少金融机构的操作风险所导致的损失甚至大于通常广受关注的市场风险和信用风险。因此，国际金融界和监管组织致力于操作风险管理技术方法框架的探索与构建，目前已取得明显进展。

与市场风险主要存在于交易类业务和信用风险主要存在于授信业务不同，操作风险普遍存在于商业银行业务和管理的各个环节。操作风险不能为商业银行带来盈利，商业银行之所以承担它，是因为其不可避免。对它的管理策略是在管理成本一定的情况下，尽可能降低其数值。此外，操作风险还可能引发市场风险和信用风险，例如交易过程中结算系统发生故障，导致结算失败，不但使交易成本上升，而且可能引发信用风险。因此，在管理操作风险的同时，应该重视各类风险之间的内在联系。

4. 流动性风险

流动性风险是指由于金融资产缺乏流动性或不规则变动，使得金融机构无力为负债的减少或资产的增加提供融资服务，从而给自身造成重大损失，甚至破产的风险。流动性风险往往很难被量化。流动性风险可分为资产流动性风险和融资流动性风险。资产流动性风险是指资产头寸在市场深度不足或市场崩溃时，无法在不显著影响市场价格的情况下快速变现的风险。融资流动性风险是指金融机构不遭受意外损失便无法筹资来偿还债务的风险。

流动性风险与信用风险、市场风险和操作风险相比，形成的原因更加复杂和广泛。通常被视为一种综合性风险。流动性风险的产生，除了因为商业银行的流动性计划可能不完善之外，信用、市场、操作等风险领域的管理缺陷同样会导致商业银行的流动性不足，甚至引发风险扩散，造成整个金融系统出现流动性困难。因此，流动性风险管理除了应做好流动性安排之外，还应当有效管理其他各类主要风险，从这一角度来看，流动性风险水平体现了商业银行的整体经营状况。

通常市场风险、信用风险、流动风险和操作风险会相互影响，因此，以上关于风险类型的划分并不严谨。

1.1.5 近年来主要的金融风险事件

表1.1梳理了近30多年来世界各国发生的重要金融风险事件，这些金融风险事件给投资者和相关国家的经济发展带来了重大影响。

表1.1　　近年来的主要风险事件

时间	事件名称	事件内容	风险类型
1987年10月	美国股灾	1987年10月19日，星期一，华尔街爆发了历史上最大的崩盘事件，这次股市暴跌震惊全世界，并在全球股市产生了多米诺效应，这一天被称为“黑色星期一”	市场风险
1994年1月	MGRM公司期货避险亏损	1993年末，石油现货价格大幅下跌，使MGRM公司的期货多头头寸产生大量亏损，MGRM公司不得不追加大笔保证金，最终被迫平仓	市场风险
1994年12月	墨西哥金融危机	1994年12月19日，墨西哥政府宣布本国比索贬值15%，这一决定引起市场恐慌，投资者疯狂抛售比索，资本外流，股市暴跌	市场风险
1995年2月	中国“327国债事件”	327国债对应1992年发行、1995年6月到期兑付的3年期国库券，由于存在保值补贴等不确定因素，为国债期货炒作提供了空间。1995年2月23日，多空双方的巨量违规交易，导致国债期货试点失败	市场风险 操作风险
1995年3月	英国巴林银行破产	1995年1月，交易员尼克·里森错误判断了日本股市的走向，买进大量期货合同，并将全部损失隐藏在“88888”账户上，最终导致巴林银行破产	操作风险 市场风险
1995年9月	日本大和银行债券投资舞弊	1995年9月，日本大和银行纽约分行员工井口俊英账外买卖美国联邦债券，造成11亿美元的巨额亏损曝光。为掩盖亏损，井口在之前11年内伪造了3万多笔交易记录	操作风险
1997~1998年	东南亚金融危机	1997年，泰国宣布放弃固定汇率制，当天，泰铢兑美元大幅下跌，并波及菲律宾、印度尼西亚等东南亚国家，最终演变为亚洲金融危机	市场风险
1998年9月	美国长期资本管理公司（LTCM）危机	俄罗斯金融危机引发全球金融动荡，其做空的德国债券价格上涨，做多的意大利债券价格下跌，高杠杆比率放大了损失，最终导致其被接管	信用风险 市场风险
2002年2月	爱尔兰联合银行（AIB）巨额诈骗案	爱弗斯特（ALLFIRST）银行总部外汇交易员在2001年整个年度内，伪造大量的外汇交易单据，制造虚假记录，涉案金额累计5亿英镑	操作风险
2004年11月	中国航油（新加坡）股份有限公司破产	在2004年第一季度，公司错误估计油价形势，出现大额亏损，由于监管不力及风险意识淡薄，反而加大投机额度，总计亏损5.5亿美元，被迫申请破产保护	市场风险 操作风险
2007年8月	美国次贷危机	2007年爆发的次贷危机席卷美国金融界，多家投资银行、基金倒闭或被收购，继而形成全球范围的金融危机	信用风险 市场风险

续表

时间	事件名称	事件内容	风险类型
2008年1月	法国兴业银行交易丑闻	热罗姆·凯维埃尔预计欧洲股市将上涨，并投入超过个人授权许可的巨资进行交易。后由于全球主要股市大幅下跌而导致巨额损失。此后，他通过修改银行电脑系统数据进行掩盖，最终兴业银行损失49亿美元	操作风险 市场风险
2008年3月和9月	华尔街五大投资银行沦陷	由于美国次贷危机影响，美国第五大投资银行贝尔斯登被摩根大通收购，美林证券被美国银行收购，雷曼兄弟申请破产	信用风险 市场风险 流动性风险
2008年9月	美国“两房”及AIG国有化事件	美国房屋抵押贷款公司房利美和房地美合计持有或担保约半数美国房屋按揭贷款，由于房地产市场崩溃，两房被迫由政府历史性接管	市场风险 信用风险
2008年9月	美国华盛顿互惠银行倒闭案	由于互惠银行流动性缺乏、监管力度不足，加之2007年次贷危机与2008年全球金融危机，互惠银行最终倒闭，被摩根大通收购	流动性风险 市场风险
2008年10月	中国中信泰富巨亏	为降低公司在澳大利亚铁矿石项目上的货币风险，中信泰富购买了杠杆式外汇期权合约，却因澳元大幅贬值损失数十亿美元	市场风险
2008年11月	花旗银行裁员“卖身”	股价一度从高峰下跌9成。花旗银行宣布全球裁员7.5万人及出售资产套现，并需接受联邦政府注资200亿美元。政府同时要为花旗银行逾3 000亿美元资产作担保，避免花旗银行倒闭	信用风险 市场风险
2009年11月	迪拜债务危机	由迪拜政府持有的迪拜世界公司及旗下的房地产集团，宣布推迟偿付数十亿美元债务而引发迪拜债务危机	信用风险
2009年12月	希腊债务危机	2009年10月初，鉴于希腊政府财政状况显著恶化，全球三大信用评级机构惠誉、标准普尔和穆迪相继调低希腊主权信用评级，希腊债务危机正式拉开序幕	信用风险
2013年8月	中国光大银行“乌龙”事件	由于订单生成系统存在的缺陷，导致瞬间重复生成26 082笔预期外的市价委托订单；由于订单执行系统存在的缺陷，上述预期外的巨量市价委托订单被直接发送至交易所，当日损失1.64亿元	操作风险
2016年9月	广西有色金属集团破产导致多家银行不良贷款	广西有色金属集团宣告破产，所有者权益－50.05亿元，资产负债率高达216.77%，国家开发银行、五矿信托、申万宏源、浦发银行等诸多金融机构卷入其中	信用风险
2018年1月	浦发银行成都分行违规发放贷款	浦发银行成都分行为掩盖不良贷款，违规办理信贷、同业、理财、信用证和保理等业务，向1 493个空壳企业授信775亿元，被原四川银监局罚没4.62亿元	操作风险 信用风险
2019年5月	包商银行被接管	中国银监会发布公告，对包商银行实行接管，接管期限1年	信用风险 流动性风险

1.2 金融风险管理概述

1.2.1 金融风险管理的含义

金融风险管理是指经济活动主体在筹集和运用资金的过程中对金融风险进行识别、度量和分析，并采取一系列方法、政策和措施来控制金融风险，用最低成本实现最大安全保障的科学管理方法。合理的金融风险管理策略，可以消除和减轻风险的不利影响，改善微观经济主体的绩效，并有利于整个宏观经济的稳定发展。

根据管理主体的不同，金融风险管理可以分为内部管理和外部监管，金融风险内部管理是指作为风险直接承担者的经济个体，对自身面临的各种风险进行自我管理。内部管理的主体是金融企业、非金融企业和个人等金融活动的参与者，尤以金融机构的内部风险管理最有代表意义。外部监管是指为避免系统性风险，由行业组织或政府部门进行的监管，外部监管具有强制性。

1.2.2 金融风险管理的价值

1.2.2.1 风险管理无用论

早期的公司金融理论认为，金融风险管理是没有必要的。默顿·米勒（Merton Miller）以及莫迪利安尼（Modigliani，1958）指出，在一个完美的市场中，对冲或套期保值等金融操作手段并不能影响公司的价值。因此，公司的管理者没有必要进行风险管理。这里的完美市场是指不存在税收和破产成本，以及市场参与者都具有完全的信息。类似的理论也认为，即使在短期内经济会出现小幅度的波动，但从长期来讲，经济运行会沿着一个均衡的状态移动，所以那些为了防范短期经济波动损失而开展的风险管理只会是对资源的浪费。这种观点认为，从长期来讲，没有风险可言，因此短期的风险管理只会抵消公司的利润，从而削减公司价值。

早期主流金融学中占统治地位的理论基石是“有效市场假说”。该理论认为投资者都是完全理性的，他们追求在一定风险水平下的最大收益；金融资产的价格已经反映了所有公开的信息，价格的变化互不相关，且收益率服从正态分布。因此，金融风险管理是没有必要的。

1.2.2.2　风险管理有用论

然而，现实经济生活中，无论是金融市场的监管者还是金融市场的参与者，对风险管理理论和方法的需求空前高涨。因为现实的经济和金融市场并不完美。

现实经济和金融市场的不完美主要体现在以下三个方面：首先，现实市场中存在着各种各样的税收和破产成本。其次，现实市场中存在交易成本。最后，在现实市场中，金融参与者也不可能获得完全信息。从而，对金融风险进行管理是有必要的。

风险管理通过降低财务困境成本、减少税负、降低委托代理成本，可以增加一个公司的价值。

1. 有利于避免公司陷入财务困境成本

财务困境成本是指一家公司能否继续经营下去的不确定性所导致的新增经营成本，在极端情况下表现为资产重组和债务重组成本。这时企业将面临高额的法律费用、审计费用和清算费用，企业客户流失，销售业绩下降，未来的净现金流将大幅减少，从而降低公司价值。通过风险管理，公司可以降低预期现金流的波动，从而减少发生财务困境的可能性，降低破产的概率，进而降低因此需要承担的财务困境成本，提升公司价值。

2. 有利于降低平均税负，提高公司价值

累进税率制度与亏损结转和税收减免，使得公司的有效税收函数是凸性的，也就是说，如果平均有效的税收随着公司税前收益的增长而增长，风险管理将会减少公司的税收负债。

图1.1说明风险管理如何能够减少税收负债。如图1.1下半部分所示，这个公司的收益有波动；上半部分显示了公司的税收。当公司收益低的时候，它的税收负债将会是标记为$T_{低位}$的点；当公司的收益高的时候，它的税收负债是$T_{高位}$。假设它的收益是波动的，公司的税收负债是连续连接$T_{低位}$和$T_{高位}$的直线上的一个点。这个公司可以通过风险管理来减少它的收益波动性，使公司的收益处在平均水平。同比税收负债将会在一个凸性的有效的税收函数上，而不是在函数的连接弦上。因此，公司如果有一个凸性的有效税收函数，并且其税收收益里存在价格诱发的波动性，风险管理将会减少它的税收负债。

3. 降低委托代理成本，增加公司价值

按照资本属性，将公司融资方式分为股权融资和债权融资。因为股东的收益与公

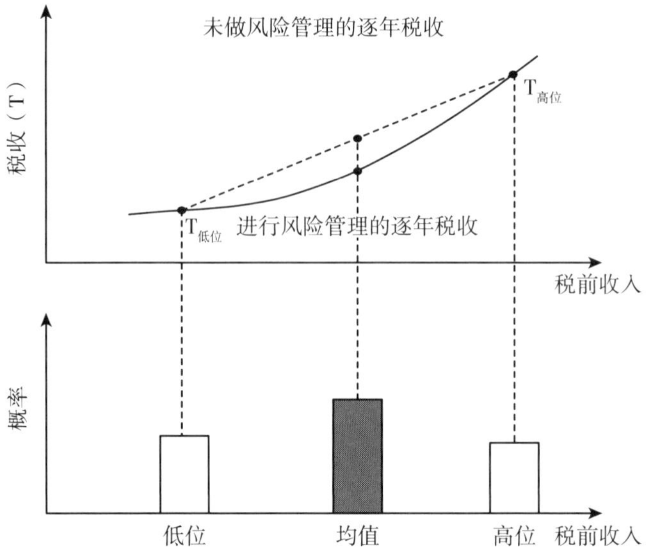

图 1.1　对冲减税和增加净现金流

资料来源：查尔斯·W. 史密森著，应惟伟等译：《管理金融风险：衍生产品、金融工程和价值最大化管理》（第 3 版），中国人民大学出版社 2003 年版。

司的经营挂钩，公司的经营存在风险，从而给股东带来风险。股东在投资过程中要求的收益率高于债权人要求的报酬率，再加上债务的税盾效应，从而使公司在进行融资决策时优先考虑债权融资。但在实际投资中，由于信息不对称，股东会选择那些风险较高的项目，若投资成功，他们会分享投资的大部分收益；若投资失败，可以将大部分风险转嫁给债权人，从而出现了“最大限度分享收益及转嫁风险”的利益冲突。因此，通过实施风险管理，控制好项目投资的风险，一定程度上可以降低冲突的代理成本，增加公司的价值。

4. 有利于识别优秀的经理人

投资者雇用经理人来提供管理服务，但优秀的和不合格的经理人难以被有效区分。如果没有对冲，公司收入的波动就会被归因于外部力量，这使得经理人的管理业绩很难被识别。公司实施对冲等风险管理措施以后，外部力量的借口就失去了空间，不合格的经理人可以很容易地被识别出来，从而增加了公司的价值。

5. 有利于吸引有专业知识的大股东

大股东具有决定公司业务的权利，这种权力加上经营管理权会更加有效地增加公司价值。在通常情况下，这些投资者将大量财富投资于公司。因为他们的投资不是分散化的，他们可能更加乐意投资于风险较低的公司。因此，风险管理有助于降低公司的风险，吸引那些有专业知识的投资者，从而增加公司的价值。

1.2.3　金融风险管理的发展历史

1.2.3.1　定性管理阶段——20世纪40年代末以前

在20世纪40年代末之前，资本主义国家发生过几次经济危机，但经济危机主要源于实体经济的变化。当时的金融市场尚不发达，金融市场对金融机构和公司的影响较小。再加上当时的固定汇率制度，各国经济的相互影响程度较轻。这一时期的金融风险管理尚缺乏相关金融理论的指导。

1.2.3.2　定量管理阶段——20世纪50年代初至80年代末

1952年，马科维茨发表《证券组合选择》，提出组合收益的均值方差理论；20世纪60年代尤金·法玛提出了"有效市场假说"，威廉·夏普和约翰·林特纳等人创立了"资本资产定价模型"，斯蒂芬·罗斯创立了"套利定价模型"以及70年代布莱克－斯科尔斯提出了期权定价模型等，使金融学作为独立学科的地位得以确立，为金融风险管理理论和工具的发展奠定了坚实的基础。

实践中，世界经济环境发生了以下三个方面的变化：首先，各资本主义国家的金融市场不断发展，规模越来越大。其次，第二次世界大战以后，世界经济一体化的浪潮席卷全球。世界各国的经济开放程度逐渐提高，任何国家的经济发展、经济政策的制定都受到外部经济环境的制约。最后，20世纪70年代初，布雷顿森林体系的崩溃，宣告了世界范围内固定汇率制度的衰落。金融市场大幅波动频繁发生，金融风险进入定量管理阶段。

1.2.3.3　工程化管理阶段——20世纪90年代初至今

震惊世界的大规模金融危机的频繁发生，给世界经济和金融市场的健康发展造成了巨大的破坏，使人们进一步意识到了提高金融风险管理水平的必要性和紧迫性。

计算机硬件技术和软件开发能力的迅猛发展，使人们有能力运用数学模型、仿真模拟等手段来解决各种金融风险管理问题，从而直接导致了20世纪80年代末90年代初一门新兴学科——"金融工程学"的产生和发展，金融风险管理进入了工程化阶段。

1.2.4　金融风险管理的过程

金融风险管理过程包括明确风险管理目标、金融风险识别、金融风险度量、金融风险管理方案的选择与实施，以及金融风险管理方案评估。

1.2.4.1 明确风险管理目标

尽管《巴塞尔协议》和监管部门已经制定了明确的目标要求，但每家金融机构都有自己具体的经营目标、财务目标、战略目标等。因此，金融机构应结合这些特定的目标对自己的风险管理目标进行有效分解和对接。

1.2.4.2 金融风险识别

金融风险识别是指金融主体对其所面临的潜在或已经发生的金融风险进行认识、鉴别和分析。金融风险识别主要包括两个方面：一是分析经济主体的风险暴露；二是分析金融风险的成因和特征。

首先，要识别风险暴露。风险暴露就是认识到哪些项目存在金融风险，是何种金融风险，受影响的程度有多大。对于银行业金融机构，不仅要针对具体的资产负债项目进行分析，还要对经济主体的资产负债搭配进行整体上的考察；不仅要考察表内业务的风险暴露，还要关注表外业务的风险暴露。通过对风险暴露的判断与分析，就可以确定金融风险管理的重点。

其次，要进一步分析金融风险的成因和特征。不同的金融风险具有不同的性质，有的可以通过分散化而降低或消除，而有的风险无法消除。基于对风险性质的分析，制定合理的风险管理策略。

风险识别的主要方法包括以下几点：

（1）风险清单列举法。指采用类似备忘录的形式，将各种可能面临的风险逐一列出，根据不同的标准进行分类，按照业务流程对这些风险进行分析。

（2）财务分析法。指对资产负债表、损益表等财务资料进行分析，从而发现潜在的风险。

（3）情景分析法。指通过有关数据曲线、图表以及数学模型等工具，模拟公司或者单一业务未来发展的可能状态，目的在于识别潜在的风险因子、预测风险范围和结果，并选择最佳的风险管理方案。

（4）分解分析法。将复杂的风险分解成多个相对简单的风险因子，从中找出可能造成严重风险损失的因素。

（5）失误树分析法。指通过图解法来识别和分析风险损失发生前存在的各种不恰当行为，由此判断和总结哪些因素最可能导致风险损失。

1.2.4.3 金融风险度量

金融风险度量是衡量金融风险导致损失的可能性和程度，它是金融风险管理的核心部分。准确地进行风险度量是保证金融风险管理过程有效性的基础。一般来讲，金融机构的风险评估，包括各业务部门内部风险初步评估以及风险管理部门的独立风险评估。风险管理部门制定风险评估操作流程，确定各类风险的主要评估方法和风险等级评估标准。风险管理部门负责对各项业务的风险状况进行定期风险敞口分析，并出具独立风险评估意见。金融风险度量的方法有很多，是本书重点要介绍的内容。

风险管理工作需要占用管理资源且耗费成本，但将银行所有的风险都消灭之后，业务也就无法正常运行了。因为金融业尤其是银行业本身就是经营风险的行业，风险与业务是共生的。所以，银行需要从风险发生可能性和风险影响程度两个维度进行打分，并参考改进难度和改进迫切程度，综合评估出银行面对的、对目标实现具有重大影响的风险。

1.2.4.4 金融风险管理方案的选择与实施

风险管理方案是金融风险管理策略和金融风险管理工具的统称。在董事会设定的银行整体风险偏好基础上，对于评估出的重大风险制定应对策略。金融风险管理方案的设计是金融风险管理中最关键的环节，是金融风险管理成效的决定性步骤。要求管理人员不仅要对金融风险及其内部环境有清醒的认识和把握，而且还要有较强的洞察能力和决策能力。对于不同的金融风险，可以采取不同的管理策略，如对于利率风险，既可以通过订立有关协议来加以预防或转嫁，又可以通过资产负债比例管理来加以规避，还可以通过套期保值来对冲，甚至可以用资产负债的多样化加以分散等。因此，在金融风险管理的决策中，管理者要根据风险的特征和大小制定适当的策略。金融风险管理策略选定后，还必须制定具体的行动方案加以实施。金融风险管理方案的实施直接影响了金融风险管理的效果，也决定了金融风险管理过程中内生风险的大小，因此，它要求各部门互相配合支持，以保证方案的顺利实施。

1.2.4.5 重大金融风险持续监测

对重大风险应建立风险预警指标体系，根据德尔塔—正态法、历史数据拟合法、蒙特卡洛法等手段，拟合数据分布，了解其内在特点，并为其设置风险预警区间。风险预警区间一般分为红、黄、绿区间，当重大风险预警指标落入黄区后，应启动相应的应对措施，防止其落入红区，并争取使其回到绿区。当前，中国的金融机构都需要定期向监管机构提交非现场监管报表。各监管指引中对监管指标的硬性要求，应被视为禁止踩踏的“红线”。对于某些风险厌恶程度较高的金融机构而言，需要在监管机构要求之上的一定比例设置为红区。在红线确立后，可根据历史数据或同业平均水平以及实际需要来选取黄区及绿区所分别对应的数值。

1.2.4.6 金融风险管理方案评估

金融风险管理的评估是对金融风险管理过程中，风险管理人员的工作业绩和工作效果进行评价与总结。金融风险管理方案评估对于风险的度量、风险管理工具、风险管理决策和风险管理人员的操作等进行系统和全面的评价和总结。金融风险管理方案评估通常有两种方法。一是比较总的资产组合的风险价值与实际损益；二是比较理论和实际的损益，检验每一个用于估计和控制投资风险的模型是否覆盖所有风险要素。通过对风险管理方案的评估，积累风险管理方案的经验，为以后的金融风险管理提供借鉴。

1.2.5 金融风险管理的策略

随着金融市场的发展，人们逐渐意识到金融风险管理的重要性。经济主体可以根据不同类型的金融风险，有针对性地采取多种金融风险管理策略。

1.2.5.1 风险预防策略

预防策略是金融主体通过内部研究部门或外部咨询机构对经营活动中可能出现的风险进行监测和预警，并采取相应的预防措施。预防策略非常有用，能够在风险事件发生之前，将风险“扼杀”于摇篮之中，完全消除某些特定风险可能造成的种种损失。但其有用性建立在预测准确的基础上。而对未来预测的准确性属于稀缺资源，与经济主体自身的从业经验有关。

1.2.5.2 风险分散策略

风险分散策略是指投资者在资金、时间和投资方向上实现多元化，即“不要将鸡蛋放在一个篮子里”。金融风险是多种多样的，投资者必须慎重考虑自己承担风险的能力，并在适当的风险水平上选择投资对象，不要将目标集中在某一资产上，以分散投资的策略来降低风险。

1.2.5.3 风险转移策略

风险转移策略是指经济主体通过各种合法手段将其承受的风险转移给其他经济主体。风险转移策略是通过支付保险费来避免损失，实质是用确定的损失来替代可能遭受的更大损失。对于损失概率较小，而损失金额较大的风险通常较为广泛地运用保险的方法。然而，这种策略往往具有局限性，并不是所有的金融主体都可以运用这种策略，也并不是所有的风险都能进行规避，可以转移的风险必须是可保风险。所谓可保风险，是指大多数经济主体都可能遇到的一类特定风险，而这些经济主体彼此之间风险发生的可能性几乎是不相关的；并且这种风险在一定时期内发生的概率，在很大程度上是确定的。例如，自然灾害、健康等风险是可保风险，可以通过保险、外包等手段进行转移。风险转移策略下的风险应对备选方案包括资产证券化、保险、业务外包、套期交易和互换交易等。

1.2.5.4 风险对冲策略

风险对冲策略是运用金融衍生品将风险减到最小的策略。在金融迅猛发展的今天，远期、期货、期权、互换等衍生产品为各金融主体提供了一个对冲风险的渠道。通过灵活运用这些金融工具，可以最大限度地对冲风险。

1.2.5.5 风险承担策略

风险承担策略也称为风险自留策略，是指企业理性地主动承担风险，以其内部的资源，如风险准备金、自有资本来弥补损失。适合采用风险承担策略的风险事件包括以下几类：发生概率极小的不可保风险；发生频率高，单体损失程度小，且风险事件近似相互独立；与监管合规要求有冲突，做法只有合规和不合规两种，违规业务带来的收益显著大于违规受罚的成本。风险承担策略下的风险应对备选方案包括：建立风险准备金、足额的资本计提、财务上预先摊薄预期损失、建立专业自保公司、金融同业授信支持等。

1.2.5.6 风险缓释策略

风险缓释策略是指通过风险控制措施来降低风险的发生频率或影响程度，抑或直接降低风险敞口。适合采用风险缓释策略的风险事件包括以下几种类型：风险敞口可降低、风险发生可能性可降低、风险影响程度可降低。风险缓释策略下的风险应对备选方案，包括合格的抵押品和质押品、净额结算、保证、信用衍生工具、完备的制度体系等。

当今世界，商品和资产价格的剧烈动荡给金融机构和企业的资产负债带来了风险，而对于这些市场风险一般难以得到保险，经济主体只能寻求其他的风险转移渠道。为了规避市场风险，金融工具创新层出不穷，主要有金融期货、期权、互换和远期等。这些衍生工具为现货市场提供了转移价格风险的渠道，经济主体可以将未来金融资产交易的价格确定下来，将风险转移给愿意承担的投机者，从而将市场价格变动导致的风险从正常的实际经营活动中分离出来。

1.2.6 风险管理有效性的评判

在判别风险管理有效性时必须认识到，巨额损失的发生并不一定意味着风险管理本身失效，并非所有的风险都能进行有效管理。对于无法计量的风险，通常无法进行管理；而对于无法认知的风险，更是无从进行管理。

1.2.6.1 风险认知分类

因为人类认知的局限性，大致可以把那些对风险管理目标产生影响的风险分为三类：可度量的已知风险、难以度量的已知风险和无法度量的未知风险。

1. 可度量的已知风险

可度量的已知风险主要包含能够辨识并且评估计量的风险。但即便是风险管理者已经尽可能对其进行了风险辨识、评估了重大风险并进行了风险计量、风险预警等工作，仍可能因为投资组合的决策和坏运气的共同作用而造成损失。然而这样的风险损失事件发生的概率较低，在科学的风险管理框架内，风险管理者也会在风险承受限度之内对此类风险发生的频率及可接受的损失金额进行限制。例如，假设99%置信水平的VaR是14.4%，意味着一连几个月15%以上的损失应该不会经常发生。如果确实经常发生了，那模型应该是有缺陷的。后面的第6章讲述了怎样利用回测来发现风险度量体系的缺陷。

2. 难以度量的已知风险

难以度量的已知风险包括风险管理者知道或应该知道其存在但未被恰当度量的风险，以及尚无对策来评估和计量的风险。举例来说，风险管理者可能在风险建模中遗漏了某些非常重要的风险因子；或是对风险因子的分布计量错误，没有选取足以反映经济周期状况的历史区间的数据；或者是映射过程不准确；或者是风险管理者选择了要求非常严格的前提假设且对结果产生重大影响，但该假设与实际情况并不相符。以上因素都可能导致风险损失的出现。风险管理者因为其自身专业背景和经验的差异可能导致该类风险的发生，而这一类风险的发生应该归因于风险管理者，而非简单的运气不佳。这类风险可以通过压力测试来评估，或利用超出正常范围的异常值来测试。

案例1-1

瑞士联合银行集团的风险管理

2007年瑞士联合银行集团（UBS）因为次级抵押贷款和Alt-A抵押贷款支持的结构性信贷证券的头寸而蒙受了190亿美元的损失。UBS投资了它认为非常安全的最高级别证券，它因此累积了900亿美元的证券敞口头寸，而账面上的权益仅为410亿美元。该银行报告称，其风险度量过程基于近期房价正增长的简化模型。此外，USB的风险管理层过分依赖信用评级机构的评级。因为风险管理几乎没有给出这些投资下行的风险，这些损失可以被认为是风险管理的失败。USB的报告指出，最高管理层采取的增长战略是“促成USB次级抵押贷款头寸增加的因素，随后又招致亏损”。最高管理层对亏损负有主要责任。①

流动性风险是另一种难以度量的已知风险。大多数风险模型假设头寸可以在既定的期限出清，但现实中取决于许多因素。首先，是资产真正的流动性。例如，国债比高收益债券有更高的流动性，它们以较低的利差交易，对市场的影响较小。其次，是头寸的大小。当头寸相对于正常交易量非常大时，需要接受大幅降价来执行该交易。

3. 无法度量的未知风险

这个领域的风险被称为奈特不确定性，是无法度量的风险。应对该类风险最为困难，因为这类风险在很多情况下来源于外部事件或监管的变化。比如，突然对卖空交易进行限制的监管要求会直接造成对冲策略的无法实现。另一个典型的第三类风险为交易对手风险，作为风险管理者，永远无法全面了解交易对手的信用风险。虽然你可以了解你的直接交易对手，但直接交易对手的其他交易对手的信用状况仍然会间接对你产生影响。赫斯塔特银行事件便是这种风险最为典型的例子之一，之后人们甚至将该类风险直接定名为赫斯塔特风险。

---

① Philippe Jorion, Financial Risk Manager Handbook (6th Edition), John Wiley & Sons, Inc., Hoboken, New Jersey, 2011.

1.2.6.2 风险管理有效性评估

将风险进行以上三种分类是因为需要对不同原因导致的风险损失进行评估，并对风险管理者追究责任。如果是第二类风险造成的损失，可以直接断定为风险管理的失效，并对风险管理工作进行反思，以提高风险管理的有效性。但是对于由第一类风险及第三类风险所造成的损失事件，却并不是完备的风险管理工作所能够完全避免的。面临这样的风险时，并不能仅从风险的发生与否来判断风险管理框架是否有效。换言之，风险管理框架设计和执行的有效性并不能由第一类风险或第三类风险的发生与否来判断，然而对于这两类风险的后续处理仍能分辨出风险管理框架的完备性。例如，新的风险损失事件是否会在最短的时间内触发风险应急流程及报告流程，并及时向相应层次的风险管理人员及职能部门乃至管理层进行汇报；新的风险损失事件是否在处理结束后，提炼成新的风险事件进入相应层级的风险库，或是与已有风险事件进行映射，并将应对方案提炼后加入应急预案；对爆发的风险事件是否进行了评估，若确定为重大风险，则为之建立应对机制；整体的风险管理信息是否在各个层级之间做到了顺畅沟通并不断改进。如果这些问题都能有条不紊地解决的话，即可认为风险管理框架是完备有效的。

练习题

1.（　　）是指由于债务人信用状况和履约能力的变化导致债权人资产价值遭受损失的风险。

A. 信用风险　　B. 市场风险　　C. 操作风险　　D. 流动性风险

2. 简述金融风险的含义、特点和主要类型。

3. 结合现实事件谈谈对金融风险及其管理的认识。

4. 什么是金融风险管理？

5. 金融风险管理策略有哪些？

6. 怎样评判风险管理的有效性？

第一篇

市场风险管理

第2章　资产收益的分布和模拟

2.1　金融资产的收益

市场风险是由资产价格的波动引起的，而资产价格波动相应导致资产的收益发生变动。收益相比价格有更好的统计特征，因此，我们一般使用金融资产的收益及其波动描述金融市场的风险。金融资产的收益是由于金融市场的价格波动而导致的金融资产的损益。由于损失可以表达为负的收益，因此，我们可以把资产的收益和损失统称为资产的收益。金融资产的收益可以用绝对数值和相对数值来表达。一般所称的金融资产的收益是指用绝对数值表达的收益，用相对数值表达的收益通常被称为收益率。

2.1.1　金融资产收益率的计算

我们首先通过某一资产的收盘价格定义日收益率：观测某一货币的日收盘价，以推断明天的价格分布特征，评估一个交易头寸潜在损益的区间。我们可以通过观测货币价格历史数据的时间序列（P_0，P_1，…，P_t），推断明天价格 P_{t+1}的分布。明天的价格 P_{t+1}是一个随机变量，它的随机成分实际是它相对于今天价格的变化，即它的收益或收益率。我们定义这个货币的日简单收益率为：

$$r_{t+1} = (P_{t+1} - P_t)/P_t \tag{2.1}$$

相应地，定义一个资产的日连续复合或对数收益率为：

$$R_{t+1} = \ln(P_{t+1}) - \ln(P_t) = \ln(P_{t+1}/P_t) \tag{2.2}$$

式（2.2）相当于采用连续复利代替离散复利，也就是：

$$R_{t+1} = \ln[1 + (P_{t+1} - P_t)/P_t] = \ln(1 + r_{t+1}) \tag{2.3}$$

如果 r_{t+1}足够小，则 $\ln(1 + r_{t+1}) = R_{t+1} \to r_{t+1}$。对于日收益率数据来说，可以认为有 $r_{t+1} = R_{t+1}$。

以上两个关于收益率的定义包含了相同的信息，但每个定义有各自的优点和缺点。简单收益率的优点是一个资产组合的收益率就是各资产收益率的加权平均。但对数收益可以非常方便地计算多期的复合收益率，而且有助于保持非负的资产价格。因为不管负对数收益是多大，仍然意味着一个正的价格。在使用对数收益的时候，第 t 日的价格为：

$$P_t = \exp R_t P_{t-1} \tag{2.4}$$

式（2.4）中，exp(·)为指数函数。因为 exp(·)的下限为零，当在风险模型中使用对数收益时，无须担心资产价格为负。

2.1.2 投资组合收益率的加总

如考虑一个 N 种股票投资的股票组合，每种股票的持有数量为 q_i，单价为 S_i，那么在时间 t 投资组合的价值为：

$$W_t = \sum_{i=1}^{N} q_i S_{i,t} \tag{2.5}$$

资产 i 的权重用式（2.6）表示：

$$W_{i,t} = \frac{q_i S_{i,t}}{W_t} \tag{2.6}$$

权重加总等于 1。下一期投资组合的价值为：

$$W_{t+1} = \sum_{i=1}^{N} q_i S_{i,t+1} \tag{2.7}$$

如果单位价格包括了所有的收入支付，投资组合的总收益为：

$$W_{t+1} - W_t = \sum_{i=1}^{N} q_i (S_{i,t+1} - S_{i,t}) \tag{2.8}$$

投资组合的收益率为：

$$\frac{W_{t+1} - W_t}{W_t} = \sum_{i=1}^{N} \frac{q_i S_{i,t}}{W_t} \frac{(S_{i,t+1} - S_{i,t})}{S_{i,t}} = \sum_{i=1}^{N} W_{i,t} \frac{(S_{i,t+1} - S_{i,t})}{S_{i,t}} \tag{2.9}$$

即投资组合的收益率是每个资产收益率的线性组合：

$$r_{p,t+1} = \sum_{i=1}^{N} w_{i,t} r_{i,t+1} \tag{2.10}$$

总收益为：

$$W_{t+1} - W_t = \left(\sum_{i=1}^{N} w_{i,t} r_{i,t+1}\right) W_t \tag{2.11}$$

如果单个资产收益服从正态分布，投资组合的资产收益也服从正态分布。或者我们可以用式（2.12）来表示单个资产的头寸为：

$$x_{i,t} = w_{i,t} W_t = q_i S_{i,t} \tag{2.12}$$

投资组合总收益为：

$$W_{t+1} - W_t = \sum_{i=1}^{N} x_{i,t} r_{i,t+1} \tag{2.13}$$

投资组合收益的方差为：

$$V(W_{t+1} - W_t) = x' \sum x \tag{2.14}$$

式（2.14）中，$\sum$ 为协方差矩阵。

2.1.3 收益率的时间加总

以上的资产组合收益率加总的关系对于对数收益率是不成立的，因为总和的对数并不是对数的总和。但对数收益可以非常方便地计算多期的复合收益率，也就是一段时间内每期收益率的总和。

根据单期收益率和波动率推算多期收益率和波动率，被称为时间加总。当使用对数收益率时，很容易加总，因为乘积的对数是各个因子对数之和。以两期为例，价格变动是每期价格变动的和。

$$R_{t,2} = \ln(P_t/P_{t-2}) = \ln(P_t/P_{t-1}) + \ln(P_{t-1}/P_{t-2}) = R_t + R_{t-1} \tag{2.15}$$

期望收益为：

$$E(R_{t,2}) = E(R_t) + E(R_{t-1}) \tag{2.16}$$

方差为：

$$V(R_{t,2}) = V(R_t) + V(R_{t-1}) + 2Cov(R_t, R_{t-1}) \tag{2.17}$$

如果单期收益率不相关且同分布，我们有：

$$E(R_{t,2}) = 2E(R_t) \text{和} V(R_{t,2}) = 2V(R_t)$$

一般地，定义 T 为期数，多期的期望收益和标准差为：

$$\mu_T = \mu T \tag{2.18}$$

$$\sigma_T = \sigma \sqrt{T} \tag{2.19}$$

如果收益率序列不相关，收益率的波动率随时间的延长以时间的平方根倍增加。

现在的问题是，R_t 序列是否为独立的观测值？因为独立观测值具有优良的性质，它们的联合分布是边缘分布的乘积，从而能够简化分析。观测值独立意味着收益率的条件分布仅取决于当前的价格，而非之前的历史价格。有效市场理论和随机漫步假设为观测值独立提供了理论基础，如果是这样，试图根据过去的价格模式预测未来价格变动的技术分析，就是没有意义的。如果收益率的分布在一段时间内不变，则称变量独立同分布（I. I. D.），即收益率观测值独立，且不随时间变化。

2.2 资产收益率的分布

2.2.1 正态分布和对数正态分布

正态分布是资产收益率建模的第一选择。因为它易于处理，在加总的情况下是稳定的，也是独立随机变量均值的极限分布。

实证来看，正态分布是很多随机变量粗略的一阶渐近，如外汇价格的变化率、股票价格的变化率、债券价格的变化率、收益率的变化率和商品价格的变化率。所有这些变量都具有频繁微小变化和极少剧烈变化的特征，从而为中心具有更大权重的正态分布提供了基础。在很多的实际应用中，正态分布的渐近是足够的，但它在度量尾部风险时效果不佳。

对于资产价格而言，因为它不可能为负值，所以对数正态分布更适合对资产价格建模。

图 2.1 比较了年标准差为 15% 的 1 年期的正态分布和对数正态分布，除了尾部，二者非常相似。对数正态分布为右偏。

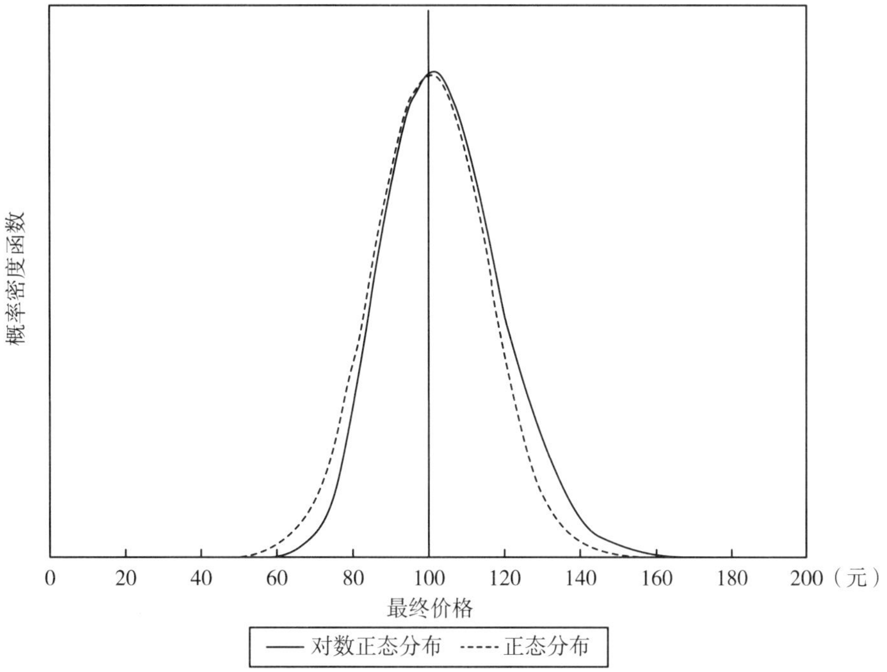

图 2.1 1 年期的正态和对数正态分布

资料来源：Philippe Jorion, Financial Risk Manager Handbook（6th Edition）, John Wiley & Sons, Inc., Hoboken, New Jersey, 2011.

两种分布的差别取决于特定时期内的波动率参数的大小，小参数意味着同分布，这种情况发生在资产风险较低时，即年波动率低或期限很短时，价格变为负值的概率比较低。因此，在短期内或低波动率的情况下，正态和对数正态分布非常相似。

表 2.1 比较了 1 天和 1 年期收益率的计算，1 天的离散和对数收益率分别是 1% 和 0.995%，差别相对较小，只有 0.5%；而在长期中，差别却非常显著。

表 2.1 离散和对数收益比较

项目	日	年
期初价格（元）	100	100
期末价格（元）	101	115
离散收益率（%）	1	15
对数收益率（%）	0.9950	13.98
相对差异（%）	0.5	7.33

资料来源：Philippe Jorion, Financial Risk Manager Handbook（6th Edition）, John Wiley & Sons, Inc., Hoboken, New Jersey, 2011.

2.2.2 肥尾分布

与实际收益率的观测值相比，正态分布的尾部消失得太快。通常来说，每个市场在1年中会有一个或多个4倍标准差甚至更大的日变化。这一频率高于正态分布给出的概率——0.0032%，即每125年发生一次。我们可以从以下几个方面来解释实际观测值的分布：（1）实际观测值的分布可能是肥尾分布（如学生t分布）；（2）实际观测值可能来自混合分布（如一个低风险和一个高风险的正态分布的混合）；（3）实际观测值可能是非平稳数据。

图2.2为正态分布和自由度分别为4和6的学生t分布的密度函数，可以看出，学生分布有更肥的尾部，能更好地反映极端观测值的频率。

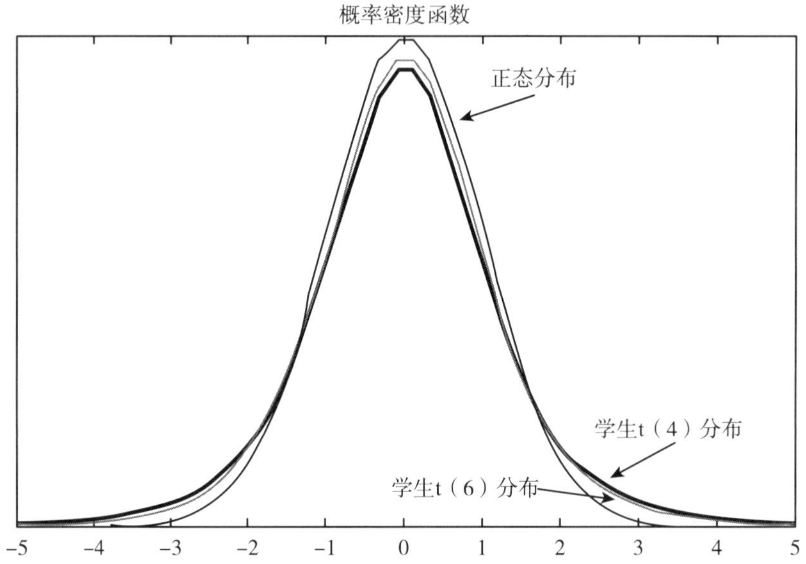

图2.2 正态分布和学生分布

资料来源：Philippe Jorion, Financial Risk Manager Handbook (6th Edition), John Wiley & Sons, Inc., Hoboken, New Jersey, 2011.

表2.2左边表示低于n倍标准差的观测值的尾部概率。例如，对于一个随机抽取的样本，它的值小于-3倍标准差的概率在正态分布的情况下是0.1%，在自由度为6的学生t分布情况下为1.2%，在自由度为4的学生t分布下为2%，表明学生t分布观测到极端值的概率比正态分布大。

表 2.2　　正态分布和学生分布的比较

偏差	尾部概率			250 天内的预期数量		
	正态	t df = 6	t df = 4	Normal	t df = 6	t df = 4
−5	0.00000	0.00123	0.00375	0.00	0.31	0.94
−4	0.00003	0.00356	0.00807	0.01	0.89	2.02
−3	0.00135	0.01200	0.01997	0.34	3.00	4.99
−2	0.02275	0.04621	0.05806	5.69	11.55	14.51
−1	0.15866	0.17796	0.18695	39.66	44.49	46.74
				偏差（α）		
概率 = 1%				2.33	3.14	3.75
与正态分布的比率				1.00	1.35	1.61

资料来源：Philippe Jorion, Financial Risk Manager Handbook（6th Edition）, John Wiley & Sons, Inc., Hoboken, New Jersey, 2011.

表 2.2 右边转化成了预期 1 年（250 个交易日）内极端事件发生的次数，相应分布的相应次数分别为 0.34、3 和 4.99。也就是说，在正态分布情况下，我们应该预计 z = −3 以下的极端值 1 年内平均会发生一次或更少。对于自由度为 4 的学生 t 分布，一年内的预期次数是 5 次，更接近于现实。

表 2.2 的下方报告了对应于右尾 99% 或左尾 1% 置信水平的偏差。正态分布为 2.33；对于自由度为 4 的学生 t 分布则高得多，为 3.75，两者之比为 1.61。因此，经验法则是将正态分布的 VaR 测量值按 1.61 的比率进行校正，以实现对肥尾状态下极端值的覆盖。更一般地说，这解释了为什么 VaR 测量值要乘以一个安全系数，如巴塞尔乘数因子为 3。

案例 2－1

利用收益的实际分布赚钱

布莱克、斯科尔斯和默顿（Black, Scholes & Merton）的期权定价模型假设标的资产未来价格服从对数正态分布，这与资产价格在短期（如 1 天内）服从正态分布的假设是一致的。假如市场参与者接受这一假设，但你通过分析认为对数正态分布并不能很好地反映汇率的实际分布，你可以怎样盈利呢？

可以买入不同币种的深度虚值看涨及看跌期权，接下来的就是等待，这些期权相对来说更加便宜，并且成为实值期权的比率要比对数正态分布模型预测的多一些，因此，期权的平均收益要比期权费用多得多。

20 世纪 80 年代中期，一些交易员认识到汇率分布中的肥尾性，而多数交易员仍相信对数正态分布的合理性，认识正确的交易员获得了巨大盈利。到了 80 年代后期，几乎所有人都认识到虚值期权所对应的隐含波动率要高，套利机会消失了。①

2.3 资产收益率的波动率

使用不同的波动率估计值将得出截然不同的 VaR，而波动率指标取决于回顾观测的窗口。处理随时变化的波动率的最简单的方法是使用移动观测窗口。指数加权平均法对较近期的观测值赋予更大权重。广义自回归条件异方差类模型更加复杂，它用来对波动率的随机过程建模。

2.3.1 波动率的含义

波动率是市场变量的标准差，它是风险模型中表示不确定性的重要指标，是计算现代风险指标——VaR 的基础。波动率可以用历史数据来衡量。隐含波动率为期权价值内含的波动率，它通过对布莱克—斯科尔斯公式进行逆运算，得到使公式与价格观测值相匹配的波动率。隐含波动率是前瞻性的，但隐含波动率可能非常不稳定，且依赖于特定期权的具体供求情况。而风险模型依赖于实际波动率或波动率观测值。

通过衡量长期历史波动率，可以得出波动率的长期估计值，即无条件波动率。因为波动率是随时间推移而变化的，因此这种长期波动率估计值可能无法代表当前条件。其他时期的市场收益率时间序列依赖于历史上收集观测值的时间窗口和观测值的出现频率，如果收益率分布是稳定的，那么波动率就仅依赖于出现频率，而不依赖于回顾期。

波动率的真实值是观测不到的，对观测值样本计算出的标准差仅仅是波动率的估计值。对某个样本的最优估计值计算方法是用 n 个观测值的离差平方和除以 $n-1$。观测值个数不能太少，否则抽样误差就可能过大。一种常见做法是，使用一年中的日观测值，即约为 250 个交易日的日观测值。这样，观测值的数量就足够大，从而能消除抽样误差，而观测期也足够短，从而能剔除过期信息。

衡量日波动率很方便，而且通过时间平方根法则可以获得其他不以日为单位的期

① 约翰·赫尔著，王勇、董方鹏译：《风险管理与金融机构》，机械工业出版社 2017 年版。

间的波动率。它表明当观测频率变低时，随机变量的不稳定性将增加，因为在较长时间间隔中观测到大幅偏离的概率更高。标准市场风险模型假设对数收益率为独立同分布，这一假设允许将日波动率放大到任何时间段。

时间平方根法则也有局限性。在长期内，从时间平方根法则推导出的波动率可能是无限的，这是不现实的，因为许多现象都是均值回归的，如利率。均值回归是指，当对长期值的偏离变大时，另一个随机项往往会部分抵消这种偏离，并使其更可能回归为零。序列收益率也可能是序列相关而非独立的。序列相关意味着高收益率之后往往是高收益率或低收益率。这种相关性将拒绝时间平方根法则。最后，基础波动率可能是随机的。

市场变量的波动率是随时间变化的，它在某些时期较低，在某些时期较高。如果单位时间的波动率不是固定的，那么固定方差和静态假设就不成立。这表明实际波动率是以当前环境为条件的。

在处理随时间变化的波动率时，最简单的方法是使用移动平均值。例如，我们可以使用 250 天观测值，但观测窗口随着时间的推移而移动。这种方法很简单，并可以获得最新的波动率。观测窗口的等权重加权波动率的平方为收益率偏差平方的等权重加权平均，在期望收益近似为零的情况下，可以简化为收益率平方的加权平均。等权重加权波动率平方 σ_t^2 的平方根就是市场变量在日期 $t-1$ 的波动率基础上估计出的该市场变量在日期 t 上的波动率 σ_t。令 r_i 表示日期 $i-1$ 和日期 i 之间的连续收益率：$r_i = \ln(S_i/S_{i-1})$。使用一系列观测值，可以算出等权重加权方差的估计值为：

$$\sigma_t^2 = \frac{1}{k-1}\sum_{i=1}^{k}[r_{t-i} - E(r)]^2 = \frac{1}{k\quad 1}\sum_{i=1}^{k} r_{t-i}^2 \tag{2.20}$$

在受到短期冲击时，资产价值的分布将发生漂移，它通常被忽略，因为它远远小于标准差。原因是漂移与时间成反比，而标准差与时间平方根成反比，因此标准差要比漂移大得多。以下列数据为例：

初始价格：$S_0 = 100$；

时间间隔：$\Delta t = 1$ 天；

预期收益率：年化收益率为 15%；

随机部分的波动率：年化波动率为 20%；

预期的日收益率为：$\frac{15\%}{250} = 0.060\%$；

日波动率为：$\frac{20\%}{\sqrt{250}} = 1.265\%$。

与预期的日收益率相比，日波动率要大得多。

历史波动率有它的缺点。假设在某个日期波动率突然攀升，只要是在攀升观测窗口内发生的，就会影响历史波动率；一旦攀升移出观测窗口，波动率估计值就会下降。因为观测值攀升而使波动率提高是合理的，但当攀升移出观测窗口导致波动率突然下降却是不合理的。之所以会产生这种缺点，是因为对所有观测值都使用了等值加权法。图 2.3 描绘了沪深 300 指数的日收益率，可以看出，波动率具有聚集的特点，在 2007～2008 年和 2015 年，大幅度的正负收益率频繁出现；而 2017 年的收益率则显得较为稳定。为了更好地反映波动率的随机行为，发展出了指数加权移动平均模型和广义自回归条件异方差模型。

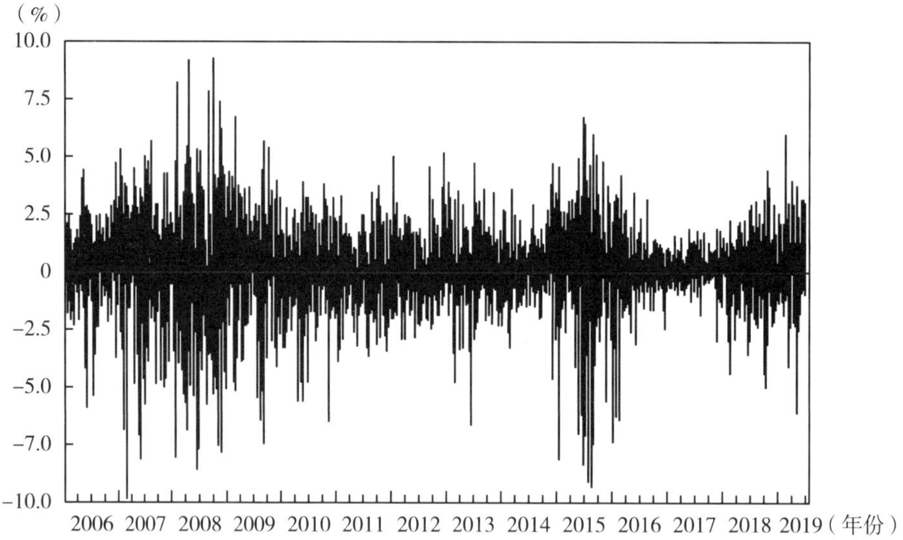

图 2.3 沪深 300 指数的日收益率

2.3.2 指数加权移动平均模型的波动率

指数加权移动平均模型（EWMA），对较近的观测值赋予较高的权重。随着时间的推移，过去的波动率攀升所占权重越来越低，从而可以平滑掉骤变。指数加权移动平均模型是 JP 摩根在 RiskMetrics 模型中提出的，该式依赖于参数 λ，λ 也叫衰减因子，取值范围为 0～1，它决定了前期预测的相对权重。从日期 t 倒推回日期 0，日期 t 的方差估计公式为：

$$\sigma_t^2 = \frac{1r_{t-1}^2 + \lambda r_{t-2}^2 + \lambda^2 r_{t-3}^2 + \cdots + \lambda^{t-1} r_0^2}{1 + \lambda + \lambda^2 + \cdots + \lambda^{t-2}} \tag{2.21}$$

式（2.21）中有t项，因为t时的值依赖于从t－1到0时的所有收益率的平方。由于σ_t^2是以前面信息为基础的一期向前预测方差，所以它被称作条件方差，区别于无条件方差。因为$\lambda<1$，EWMA模型对过去的观测值赋予了几何递减的权重，而对最近的观测值赋予更大权重。当时间长度扩展到无限时，因为λ的几何级数和等于$1/(1-\lambda)$，式（2.21）的分母可以简化为：

$$(1 + \lambda + \lambda^2 + \cdots + \lambda^{t-2} + \lambda^{t-1} + \lambda^t + \cdots) = \frac{1}{1-\lambda} \tag{2.22}$$

σ_t^2和σ_{t-1}^2的表达式分别是从t－1到0的各项之和以及从t－2到0的各项之和：

$$\sigma_t^2 = (1r_{t-1}^2 + \lambda r_{t-2}^2 + \lambda^2 r_{t-3}^2 + \cdots + \lambda^{t-2} r_1^2 + \lambda^{t-1} r_0^2)(1-\lambda) \tag{2.23}$$

$$\sigma_{t-1}^2 = (1r_{t-2}^2 + \lambda r_{t-3}^2 + \cdots + \lambda^{t-3} r_1^2 + \lambda^{t-2} r_0^2)(1-\lambda) \tag{2.24}$$

取式（2.23）和式（2.24）两组值的差$\sigma_t^2 - \lambda\sigma_{t-1}^2$，中间项（$\sigma_t^2$的第一项$r_{t-1}^2$除外）相互抵消得：

$$\sigma_t^2 - \lambda\sigma_{t-1}^2 = (1-\lambda) r_{t-1}^2 \tag{2.25}$$

t时的收益率方差估计公式变为：

$$\sigma_t^2 = \lambda\sigma_{t-1}^2 + (1-\lambda) r_{t-1}^2 \tag{2.26}$$

根据式（2.26），估计最新的方差仅需用前一个方差估计值以及一个新收益率观测值。

当λ较高时，估计值对最近的收益率r_{t-1}^2观测值的反应较小，而最近的方差σ_{t-1}^2估计值所占分量增加。相反，当λ较低时，估计值对最近的收益率观测值赋予较高权重，而对最近的方差估计值赋予较低权重。由于方差项的权重小于1，因此出现高方差之后，方差将会下降，直至出现下一次攀升，这是一种常见的模式。最后，任何曾经攀升的收益率的权重都会逐渐降低。

指数加权移动平均值在某些情况下接近于等值加权估计值。当$\lambda=1$时，指数加权移动平均值恰好等于等值加权估计值；当衰减参数小于1时，我们也可以认为指数加权移动平均值类似于等值加权平均值。很久以前的项将很快降至0，使计算结果接近随着时间流逝向前移动的某个时间窗口上的历史波动率估计值。这表明该方法依靠抽样来估计方差，并依赖于静态假设。

RiskMetrics模型建议取相对较高的λ值，如日数据的$\lambda=0.94$、月数据的$\lambda=$

0.97，这些值足以提供显著不同于使用日数据的等值加权法的估计值。图 2.4 给出了 $\lambda=0.94$ 时，沪深 300 指数一天的 EWMA 预测。EWMA 的日波动率在 2015 年 7 月 10 日和 8 月 27 日达到峰值；之后缓慢回归长期均值。同时 EWMA 模型也识别出了 2017 年的低波动率时期。

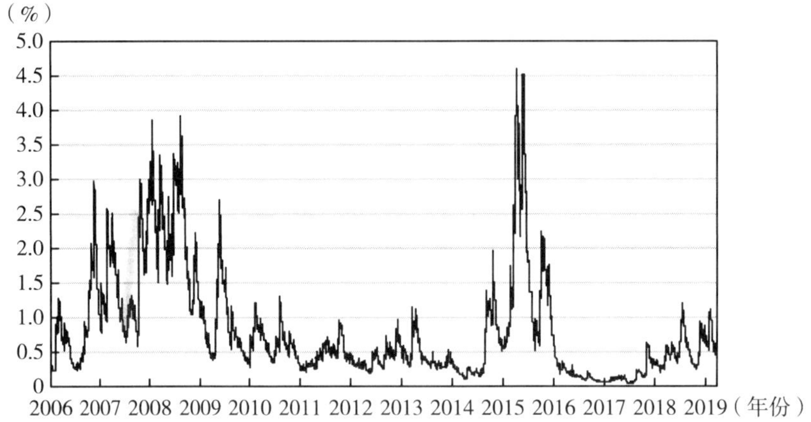

图 2.4　沪深 300 指数的 EWMA 波动性预测

表 2.3 列示了 $\lambda=0.94$ 的情况下如何建立 EWMA 的预测。在期间 0，从 =1.1（以百分比的平方表达）开始；次日，有一个 3% 的收益率，新的方差预测值成为：

$$\sigma_1^2=0.06\times3^2+0.94\times1.1=1.574$$

再次日：

$$\sigma_2^2=0.06\times0^2+0.94\times1.574=1.480$$

依此类推。

表 2.3　构建 EWMA 预测

时间	收益率	条件方差	条件标准差	95% 置信度的条件标准差
t-1	r_{t-1}	σ_t^2	σ_t	$2\sigma_t$
0	0.0	1.1	1.05	±2.1
1	3.0	1.574	1.25	±2.5
2	0.0	1.480	1.22	±2.44
3	0.0	1.391	1.18	±2.36

图 2.5 显示了先前预测值的加权模式。当 $\lambda=0.94$，权重衰减更快，最后一天为 $1-0.94=0.06$，前一天的权重是 $\lambda(1-\lambda)=0.0564$，100 天以上数据的权重落到

0.00012；$\lambda = 0.97$，开始的水平较低，但衰减得更慢；而移动平均线（MA）则有着固定的窗口，窗口期有相同的权重，其他时期为零，更短窗口的 MA 给予最近观测值更大的权重，因而对近期事件更加敏感，波动性更大。

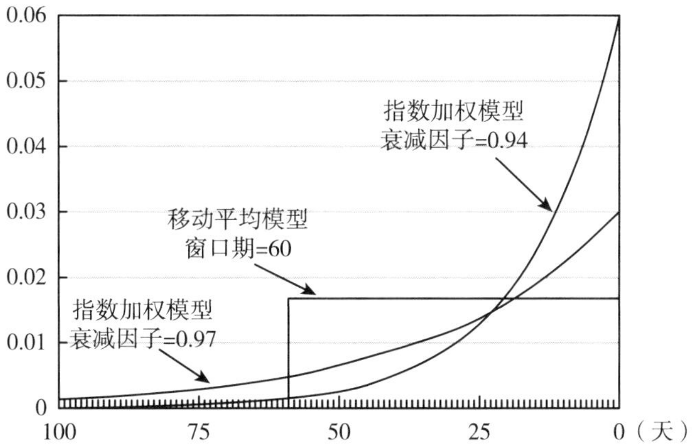

图 2.5 过去观测值的权重

资料来源：Philippe Jorion, Financial Risk Manager Handbook (6th Edition), John Wiley & Sons, Inc., Hoboken, New Jersey, 2011.

EWMA 模型具有永恒的持续性。当持续性系数 $\gamma = 1$ 时，对于波动性的冲击不会衰减，如后面的图 2.7 所示。

RiskMetrics 的指数加权移动平均模型的优点表现在：第一，它能以与收益观测值对应的方式跟踪方差变化，即近期收益对于方差估计值的影响要大于远期收益。第二，模型仅有一个未知参数 λ。在对很多资产估计 λ 时，RiskMetrics 发现各个资产的估计值非常相似，因此它设置日数据的 $\lambda = 0.94$。在这种情况下，不需要进行参数估计，这对大的资产组合来说很有用。第三，在计算明天的方差时需要存储的数据很少。今天收益平方的权重为 $1 - \lambda = 0.06$，并且权重在第 100 个滞后收益平方时指数递减到 $(1 - \lambda)\lambda^{99} = 0.000131$。在滞后 100 期之后，权重的总和为：

$$(1 - \lambda)\sum_{T=1}^{100}\lambda^{T-1} = 0.998$$

即包含了 99.8% 的权重。因此，为了计算明天的方差 σ_{t+1}^2，只需要存储 100 个日滞后收益数据。

尽管 RiskMetrics 模型具有以上优点，但它也有缺点，如它不允许杠杆效果，这使我们不得不考虑更加全面的模型。

2.3.3 广义自回归条件异方差模型

时间序列数据的波动率随着时间的推移会发生变化，且具有波动聚集的特点。处理波动聚集的实用模型是恩格尔（Engle，1982）和波勒斯列夫（Bollerslev，1986）提出的广义自回归条件异方差模型（GARCH）。波动率看上去遵循均值回归过程，高值可能持续，但往往会在一段时间后消失。GARCH 模型试图反映这一特点，最简单的 GARCH(1，1) 模型假设在 t 时计算的方差依赖于在 t - 1 时相同时段内的方差以及可以获得的最新收益率观测值。不同于指数加权移动平均模型，它将长期方差与最后一个方差估计值及最后一个收益率结合起来，假设条件方差取决于最近的信息和前一期的条件方差。GARCH(1，1) 过程如下：

$$\sigma_t^2 = \gamma\sigma_L^2 + \beta\sigma_{t-1}^2 + \alpha r_{t-1}^2 \tag{2.27}$$

GARCH(1，1) 模型表示，σ_t^2 基于收益率平方的最近观测值和方差的最近估计值，而没有增加更多滞后项。换言之，GARCH(1，1) 模型中收益率平方项与方差估计值的时滞相同，均为一期。

收益率分布不再是相同的分布，因为它的方差现在依赖于日期 t。方差 σ_t^2 为条件方差，它依赖于历史观测值，是时变的。而长期方差是无条件方差，对于所有样本都是一样的。

由于方差变化了，因此不管样本收益率是否进行了加权，都不能用于估计方差。用于估计方差的正确方法是最大似然估计。

比较指数加权移动平均模型与广义自回归条件异方差模型，可以看出，对于指数加权移动平均模型，$\gamma = 0$、$\beta = \lambda$，且 $\alpha = 1 - \lambda$，只有一个参数 λ 需要估计。

估计指数加权移动平均值或广义自回归条件异方差模型都需要使用同一种方法，但估计指数加权移动平均值更简单。GARCH(1，1) 模型面临一些约束。在 σ^2 固定且等于长期方差（$\sigma_L^2 = \sigma^2$）的特殊情况下，所有项都可以用长期方差替代。该方差是无条件方差，因为它不依赖于任何影响 t 时的方差的因素。在式（2.27）中，使左右方差都等于长期方差，我们有第一个约束条件：

$$\sigma_L^2 = \gamma\sigma_L^2 + \beta\sigma_L^2 + \alpha\sigma_L^2 \tag{2.28}$$

因此，$\gamma + \beta + \alpha = 1$，有 $\gamma = 1 - (\alpha + \beta)$。为了使长期方差的权重为正，需要约束条件（$\alpha + \beta) \leqslant 1$。当估计系数时，必须考虑该约束条件。因为只有当 $\alpha + \beta < 1$ 时，模型是稳定的。这个和称为持续项，因为它描述了方差冲击回归长期均值的速度。

式（2.28）可以迭代使用，以表明从时间上倒推时，GARCH 模型与滞后项权重的下降是一致的。例如，如果我们用 t－2 时的方差和收益率平方的滞后估计函数代替 t－1 时的方差滞后估计，t 时的方差估计值将变为：

$$\sigma_t^2 = \gamma\sigma_L^2 + \alpha r_{t-1}^2 + \beta\alpha_{t-1}^2 = \gamma\sigma_L^2 + \alpha r_{t-1}^2 + \beta(\gamma\sigma_L^2 + \alpha\gamma_{t-2}^2 + \beta\sigma_{t-2}^2) \qquad (2.29)$$

γ_{t-2}^2的系数为 $\beta\alpha$，滞后项 σ_{t-2}^2的系数为 β^2。用于滞后两个时期的收益率平方与方差的权重按指数速度下降。回归结果表明，当前的方差 σ_t^2 是不同滞后时期（大于 1 期）的滞后收益率平方与方差的函数。

图 2.6 给出了沪深 300 指数 1 天的 GARCH 模型预测。EWMA 模型是 GARCH 模型过程的特例，与图 2.4 相比，可以看出，两者的预测非常相似，但 EWMA 的预测有更小的均值回归，如 2016～2017 年期间，它的值更小；而在 2015 年，它的值更大。因此，来自 GARCH 模型和 EWMA 模型的长期推断可能会给出不同的预测值。事实上，EWMA 模型给出的无条件方差是不定的。但在 1 天的期间内，两个模型给出的预测结果极为相似。

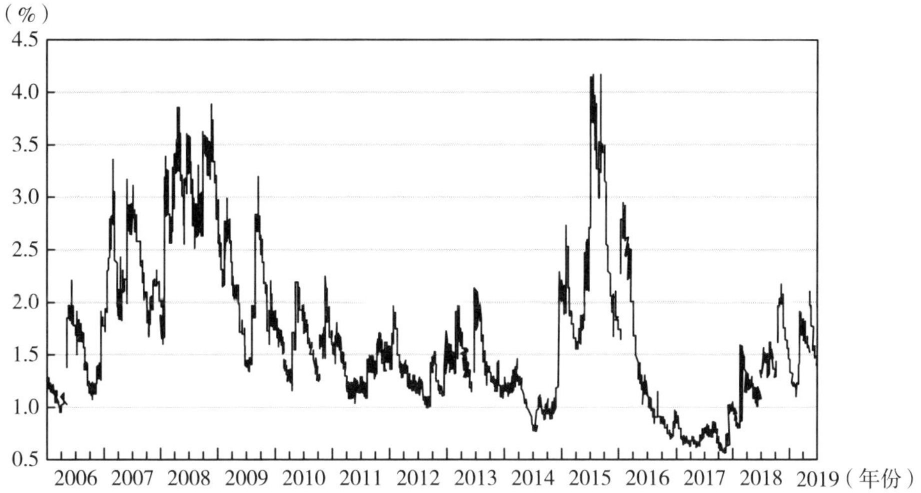

图 2.6　沪深 300 指数的 GARCH 模型波动性预测

表 2.4 有助于更好地理解 GARCH 模型预测的过程，参数分别为：$\gamma\sigma_L^2 = 0.0073$，$\alpha = 0.0541$，$\beta = 0.9441$；无条件方差为 $0.0073/(1-0.0541-0.9441) = 4$，或日波动率为 2%，换算成年波动率为 31.6%，一个比较典型的股票波动率。因为 $\alpha + \beta = 0.9982 < 1$，这一过程仍是平稳的。

和前面 EWMA 的例子一致：

第 0 日：开始时方差 $\sigma_0^2 = 1.1$（表达为百分比的平方），条件波动率为 $\sigma_0 = 1.05\%$；

第 1 日：收益率为3%，新的方差预测为 $\sigma_1^2 = 0.0073 + 0.0541 \times 3^2 + 0.9441 \times 1.1 = 1.5327$，条件波动率升为 1.2380%；

第 2 日：收益率为0，方差预测为 $\sigma_2^2 = 0.0073 + 0.0541 \times 0^2 + 0.9441 \times 1.5327 = 1.4543$，条件波动率降为 1.2060%；等等。

表 2.4　　GARCH 预测

时间	收益率	条件方差	条件标准差（条件波动率）	95%置信度的条件标准差
$t-1$	r_{t-1}	σ_t^2	σ_t	$2\sigma_t$
0	0.0	1.1	1.05	±2.10
1	3.0	1.5327	1.2380	±2.4760
2	0.0	1.4543	1.2060	±2.4120
3	0.0	1.3803	1.1749	±2.3498

最终 GARCH 过程可以被外推到以后的时期，从而缔造出波动率期限结构。对次日的预测有：

$$E_{t-1}(r_{t+1}^2) = \gamma\sigma_L^2 + \alpha E_{t-1}(r_t^2) + \beta\sigma_t^2 = \gamma\sigma_L^2 + \alpha\sigma_t^2 + \beta\sigma_t^2 = \gamma\sigma_L^2 + \gamma\sigma_t^2 \tag{2.30}$$

再次日有：

$$\begin{aligned} E_{t-1}(r_{t+2}^2) &= \gamma\sigma_L^2 + \alpha E_{t-1}(r_{t+1}^2) + \beta E_{t-1}\sigma_{t+1}^2 \\ &= \gamma\sigma_L^2 + (\alpha + \beta) E_{t-1}(r_{t+1}^2) E_{t-1}(r_{t+2}^2) \\ &= \gamma\sigma_L^2 + \gamma(\gamma\sigma_L^2 + \gamma\beta\sigma_{t+1}^2) \end{aligned} \tag{2.31}$$

推而广之有：

$$E_{t-1}(r_{t+n}^2) = \alpha_0(1 + \gamma + \gamma^2 + \cdots + \gamma^{n-1}) + \gamma^n\sigma_t^2 \tag{2.32}$$

图 2.7 说明了在持续性系数不同取值的情况下，一个 GARCH 波动的动态过程。随着条件方差偏离初始值，它以 $\alpha + \beta$ 决定的速度缓慢地向长期均值回归。这些是对远期时间点的日方差预测值，整个期间的总方差等于日方差的和，图 2.7 中的小黑框为均方差（无条件方差）。

这解释了为什么在风险时变的情况下，时间的平方根法则对于推断收益不适用。如果方差的初始值大于长期均值，用日方差推断长期方差将高估均方差；相反，将低估均方差。

经验表明，条件波动率模型能够更好地预测风险。一般假设条件收益率服从正态分布，尽管有时可能会扩展为如学生 t 分布之类的分布。

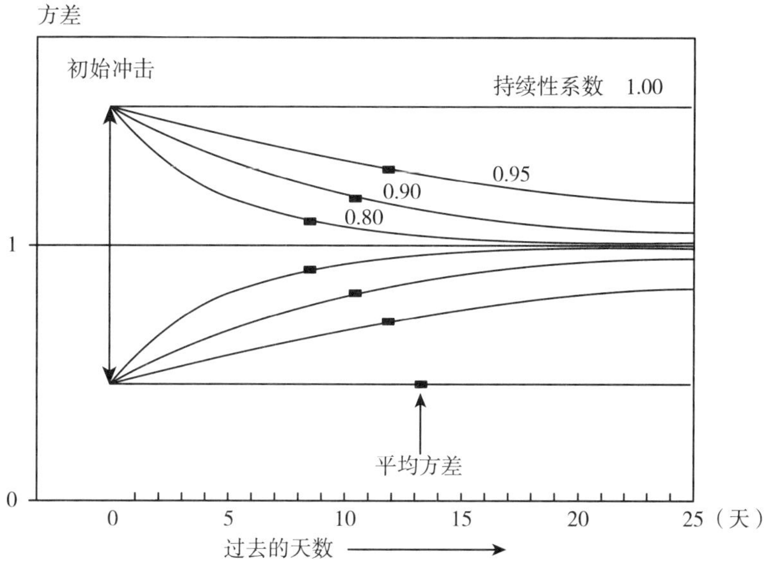

图 2.7　GARCH 过程的冲击

资料来源：Philippe Jorion, Financial Risk Manager Handbook (6th Edition), John Wiley & Sons, Inc., Hoboken, New Jersey, 2011.

但 GARCH 和 RiskMetrics 使用的 EWMA 模型都有缺点。即使假设前一天的分布为正态的，但多期分布依然是未知的。因此，尽管这些模型对于预测长期方差比较简单，但对于预测整个条件分布却没有这么简单，这常常被风险管理者所忽略。

2.3.4　最大似然估计

GARCH 和 EWMA 模型的参数是怎么得来的呢？它们是通过最大似然估计（MLE）得到的。

最大似然估计是指选择能使观测到数据的概率最大化的参数。假设我们可以对每个观测值分配概率，并推导出观测到整组数据的概率。例如，当观测值独立时，观测到 k 个值的概率为观测到每个值的概率之积。最大似然估计可以计算出能最优匹配数据组的概率分布的参数。作为一个中间步骤，我们可以举例说明通过这种方法，能够找出固定方差的最大似然估计值。

根据独立同分布的正态分布假设，分布的密度为：

$$-\frac{1}{\sigma\sqrt{2\pi}}\exp\left(-\frac{r_t^2}{\sigma^2}\right) \tag{2.33}$$

观测到 k 个收益率的概率为观测到每个收益率的概率之积，因为所有 r_t 均是独立的：

$$\prod_{t=1}^{k} \frac{1}{\sigma\sqrt{2\pi}} \exp\left(-\frac{r_t^2}{\sigma_t^2}\right) \tag{2.34}$$

σ^2 的最优估计值为使式（2.34）最大化的值。最大化乘积相当于最大化乘积的对数：

$$\ln\left[\prod_{t=1}^{k} \frac{1}{\sigma\sqrt{2\pi}} \exp\left(-\frac{r_t^2}{\sigma_t^2}\right)\right] \tag{2.35}$$

不考虑常数 $1/\sqrt{2\pi}$，该对数为一个简单的求和公式，有：

$$\sum_{t=1}^{k} \ln\left(\frac{1}{\sigma^2}\right) - \sum_{t=1}^{k} \ln\left(\frac{r_t^2}{\sigma^2}\right) = -k\ln(\sigma^2) - \sum_{t=1}^{k} \ln\left(\frac{r_t^2}{\sigma^2}\right) \tag{2.36}$$

最大似然问题为：

$$\max\left(-k\ln(\sigma^2) - \sum_{t=1}^{k} \ln\left(\frac{r_t^2}{\sigma^2}\right)\right)$$

为了最大化该函数，σ^2 的导数被设为零：

$$\frac{-k}{\sigma^2} = -\sum_{t=1}^{k} \frac{r_t^2}{\sigma^4} \tag{2.37}$$

方差估计公式为：

$$\sigma^2 = \frac{1}{k}\sum_{t=1}^{k} r_t^2 \tag{2.38}$$

最大似然估计值为收益率平方的平均值，它与整组收益率数据的方差统计值匹配。

最大似然估计法有一个很好的特性：随着样本趋于无穷大，参数估计趋于实际值，这些估计的方差将会达到最小可能值。事实上，我们可以得到的数据并非是无穷的。即使我们的时间序列很长，但并不意味着我们需要用所有的数据来估计参数。有时一些明显的结构突变，如新的变化率或者新的交易合约调整，可以对样本长度的选择提供启示。但一般情况下，这些结构性突变的数据并不明显，因此，风险管理者不得不权衡大样本和小样本的好处，大样本意味着更加准确的估计，而小样本会减少遇到结构突变的可能性。在估计 GARCH 模型时，经验法则是使用至少过去 1 000 天的观测值，并及时（如每月）更新估计样本。

以上的MLE方法基于条件正态分布假设，实际上这个假设并不符合现实情况。幸运的是，一个重要的计量经济学结果认为，即使条件分布不是正态的，MLE在样本无限大的时候，估计的均值和方差参数也可以收敛于真实参数，只要均值和方差函数是确定的。这一结果称为拟极大似然估计（QMLE），指的是即使在正态分布假设错误的情况下，使用正态MLE也能得出近似正确的参数。

这里给出一个简单但有用的参数估计技巧。简单的GARCH模型可以描述如下：

$$\sigma_t^2 = \gamma + \alpha r_{t-1}^2 + \beta\sigma_{t-1}^2 = (1-\alpha-\beta)\sigma^2 + \alpha r_{t-1}^2 + \beta\sigma_{t-1}^2 \tag{2.39}$$

因此，不用通过MLE来估计γ，我们可以简单地设无条件方差σ^2和样本方差一样，样本方差可以在之前简单地估计如下：

$$\sigma^2 = \frac{1}{k}\sum_{t=1}^{k} r_t^2 \tag{2.40}$$

在GARCH模型中直接加入无条件方差估计值，将减少模型中需要估计的参数，从而简化估计。

练习题

1. 一个分析师得到下列关于两个投资组合在同时期的收益率分布信息：

投资组合	偏度	峰度
A	-1.6	1.9
B	0.8	3.2

该分析师宣称投资组合A的收益率分布的峰度比正态分布高，并且投资组合B的收益率分布具有较厚的左尾。下列说法正确的是（　　）。

A. 该分析师的说法是正确的

B. 该分析师关于投资组合A的说法是正确的，关于投资组合B的说法是不正确的

C. 该分析师关于投资组合A的说法是不正确的，关于投资组合B的说法是正确的

D. 该分析师关于两个投资组合的说法都是不正确的

2. 假设一个随机变量服从均值为80、标准差为24的正态分布。该分布取值不在32~116范围内的比例为（　　）。

A. 4.56%　　B. 8.96%　　C. 13.36%　　D. 18.15%

3. 对数正态分布的偏度是（　　）。

A. 正数　　B. 负数　　C. 0　　D. 3

4. 市场收益率的随机游走假设的一个基本假设是一个时间段的收益率与下一个时间段的收益率在统计意义上独立，这个假设意味着（　　）。

A. 一个时间段的收益率与下一个时间段的收益率永远不可能相同

B. 一个时间段的收益率与下一个时间段的收益率不相关

C. 一个时间段的收益率信息不能对下一个时间段的收益率预测提供帮助

D. 说法 B 和 C 均正确

5. 考虑一个遵循随机游走假设的股票日收益率。年波动率为 34%。假设一年有 52 个星期。估计该股票收益率的周波动率为（　　）。

A. 6.80%　　B. 5.83%　　C. 4.85%　　D. 4.71%

6. 一个风险经理用基于每日收益率 r_t 的 GARCH 模型来估计每日波动率：$h_t = \alpha_0 + \alpha_1 r_{t-1}^2 + \beta h_{t-1}$，其中 $\alpha_0 = 0.005$、$\alpha_1 = 0.05$、$\beta = 0.94$。每年的长期均衡波动率近似为（　　）。

A. 13.54%　　B. 7.94%　　C. 72.72%　　D. 25.00%

7. 下列关于模型预测波动率的说法不正确的是（　　）。

A. 在 EWMA 模型中，正的权重分配给长期均衡方差

B. 在 EWMA 模型中，分配给观测值的权重随着观测值的顺序指数递减

C. 在 GARCH 模型中，估计给长期均衡方差正的权重

D. 在 GARCH 模型中，估计给观测值的权重随着观测值的顺序指数递减

8. 假设一个资产的每日收益服从均值为零的正态分布。假设你有历史收益率序列（u_1，u_2，…，u_m），并且你希望使用最大似然方法去估计 EWMA 波动率模型的参数。为了做到这一点，你定义 $v_i = \sigma_i^2$ 为 EWMA 模型在第 i 天的估计方差，那么 m 个观测值的似然函数为 $\prod_{i=1}^{m}\left[\frac{1}{\sqrt{2\pi v_i}}\exp[-u_i^2/(2v_i)]\right]$。为了最大化 m 个观测值的似然函数，你必须（　　）。

A. 寻找使 $\sum_{i=1}^{m}[-\ln(v_i) - u_i^2/(2v_i)]$ 最小的 λ

B. 寻找使 $\sum_{i=1}^{m}[-\ln(v_i) - u_i^2/(2v_i)]$ 最大的 λ

C. 寻找使 $-m\ln(v_i) - \sum_{i=1}^{m}[u_i^2/(2v_i)]$ 最小的 λ

D. 寻找使 $-m\ln(v_i)-\sum_{i=1}^{m}[u_i^2/(2v_i)]$ 最大的 λ

9. 一家银行使用 λ＝0.9 的指数加权移动平均（EWMA）方法对证券的每日波动率进行建模。当前的每日波动率为 1.5%。证券昨天的价格为 20 美元，今天的价格为 18 美元。使用连续复利收益率，更新以后的收益率估计是多少？

10. 什么是肥尾分布？

11. 解释波动率的含义。

第 3 章　市场风险指标

3.1　金融市场风险概述

3.1.1　市场风险的类型

市场风险是指因市场价格的变化而导致未预料到的潜在损失的风险。市场价格主要包括利率、汇率、股票价格、商品价格等。相应地，金融市场风险分为四种不同的类型：利率风险、汇率风险、股票价格风险和商品价格风险。

1. 利率风险

利率风险是指市场利率变动的不确定性给金融机构造成损失的可能性。巴塞尔监管委员会将利率风险分为重新定价风险、收益率曲线风险、基准风险和期权风险四类。重新定价风险是商业银行最常见的利率风险表现形式，产生于资产、负债和表外项目头寸重新定价时间和到期日之间的不匹配。收益率曲线风险也叫利率期限结构变化风险，指因为银行的重新定价存在着不对称性，使得收益率曲线的斜率形态发生变化，从而对银行收益或内在经济价值产生不利的影响。基准风险也叫利率定价基础风险，虽然资产、负债的利率期限匹配，但由于二者适用的基准利率曲线不同，当基准利率曲线变动不同步时，就可能引发利率风险。

银行资产、负债和表外业务中隐含的期权可能引发期权风险。期权可以是单独的金融工具，如场内交易期权和场外期权合同；也可以隐含在其他标准化金融工具中，如债券或存款的提前兑付条款，贷款的提前偿还等。当利率变动对存款人或借款人有利时，存款或借款可能会被重新安排，从而对银行现金流产生不利影响。

2. 汇率风险

汇率风险是指金融机构以外币计价的资产与负债、收入与支出，以及未来的经营活动预期产生现金流的本币价值因汇率变动而产生损失的可能性。根据汇率风险的表现形式，可以分为交易风险、折算风险和经济风险。交易风险是指使用外币计价的收付交易中，经济主体因汇率变动而遭受损失的可能性。折算风险又称会计风险，是经济主体因汇率变动导致资产和负债的价值变化的风险。经济风险又称经营风险，指未预期到的汇率变化导致未来一定期间的收益或现金流变化的潜在风险。

3. 股票价格风险

股票价格风险是指由于未来经济活动的不确定性导致股价随机波动，使得实际收益背离预期收益的可能性。股票价格风险可分为系统性风险和非系统性风险。系统性风险又称为不可分散风险，是指由于某种因素的变化，导致所有股票系统性下跌，从而给股票持有人带来损失的可能性。非系统性风险是指对某一个或某一类股票发生影响的不确定因素，它只对某一种或某一类股票产生影响。

4. 商品价格风险

商品价格风险是指由于企业持有的各类商品价格发生不利变动而导致损失的风险。这些商品通常包括可以在二级市场上交易的某些实物商品，如农产品、矿产品和贵金属等。商品价格风险主要有以下几个原因：供给波动、需求波动、季节性原因和自然灾害等突发事件。

3.1.2 常用市场风险指标

风险度量是经济学理论、精算统计学和现代概率数学的交叉。这些理论交汇为多种风险指标的提出提供了良好的条件。除了从投资理论中衍生出的经典指标，如收益率的方差或标准差，一些新的指标，如 VaR 或期望损失等指标也相继出现。此外，对冲基金等专业人士也提出了诸如欧米伽值这样的华尔街指标，来衡量其他指标无法量化的风险（见表 3.1）。

一份调查报告（Fabozzi，Focardi & Jonas，2007）发现，在 36 家参与调查的资产管理机构中，有 35 家使用方差作为风险指标，占 97%；24 家使用 VaR，占 67%；14 家使用下行风险指标，占 39%；4 家使用条件 VaR，占 11%；2 家使用极值理论，占 6%。该调查结果显示，尽管诸如 VaR 和条件 VaR 等新的风险指标很快为投资经理所接受，但传统的方差和下行风险等指标依然根基稳固，特别是方差指标的使用比例仍然是最高的。

表 3.1　　部分常用风险指标

来源	风险指标
投资理论	方差和标准差
现代风险管理理论	VaR 条件 VaR 压力 VaR 下偏标准差
压力指标	欧米伽值

资料来源：［美］沃尔特 V. 小哈斯莱特著，郑磊、王盛译：《风险管理》，机械工业出版社 2017 年版，第 53 页。

3.1.2.1　方差和标准差

风险是现代投资组合理论的基石，对投资理论的深入研究引出了一系列被普遍接受的风险指标，如方差、标准差，贝塔值和跟踪误差。

方差是测量分布围绕均值波动的二阶中心矩。标准差是方差的平方根。与方差不同的是，标准差与随机变量和均值的单位是一致的，因此可以直接进行比较。此外，标准差也是描述正态分布的一个关键参数。

期望收益的标准差由马科维茨在投资组合选择问题中首次引入，通常用希腊字母 σ 表示，它是最传统的风险指标。在均值方差理论和其后的资本资产定价模型（CAPM）中，标准差代表了一项资产或组合的全部风险。CAPM 通过从总风险里分解出系统风险，与敏感性系数 β 和其他特殊风险一起，构成了一个更精细的风险度量误差项。此外，相对风险指标，如跟踪误差，也被引入到被动投资策略中。

但标准差有一个重要缺陷。作为一个对称性指标，它包含了上行偏差（收益）和下行偏差（亏损），可能会导致对潜在风险估算的误导。只有在分布是对称的时候，标准差才是一个精确的风险指标。当收益分布为偏态时，作为风险指标的标准差，其准确性会大打折扣。

基于现代投资组合理论的资产组合的方差一直是投资经理喜欢使用的风险指标。在资本资产定价模型中，这种全方差风险被分拆为系统风险和非系统性风险；在后来的多因子模型中，全方差风险被拆分为更多、更具体的风险因子和非系统性风险。但基于这一框架的风险指标并未考虑到风险所对应的损失金额。

3.1.2.2　现代风险管理指标

在银行业的交易和贷款活动中，围绕不同交易部门的风险因子，发展出一种自下而上的方法。首先，利用 VaR 和其他指标分别估算股票、利率、货币和商品市场风险，并得出一个整合的市场风险数字；其次，把信用风险、操作风险和流动性风险整合到该风险框架。这种方法的核心理念是金融机构的资本是有限的，因此，必须向经风险调整后的潜在收益高的项目优先分配。但这种资本分配预算实践有效运行的前提是，所有交易部门层面的风险指标，能够有效地整合在一起。因此，能够整合风险指标的 VaR 框架应运而生。为了回答基础的风险预算问题，传统的现代投资组合理论和现代风险度量学科已经开始融合。风险度量科学作为投资理论中曾经的一个小分支，现在已经成长为一个重要的研究领域，新的风险指标不断推出，并得以推广应用。VaR 分析技术的发展，开始只用于度量市场风险，现在也被用于度量信用风险、操作风险、流动性风险以及组合优化。

现代风险管理指标是风险管理理论和实践快速发展的结果，风险度量深深地扎根于概率论中。VaR、条件 VaR（期望损失）和下偏标准差是三个最常用和最基本的现代风险管理指标。此外，还有最近发展起来的回撤指标、压力 VaR 和欧米伽风险指标。

3.2 风险值

3.2.1 定义

风险值（VaR）理论最早是由 JP 摩根公司针对以往市场风险度量技术的不足而提出的。JP 摩根的总裁对他每天都要阅读一份冗长的风险报告感到不满，要求下属在每天交易结束后的四点十五分，交给他一份一页纸的报告，说明公司在未来 24 小时中整体的潜在损失有多大。为了实现这一目标，JP 摩根的风险管理人员开发了一种能够测量不同交易、不同业务部门市场风险，并将这些风险集成一个数值的风险测量方法，这就是 VaR 方法。该方法一经提出，就因为其能科学地反映总体风险的特点，受到包括监管部门在内的国际金融界的肯定与欢迎，迅速发展成为一种金融风险管理标准，与压力测试和回测等一系列方法一起，构成了金融风险管理的 VaR 系统。

VaR 产生以后获得了广泛的应用。1993 年 7 月，30 国集团发表了一个关于金融衍生工具的报告，首次建议用 VaR 系统来评估金融风险。在 2004 年发布的《巴塞尔协议Ⅱ》中，巴塞尔委员会把风险管理的对象扩大到市场风险、信用风险和操作风险的总和。并进一步主张用 VaR 模型对商业银行面临的风险进行综合管理。此外，巴塞尔委员会也鼓励商业银行在满足监管和审计要求的前提下，可以自己建立以 VaR 为基础的内部模型。

VaR 是在一定概率水平（置信度）下，某一金融资产或证券组合价值在未来特定时期内的最大可能损失。它是用货币金额表示的尾部风险的汇总度量。风险值回答了这样一个问题：在一个特定的时间段里，在某种可能性水平上，某一资产的最大损失（即损失值不会超过的某一数值）会是多少？

用来衡量收益或损失的特定时期就是投资组合变现所必需的交易期。变现期期末的未来资产价值是未知的，该未来资产价值和现值之差就是该时期内的收益或损失，它等于差值 $V_t - V_0$，其中 V_t 为投资期 t 结束时的价值，V_0 为已知的现值。这种利润和损失就是头寸的收益。

VaR 被定义为价值变化分布的分位数，它给出了观测到较低值的概率。从图 3.1 中可以观测到分布的分位数。分位数和 VaR 可以用任何分布（不论是否为正态分布）来定义。

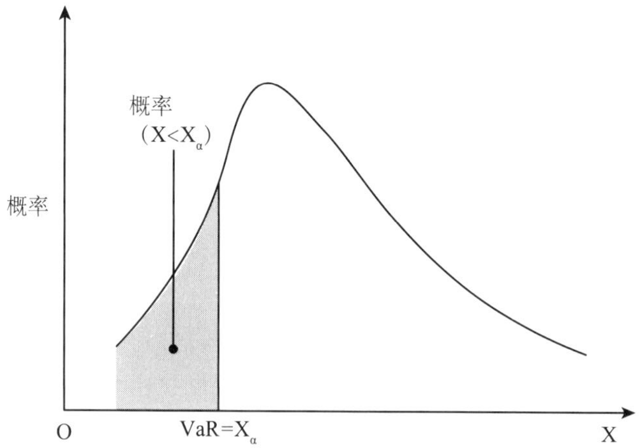

图 3.1　概率分布与分位数

在图 3.1 中，X 为给定投资期内投资组合价值的随机变化，$V_t - V_0$。该分布的 cα 分位数 $X_{\alpha c}$ 为随机变量的值，它使随机变量取值低于该值的概率为：$P(X \leqslant X_{c\alpha}) = \alpha = c$。根据这些变量符号，该分位数也是使随机变量取值高于该值的概率为 $1 - c\alpha$：$P(X > X_{c\alpha}) = 1 - c\alpha$。X 取值低于该分位数的概率为随机变量分布曲线下方的区域。

对于市场风险而言，变量 X 为资产或投资组合的损益。分布的左尾表示损失 L，VaR 是 αc 置信水平上预期最坏情况下的损失 $L_{c\alpha}$。如果损失衡量的是绝对价值变化，那么分位数 L 就是损失上限，它使所有结果中超过该值的比例不超过。在临界值 $L_{c\alpha}$

上，负资产价值低于 $-L_{c\alpha}$ 的概率为：cα：$P(V_t - V_0 < -L_{\alpha\alpha}) = c\alpha$。

对于正态分布而言，不同置信水平的分位数是分布标准差的倍数，如图 3.2 所示。我们通常使用的是正态分布，因为它仅由两个参数定义，即它的均值和标准差（或波动率）。

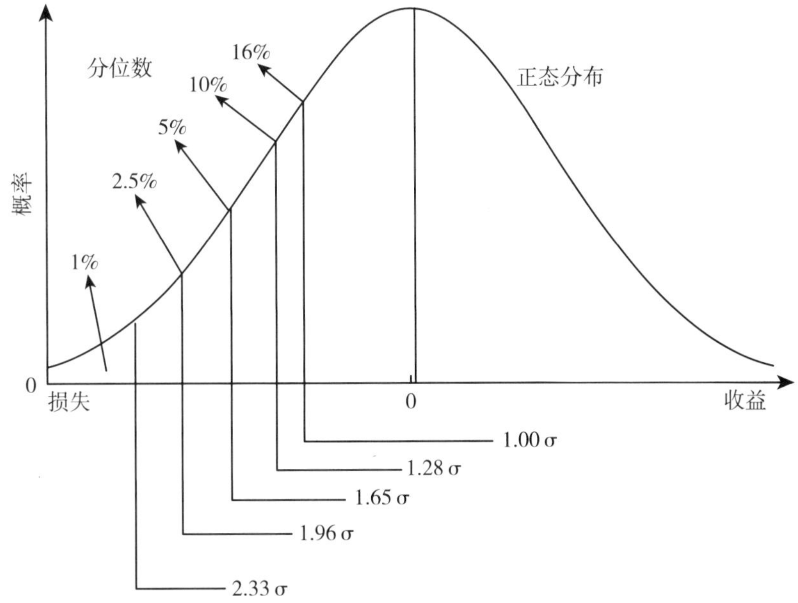

图 3.2　正态分布和单尾置信水平

把每个 αc 值对应的分位数与均值的离差表示为标准差的 α 倍数。例如，左侧随机变量取值的离差大于 2.33 个标准差的概率不超过所有可能结果的 1%。当每年大约有 250 个交易日时，这相当于在 1 年中不超过 2～3 天。现在用来衡量 VaR 的监管规定使用的就是这个 1% 的置信水平。

如果投资组合服从正态分布，可以用期望收益和方差来刻画 VaR，该投资组合的 VaR 为：

$$\mathrm{VaR} = \gamma\alpha\sqrt{x' \sum x} \tag{3.1}$$

αγ 取决于置信水平和选定的密度函数。

尽管 VaR 是一项损失，但通常以正数形式报告。对连续分布的损益来说，其隐含的定义为：

$$c = 1 - \alpha = \int_{-\mathrm{VaR}}^{\infty} f(x)\,dx \tag{3.2}$$

其中，f(x) 为当损失为 x 时的概率。

当 x 取离散值的时候，VaR 就是使得左尾概率不大于 α 的最小的损失。

有时候，VaR 被报告为平均值与分位数的背离程度，这个定义更有一致性。因为它考察在特定日期，两个值之间的背离程度，所以其考虑货币的时间价值。然而，在很多时候，时间跨度都非常短，这样金融序列的平均日收益就接近于零，结果两个定义得出的值经常是很接近的。

3.2.2 VaR 计算举例

VaR 的计算方法有参数法、历史模拟法和蒙特卡洛模拟法。仅通过以下的例子，使用历史模拟法说明 VaR 的计算方法。

【例 3.1】计算 VaR

一个基于人民币的金融机构，持有 1 000 万美元的外汇头寸，假设当日汇率为 6.5 人民币/美元。在第二天中，以 95% 的可能性遭遇的最大损失是多少？也就是求 95% 置信水平的 1 日 VaR（95% 置信水平的选择是随意的，也可以是其他置信水平，如 99%）。

根据样本的条件，我们使用历史模拟法计算 VaR。例 3.1 中，我们收集了 2008 年 1 月 1 日至 2019 年 5 月 31 日共 976 个人民币/美元汇率收益的样本观测值。我们可以使用这些历史数据来直接计算 VaR。首先我们画出一个人民币/美元收益率的时间序列，见图 3.3。这被称为历史模拟法，因为它用最近的历史数据模拟当前投资组合。

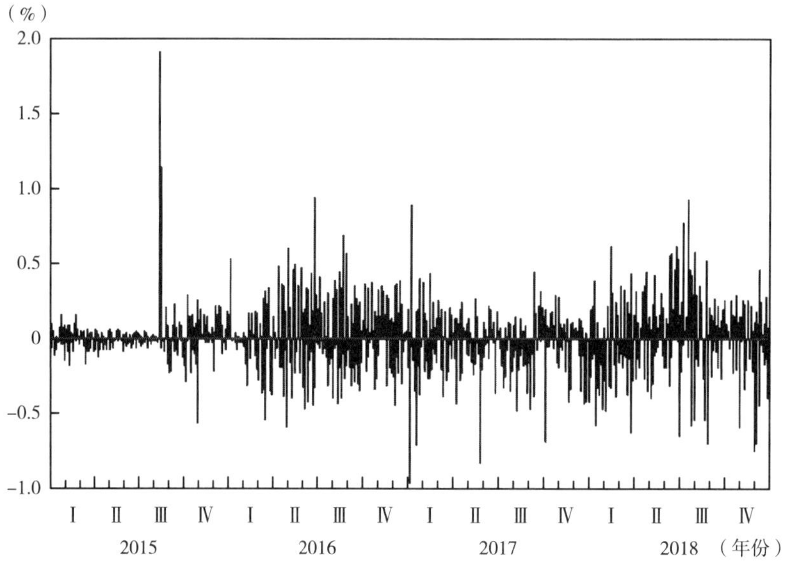

图 3.3 人民币/美元日收益率的历史模拟

接下来，可以构建一个日收益的频率分布，按照从最大到最小的损失排序。直方图或频率分布图如图3.4所示。

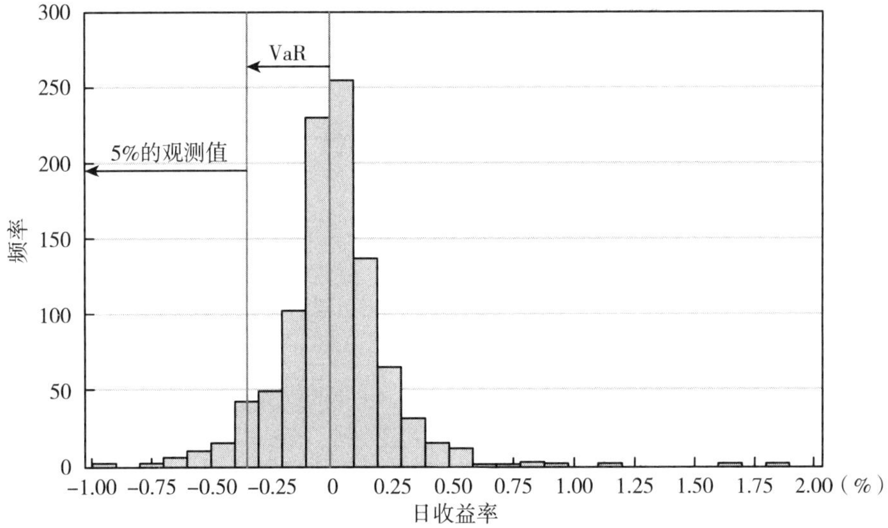

图3.4 人民币/美元日收益率的分布

按照VaR的定义，95%置信水平上的VaR就是收益率样本数据在5%的分位数。从最后一个收益率起，从小到大依次数到第48.8个（976×5%=48.8）收益率，即5%的分位数，在第48和49个样本值-0.00352和-0.00351之间，使用插值法计算为-0.3512%，即明天的收益率低于-0.3512%的概率为5%。

因此，可以算出95%置信水平下VaR的实际损失：6 500×0.3512%=22.8（万元）。

我们可做出如下的表述：在95%的置信水平下，一天的最大损失为22.8万元人民币。

3.2.3 边际VaR、增量VaR和成分VaR

为了理解VaR，常常需要计算更多的风险指标。假设一投资组合有若干组成成分，其中第i个成分为x_i，投资组合的边际VaR是指投资组合价格变化同某个组合成分变化的比率，对于第i个成分：

$$\text{边际 VaR} = \frac{\partial(\text{VaR})}{\partial x_i} \tag{3.3}$$

对于投资组合，边际 VaR 同资本资产定价模型中的贝塔系数有密切关系，当一个资产的贝塔系数较高时，这个资产所对应的边际 VaR 往往也会很高；当一个资产的贝塔系数较低时，这个资产所对应的边际 VaR 也会很低。但在有些情形下，某资产的边际 VaR 为负，这说明增加这一资产的权重会降低投资组合的风险。

第 i 个子投资组合的增量 VaR 是指该子投资组合对 VaR 的增量效应，即投资组合包含此子组合时的 VaR 与不包含此子组合时的 VaR 的差。交易员通常关注新交易的增量 VaR。

第 i 个子投资组合的成分 VaR 定义为：

$$\frac{\partial(\mathrm{VaR})}{\partial x_i}x_i$$

要计算成分 VaR，可将投资于第 i 个子投资组合的数量做一个小的相对变化：

$$y_i = \frac{\Delta x_i}{x_i} \tag{3.4}$$

然后重新计算 VaR。假定 ΔVaR 为 VaR 的增量，则成分 VaR 近似为 $\Delta VaR/y_i$。

在很多情况下，这个近似是合理的。因为如果一个子投资组合的规模相对整个交易组合很小，可以认为边际 VaR 在 x_i 减小到零的过程中，保持不变。当采用这个假设后，减小 x_i 到零的影响为 x_i 乘以边际 VaR，二者之积就是成分 VaR。

在其他风险度量指标上，如预期损失，也可以定义类似边际 VaR、增量 VaR 和成分 VaR 的概念。

3.2.4 VaR 的参数

在 VaR 的定义中，涉及置信水平和期限两个参数的选择。这些参数的选择，取决于风险度量的目的。

3.2.4.1 置信水平

置信水平 c 是 VaR 的一个重要参数。置信水平越高，VaR 指标的数值越大。改变置信水平可提供有关收益分布和潜在极端损失的信息。但是否该在 95%、99%、99.9%、99.99%或更高的水平上停止选择？这些损失值将越来越大，但发生的可能性却越来越低。与之相伴的另一个问题是，随着置信水平的提高，低于 VaR 的损失发生的频率降低，导致 VaR 的指标质量变差。

如有1 000个观测值的话，99%置信水平的VaR可以看作是第10个最低观测值。如果置信水平增加到99.9%，则VaR只能是最低观测值。最后，因为观测值太少，无法估计这个样本99.99% 的VaR。

置信水平的选择取决于VaR的使用。大多数情况下，VaR只是一个尾部风险的基准指标，真正重要的是不同交易时间和地点VaR置信水平的一致性。

如果VaR值用来决定准备多少资本以避免破产，使用高的置信水平是明智的。但资本充足率该用在整个机构层面上，而不是单个交易部门。

VaR只有在能够被验证时才是有用的。事后测试可系统地检查超过VaR值的损失频率是否符合 $p=1-c$。风险管理者不应该把c值选得太高。如果太高，如 $c=99.99\%$，低于VaR的损失10 000个交易日或40年内才会发生一次，这意味着与VaR相关联的真实概率是否为99.99%无法得到验证。因此，通常选择一个不太高的置信水平，如95%~99%。

3.2.4.2 期限

(1) VaR与期限的关系。

期限T越长，VaR指标越大，这一推断基于两个因素：风险因子的特性和投资组合的头寸。

为了从一天推断更长期限，需要假设收益率独立且同分布，日波动率可以通过乘以时间的平方根转换为多日波动率。也需要假设日收益率分布在更长期限保持不变，从而把分布限制在所谓的稳定家族，如正态分布。这样我们有：

$$\text{VaR}(T\text{ 日})=\text{VaR}(1\text{ 日})\times\sqrt{T} \tag{3.5}$$

这要求：①特定期限的分布是不变的；②不同期限的分布是一样的；③不同交易日的新息是独立的。即在一定的条件下，VaR的多期延长遵循时间平方根的规律。

假设在加总的情况下，分布是稳定的，这意味着不论是一期还是多期，分布是不变的，这正是正态分布的特点。可以对一期或多期的收益率用同一个对应于特定置信水平的乘数α，得到多期的VaR：

$$\text{VaR}_T=\alpha(\sigma\sqrt{T})V_t=\text{VaR}_1\sqrt{T} \tag{3.6}$$

$$\text{VaR}_1=\alpha\sigma V_t \tag{3.7}$$

图3.5显示了VaR在不同的置信水平下随期间长度增加，VaR的增加慢于时间的增加。1个月99%的VaR为0.67，1年期间的仅增加到2.33。

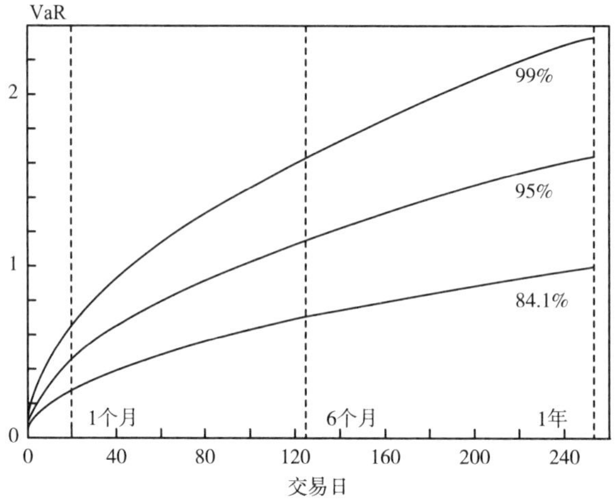

图 3.5 不同期间的 VaR

如果各期的收益不独立，也可以刻画长期风险，如收益服从一阶自回归过程，有：

$$R_t = \rho R_{t-1} + \mu_t \tag{3.8}$$

两天收益的方差为：

$$V[R_t + R_{t-1}] = V[R_t] + V[R_{T-1}] + 2Cov[R_t, R_{t-1}] = \sigma^2 + \sigma^2 + 2\rho\sigma^2$$

或写作：

$$V[R_t + R_{t-1}] = \sigma^2 \times 2[1 + \rho] \tag{3.9}$$

在这种情况下：

$$VaR_2 = \alpha[\sigma \sqrt{2(1+\rho)}]W = [VaR_1\sqrt{2}]\sqrt{(1+\rho)} \tag{3.10}$$

α 取决于置信水平和选定的密度函数。

同一变量时间序列中的相关系数，称为自相关系数或序列自相关系数。正值表示前值的运动方向很可能被后值所跟随，这意味着市场呈现趋势或动量效应。在这种情况下，长期波动性比通常的时间平方根规则增长得更快。相反，负值则表示一个方向的运动很可能在以后发生逆转，这意味着均值回归。在这种情况下，长期波动性的增长比通常的时间平方根规则要慢。

（2）期限的选择。

VaR 期限的选择取决于以下三个因素：

①投资组合的特征。如果头寸变化很快，或者敞口随基础资产价格的变化而变

化，期限增加将导致 VaR 指标的滑落。

②VaR 的用途。如果目的是提供一个精确的下行风险基准指标，期限应相对较短，最好小于主要投资组合再平衡的平均期限。如果决定用多少资产避免破产，应选长的期限。从资本充足水平考虑，当问题开始发生的时候，机构希望有足够的时间来采取纠正措施，VaR 的期限应该足够长，以允许有序清算头寸。换句话说，低流动性资产应该放到一个更长的时间中评估。实践中，期限不能小于报告盈亏的频率。一般来说，银行每天度量盈亏，而公司则有一个更长的时间间隔，这一间隔应该是 VaR 的最小期限。

③回测的需要。对于统计检验，样本数量的增加可以提高统计检验的准确性，或尽可能发现 VaR 模型的问题。选取尽可能短的时期，有助于事后测试。对交易部门而言，可选择 1 天的期间；对一些金融机构而言，如养老基金，可选择 1 个月的期限。

总之，置信水平和时期的选择取决于风险度量的目的。出于事后测试的目的，应当选取低置信水平和较短的时期；出于资本充足的目的，应该选择高置信水平和较的长时期。这些相互冲突的目的都融合在巴塞尔协议关于市场风险资本的要求中。

3.2.5 VaR 的优点和局限

3.2.5.1 VaR 的优点

与传统风险度量方法相比，VaR 有很多显著的优点：

一是 VaR 在不同头寸和风险因子之间提供了一个一致的风险度量，它可应用于货币、债券、股票等任何类型的资产组合，使我们能够比较不同组合的风险。它能够衡量固定收益头寸的风险，并能够将其与一个股票头寸的风险做比较。在这个意义上，VaR 是对传统方法的显著改善（如久期和凸性方法只适用于固定收益产品，希腊字母敏感性风险度量方法只适用于衍生品等）。

二是 VaR 能够考虑不同风险因子之间的相互作用或相互关联，将次级头寸风险集合到一个总的组合风险指标中。而大部分传统的风险管理指标都无法对不同组成部分的风险进行合理集成。

三是 VaR 是概率性的，它给风险管理者提供了与特定损失值相关的有用的概率信息。相比之下，许多传统方法（如久期和凸性方法，希腊字母敏感性方法等）只给出了假设条件下的答案，而没有给出对可能性的判断。

四是 VaR 的衡量单位简单易懂，即损失的货币价值。而其他的风险指标的实际意义都不太好理解（如现金流平均期等），因此 VaR 能更加方便地传递风险信息。

3.2.5.2　VaR 的局限

VaR 是一种有用的概括性风险指标，但它也存在以下的不足：

一是 VaR 没有描述最坏的可能损失。VaR 的目标并不是描述最坏的可能损失。事实上，我们预测损失会以 p 的概率超过 VaR 数值，即对于 95% 的置信水平，100 天中有 5 天超过 VaR。现实中，使用回溯测试来检验超出 VaR 的损失发生的概率是否符合 p。

二是 VaR 不能描述左尾损失的分布。VaR 没有任何关于左尾损失分布的信息，它只是表示这种值发生的概率。对于相同的 VaR 数值，可能有很不同的分布形态。例如，95% 置信水平上的 VaR 同为 5 000 万元的两个金融资产 A 和 B，它们大于 5 000万元的损失观测值都是 100 个，其中 A 资产的 100 个大于 VaR 的损失全部为 6 000万元，而 B 资产的则全部为 1 亿元，这意味着 B 资产承受大损失的概率更大，但其 VaR 未能提供这一信息。还可以构造其他特殊的例子，使投资组合的 VaR 大于其各部分 VaR 之和。这种情况下的风险指标不具有次可加性；但标准差是次可加的，即投资组合的标准差必须不大于各资产的标准差之和。因此，用标准差计算的 VaR 也具有次可加性。

三是 VaR 有一定的测量误差。VaR 值本身受抽样变化的影响。不同的样本周期，或不同长度的样本周期，将有不同的 VaR 值。不同的统计方法或简化处理也会导致不同的 VaR 值。因此，VaR 值的精确度是有限的，应重点关注大的量级。如将 VaR 报告为 0.20312338 亿元是没有意义的，事实上，只有小数点后的前两个数字有意义。参数模型的一个优点是 VaR 的估计比历史模拟法更精确。因为标准差估计使用了所有的观测样本，而样本分位数除左尾的数外，只用了一个或两个观测值。但是，如果历史数据不能反映未来结果的范围，基于历史数据的风险度量会产生误导。

在用历史模拟法计算 VaR 指标时涉及窗口移动，通常使用 1 ~3 年的数据。但在 2007 年的金融危机中，许多银行的风险管理系统都失效了，一些银行遭受了比预测更为频繁和严重的损失。例如，瑞银在 2007 年遭受的异常损失达 29 个，远高于 VaR 系统的 2 ~3 个。

图 3.6 描绘了使用衰减系数为 0.94 的 EWMA 模型预测的标普 500 指数的波动性，2004 ~2006 年期间波动率非常低，平均每天为 0.7%，导致很多金融机构在 2007 年使用了较高的杠杆水平。但银行并未使用 EWMA 预测对风险建模，而是使用每天

等权重的移动窗口，即移动平均模型（MA），但 MA 模型从 2007 年年中开始就比 EWMA 模型低估了波动率。这解释了大量异常值的出现，表明以近期数据评估风险是不充分的，这是 VaR 模型要辅以压力测试的原因。

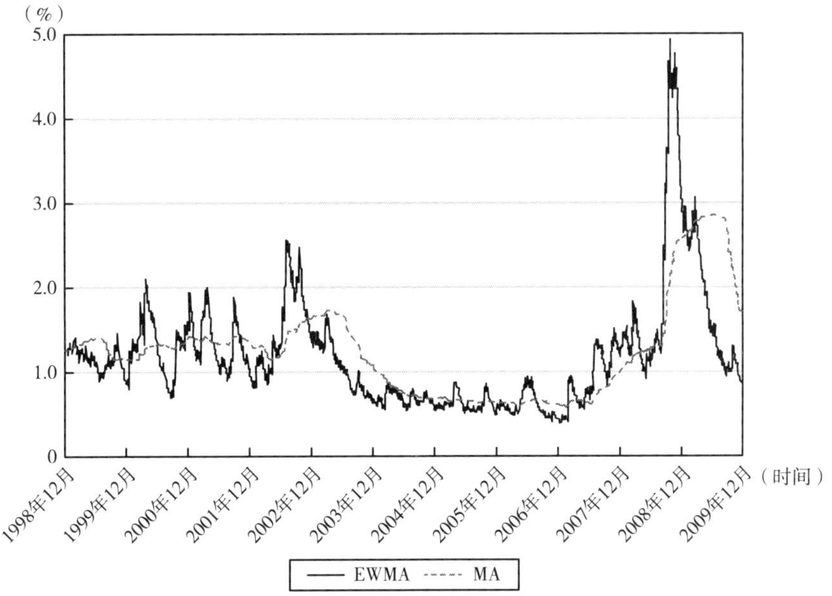

图 3.6 标普 500 股指的波动率

资料来源：Philippe Jorion, Financial Risk Manager Handbook（6th Edition）, John Wiley & Sons, Inc., Hoboken, New Jersey, 2011.

3.3 其他风险指标

3.3.1 条件 VaR（CVaR）

与 VaR 相关的一个概念是当损失超过 VaR 时的损失期望值，它度量了大于 VaR 条件下的损失的均值。定义 VaR 的值为 -q，条件 VaR 是以下公式的负值。

$$E[X \mid X < q] = \frac{\int_{-\infty}^{q} xf(x)\,dx}{\int_{-\infty}^{q} f(x)\,dx} \tag{3.11}$$

注意，分母代表损失超过 VaR 的概率，即 $p=1-c$。这个比率也叫预期损失、尾部条件期望、条件损失或预期尾部损失。因为 CVaR 是预期尾部损失的平均，具有次可加性，因此，CVaR 比 VaR 更容易对投资决策做出评价。

实际中，CVaR 很少出现在金融行业的报告中，它更多用于保险行业，因为保险行业更关注尾部风险。另外，死亡率和巨灾事件的统计分布具有很长的历史，并且更容易应用期望损失进行分析。

风险管理人员应该意识到，用类似 VaR 的一个数值来概括整个分布的缺陷。交易员可能会使用一个低 VaR、高 CVaR 的投资组合，从而报告较低的损失频率，但却有着较高的损失值。

3.3.2 下偏标准差

下偏标准差是一般标准差的延伸，它只考虑损失值，定义 N_L 为损失值的个数，该指标为：

$$SD_L(X)=\sqrt{\frac{1}{(N_L)}\sum_{i=1}^{N}[\min(x_i,0)]^2} \tag{3.12}$$

该指标的优势是解释了分布的非对称性，如危险的左偏。下偏标准差有时被用来报告下行风险，但不如 VaR 常用和直观。

3.3.3 回撤指标

回撤（drawdown）是指在特定的期间内从峰值的回落。定义 x_{max} 是［0，T］区间内的极大值，发生时刻 t_{max}[0，T]，时刻 t 的回撤指标为：

$$DD(X)=\frac{x_{max}-x_t}{x_{max}} \tag{3.13}$$

最大的回撤指标为从区间内的最大值下降到最小值。

如果各时期收益率是独立的，该指标是有用的。但当市场出现趋势时，较长时期的累积损失大于较短时期外推的损失。对于积极管理的投资组合，回撤是有用的指标。如一个投资组合保险计划比一个固定头寸的风险资产应该有较低的回撤，因为它随损失的累积削减头寸。

但回撤指标有以下缺点：

（1）该指标是事后的；

（2）最大回撤对应于不同时间间隔（$t_{max}-t_{min}$），从而不同投资组合最大回撤指标不可比，而 VaR 或标准差是在固定期间计算的。

3.3.4 压力 VaR

压力 VaR 是基于市场在受压条件下的250天计算的，而不是仅由过去1~4年的历史数据求得的。采用历史模拟法计算压力 VaR 时，市场变量在下一个交易日中的百分比变化量是从市场受压条件下的250个交易日的日变化量中抽样得出的。

《巴塞尔协议2.5》要求银行计算两个 VaR 值，其中之一是一般的 VaR（即基于过去1~4年的市场变量），另一个就是压力 VaR（由受压区间内的250个交易日的数据得出）。计算出两个 VaR 之后，银行要对其进行汇总。计算资本金总量的公式为：

$$\max(VaR_{t-1}, m_c \times VaR_{avg}) + \max(sVaR_{t-1}, m_s \times sVaR_{avg}) \tag{3.14}$$

其中，VaR_{t-1}和$sVaR_{t-1}$分别为前一天的 VaR 和压力 VaR（基于10天展望期和99%置信区间）；VaR_{avg}和$sVaR_{avg}$分别为过去60天的平均 VaR 和压力 VaR（同样是基于10天展望期和99%置信区间）。参数 m_c 和 m_s 由银行监管部门决定，其下限为3。在《巴塞尔协议2.5》之前，资本金要求为：

$$\max(VaR_{t-1}, m_c \times VaR_{avg})$$

由于压力 VaR 不会小于一般的 VaR 值，因此，在《巴塞尔协议2.5》框架下，资本金数量至少是以前的两倍。

3.3.5 华尔街指标：欧米伽风险

欧米伽风险指标（Keating & Shadwick，2002）倍受对冲基金的欢迎。其最大吸引力在于考虑到了包括在给定损失限度下的期望收益在内的所有收益分布。

欧米伽风险指标定义为在损失限度 L 之上的概率加权预期收益，与损失限度 L 之下的概率加权预期收益之比，即：

$$\Omega(r,L) = \frac{(E[r \mid r \geq L] - L) \times P(r \geq L)}{(L - E[r \mid r < L]) \times P(r < L)} = \frac{\int_{L}^{r_{max}} (1 - F(r))dr}{\int_{min}^{L} F(r)dr} \tag{3.15}$$

其中，F 代表累积分布函数（CDF），r 是投资收益，r_{min} 代表最低收益，r_{max} 代表最大收益，如图 3.7 所示。

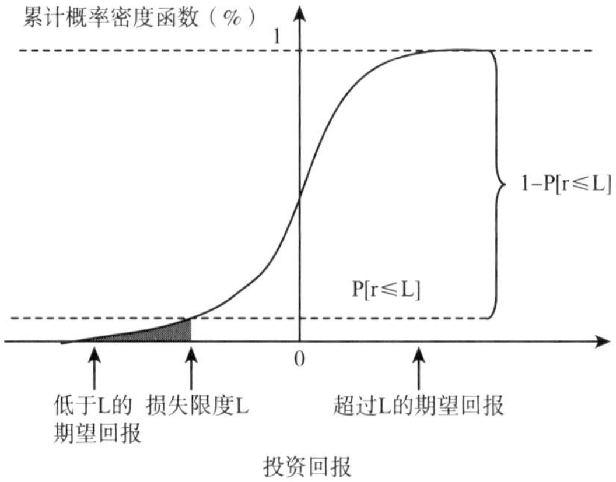

图 3.7 欧米伽风险指标

资料来源：沃尔特 V－小哈斯莱特著，郑磊、王盛译：《风险管理》，机械工业出版社 2017 年版，第 59 页。

欧米伽是一个无单位的比率，当用这个指标比较两个组合时，投资者将选择欧米伽值较大的那个组合。欧米伽风险指标的主要优点是考虑了收益的所有可能分布，同时考虑概率和预期表现。但是其结果严重依赖于选择的损失限度水平，其特点仍有待深入研究。

3.4 一致性风险指标与 VaR

金融理论和实践经历了半个多世纪的发展，产生了数量众多的风险指标，但也提出了一系列重要的实践问题：是否所有的风险指标在评估风险时一样好？是否存在评价这些风险指标好坏的某种标准？是否所有的市场参与者、交易员、组合经理和监管机构都应该使用同样的风险指标？通过了解风险指标的特点来理解风险是如何测量的，将有助于理解已经控制的风险大小以及残留风险的大小。

3.4.1 一致性风险指标

一致性风险指标是满足以下四个一致性特性的风险指标类别：

1. 单调性

如果资产 X 的回报总是小于资产 Y 的回报，那么资产 X 有更大的风险，表示为：

若 $X \leqslant Y$、$\rho(X) \geqslant \rho(Y)$，则 VaR 指标满足单调性特征。

2. 次可加性

资产组合的风险应该不大于其中每个资产头寸的风险之和。一般来说，如果投资者有两个头寸 X 和 Y。那么

$$\rho(X+Y) \leqslant \rho(X)+\rho(Y)$$

如果次可加性成立，则分散的投资组合不会增加风险。这个特性保证了组合的风险不会高于其组成部分的风险之和，可以看作是马科维茨分散化概念的扩展。这个概念对于组合投资经理和想把各个部门的风险加总的银行来说是非常重要的。遗憾的是，基于分位数的 VaR 指标不满足次可加性。但在正态分布的假设下，基于标准差的 VaR 满足次可加性。更一般地，椭圆分布的次可加性都成立，它的密度函数的形状都是椭圆形的，如学生 t 分布。

3. 齐次性

如果资产 X 的头寸按照某个比例 k 增加，那么这个头寸的风险也会以同一个比例增加，数学上表示为：

$$\rho(kX)=k\rho(X)$$

这个特征保证了风险的大小和所持的头寸规模一致。但是这个特征不能反映当头寸增加时，流动性风险的增加，如在危机发生时持有 50 万股 XYZ 公司股票的风险可能比持有 5 万股的风险要大于 10 倍。因为危机时出售 50 万股将会更困难，成本更高，也需要更多的时间。因此，作为补救措施，可以调整 X，以反应较大的头寸所增加的流动性风险。

4. 平移不变性或无风险条件

在现有头寸上增加现金，可以减少同等数额的该头寸的风险。对于价值为 X 的投资和一笔现金 r，有：

$$\rho(X+r)=\rho(X)-r$$

定义了一致性风险指标，我们有以下两个问题：一致性是必须的吗？前面引入的指标是一致的吗？

一致性并非对所有场合都是必需的，根据对方是银行家、组合经理或是监管机构，一些特征可能会比其他特征更加重要。明显的一个例子是次可加性，这在组合管理应用中是非常重要的。另一个例子就是平移不变性，强化了风险指标在监管方面的应用。

对于第二个问题，是否以上的指标满足一致性指标的性质？

使用损益计算出的标准差是一个货币指标，但不具备单调性，所以不满足一致性。

基于分位数的 VaR 由于不满足次可加性，所以也不具有一致性。这背离了分散化原则，对于需要把不同交易部门的 VaR 加总，计算整个机构交易的 VaR 的风险经理来说，需要特别关注。由于无法加总 VaR，因此，机构的 VaR 无法反映出不同交易部门的分散程度。

当收益分布连续时，CVaR 是个一致性指标。如果损益分布是不连续的，那么 CVaR 不是一致的。为了解决这个问题，CVaR 的定义被进一步完善（Rockafellar & Uryasev, 2002），以使其即便低于非连续分布函数仍能保持一致性。

3.4.2 举例：VaR 和次可加性

一个交易员持有一个面值为 100 000 元的公司债券，违约率为 0.5%。在下一期，债券可能不违约且收益为 0，也可能违约导致 100 000 元损失，因此期望收益为：

$$-100\,000 \times 0.5\% + 0 \times 99.5\% = -500(\text{元})$$

因为得到 0 收益的概率大于 99%，所以，99% 置信水平上的 VaR 为 0，这和 VaR 为右尾概率不低于 99% 情况下的最大损失的定义相一致。

考虑一个投资于三个具有相同特征和独立支付债券（A、B、C）的投资组合。三个债券加总的 $\text{VaR} = \sum_i \text{VaR}_i = 0$，收益和概率如表 3.2 所示。

表 3.2　　次可加性和 VaR 举例

状态	债券	概率	收益（元）
无违约		0.995 × 0.995 × 0.995 = 0.9850749	0
1 个违约	A、B 或 C	3 × 0.005 × 0.995 × 0.995 = 0.0148504	100 000
2 个违约	AB、AC 或 BC	3 × 0.005 × 0.005 × 0.995 = 0.0000746	200 000
3 个违约	A、B 和 C	0.005 × 0.005 × 0.005 = 0.0000001	300 000

表 3.2 显示，不发生违约的概率为 0.9851，低于 99%，因此投资组合的 VaR 为 100 000 元，即超过 99% 的最低数值。因此投资组合的 VaR 高于单个 VaR 的加总，其为 0。这个例子中的 VaR 不满足次可加性，这是一个不理想的性质，因为它不利于投资组合的加总，表现出更高的风险。该例表明仅将 VaR 作为唯一的风险指标是有风险的。

3.5 VaR 风险指标体系的构成

如图 3.8 所示，VaR 风险指标体系包括以下三个步骤：

第一，收集投资组合头寸数据，并将其映射到风险因子上。第二，根据市场数据，构建风险因子的分布（如正态分布、经验分布或其他分布）。第三，使用三种方法（参数法、历史法、蒙特卡洛法）中的一种来构建投资组合收益的分布，并用 VaR 来总结下行风险。

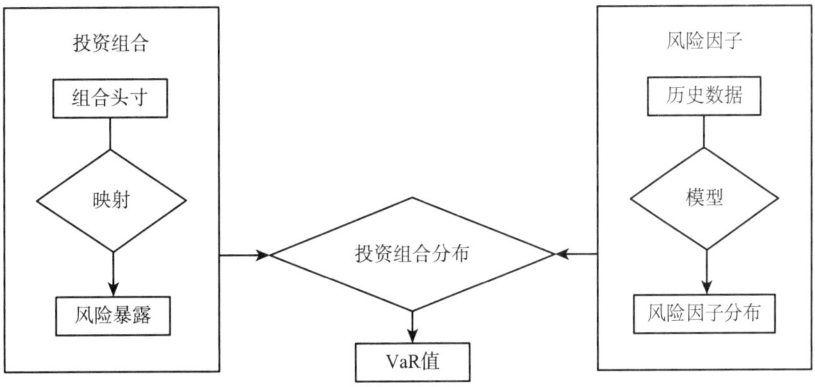

图 3.8　风险指标体系的构成因素图解

资料来源：Philippe Jorion, Financial Risk Manager Handbook (6th Edition), John Wiley & Sons, Inc., Hoboken, New Jersey, 2011.

3.5.1 资产的头寸

资产的头寸，即风险敞口，在很大程度上决定了 VaR。为便于理解，假设头寸在一定时期内是固定的。但实际上，交易者可以积极地改变投资组合，这只是一个简单抽象。

真实的风险可能高于或低于 VaR 指标。如果计算 VaR 基于反映较低限额的收盘头寸，而交易者在当天承担了更多的风险，那么真实的 VaR 可能会更大。相反，如果管理层强制止损，则真实的风险可能会降低。

3.5.2 风险因子

风险因子是可能导致金融资产发生损失的市场变量，如汇率、利率、股票价格指数、商品价格等。它代表了充分涵盖当前或所允许的资产组合风险的所有市场变量的子集。大型资产组合虽然包含了数以万计的证券，但与这些证券相关的风险因子数量却是有限的。

测度资产（组合）VaR 的关键是选择与资产（组合）相关的合适的市场因子。对于一个简单的固定收益资产组合，一个债券市场的风险因子就足够了。相反，对于高杠杆组合，需要多个风险因子。对于期权投资组合，应将波动率作为风险因子。一般来说，策略越复杂，风险因子的数量就越多。

3.5.3 资产的分布

结合资产组合头寸和风险因子变动构建资产组合收益的分布，方法的选择取决于资产组合的性质。对于固定收益资产组合，线性方法是足够的。如果资产组合包含期权，需要包括非线性效应。对于普通期权，可用一阶导数和二阶导数（δ 和 γ）近似它们的价格。对于复杂期权，如两值期权或障碍期权，这些风险因子是不够的。

因此，风险管理既是科学又是艺术。风险管理者既要对风险进行合理近似以得到一种高性价比的风险指标，还要防范交易人员可能会寻找风险管理系统的漏洞。

一旦建立起 VaR 风险指标，还可进行压力测试。风险经理可以将当前资产组合应用到不同情境中，这些情境只是风险因子预先设定的变动。因此，压力测试是 VaR 系统的简单扩展。

3.6 VaR 估值方法

VaR 的估值方法可以分为局部估值法和完全估值法两类。

局部估值法是使用一阶或高阶偏导数，对当前持有的金融工具进行估值。因为局部估值法使用数学解析的方法来计算 VaR，因此也称为解析方法。

一般说来，线性头寸和风险因子的关系可用常数斜率（Delta 值）来描述，从而可以用解析方法来计算其 VaR。

对于非线性头寸，Delta 可以取 -1 和 +1 之间的任何值，而二阶导数（Gamma）总是非零的。如果风险因子的变化幅度较大，仅仅使用一阶导数进行估值，很难反映金融工具头寸的变化，这时需要考虑其二阶导数，即伽玛或凸性。因此，非线性头寸的 VaR 估值一般使用 Delta-gamma 法来近似。

无论对于线性头寸还是非线性头寸的金融工具，都可以使用局部估值法估计VaR。对于线性头寸，如果分布服从正态分布，使用Delta正态VaR法得到的VaR估值相对准确；如果不服从正态分布，则需要通过一些方法进行修正，或使用模拟法进行估计。而对于非线性头寸，无论是使用Delta－正态VaR法，还是使用Delta-gamma法，所估计出来的VaR只是在因子有限变动范围内的近似值。

对于非线性头寸，局部估值法只在风险因子小幅变化时有效。如果风险因子发生大幅度的变化，则需要根据风险因子更加广泛的一系列变化对金融工具进行重新定价。因为需要对资产重新定价，所以称为完全估值法。

更一般地，为了考虑非线性关系，需要在不同收益率下重新定价金融工具。定义y_0为初始收益，则有：

$$\text{最坏的 } dP = P[y_0 + \text{最坏的 } dy] - P(y_0) \tag{3.16}$$

图3.9中，非线性风险敞口与正态分布密度函数结合，形成不再对称、右偏的分布，导致估值更加复杂和困难。当投资组合包含期权时，特别是风险因子变化很大的情形，则需用完全估值法。这解释了压力测试要用完全估值法的原因。

完全估值法可以通过历史模拟法和蒙特卡洛模拟法来实现。

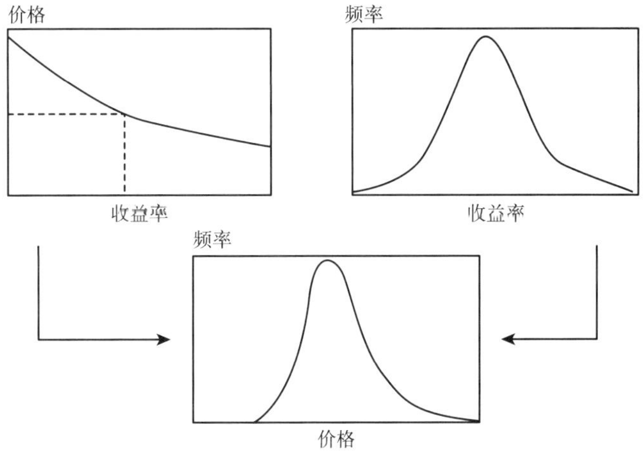

图3.9 非线性风险敞口的分布

资料来源：Philippe Jorion, Financial Risk Manager Handbook (6th Edition), John Wiley & Sons, Inc., Hoboken, New Jersey, 2011.

具体而言，实际中使用的估计VaR的方法，大致有参数法、历史模拟法和蒙特卡洛模拟法三种。

3.6.1 参数法

VaR 指标的参数法是假设收益分布服从特定的密度函数，如正态分布、学生 t 分布，也可以是其他分布，从而可以估计分布的参数。偏差参数用通常的标准差（SD）测量，定义如下：

$$SD(X) = \sqrt{\frac{1}{(N-1)}\sum_{i=1}^{N}[x_i - E(X)]^2} \tag{3.17}$$

然后使用标准差计算不同置信水平上的 VaR 统计量，如 95% 置信水平上的正态 VaR = 1.65SD(X)。最后根据风险敞口的头寸计算出敞口的实际 VaR。

该指标的优点是考虑了所有的观测值，而不仅是分位数附近的几个值。如任何大的负值都会影响方差的值，从而增大标准差的值 SD(X)。如果我们考虑分布的形态，如正态分布或学生 t 分布，那么标准差就是最有效的偏差度量。

但标准差存在以下缺点：

（1）标准差是对称的，不能区分大的损失或收益。

（2）从标准差计算 VaR 需要分布假设，这可能是无效的。

使用标准差来计算 VaR 是一种参数方法（因为它取决于分布的参数）。而在历史模拟法中，VaR 是使用非参数方法从历史数据的经验分布中计算出来的。

对于投资组合而言，Delta - 正态 VaR 是最简单的参数法 VaR 计算方法。它假定投资组合的风险敞口是线性的，并且风险因子服从联合正态分布，因此它是一种局部估值方法。由于投资组合收益率是正态变量的线性组合，因此也服从正态分布。使用矩阵符号，投资组合方差为：

$$\sigma^2(R_{p,t+1}) = x'_t \sum_{t+1} x_t \tag{3.18}$$

式（3.18）中，$\sum_{t+1}$ 是在期限内对协方差矩阵的预测。由于该方法依赖于协方差矩阵，因此它有时也被称为方差 — 协方差矩阵方法。

如果投资组合波动率用绝对金额度量，VaR 可以从对应置信水平 c 的标准正态偏差 α 直接得到：

$$VaR = \alpha\sigma(R_{p,t+1}) \tag{3.19}$$

这被称为分散化 VaR，因它考虑了分散化效应。相反，未分散化的 VaR 只是每个风险因子单个 VaR 的简单加总。它假定所有价格都会同时向最差方向变动，这并不现实。

Delta－正态 VaR 的优点是简单。收益率的分布由方差描述，可以方便地得到封闭形式的解。也可以得到边缘 VaR 和成分 VaR 的解析形式，这种 VaR 方法相对非参数度量更为精确，并有更小的样本波动率。

但 Delta－正态 VaR 方法的缺点来自固定 Delta 假设和正态分布假设。固定敏感度假设对非线性工具或期权工具不成立。在这种情况下，就不能按照简单头寸的线性组合对工具重新估值，而是应该根据定价公式或定价方法重新估值。Delta－正态 VaR 也要求正态分布。然而，观测到的收益率分布可能是有偏或肥尾的。偏度衡量了与对称轴的偏离，如出现负收益率的概率高于出现高收益率的概率时的情况。当大幅偏离的频率高于正态分布曲线时，就存在肥尾。大幅偏离可能来自股价的“跳跃”，或者来自一系列连续收益率的序列相依性。序列相依性意味着高收益率之后往往是高收益率（以绝对值衡量，收益率可能为正也可能为负），此时产生的大幅变化率高于收益率独立时的大幅变化率。图 3.10 比较了正态分布曲线的形状与左偏曲线和肥尾曲线（尖峰曲线）的形状。在这两种情况下，Delta－正态 VaR 都低估了风险。

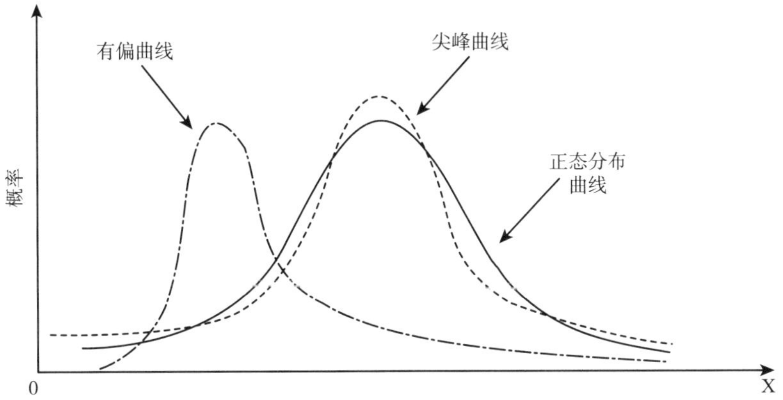

图 3.10　分布的偏度和峰度

如果可以衡量实际分布的矩，就可以用它来解决非正态分布曲线可能造成的价值低估问题，同时保留正态分布 VaR 的概念框架。Cornish-fisher 扩展式提供了给定分布的矩时，非正态分布的分位数。

3.6.2　历史模拟法（HS）

历史 VaR 基于因子收益率的历史时间序列分布。这些时间序列包含风险因子的历史相关性和波动率，而没有对其分布做出任何假设，风险因子的历史变化被用于重新计算当前投资组合的价值。结果为投资组合的损益分布，它是经验分布而非参数分布。历史 VaR 需要在因子收益率发生变化时完全重新评估资产价值，因此属于完全估值法，它绕开了 Delta-VaR 方法的线性假设。这种方法通常被用于期权工具。

1. 历史 VaR 的计算过程

在计算历史 VaR 时，首先要获得在回顾期（如 1 年）观测到的风险因子时间序列。假设我们得到三个风险因子的 250 个日观测值。风险因子的历史值不同于它们的当前值，且不能用于复制合约的当前价值，这些历史观测值被转换为日变化值，250 个风险因子的日变化值被加到风险因子的当前值上，从而得到一系列模拟风险因子历史行为的因子值。然后，将历史变化应用于风险因子的当前值，并根据定价公式，用得到的一系列因子值重新计算每天的工具价值。结果是一系列工具价值的日变化值，它们构成了投资组合损益的经验分布，然后，从该分布可以推导出分位数形式的 VaR。

Delta－正态 VaR 和历史 VaR 在计算顺序和性质上是不同的。根据 Delta－正态 VaR，需要计算一次敏感度，在价值发生偏离后，利用这个敏感度和工具价值偏离与风险因子冲击的线性关系来计算 VaR。这是一种局部估值方法，因为计算没有回归到定价公式上。根据完全估值法，风险因子的模拟值首先被用于重新计算所有日情景下金融工具的价值；然后，根据这些重新估值结果推导出价值与当前价值的偏离。

2. 计算方法

定义当前时刻为 t，我们观测从 1 到 t 的数据。当前投资组合价值为 P_t，它是当前 N 个风险因子的函数：

$$P_t = P[f_{1,2}, f_{2,t}, \cdots, f_{N,t}] \tag{3.20}$$

我们不重复地从历史数据的分布中抽取风险因子变动的样本：

$$\Delta f_i^k = \{\Delta f_{i,1}, \Delta f_{i,2}, \cdots, \Delta f_{i,t}\} \tag{3.21}$$

从中可以利用当前的风险因子价值建立假设的风险因子价值：

$$f_i^k = f_{i,t} + \Delta f_i^k \tag{3.22}$$

并以此来建立新情况下投资组合的假设价值。使用投资组合价值的公式，有：

$$P^k = P[f_1^k, f_2^k, \cdots, f_N^k] \tag{3.23}$$

可以用当前头寸 $R^k=(P^k-P_t)/P_t$ 来计算投资组合的价值的变化。

然后将 t 期的收益率排序，从中选取与第 c 分位数对应的收益率 $R_p(c)$。VaR 可以由均值与分位数的差得到：

$$VaR = Ave[R_p] - R_p(c) \tag{3.24}$$

这里的 VaR 是相对于均值的度量。

3. 优点和缺陷

该方法没有对收益率的分布类型做任何特殊的假设，仅仅依赖历史数据。这比使用正态分布假设更加符合实际，因为历史数据通常有肥尾特性。历史模拟法被广泛采用，还因为它更加直观，损失可以追踪到特定的情境，从而洞察重大损失发生时的风险因子的变动。但它的主要缺陷是依赖较短时间窗口内的历史数据对市场价格的变动做出推断。如果历史窗口没包含可能的市场变动，它会漏掉一些风险。

3.6.3 蒙特卡洛模拟法

除了风险因子的变化通过某些分布生成之外，蒙特卡洛模拟法大体与历史模拟法类似。我们使用：

$$\Delta f^k \sim g(\theta), \quad k=1,\cdots,K \tag{3.25}$$

式（3.25）中，g 为联合分布（如正态分布和学生 t 分布），θ 为所需要的参数。风险经理需要确定风险因子的边缘分布以及它们之间的 Copula。可以包括正态 Copula 或者学生 t Copula 等。

蒙特卡洛模拟法包括从分布中抽取伪随机数，使用完全估值法对投资组合重新定价，然后生成伪收益率，最后对收益率排序来生成要求的 VaR。

蒙特卡洛模拟法很灵活，但计算量庞大。它要求使用者作出关于随机过程的假定，并能理解结果对这些假设的敏感性，因此受模型风险的影响。一个很好的实例是信用评级机构用正态 Copula 度量 CDO 的风险。这种 Copula 的选择低估了真实风险。

由于随机化，蒙特卡洛方法会产生固有的采样变化，不同的随机数会导致不同结果，可能要经过无数次迭代才能收敛到一个稳定的 VaR。和其他方法不同，蒙特卡洛模拟明确反映了风险数据的变异性。

最后，当所有风险因子服从正态分布，且风险敞口为线性时，蒙特卡洛模拟法将收敛于 Delta - 正态方法得到的 VaR。

更一般地，实务中最好比较三种 VaR 方法的结果，以检验实际结果和哪种方法更接近。

3.6.4 方法比较

表3.3 提供了三种主流 VaR 方法的大致比较。其中，delta－正态方法是最容易实现并掌握的，对没有期权的简单投资组合，这种方法很实用。相反，期权的出现需要完全估值方法。

表 3.3　　VaR 估值方法的比较

特征		Delta－正态	历史模拟	蒙特卡洛模拟
估值		线性估值	完全估值	完全估值
分布	形态	正态分布	实际分布	一般分布
	极端事件	低概率	限于最近的数据	有可能
实现	计算难易度	容易	中等	难
	沟通度	一般	简单	难
	VaR 准确度	非常好	短期窗口效果差	多次重复效果好
主要缺陷		非线性，肥尾	风险随时间变化	模型风险
			极端事件	

另外，金融数据序列呈肥尾特性，这意味着高置信水平上的正态分布近似不太可信。这解释了为什么历史模拟法是被广泛采纳的 VaR 方法。

练习题

1. 一个市场风险经理使用 1 000 天的收益/损失历史信息来计算 99% 分位数的 VaR，为 800 万元。超过 99% 分位数的损失观测值被用来估计条件 VaR。如果超过 VaR 水平的损失，为 900 万元、1 000 万元、1 100 万元、1 300 万元、1 500 万元、1 800 万元、2 100 万元、2 400 万元和 3 200 万元，那么 CVaR 是（　　）。

A. 900 万元　　B. 3 200 万元　　C. 1 500 万元　　D. 1 700 万元

2. 标准的 VaR 计算方法假定头寸是固定的。如果风险经理能施加损失限制，那么真实的 VaR 应当（　　）。

A. 和计算值相同　　B. 大于计算值　　C. 小于计算值　　D. 无法确定

3. 关于 ABC 银行的年度报告称 ABC 银行每月 VaR 在 95% 的置信水平下为 1 000

万元。下列关于这个报告最恰当的解释是（　　）。

A. 如果我们收集ABC银行100个月的损益数据，总是有大约5个月的损失会超过1 000万元

B. 该银行有95%的概率在1个月内的损失值低于1 000万元

C. 该银行有5%的概率在1个月内的收益值低于1 000万元

D. 该银行有5%的概率在1个月内的损失值低于1 000万元

4. 比VaR更坏的情形定义为导致收益率分布左尾的极值损失等于或超过给定置信水平的VaR情形。下列哪一个说法是VaR的正确描述？（　　）

A. VaR是比VaR更坏情形收益率的平均值

B. VaR是比VaR更坏情形收益率的标准差

C. VaR是比VaR更坏情形收益率中最坏的

D. VaR是比VaR更坏情形收益率中最好的

5. 假设量化投资组合的每日收益率是相互独立并且均服从正态分布。投资组合经理要求S量化分析师计算投资组合10天、15天、20天和25天的VaR。投资组合经理发现S展示的计算结果存在一些问题。下列哪一个投资组合的VaR和其他不一致？（　　）

A. 10天VaR＝3.16亿元　　B. 15天VaR＝4.65亿元

C. 20天VaR＝5.37亿元　　D. 25天VaR＝6亿元

6. 给定一个资产的30个顺序百分收益率，计算在90%置信水平下的VaR和期望损失：－16，－14，－10，－7，－7，－5，－4，－4，－4，－3，－1，－1，0，0，0，1，2，2，4，6，7，8，9，11，12，12，14，18，21，23。（　　）

A. VaR（90%）＝10，期望损失＝14　　B. VaR（90%）＝10，期望损失＝15

C. VaR（90%）＝14，期望损失＝15　　D. VaR（90%）＝18，期望损失＝22

7. 假设一个流动性资产的损益分布为正态分布，该头寸95%的置信水平下的每日VaR为100 000元。估计相同头寸99%置信水平下的10日VaR。

8. 假设某交易组合的每天价值变化服从正态分布，分布的期望值为0，标准差为200万元，则（　　）。

（1）一天展望期的97.5%的VaR为多少？

（2）5天展望期的97.5%的VaR为多少？

（3）5天展望期的99%的VaR为多少？

9. 下列方法哪一个用于对你的投资组合进行压力测试最合适？（　　）

A. Delta-gamma方法　　B. 完全估值方法

C. 盯市方法　　D. Delta－正态方法

10. 下列关于 VaR 估计方法的说法哪一个是错误的？（　　）

A. Delta－正态 VaR 方法对使用动态对冲和购买看跌期权的具有保险的投资组合的估计更可信

B. 基于历史数据的完全估值 VaR 方法对包含类似期权的金融工具投资组合的估计比 Delta－正态 VaR 方法更可信

C. Delta－正态 VaR 方法可能会在股票收益率具有较高峰度时低估股票投资组合的真实 VaR

D. 基于历史数据的完全估值 VaR 方法考虑了风险因子和证券价格之间的非线性关系

11. 下列关于蒙特卡洛模拟的说法哪个是错误的？（　　）

A. 蒙特卡洛模拟可以用于对数正态分布的估计

B. 蒙特卡洛模拟可以生成只含有线性头寸的投资组合的分布

C. 蒙特卡洛模拟的一个缺陷是它的计算量非常大

D. 假设标的过程服从正态分布，蒙特卡洛模拟得到的标准差和试验次数的平方根反向相关

12. 下列关于 Delta－正态 VaR 的说法哪一个最正确？（　　）

A. Delta－正态方法对资产的 VaR 估计准确，它可以将资产表示为线性或非线性的服从正态分布的风险因子组合

B. Delta－正态方法对平值或虚值以及将要到期的期权的 VaR 估计准确

C. Delta－正态方法通过生成协方差矩阵和利用矩阵乘法来估计 VaR

D. Delta－正态方法对期权以及其他衍生品的 VaR 估计准确，即使它们的 Delta 不稳定

13. 简述金融市场风险的类型。

14. 简述 VaR 风险指标体系的构成。

15. 简述一致性风险指标的性质。

16. 什么是 VaR 的局部估值法和完全估值法？

17. 比较 VaR 估值的三种主流方法的优缺点。

第 4 章　因子模型

如第 3 章所述，VaR 风险指标体系由三个部分组成：一是投资组合头寸，二是风险因子建模，三是将头寸和风险因子结合起来。其中，构建因子模型是我们简化风险估算的重要一步。

因子模型是每笔资产的收益率和其依赖的风险因子的收益率之间的线性关系式。风险因子的系数衡量了资产收益率对风险因子的敏感度。资产收益率和市场风险因子之间的关系可能是很精确的，像定价公式一样。也可以用来近似非线性的关系，如当市场偏离较小时，可以通过线性函数得到近似的定价公式。当资产收益率和风险因子之间缺乏理论上的精确关系时，可以借助传统的回归分析得到线性关系式。当然，这种统计拟合只解释了资产收益率的一部分方差，剩余的方差是独立于风险因子的随机误差项的方差。

系统风险是由因子解释的风险，因子无法解释的那部分资产收益率变化就是该资产的个别风险。当因子模型基于回归分析时，每个因子之间的协方差和残差项为零，且残差项的期望值为零。通过投资多个资产，投资组合可以分散个别风险，但不能分散系统风险，因为它们是各个资产共同依赖的因子。因为因子模型可以对分散化效应建模，所以被用于风险建模。

因子模型还可以用来对资产收益率之间的相依性建模，因为它们将各个资产的收益率与一组共同的风险因子联系起来。当风险因子变化时，它们将在资产收益率之间产生联动。

4.1　单因子模型

单因子模型在资产收益率与单一风险因子之间建立起线性关系。这是最简单的因子模型，即资产的收益率取决于一个风险因子。单因子模型的一个传统例子是威廉·夏普的资本资产定价模型（CAPM），也叫对角模型。该模型通常选择一个被动型市场指数作为风险因子。它将股票 i 的收益率 R_i 分解成以下三部分：

$$R_i = \alpha_i + \beta_i \times R_M + \varepsilon_i \tag{4.1}$$

式（4.1）中，β_i 为股票 i 的系统风险，ε_i 为股票 i 的个别风险，假设残差与 R_M 不相关，个别风险因子之间不相关。因此，任何两只股票之间的相关性都必然来自市场风险的共同作用。CAPM 认为市场均衡时 $\alpha_i = 0$，不必考虑截距项，从而简化了风险度量。

考虑一个每种股票权重为 w_i 的股票投资组合，其收益为：

$$R_p = \sum_{i=1}^{N} w_i R_i \tag{4.2}$$

利用风险因子加总公式，可以得到投资组合的收益率为：

$$R_P = \sum_{i=1}^{N} (\omega_i \beta_i R_M + \omega_i \varepsilon_i) = \beta_P R_M + \sum_{i=1}^{N} (\omega_i \varepsilon_i) \tag{4.3}$$

加权平均的 β 为：

$$\beta_P = \sum_{i=1}^{N} \omega_i \beta_i \tag{4.4}$$

投资组合的方差为：

$$V[R_P] = \beta_P^2 V[R_M] + \sum_{i=1}^{N} (\omega_i^2 V[\varepsilon_i]) \tag{4.5}$$

由于所有残差项不相关，简化起见假设投资组合内各资产权重相等，且残差项都相等，$V[\varepsilon_i] = V$。这意味着 $\omega_i = \omega = 1/N$，随着资产数量 N 的增加，式（4.5）的第 2 项收敛于：

$$\sum_{i=1}^{N} (\omega_i^2 V[\varepsilon_i]) \to N \times \left[\left(\frac{1}{N}\right)^2 V\right] = \left(\frac{V}{N}\right) \tag{4.6}$$

随着 N 的增加这一项将消失，剩下的唯一风险就是系统性的市场风险，为 β^2 与市场收益率方差的乘积：

$$V[R_P] \to \beta_P^2 V[R_M] \tag{4.7}$$

因此，在大型分散化的投资组合中可以忽略个别风险。

综上所述，威廉·夏普的对角模型将股票收益率分解为来自市场指数的系统风险和来自单个股票的个别风险。在大型分散化的投资组合中，个别风险部分可以被忽略，只用来自市场指数的系统风险作为主要的风险驱动因子。这就把每个股票的头寸映射到统一的市场指数的头寸上。映射方法把股票 i 的头寸 x_i 表示为在市场指数上的头寸 $x_i\beta_i$。

映射方法对一些缺乏历史收益率数据的头寸特别有用，这些头寸可以映射到事先选定的风险因子上。如一个 IPO 股票，它的风险较大，但它没有任何历史数据，实用的方法是将这个股票头寸映射到具有相同特征的股票指数上。

4.2　多因子模型

多因子模型将每项资产的收益率表示为多个因子 X_k ［其中 k =（1，…，K），系数为 β_k］的线性函数，加上每项资产特定的残差项 ε_i。当有 N 笔资产和 K 个因子时，一般公式为：

$$Y_i = \beta_{oi} + \beta_{1i}X_1 + \beta_{2i}X_2 + \cdots + \beta_{ki}X_k + \varepsilon_i \tag{4.8}$$

其中 i =（1，…，N）。将每个资产收益率与共同因子联系起来的系数为因子负荷。它们使用双下标，第一个下标表示因子，第二个下标表示资产。因子负荷为资产收益率对每个因子的敏感度。例如，如果第一个因子变化1%，那么资产收益率将变化 β_{1i} 乘以 1%。β_{ik}衡量了资产 i 的收益率对因子 k 的给定变化的反应。

在实践中，将各种资产组合起来时，可能存在成百上千种风险因子，例如，所有货币的所有利率、所有汇率、所有股票指数等。但幸运的是，风险因子数量比资产的数量少得多。

我们使用投资组合收益的波动率及其 VaR 衡量交易性投资组合的风险。这两个指标都依赖于投资组合的分散程度。方差—协方差法是衡量资产收益率与风险分散程度之间相依性的经典方法。但对于大型投资组合，处理所有资产的协方差是很复杂的。因子模型使我们可以对方差—协方差因子矩阵的分散度建模，而资产收益率依赖于这些因子。由于因子数量少于资产数量，因此处理这些因子比处理资产更容易。当资产收益率对因子的敏感度不变且为正态分布时，VaR 可以表示为简单闭合形式公式。但当以上假设不成立时，VaR 的计算只能采取模拟法。投资组合涉及很多种资产，这些资产之间存在的相关性也需要特别的方法进行处理。

4.2.1　投资组合收益的波动率

衡量投资组合收益率及其风险所需的基本信息为投资组合中各种资产头寸的随机

收益率。每个收益率 X 都有一个期望值 E(X) 和一个波动率 σ(X)。波动率为收益率方差 V(X) 的平方根。方差 V(X) 为概率加权的均值离差平方之和。投资组合的收益率是各资产头寸的加权平均收益率，权重是根据期初各资产头寸的价值计算出来的。

投资组合风险的一个衡量指标是其收益率的波动率，它取决于各资产收益率彼此之间的相关程度。假设有两个资产头寸，它们的随机收益率分别用 X 和 Y 表示。相关系数的范围为 -1 ~ +1，它衡量了相关性的强弱和方向（正或负）。相关系数为 1 表示两个变量总是同向变动，-1 表示两个变量总是反向变动，0 表示它们之间彼此独立。协方差是另一个相关性指标：它是两个收益率的均值离差乘积之和，权重为每对值的出现概率。相关系数等于协方差与 X 和 Y 的标准差之积的比。

两个随机收益率 X 和 Y 的协方差为 Cov(X, Y)，简写为 σ_{xy}。它与两个变量的相关系数的关系为 $\sigma_{xy}=\rho_{xy}\sigma_x\sigma_y$，其中 ρ_{xy} 为变量 X 和变量 Y 的相关系数，σ_x 和 σ_y 为变量 X 和变量 Y 的标准差或波动率。

某个投资组合在某个离散时期内的投资组合收益率 Y_P，为同一时期内用初始资产权重 ω_i 计算出的资产收益率 Y_i 的算术加权平均值，通常，由 n 笔资产组成的投资组合的收益率为：

$$Y_P=\sum_{i=1,n}\omega_i Y_i \tag{4.9}$$

收益率 Y_i 的方差为收益波动率 σ_i 的平方，协方差为两个收益率波动率与相关系数的乘积：

$$\sigma_i^2=\sigma^2(Y_i) \tag{4.10}$$

$$\sigma_{ij}=Cov(Y_i,Y_j)=\rho_{ij}\sigma_i\sigma_j \tag{4.11}$$

以下以两个资产组成的投资组合为例解释投资组合波动率的计算。假设两个资产的权重分别为 0.4 和 0.6。投资组合的收益率为：$Y_P=\omega_1 Y_1+\omega_2 Y_2$。两个资产的收益率方差和协方差组成了一个（2×2）方阵，对角线上为方差，对角线之外为协方差。该矩阵是对称的，因为协方差不依赖于两个变量的顺序。以下给出本例的数值为：

$$\sum=\begin{matrix}\sigma_1^2 & \sigma_{12}\\ \sigma_{21} & \sigma_2^2\end{matrix}=\begin{matrix}0.09\% & 0.01\%\\ 0.01\% & 0.04\%\end{matrix} \tag{4.12}$$

相关性矩阵可以显示出相同的相关性：

$$\sum=\begin{matrix}1 & 16.67\%\\ 16.67\% & 1\end{matrix}$$

方差—协方差矩阵、相关系数和方差是相关的：

$$\sigma_1^2 = 3\%^2 = 0.09\%$$

$$\sigma_2^2 = 2\%^2 = 0.04\%$$

$$\sigma_{12} = \rho\sigma_1\sigma_2 = 16.67\% \times 3\% \times 2\% = 0.01\%$$

投资组合收益率的方差为加权随机收益率之和，$\sigma_P^2 = \sigma^2(Y_P = \sum_{i=1}^{n} \omega_i Y_i)$。对于由两个资产构成的投资组合公式变为：

$$\sigma_P^2 = \omega_1^2\sigma_1^2 + \omega_2^2\sigma_2^2 + 2\rho_{12}\omega_1\omega_2\sigma_1\sigma_2 \tag{4.13}$$

用权重和方差—协方差矩阵的数值，计算出投资组合收益率的方差为：

$$\begin{aligned}\sigma_P^2 &= 40\%^2 \times 0.09\% + 60\%^2 \times 0.04\% + 2 \times 16.67\% \times 40\% \times 60\% \times 3\% \times 2\% \\ &= 0.033\%\end{aligned}$$

投资组合收益率的波动率（标准差）为：

$$\sigma_P = \sqrt{0.033\%} = 1.817\%$$

以上的计算过程可以方便地扩展到由 n 个资产构成的投资组合。投资组合收益率的方差低于投资组合中各资产加权收益率的方差之和，因为相关系数小于 1，其差值衡量了分散化效应。只有当相关系数等于 1，即两个收益率完全相关时，它才等于方差之和，除完全相关的极端情况以外，用收益率的方差或波动率衡量的收益率总风险小于其算术和。

4.2.2 使用因子模型计算投资组合的 VaR

投资组合收益率是各项资产收益率的算术加权平均值。由于资产收益率是因子收益率的线性函数，投资组合收益率也是因子收益率的线性函数，因此，投资组合可以作为因子组合进行处理。因子的权重是各项资产的因子负荷的加权平均值，它们被当作投资组合内的资产的权重。根据这种方法，投资组合收益率的波动率是因子的方差—协方差矩阵以及因子模型的系数的函数。

在对公式进行一般化之前，我们用一个两资产双因子投资组合举例说明这种方法。投资组合收益率 Y_P 是每个资产收益率的加权平均值：

$$Y_P = \omega_1 Y_1 + \omega_2 Y_2 \tag{4.14}$$

投资组合收益率是各资产收益率的线性函数，资产收益率是因子收益率的线性函数，因此可以把投资组合收益率映射为因子收益率的线性函数。

新关系式的系数为因子负荷的加权平均值，因子系数的权重就是投资组合中资产的权重。对于两资产双因子投资组合，每个资产的收益率现在都是两个因子 X_1 和 X_2 的线性函数。例如，两个资产收益率的因子模型分别为：

$$Y_1 = \beta_{01} + 0.4X_1 + 0.8X_2 + \varepsilon_1$$
$$Y_2 = \beta_{02} + 1.0X_1 + 0.5X_2 + \varepsilon_2$$

两个模型的常数项分别为：$\beta_{01} = 0.1$ 和 $\beta_{02} = 0.2$。接下来，它们可以被忽略，因为它们对收益率的随机变化没有贡献。在投资组合收益率公式中，将它们表示为因子收益率的函数并替代资产收益率，投资组合收益率变为：

$$Y_P = \omega_1[\beta_{01} + 0.4X_1 + 0.8X_2 + \varepsilon_1] + \omega_2[\beta_{02} + 1.0X_1 + 0.5X_2 + \varepsilon_2]$$
$$Y_P = (\omega_1\beta_{01} + \omega_2\beta_{02}) + (\omega_1 0.4 + \omega_2 1.0)X_1 + (\omega_1 0.8 + \omega_2 0.5)X_2 + (\omega_1\varepsilon_1 + \omega_2\varepsilon_2)$$

其中，因子 X_1 和 X_2 的系数为两笔资产敏感度的加权平均值，常数为两笔资产的常数项的加权平均值。残差项为两个独立（单笔资产）残差项的加权平均值之和。即投资组合收益率为因子的线性函数，其一般形式为：

$$Y_P = \beta_{0P} + \beta_{1P}X_1 + \beta_{2P}X_2 + \varepsilon_P$$

其中，

$$\beta_{0P} = 0.4 \times 0.1 + 0.6 \times 0.2 = 0.16$$
$$\varepsilon_P = \omega_1\varepsilon_1 + \omega_2\varepsilon_2 = 0.4\varepsilon_1 + 0.6\varepsilon_2$$

因子 X_1 和 X_2 的系数分别为：

$$\beta_{1P} = \omega_1 0.4 + \omega_2 1.0 = 0.4 \times 0.4 + 0.6 \times 1.0 = 0.76$$
$$\beta_{2P} = \omega_1 0.8 + \omega_2 0.5 = 0.4 \times 0.8 + 0.6 \times 0.5 = 0.62$$

把以上的系数代入一般公式得：

$$Y_P = 0.16 + 0.76X_1 + 0.62X_2 + 0.4\varepsilon_1 + 0.6\varepsilon_2$$

上文中系数的数值为因子负荷的加权平均值，权重为投资组合中的资产权重。

综上所述，两资产双因子模型投资组合可以简化为一个投资组合收益率的双因子模型，该模型有两个加权系数、一个加权常数项和一个加权残差项。加权残差项的期望值为零，因为它由两个期望值为零的残差项组成。

这表明，投资组合收益率的波动率可以根据因子的方差—协方差矩阵计算出来，而不必根据资产的方差—协方差矩阵来推导。因此，由两笔资产组成的投资组合的表现类似于由两个因子构成的投资组合，因子导致的投资组合收益波动率的计算与两资产投资组合波动率的计算相同，只是此处的权重为每个因子的加权敏感度。

σ_{ij}为因子收益率的方差和协方差。例如，因子的方差—协方差矩阵为：

$$\sum = \begin{matrix} \sigma_1^2 & \sigma_{21} \\ \sigma_{12} & \sigma_2^2 \end{matrix} = \begin{matrix} 0.25\% & -0.01\% \\ -0.01\% & 0.04\% \end{matrix}$$

在该矩阵中，双下标表示因子而不是资产。由协方差矩阵得两因子的相关系数为：

$$\rho = \frac{\sigma_{12}}{\sigma_1\sigma_2} = \frac{-0.01\%}{\sqrt{0.25\%}\sqrt{0.04\%}} = -0.1$$

忽略残差项的方差时，投资组合收益率方差 $V(Y_P)$ 的解析公式为：

$$V(Y_P) = (\beta_{1p}\sigma_1)^2 + (\beta_{2p}\sigma_2)^2 + 2\beta_{1p}\beta_{2p}\sigma_{12} \tag{4.15}$$

将 β_{1p}和 β_{2p}各自的值0.76 和0.62 代入式（4.15）：

$$V(Y_P) = 0.76^2 \times 0.25 + 0.62^2 \times 0.04 + 2 \times 0.76 \times 0.62 \times (-0.01) = 0.1504$$

该投资组合收益率的标准差或波动率为：

$$\sigma(Y_P) = \sqrt{V(Y_P)} = 0.0388$$

如果每个资产收益率服从正态分布，该两资产双因子投资组合在95%置信水平下的风险统计量为：

$$VaR = 1.65\sigma = 1.65 \times 0.0388 = 0.0640$$

因子模型有助于降低投资组合的高维度。对于 N 只股票的投资组合来说，直接计算每只股票收益率的方差和协方差，就意味着要计算 N^2 项，由于矩阵是对称的，因此我们有 $N(N-1)/2$ 个协方差项加上 N 个方差项，总计为：$N + N(N-1)/2 = N(N+1)/2$ 项。对于大型投资组合而言，把各笔资产映射为因子模型后，会大大简化工作量。

4.2.3 投资组合的多因子映射

现代风险度量的基本思想是最大限度地了解投资组合的风险。实践中不可能对每一个单独资产头寸的风险建模，取而代之的是风险映射的简化方法，即使用主要风险因子总的敞口代替单个资产头寸的敞口。更一般地，这种方法可以应用到各个市场中。

1. 外汇远期合约的风险映射

图 4.1 显示了映射过程，该过程是基于相同货币但到期日不同的外汇远期合约。风险经理可用 3 个风险因子敞口代替这 6 个工具头寸来评估风险。映射过程分三步进行。

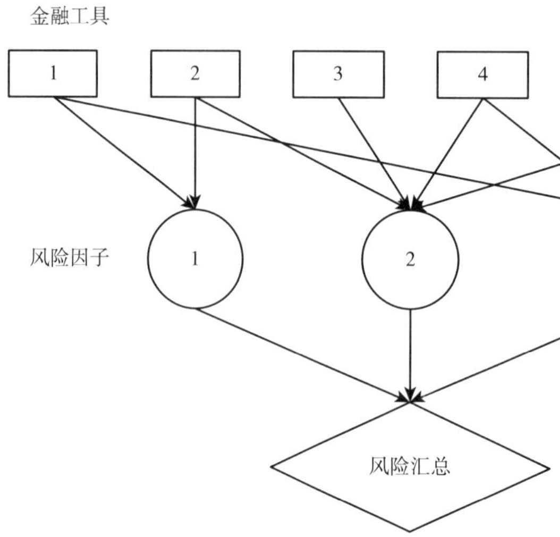

图 4.1　映射方法

资料来源：Philippe Jorion, Financial Risk Manager Handbook (6th Edition), John Wiley & Sons, Inc., Hoboken, New Jersey, 2011.

第一步，用 $k=3$ 个风险因子的风险敞口代替 $N=6$ 的工具头寸中的任何一个。定义 $X_{i,k}$ 为第 i 个金融工具暴露于风险因子 k 的风险敞口。

第二步，加总投资组合中第 k 个风险敞口，$x_k = \sum_{i=1}^{N} x_{i,k}$，生成 $k = 3$ 个风险敞口价值。

第三步，用某种 VaR 方法，从风险敞口和风险因子的变动 Δf 中，得出投资组合收益率 $P_{p,t+1}$ 的分布。

2. 公司债券投资组合

公司债券投资组合的风险因子不但有无风险债券期限结构因子，还包含信用风险因子，无法对所有证券分别建模。每个债券可能没有足够的历史价格数据。另外，如果历史数据没有考虑违约概率，对分析也没有帮助。更一般地，历史数据既不能反映债券的当前信用等级，也不能反映债券的久期。

假设风险经理采用久期映射的方法，并考虑将收益率曲线而不是债券价格的变动作为风险因子。风险经理认为，主要风险因子包括 j 个零息国债的利率 z_j 和按照信用等级排列的 k 个信用价差 s_k 就够了，从而可以为该投资组合的风险提供一个良好的近似。

可以对每个公司债券的收益率 y_i 的变动建模，所选因子包括与它的到期日最相近的国债因子 z_i 的变动和它所属的信用等级 s_k。剩余的成分是 ε_i，通常假设相互独立。从而有 $y_i = z_j + s_k + \varepsilon_i$。图 4.2 是对一个 BBB 级 20 年期公司债券的收益率的分解。

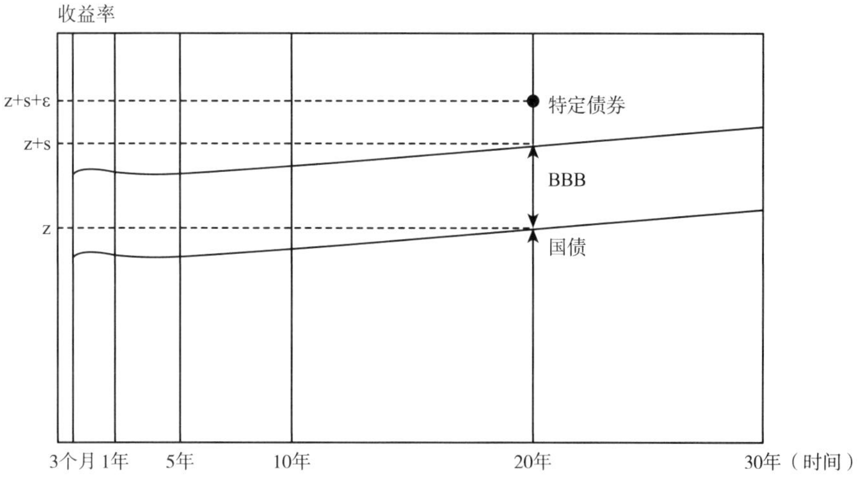

图 4.2　收益分解

资料来源：Philippe Jorion, Financial Risk Manager Handbook (6th Edition), John Wiley & Sons, Inc., Hoboken, New Jersey, 2011.

收益率曲线（yield curve）是显示一组货币和信贷风险相同，但期限不同的债券或其他金融工具收益率的图形。纵轴为收益率，横轴是到期时间。

债券的价格变动为：

$$\Delta P_i = -DVBP_i\Delta y_i = -DVBP_i\Delta z_j - DVBP_i\Delta s_k - DVBP_i\Delta\varepsilon_i \tag{4.16}$$

式（4.16）中，DVBP 是风险因子的每一基点所对应的价值，它等于修正久期乘以债券价值。然后在 N 个头寸中加总敞口。我们持有 n_i 单位的第 i 只债券，因此它的价值为：

$$P = \sum_{i=1}^{N} n_i P_i \tag{4.17}$$

其价格变化为：

$$\Delta P = \sum_{i=1}^{N} n_i \Delta P_i = -\sum_{i=1}^{N} n_i DVBP_i \Delta y_i \tag{4.18}$$

利用风险因子分解，投资组合的价格变动为：

$$\Delta P = -\sum_{j=1}^{J} DVBP_j^z \Delta z_j - \sum_{k=1}^{K} DVBP_k^s \Delta s_k - \sum_{i=1}^{N} n_i DVBP_i \Delta \varepsilon_i \tag{4.19}$$

式（4.19）中，$DVBP_j^z$ 是对债券暴露于第 j 个到期日的债券的所有 $n_i DVBP_i$ 的加总。$DVBP_k^s$ 同理。

利用组合方差公式，总的方差可以分解成：

$$V[\Delta P] = \text{一般风险} + \sum_{i=1}^{N} n_i^2 DVBP_i^2 V[\Delta \varepsilon_i] \tag{4.20}$$

如果投资组合充分分散，可以忽略第二项——个别风险，从而，一个由上千个债券组成的投资组合，仅通过度量少量的政府债券和信用价差的影响，就可以完成对投资组合的建模，从而大大简化风险度量的过程。

该映射方法用两个风险因子的价值代替了债券 i 的 x_i 价值。

$$x_i \text{ 价值的债券 } i \rightarrow \text{第 } j \text{ 日到期收益率的}(n_i DVBP_i) + \text{第 } k \text{ 个信用价差的}(n_i DVBP_i) \tag{4.21}$$

3. 风险因子的选择

对于不同的投资工具，应根据投资组合的特点选取风险因子。对角模型对在各板块分散投资的股票组合是足够的，但低估了在一个板块集中投资的股票组合的风险。由股票多头和空头头寸组成的市场中性的投资组合，虽然贝塔为零，看起来无风险，实际却不是。利率风险的简单映射方法对一个只有多头的投资组合是足够的，本质上，所有的风险敞口都归结为久期。对一个持有多头和空头，且净久期为零的债券投资组合，虽然久期模型给出零风险，但它需要考虑更多的风险因子。对于有多头和空头头寸的期权投资组合，仅考虑线性甚至是二阶标的风险因子的风险敞口是不够的，还应考虑隐含波动率的变动。随着更复杂的金融产品被设计出来，风险模型不能滞后，且不能漏掉主要的风险。

4.3 因子风险的敏感度

4.3.1 头寸与因子之间的关系

投资组合是由每一个金融工具或标的证券构成的。为了计算投资组合的风险，必须计算出投资组合中的每一个金融工具或证券头寸的风险。这需要理解一个头寸价值在其市场变量变化时是怎样变化的。为此我们将单个头寸分类为线性头寸和非线性头寸。线性头寸是指资产价值的变动与风险因子变动呈线性关系的头寸。更进一步地，如果单个线性头寸仅对应一个风险因子，我们把它称为一元线性头寸；如果单个线性头寸对应多个风险因子，我们把它称为多元线性头寸。如果头寸价值的变化不能用风险因子变化的线性关系来表达，将这种资产头寸称为非线性资产头寸。

如对于一个使用人民币计价的中国银行机构而言，价值1亿人民币的美元头寸是人民币/美元汇率的一个一元线性头寸，而一个10年期的美元国债头寸则近似于一个多元线性头寸。衍生品头寸的价值取决于标的证券的价值。有些衍生品的头寸是一元线性的，如远期利率协定（FRA）是一个线性衍生品头寸，它的价值取决于某些未来到期债券的即期利率（或当前价格）；而某些衍生品的价值变化与标的证券价值之间的关系是非线性的，如美元/欧元汇率期权的价值变化就是该汇率变化的非线性函数。

图4.3描述了一个头寸的价值变化与其市场风险因子变化之间的关系。直线表示了头寸价值变化和风险因子变化之间的线性关系。而曲线则表达了头寸价值变化与风险因子的变化之间的非线性关系。一般来说，曲线的凸度可以用gamma(r) 来度量。

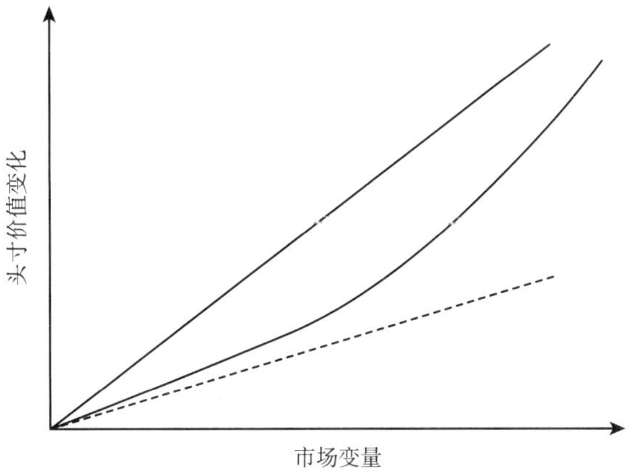

图4.3 线性和非线性头寸

4.3.2 线性头寸的风险敏感度

常见金融工具的敏感度是众所周知的，以下将回顾债券、期权和远期合约等金融工具的敏感度。

4.3.2.1 债券和贷款

固定利率债券的价值随利率反向变化，因为它是用利率作为贴现率贴现的所有合约现金流的现值。债券对所有利率平移的敏感度是久期，由于债券依赖于不同期限的利率，因此假设所有利率发生平移是很方便的，敏感度为负数，因为债券价值和债券利率之间反向变动。债券敏感度的一个常用指标是“一个基点的价值”，一个基点（bp）是1%的1%，即0.0001，敏感度由一个数字或基点衡量。久期公式将债券价值变化与利率变动联系起来。

$$\Delta B = -D\Delta i \tag{4.22}$$

式（4.22）中，B为债券价值，D为修正久期，Δi为所有利率受到的普遍冲击。对特定利率冲击的敏感度为这笔贴现现金流的价值变化。使用替代公式$\frac{1}{1+r} \sim 1-r$可以计算出期限为t的利率变化Δi_t时的债券价值变化约为：$F_t(1-t\Delta i_t)$。确切的公式为日期t上这笔贴现现金流对i_t的导数。

4.3.2.2 远期合约与利率互换

所有可以用其他金融工具组合复制的工具，都可以根据用来复制的这种作为投资组合组成部分的金融工具推导出敏感度。远期合约可以用静态投资组合复制，并可以使用闭合形式的公式估值。例如，远期汇率合约依赖于三个风险因子，即期汇率和两种货币的两个利率。敏感度可以通过分析推导出来，也可以使用这种公式算出数值。类似的，远期利率合约可以通过贷出和借入不同期限、相同金额的同种货币进行复制。它有一个多头和一个空头，每个头寸都只有一笔期末现金流。每个头寸的敏感度都是这些合约的久期（根据情况为正久期或负久期）。利率互换可以被视为借入和贷出相同金额、相同期限、不同利率的同一种货币。固定利率的敏感度是固定利率头寸的敏感度，因为可变利率头寸的久期为零。

4.3.2.3 股票

根据资本资产定价模型，股票收益率依赖于股票指数收益率（r_m）。股票指数系数为β，它衡量了股票收益率对指数收益率的敏感度。资本资产定价模型公式将个股的预期收益率与预期股票指数收益率联系起来：

$$E(r_i) = r_f + \beta_i[E(r_m) - r_f] \tag{4.23}$$

式（4.23）表明，预期股票收益率 r_i，应该等于无风险利率 r_f，加上风险溢价，它是预期股票指数收益率和无风险利率之差再乘以股票的贝塔值 β_i，β_i 是股票收益率对股票指数收益率的敏感度。有些股票的 β 值较高，有些股票的 β 值较低。如果 β 高于 1，如 β 为 2，那么股票 i 收益率的变化将是指数收益率变化的 2 倍；如果 β 值为 0.5，那么对股票 i 收益率的变化将是指数收益率变化的 0.5 倍。按照定义，股票指数的 β 等于 1。理论公式的统计形式为单因子模型：

$$r_i = \beta_0 + \beta_1 r_m + \varepsilon \tag{4.24}$$

4.3.3 常见非线性头寸的敏感度

4.3.3.1 期权

根据布莱克—斯科尔斯模型（BSM），期权的价值取决于一些参数：标的资产的价值、距到期日的时间、标的资产的波动率、无风险利率。期权价值随标的资产的价值、波动率和期限的增加而增加，随利率的增加而减少。期权敏感度通常用希腊字母表示。

对标的资产的敏感度为“Delta”（δ）。股票期权的 Delta 公式为：Δ 股票期权 = $\delta\Delta S$，其中 S 为标的股票的价值。如果看涨期权为虚值期权，那么 Delta 值较低。当执行期权能提供正的收益时，Delta 接近于 1，因为期权报酬随着标的资产价值的增加而增加。

δ 的变化为期权的凸性，由 gamma(γ) 衡量。gamma 表示曲线斜率的变化，这条曲线将期权价值表示为标的资产价值的函数，Delta 的绝对值恒位于［0，1］区间；而 gamma 表示 Delta 的变化，它也恒位于［0，1］区间。期权也对距到期日的时间敏感，因为投资期越长，股价升至执行价格之上的概率越大。对剩余期限的敏感度为 theta(θ)，衡量了期权价值随时间流逝的“衰减”程度。标的资产的波动率越高，在给定时期内期权价值升至执行价格以上的概率越高。因此，期权对标的资产波动率的敏感度 vega(ν) 也为正。最后，报酬只可能产生在未来，求现值时需要进行贴现，这意味着期权对无风险利率水平的敏感度 rho(ρ) 为负。

4.3.3.2 债券

在固定收益金融工具的情况下，头寸价值是以等价的零息票债券价格定义的，但相对应的市场变量却是以收益率回报来定义的。然而，对于债券，标的收益率变化与工具头寸价格变化之间不再有线性的对应关系。事实上，债券价格变化与收益率变化之间的关系是非线性的。以下将以零息债券为例，采用连续复利。

现在，如果我们根据相对变化来定义回报 r_t，即 $r_t=(\Delta y_t/y_t)$，则在时间 t，收益率为 y_t的 N 年期零息债券的价格为：

$$P_t=e^{-y_tN} \tag{4.25}$$

P_t的相对变化可以近似表示成：

$$\frac{\Delta P_t}{P_t}=-D(\Delta y_t)=-y_tD\left(\frac{\Delta y_t}{y_t}\right) \tag{4.26}$$

P_t 收益相对变化的二阶近似为：

$$\frac{\Delta P_t}{P_t}=-y_tD\left(\frac{\Delta y_t}{y_t}\right)+\frac{1}{2}(y_tD)^2\left(\frac{\Delta y_t}{y_t}\right)^2 \tag{4.27}$$

D 为修正久期，对零息票债券有 $D=N$。如果以收益率的相对变化定义回报率 r_t，即 $r_t=\Delta y_t/y_t$，有：

$$\frac{\Delta P_t}{P_t}=-y_tD(r_t)+\frac{1}{2}(y_tD)^2(r_t)^2 \tag{4.28}$$

式（4.28）揭示了以下两个特征：

（1）如果忽略右边的二阶项，会发现债券的价格变化相对收益率是线性的；

（2）如果包括了二阶项，则收益率回报 r_t 和相对价格变化之间有非线性关系。

4.3.4 非线性头寸的泰勒级数展开

如上所述，许多金融工具都与风险因子存在非线性关系。它们包括债券和期权，其中债券价值是用市场利率贴现现金流得到的，期权价格是由期权定价公式给出的。但是在变化很小时，可以通过线性近似公式估计出非线性关系。

理解敏感度及其极限值的基本公式是泰勒展开式。当自变量的初始值为 x_0 时，泰勒展开式用一系列依赖于 Δx（x 与 x_0 之差）的项表示函数 $f(x)$ 的值与初始价值的差异。

泰勒展开式主要被用于计算 x_0 附近的小幅变化；在其他情况下，它也可以作为替代指标。该函数表示资产（如期权）的价值。当 x 变至 $x+\Delta x$ 时，函数 $f(x)$ 的泰勒展开式为：

$$f(x+\Delta x)=f(x)+\frac{1}{1!}\frac{\partial f(\Delta x)}{\partial x}\Delta x+\frac{1}{2!}\frac{\partial^2 f(\Delta x)}{\partial x}\Delta x^2+\cdots+\frac{1}{n!}\frac{\partial^n f(\Delta x)}{\partial x}\Delta x^n \tag{4.29}$$

当变量发生小幅变化时，可以根据取决于 Δx 的第一项得出该函数的变化近似值。Δx 的一阶导数为敏感度，即一阶导数项。通过使用二阶导数项，可以获得更好的近似值。二阶导数项为 Δx 的敏感度变化，即敏感度的导数。泰勒级数表明，资产价值的变化是一阶导数、二阶导数、三阶导数等的函数。

当二阶导数项和更高阶导数项可以忽略时，该资产头寸被认为是线性头寸。期权是非线性工具，因为当基础资产的价值等于执行价格时，收益率将出现“拐点”。因此，一阶导数不是期权价值变化的良好替代指标。gamma 衡量了 Delta 的变化率，它是凸性指标。

非线性工具的一阶敏感度依赖于现行条件，它是局部指标，如果市场条件发生变化或时间流逝，敏感度就不再固定。当无法将敏感度视为常数时，偏离线性模型的问题可以通过使用泰勒展开式的二阶导数解决。期权的凸性调整就是根据该式得出的。当基础资产 S 发生变化时，泰勒展开式显示了期权变化 f(S) 的近似式：

$$f(S) - f(S_0) = \delta\Delta S + \frac{1}{2}\gamma\Delta S^2 \tag{4.30}$$

4.4 利用因子模型计算 VaR 举例

4.4.1 盯市

估计一个外汇远期合约的每日下行风险。为了计算 VaR，首先需要对投资组合估值，将投资组合价值映射到基本风险因子上，然后生成这些风险因子的变动，最后把估值模型与风险因子结合起来模拟合约价值的变动。

假设在 2019 年 10 月 31 日，我们持有一个与某银行达成的 3 个月后用 7 000 万元人民币购买 1 000 万美元的远期合约。

我们使用以下定义：

S_t 为当前以人民币计价的美元即期价格；

F_t 为当前远期价格；

K 为合同规定的执行价格；

f_t 为当前合约的价值；

r_t 为国内无风险利率；

r_t^* 为国外无风险利率；

τ 为距到期日的时间。

为了与国际外汇市场保持一致，我们使用离散复利定义现值因子①：

$$P_t = PV(¥1) = \frac{1}{1 + r_t\tau}, P_t^* = PV(\$1) = \frac{1}{1 + r_t^*\tau} \quad (4.31)$$

购买 1 美元的一个远期合约的市场价值如下：

$$f_t = S_t \frac{1}{1 + r_t^*\tau} - K\frac{1}{1 + r_t\tau} = S_t P_t^* - K P_t \quad (4.32)$$

它受即期汇率和两个利率这 3 个风险因子的影响。此外，可以使用式（4.32）得到风险因子的敞口。微分后有：

$$df = \frac{\partial f}{\partial S}dS + \frac{\partial f}{\partial P^*}dP^* + \frac{\partial f}{\partial P}dP = P^* dS + SdP^* - KdP \quad (4.33)$$

也可以写成：

$$df = (SP^*)\frac{dS}{S} + (SP^*)\frac{dP^*}{P^*} - (KP)\frac{dP}{P} \quad (4.34)$$

直观来看，远期合约等同于：

（1）即期汇率的多头头寸 SP^*。

（2）国外现金的多头头寸 SP^*。

（3）国内现金的空头头寸 KP。

对这个合约按市值计算，如果 Q 代表数量 1 000 万美元，这一合约的当前市场价值为：

$$V_t = Q f_t = ¥10\,000\,000\, S_t \frac{1}{1 + r_t^*\tau} - ¥70\,000\,000 \frac{1}{1 + r_t\tau}$$

在估值日，我们有 $S_t = 7.0533$，$r_t = 2.8870\%$，$r_t^* = 1.54\%$。因此：

$$P_t = \frac{1}{1 + r_t\tau} = \frac{1}{(1 + 2.8870\% \times 90/360)} = 0.9828$$

同样的，$P_t^* = 0.9962$。合约的当前市场价值为：

V_t = ¥10 000 000 × 7.0533 × 0.9962 − ¥70 000 000 × 0.9928 = ¥764 094

合约处于实值状态，我们将使用这个公式来得到在风险因子不同情况下合约价值的分布。

① 本章节以人民币为本币，以美元为外币，¥代表人民币，$代表美元。

4.4.2 风险因子

计算最近200天的市场价格变动。表4.1显示了从2018年12月19日开始的最近200个交易日的3个月期汇率和利率。

表4.1 市场因子的历史数据

日期	即期汇率中间价（S，人民币/美元）	美元利率（r*，3个月美国国债收益率年率,%）	人民币利率（r，3个月SHIBOR年率,%）	天数
2018年12月19日	6.8869	2.4000	3.1810	
2018年12月20日	6.8936	2.3900	3.1990	1
2018年12月21日	6.8825	2.3900	3.2090	2
2018年12月24日	6.9006	2.4500	3.2300	3
2018年12月26日	6.8845	2.4400	3.3090	4
2018年12月27日	6.8894	2.4100	3.3390	5
2018年12月28日	6.8632	2.4000	3.3570	6
2019年1月2日	6.8482	2.4200	3.2850	7
2019年1月3日	6.8631	2.4100	3.2460	8
2019年1月4日	6.8586	2.4200	3.2150	9
2019年1月7日	6.8517	2.4500	3.1410	10
……				
2019年10月17日	7.0789	1.6600	2.7360	190
2019年10月18日	7.0690	1.6600	2.7460	191
2019年10月21日	7.0680	1.6700	2.7630	192
2019年10月22日	7.0668	1.6500	2.7930	193
2019年10月23日	7.0752	1.6500	2.8080	194
2019年10月24日	7.0727	1.6700	2.8240	195
2019年10月25日	7.0749	1.6600	2.8310	196
2019年10月28日	7.0762	1.6500	2.8400	197
2019年10月29日	7.0617	1.6300	2.8470	198
2019年10月30日	7.0582	1.6200	2.8640	199
2019年10月31日	7.0533	1.5400	2.8870	200

首先我们把这些报价转化成真实随机变量，即均值为零且离散程度保持不变。表4.2显示了利率的每日变化dr，以及相关联的折现因子dP/P和即期汇率dS/S的相

对变化。例如第一天为：

$dr_1 = 3.1990\% - 3.1810\% = 0.018\%$

$dS/S_1 = (6.8936 - 6.8869)/6.8869 = -0.000973$

接下来利用这些信息来构造风险因子的分布。

表 4.2　　市场因子的变动

天数	dr*	dr	P*（美元现值）	P（人民币现值）	dP*/P*	dP/P	dS/S
1	-0.01	0.018	0.994060	0.992066	0.000025	-0.000045	0.000973
2	0	0.01	0.994060	0.992041	0.000000	-0.000025	-0.001610
3	0.06	0.021	0.993912	0.991990	-0.000149	-0.000052	0.002630
4	-0.01	0.079	0.993937	0.991795	0.000025	-0.000196	-0.002333
5	-0.03	0.03	0.994011	0.991722	0.000075	-0.000074	0.000712
6	-0.01	0.018	0.994036	0.991677	0.000025	-0.000045	-0.003803
7	0.02	-0.072	0.993986	0.991854	-0.000050	0.000179	-0.002186
8	-0.01	-0.039	0.994011	0.991950	0.000025	0.000097	0.002176
9	0.01	-0.031	0.993986	0.992027	-0.000025	0.000077	-0.000656
10	0.03	-0.074	0.993912	0.992209	-0.000075	0.000184	-0.001006
……							
190	0	0.004	0.995867	0.993206	0.000000	-0.000010	0.000608
191	0	0.01	0.995867	0.993182	0.000000	-0.000025	-0.001399
192	0.01	0.017	0.995842	0.993140	-0.000025	-0.000042	-0.000141
193	-0.02	0.03	0.995892	0.993066	0.000050	-0.000074	-0.000170
194	0	0.015	0.995892	0.993029	0.000000	-0.000037	0.001189
195	0.02	0.016	0.995842	0.992989	-0.000050	-0.000040	-0.000353
196	-0.01	0.007	0.995867	0.992972	0.000025	-0.000017	0.000311
197	-0.01	0.009	0.995892	0.992950	0.000025	-0.000022	0.000184
198	-0.02	0.007	0.995942	0.992933	0.000050	-0.000017	-0.002049
199	-0.01	0.017	0.995966	0.992891	0.000025	-0.000042	-0.000496
200	-0.08	0.023	0.996165	0.992834	0.000199	-0.000057	-0.000694

4.4.3 历史模拟法

历史模拟法使用风险因子的历史变化来模拟潜在的未来变化，例如人民币利率一种可能的情况是，从当前价值 $r_0 = 2.8870\%$ 开始，第二天的变化与 2018 年 12 月 20

日观测到的相似，上涨了 $dr_1 = 0.0180\%$。新的价值为 $r(1) = 2.905\%$。

计算其他变量的模拟值为：

$r^*(1) = 1.54\% + (-0.01\%) = 1.53\%$ 和 $S(1) = 7.0533 \times (1 + 0.000973) = 7.0602$

有了这些新的价值，可以对远期合约重新定价，现在的价值为：

V_t = ¥10 000 000 ×7.0602 ×0.9962 − ¥70 000 000 ×0.9928 = ¥837 306

作为美元的多头，因为美元升值导致合约的当前价值相对于初始价值 ¥764 094 升高了。

我们记下这个合约新的当前价值，并对第一天到 200 天的所有变化重复这一过程，这就生成了合约价值的一个分布，见表 4.3 最后一列。

表 4.3　　模拟的市场因子

天数	模拟的市场因子					合约的假设盯市价值
	r	r*	S	P	P*	
1	2.9050	1.5300	7.0602	0.9928	0.9962	837 306
2	2.8970	1.5400	7.0419	0.9928	0.9962	652 683
3	2.9080	1.6000	7.0718	0.9928	0.9960	941 972
4	2.9660	1.5300	7.0368	0.9926	0.9962	615 533
5	2.9170	1.5100	7.0583	0.9928	0.9962	824 531
6	2.9050	1.5300	7.0265	0.9928	0.9962	501 738
7	2.8150	1.5600	7.0379	0.9930	0.9961	594 616
8	2.8480	1.5300	7.0686	0.9929	0.9962	911 993
9	2.8560	1.5500	7.0487	0.9929	0.9961	710 928
10	2.8130	1.5700	7.0462	0.9930	0.9961	675 396
……						
190	2.8910	1.5400	7.0576	0.9928	0.9962	807 490
191	2.8970	1.5400	7.0434	0.9928	0.9962	667 555
192	2.9040	1.5500	7.0523	0.9928	0.9961	755 337
193	2.9170	1.5200	7.0521	0.9928	0.9962	760 839
194	2.9020	1.5400	7.0617	0.9928	0.9962	850 199
195	2.9030	1.5600	7.0508	0.9928	0.9961	738 529
196	2.8940	1.5300	7.0555	0.9928	0.9962	788 907
197	2.8960	1.5300	7.0546	0.9928	0.9962	780 307
198	2.8940	1.5200	7.0388	0.9928	0.9962	624 818
199	2.9040	1.5300	7.0498	0.9928	0.9962	733 951
200	2.9100	1.4600	7.0484	0.9928	0.9964	733 275

最后一步是对合约价值排序，如表 4.4 所示。假设我们想计算出相对于初始值（不是目标日期均值）的 VaR，表中最后一列给出了投资组合价值的变化，也就是 V（k）- V_0。这些变化的范围从 490 411 元的损失到 462 967 元的收益。

表 4.4　　　　投资组合价值的分布

排序后的价值（元）		
天数	假设的合约价值	合约价值的变化
1	273 683	-490 411
2	386 435	-377 659
3	395 550	-368 544
4	410 838	-353 256
5	426 505	-337 590
6	433 877	-330 217
7	500 387	-263 707
8	501 211	-262 883
9	501 738	-262 356
10	554 130	-209 964
11	562 513	-201 581
……		
190	956 150	192 056
191	998 536	234 442
192	1 009 351	245 257
193	1 019 196	255 102
194	1 044 193	280 099
195	1 045 482	281 388
196	1 054 565	290 470
197	1 082 900	318 806
198	1 188 582	424 488
199	1 189 401	425 307
200	1 227 061	462 967

图 4.4 通过远期合约的完整分布描述其风险特征。VaR 的目的是给出单一的数值作为下行风险度量，如取 95% 的分位数，在表 4.4 中，选取 200 个数据中第 10 个最低值，为 209 964 元。如果取 99% 的 VaR，在表 4.4 中，选取 200 个数据种第 2 个最低值，为 377 659 元。忽略均值，95% 和 99% 的 VaR 分别为 VaR_{HS} = 209 964 和 377 659 元。

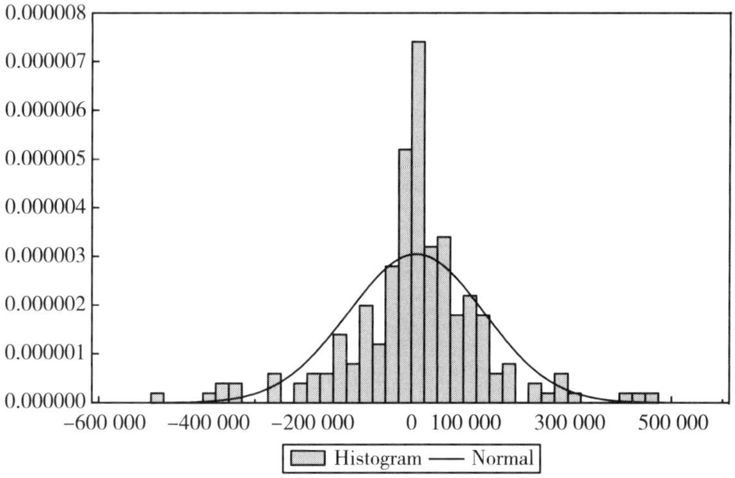

图 4.4 价值变化的经验分布

4.4.4 Delta－正态法

Delta－正态方法使用不同的方法来构造投资组合价值的分布。假定3个风险因子 dS/S、dP/P 和 dP^*/P^* 是服从联合正态分布的。我们可以将微分后的风险因子敞口公式写为：

$$df = (SP^*)\frac{dS}{S} + (SP^*)\frac{dP^*}{P^*} - (KP)\frac{dP}{P} = x_1 dz_1 + x_2 dz_2 + x_3 dz_3 \quad (4.35)$$

式（4.35）中，dz 是正态变量，x 是风险敞口。

定义 $\sum$ 为 dz 的 3×3 协方差矩阵，x 为风险敞口向量。我们利用 $\sigma^2(df) = x'\sum x$ 计算 VaR。表4.5为详细的计算步骤。

表 4.5　　协方差矩阵方法

		dP/P（¥1）	dP*/P*（$1）	dS（¥/$）/S
标准差		0.0041%	0.0065%	0.1862%
相关性矩阵		dP/P（¥1）	dP*/P*（$1）	dS（¥/$）/S
Σ	dP/P（¥1）	1.000	−0.1214	−0.0382
	dP*/P*（$1）	−0.1214	1.000	−0.0548
	dS（¥/$）/S	−0.0382	−0.0548	1.000

续表

		dP/P（¥1）	dP*/P*（$1）	dS（¥/$）/S
协方差矩阵		dP/P（¥1）	dP*/P*（$1）	dS（¥/$）/S
Σ	dP/P（¥1）	1.681E-09	-3.23531E-10	-2.9163E-09
	dP*/P*（$1）	-3.23531E-10	4.225E-09	-6.6324E-09
	dS（¥/$）/S	-2.91626E-09	-6.63244E-09	3.46704E-06

x'Σx

	69 498 395	70 262 489	70 262 489	加总
69 498 395	8 119 275	-1 579 844	-14 240 499	-7 701 068
70 262 489	-1 579 844	-20 858 054	-32 743 165	-55 181 063
70 262 489	-14 240 499	-32 743 165	17 116 163 211	17 069 179 547
方差				17 006 297 417
标准差				130 408

首先计算这3个风险因子的协方差矩阵。表的顶部给出了每日收益率的标准差以及相关系数，利用这些数据，构造协方差矩阵。

接着给出了以风险敞口向量x'和x为边的协方差矩阵，计算$x'\sum x$生成方差，再取平方根，得到$\sigma(df) = 130408$。最后用标准差乘以1.65转化为95%的分位数，得到Delta-正态VaR为VaR_{DN}=215 174。这个数值与我们前面使用历史模拟法得到的VaR十分接近。这表明这些随机变量的分布与正态分布比较接近，事实上图4.4中的经验分布粗略看起来很像一个正态分布。我们也可以用标准差乘以2.33，转换为99%的分位数，得到99%置信水平上的VaR_{DN}=303 851，但这一Delta-正态模拟值与历史模拟法得到的377 659万元相差较大，说明实际数据具有尖峰肥尾特征；也说明置信水平越高，越受到样本数据的局限而难以给出更加准确的VaR估计。

4.5 风险因子的联合分布

风险指标体系的重要组成部分是建立风险因子的联合分布。一种方法是非参数方法，通过使用最近的观测值实现。另一种方法是参数方法，需要确定联合分布的解析函数和参数。其中，Copula的概念是风险因子联合分布的核心。Copula被广泛应用在对诸如担保债务凭证（CDO）等金融工具的建模中。它同样被用于对企业全面风险的度量，从而加总市场风险、信用风险和操作风险。

4.5.1 边缘密度和分布

边缘分布单独考虑每个风险因子，维度低容易建模。相反，联合分布由于有更高的维度而更加复杂，需要估计更多参数。这一困难导致了实际金融市场中的重大损失。

概率密度函数 f(u) 描述了观测值 u 发生的概率。如一个正态密度函数有钟形曲线。分布函数是累积的密度 $F(x) = \int_{-\infty}^{x} f(u)\,du$。分布函数的值介于 0 ~ 1 之间。

现在考虑两个风险因子的简单例子，问题是如何在这些风险因子之间连接边缘密度函数或者分布函数。

4.5.2 Copula

在两个随机变量独立的情况下，联合密度函数就是边缘密度函数的简单乘积。但金融变量相互独立的情况很少见。相依性可以用 Copula（拉丁语）函数来建模，Copula 函数将边缘分布和联合分布连接到一起。一般来说，Copula 是边缘分布 F(x) 的值和特定参数 θ 的函数。在二元情况下，Copula 函数的形式为：

$$c_{12}[F_1(x_1), F_2(x_2); \theta]$$

这种联合分布和边缘分布之间的连接，由斯克拉定理给出了证明：对任意的联合密度函数，总存在一个连接边缘密度函数的 Copula 函数：

$$f_{12}(x_1, x_2) = f_1(x_1) \times f_2(x_2) \times c_{12}[F_1(x_1), F_2(x_2); \theta] \tag{4.36}$$

在随机变量独立的情况下，Copula 函数等于 1。

一个联合分布有关相关性的信息，完全由它的 Copula 函数决定，与它的边缘分布无关。

Copula 函数描述的是变量间的相关性，实际上是一类将联合分布函数与它们各自的边缘分布函数连接在一起的函数，也被称为连接函数。

Copula 函数实际上是一个概率。假设我们有 N 个变量（U_1，U_2，……，U_N），N 个变量都定义在［0，1］区间，Copula 函数 c（U_1，U_2，……，U_N）即是 P｛$U_1 < u_1$，$U_2 < u_2$，……，$U_N < u_N$｝（N 个变量是相互关联的）。因此，Copula 是最全面的相关性，它还可以有尾部相关性。

例如，考虑 N 个随机变量的正态多元密度函数。正态密度函数的联合密度函数可以写成向量 x 的函数，均值为 μ，协方差矩阵为 $\sum$：

$$f^{N}(x_1,\cdots,x_N)=\frac{1}{(2\pi)^{N/2}\left|\sum\right|^{1/2}}\exp\left[-\frac{1}{2}(x-\mu)'\sum(x-\mu)\right] \quad (4.37)$$

使用 Copula 的概念，这可以分成 N 个不同边缘正态密度函数和一个联合正态 Copula。在两个随机变量的情况下：

$$f_{12}^{N}(x_1,x_2)=f_1^{N}(x_1)\times f_2^{N}(x_2)\times c_{12}^{N}[F_1(x_1),F_2(x_2);\rho] \quad (4.38)$$

其中，f_1^N 和 f_2^N 都是正态密度函数，他们具有参数 μ_1 和 σ_1、μ_2 和 σ_2。另外 c_{12}^N是正态 Copula。注意它的唯一参数是相关系数 ρ_{12}。

特别地，考虑标准正态随机变量，此时 $\mu_i=0$ 和 $\sigma_i=1$，二元正态密度函数简化为：

$$f_{12}^{N}(x_1,x_2)=\frac{1}{2\pi\sqrt{(1-\rho^2)}}\exp\left\{-\frac{x_1^2+2\rho x_1x_2+x_2^2}{2(1-\rho^2)}\right\} \quad (4.39)$$

当相关系数为零时有：

$$f_{12}^{N}(x_1,x_2)=\frac{1}{2\pi}\exp\left\{-\frac{(x_1^2+x_2^2)}{2}\right\}=\frac{1}{\sqrt{2\pi}}\exp\left\{-\frac{(x_1^2)}{2}\right\}\times\frac{1}{\sqrt{2\pi}}\exp\left\{-\frac{(x_2^2)}{2}\right\} \quad (4.40)$$

这就是随机变量 x_1和变量 x_2的边缘正态密度函数的乘积，并且 Copula 等于 1，因为随机变量是独立的。

因此，Copula 可以和边缘函数分离开。在正态联合分布的例子中，边缘分布和 Copula 都是正态的。但实际中边缘分布和 Copula 不必要都是正态的，同样可以把来自一个分布族的边缘函数与来自另一个分布族的 Copula 连接在一起。

正态 Copula 假设了风险因子之间的线性相关关系，由皮尔逊相关系数度量。但一般来说，不一定存在线性关系，这可以用其他类型的 Copula 来表示。

风险经理应当选取对数据拟合最好的 Copula，这包括以下选择：（1）选择一个解析函数；（2）使用诸如极大似然估计方法得出的最佳参数。

Copula 的一个重要特征是它的尾部相关性，得自一个随机变量发生极值变化导致另一个随机变量发生极值变化的条件概率。在给定置信水平 c 的情况下，条件概率的上下界为：

$$P_U(c)=P[X_2>F_{X_2}^{-1}(c)\mid X_1>F_{X_1}^{-1}(c)] \quad (4.41)$$

$$P_L(c)=P[X_2\leqslant F_{X_2}^{-1}(c)\mid X_1\leqslant F_{X_1}^{-1}(c)] \quad (4.42)$$

尾部相关性的上界是当 c 趋于 1 的极限，下界是当 c 趋于 0 的极限。

当尾部相关参数为零时，Copula 为尾部不相关，这是正态 Copula 的情况。考虑一个 16% 的较低节点概率的例子，对应的 $F_x^{-1}=-1$。接下来，计算 $X_1\leqslant -1$ 条件下 $X_2\leqslant 1$ 的条件概率。假设相关系数为 0.5，那么：

$$P_L(16\%)=P[X_2\leqslant -1\mid X_1\leqslant -1]=42\%$$

接下来将节点由 -1 换成 -1.645。条件概率从 42% 下降到 $P_L(5\%)=22\%$。继续将节点降低为 -2.326，条件概率继续下降为 $P_L(1\%)=9\%$。最终，尾部相关性收敛到零。由于正态分布是对称的，上下尾部相关性都为零。因此正态 Copula 不可能产生尾部相关性。

实际中，市场通常在金融危机中同时下跌。因此，正态 Copula 对尾部事件的刻画不真实。但其他 Copula，如学生 t-Copula 所表现出的尾部相关性更加真实。

练习题

1. CAPM 假设（　　）。

A. 残差与 R_M 不相关，个别风险因子之间相关

B. 残差与 R_M 不相关，个别风险因子之间不相关

C. 残差与 R_M 相关，个别风险因子之间不相关

D. 残差与 R_M 相关，个别风险因子之间相关

2. 一个由 y1 和 y2 构成的两资产组合，各资产的权重分别是 0.2 和 0.8，其方差协方差矩阵如下：

$$\Sigma = \begin{matrix}\sigma_1^2 & \sigma_{12}\\ \sigma_{21} & \sigma_2^2\end{matrix} = \begin{matrix}0.25\% & 0.02\%\\ 0.02\% & 0.36\%\end{matrix}$$

假设各个资产的收益服从正态分布，这个两资产组合的波动率和 95% 置信水平的 VaR 分别为（　　）。

A. 2.42% 和 3.99%　　B. 3.83% 和 6.31%

C. 4.97% 和 8.20%　　D. 6.57% 和 10.84%

3. 根据第 2 题给出的条件，y1 和 y2 之间的相关系数为（　　）。

A. 0.21　　B. -0.56　　C. -0.36　　D. 0.067

4. 一个由 Y_1、Y_2 和 Y_3 组成的三资产组合，其权重分别为 0.2、0.3 和 0.5。这三个资产均可以映射为风险因子 x_1 和 x_2 的函数，其中 Y_1 对 x_1 和 x_2 的敏感度分别为 0.8

和 0.9；Y_2 对 x_1 和 x_2 的敏感度分别为 0.5 和 0.6；Y_3 对 x_1 和 x_2 的敏感度分别为 0.2 和 0.6。这个三资产组合对 x_1 和 x_2 的敏感度分别为（　　）。

A. 0.23 和 0.57　　B. 0.58 和 0.67　　C. 0.41 和 0.66　　D. 0.83 和 0.46

5. 一个资产组合的三个风险因子 x1、x2 和 x3 方差协方差矩阵如下：

0.16%	0.20%	-0.30%
0.20%	0.36%	0.50%
-0.30%	0.50%	0.64%

其中三个因子的加权敏感度分别为 0.5、0.8 和 1.2，假设三个因子收益率服从正态分布，该资产组合的波动率和 99% 置信水平的 VaR 分别为（　　）。

A. 9% 和 0.21%　　B. 14% 和 32.55%　　C. 18% 和 42%　　D. 23% 和 54%

6. 根据第 5 题给出的条件，因子 x1 和 x2、x1 和 x3 之间的相关系数分别为(　　)。

A. 0.23 和 -0.6　　B. 0.65 和 -0.21　　C. 0.83 和 -0.94　　D. -0.77 和 0.78

7. 外汇远期合约头寸是（　　）。

A. 单因子线性头寸　　B. 多因子线性头寸

C. 单因子非线性头寸　　D. 多因子非线性头寸

8. 下列哪一项关于期权希腊字母的说法是正确的？(　　)

A. 当购买平值期权时，theta 值会变大且为正

B. 期限较长的实值期权的 gamma 值最大

C. 期限较长的平值期权的 vega 值最大

D. 深度实值的看跌期权的 delta 值趋于 +1

9. 如果 $E(r_p) = 18\%, r_f = 6\%, E(r_M) = 14\%$，那么该资产组合的 β 值等于多少？

10. 假定投资组合 A 和 B 都是充分分散的，$E(r_A) = 12\%$，$E(r_B) = 9\%$，如果经济中只有一个因素，$\beta_A = 1.2$，$\beta_B = 0.8$。无风险利率等于多少？

第5章　RiskMetrics 计算市场 VaR 的流程和实例

VaR 的概念和框架是由 JP 摩根提出的，这具体体现在由它开发并由路透社发布的风险矩阵[①]（RiskMetrics，RM）中。RM 用现金流表示固定收入工具、外汇、股票和商品的头寸，这一过程被称为现金流映射。RM 计算 VaR 的方法包括两步现金流映射，即第一步将组合头寸映射为实际现金流；第二步将实际现金流映射为 RM 现金流。

5.1　将组合头寸映射为实际现金流

现金流是 RM 描述任何头寸的基础。一笔现金流是由货币金额、付款日期和付款人的信用状况定义的。现金流一旦确定，就会按市值计价。按市值计价头寸的现金流意味着根据当前市场利率和价格确定现金流的现值。此过程需要当前市场利率，包括新发行债券的当前收益率曲线和零息债券的收益率曲线。零息收益率是用于贴现在未来特定时间收到的现金流的相关利率。接下来将说明如何将固定收益、外汇、股票和商品的头寸映射为实际现金流量。

5.1.1　固定收入工具

固定收入工具头寸又叫利率头寸，它反映了现金流随时间的分配。市场参与者可以使用不同的方法来表示或映射利率头寸，最常用的三种方法为：久期映射、本金映射和现金流映射。

---

① RiskMetrics 集团已于 2010 年被 MSCI 公司收购。

1. 久期映射

用久期刻画利率头寸的现金流是最常见的方法。久期是一个固定收入工具头寸以利息和本金支付金额加权的平均到期时间，又叫麦考利久期。它反映了收回本金的平均期限。可以将久期看作某个债券价格的变化相对于利率变化的敏感度。但如果没有使用连续复利进行计算，则应该使用修正久期。

一般说来，久期为风险经理提供了一种对投资组合市场风险的简单看法，即相对于单位收益率的变化，债券价值的相对变化是多少？它的主要缺陷是假定债券价格变化与收益率变化为线性关系。这种方法在收益率曲线平行移动时近似成立，但在收益率曲线扭曲时却误差很大。久期映射被广泛用于对固定收入工具的投资管理。许多投资经理的活动都受到以投资组合久期表示的风险限额的约束。

2. 本金映射

本金映射在过去广泛地应用于商业银行，它描述了在本金支付发生时的全部头寸。这种“本金”映射构成了资产/负债管理的基础。银行以负债到期前的累计到期资产为分析对象，对负债到期前资产重估（assets reprising before liabilities，ARBL）来衡量负债到期前累计资产的利率风险。它是按照权责发生制原则计算收益时衡量风险的常用方法。

本金映射的主要问题是它假定所有的利息支付均基于当前的市场利率。这一假设存在很大的问题，尤其是当组合头寸包括期限较长且利率波动的固定收益工具时。本金映射仅仅用偿还价值和时间来描述金融工具。

3. 现金流映射

第三种方法是 RM 采用的现金流映射方法。固定收入证券能够很方便地表示成其未来支付的现金流。在实际上，这相当于将债券分解为多个零息票债券现金流。采用这一方法的主要问题是，当现金流不确定时，如可赎回债券，可能带来一定的复杂性。

以下的例子给出了以上每一种映射方法在实际中的运用。图 5.1 显示了 10 年期英国国库券（名义数量 10 万英镑，1995 年 4 月发行，2005 年 4 月到期年息 7.5%）分别使用上述三种方法的映射结果。

图 5.1（a）是与该金融工具市场价值相关联的久期映射，对应于该债券的麦考利久期 6.08 年；图 5.1（b）是该工具的本金映射，将债券的市场价值分派到第 10 年的到期日；图 5.1（c）是现金流映射，反映了所有未来现金流入（息票加本金）的当前市场价值随时间的分布。

如图 5.1 所示，现金流映射将所有的现金流分别处理，而不是像在久期映射和本金映射那样将它们组合在一起。相比久期映射和本金映射将现金流简单汇总的做法，现金流映射更受欢迎，因为它能将现金流区别对待，从而能更好地对固定收入工具头寸的风险建模。

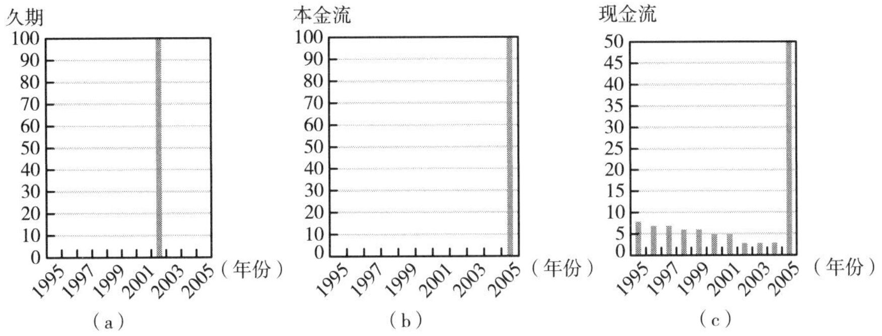

图5.1　英镑10年期国库券

注：以市场价值计。

资料来源：J. P. Morgan/Reuters, RiskMetricsTM – Technical Document, Fourth Edition, 1996, New York December 17, 1996.

5.1.1.1　简单债券

考虑一个债券，其面值为100元，到期期限为4年，年化票面利率为5%。假定现在（时间0）购买该债券，且利息在每年年末支付一次。图5.2给出该债券的现金流映射。

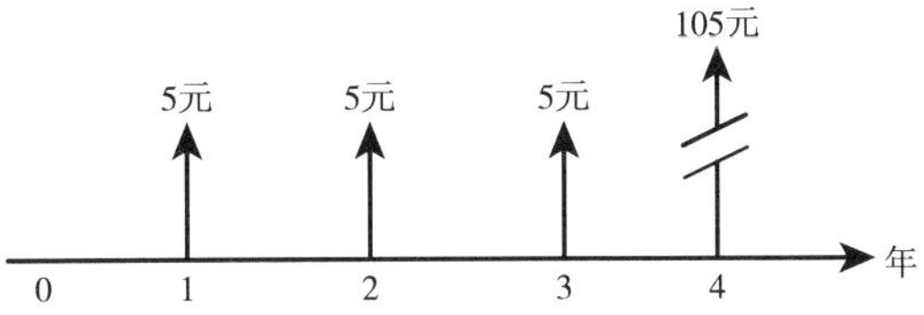

图5.2　简单债券的现金流

资料来源：J. P. Morgan/Reuters, RiskMetricsTM – Technical Document, Fourth Edition, 1996, New York December 17, 1996.

图5.2的表示方法称为时间线（time line）。一般说来，箭头向上表示现金流入，箭头向下表示现金流出。而且，每个现金流的金额与箭头的长度成比例：箭头越长（短），现金流就越大（小）。在这个简单债券的例子中，该债券的现金流可以分解成4个到期日（分别为1年、2年、3年和4年）的零息债券。这意味着从风险角度而言，持有该债券相当于持有以上4个零息债券。

5.1.1.2 浮动利率票据

浮动利率票据（FRN）是基于本金 P 支付浮动票息的工具。FRN 的利息支付定义为本金和一个预先（在实际支付债息前的某一时间）设定的浮动利率的乘积。例如，如果息票支付是在半年的基础上支付的，则 6 个月的伦敦同业拆借（LIBOR）利率将用以确定 6 个月后的支付。当浮动利率重置时，息票支付将根据当前 6 个月的 LIBOR 利率进行相应调整。

图 5.3 显示了假设的 FRN 持续 4 年的现金流量。浮动支付用灰色箭头表示，黑色箭头代表固定支付。假设所有支付都是按年进行的。

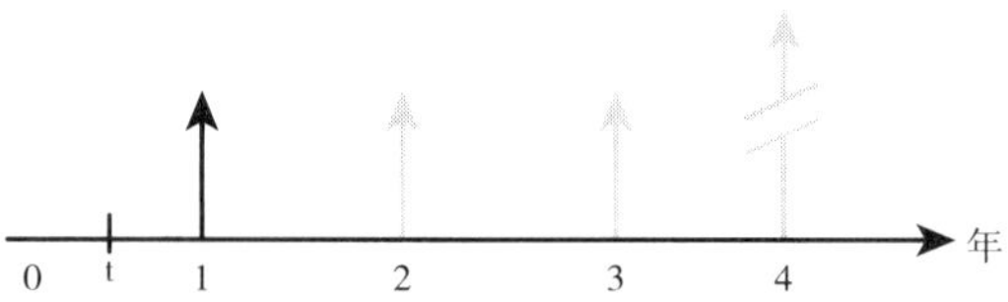

图 5.3 FRN 的现金流表达

资料来源：J. P. Morgan/Reuters, RiskMetricsTM – Technical Document, Fourth Edition, 1996, New York December 17, 1996.

第一笔付款（第 1 年）已知，因此是固定的。此外，最后一笔付款（即本金）在第 4 年是已知的，但以后的利息支付未知。以下将描述如何评估未来的浮动支付。

假设在时间 t（0 ~ 1 年之间），风险经理希望分析将在第 3 年收到的浮动支付。确定该价值的利率在第 2 年设定并持续 1 年。隐含远期利率通常用来预测浮动利率。当前和未来利率之间的基本套利关系意味着截至第 2 年的 1 年期利率满足表达式：

$$(1+r_{2-t,t})\times(1+f_{1,2})=(1+r_{3-t,t}) \tag{5.1}$$

其中 $r_{i,j}$是在 j 时刻设定的 i 年的利率，$f_{i,j}$是在 j 时刻设置的 i 期的远期利率。因此，假设 $f_{1,2}$是从第 2 年开始的 1 年期利率。由此可见，该利率所隐含的现金流量发生在第 3 年。由于我们在时间 t 时知道 $t_{2-t,t}$（2 – t 年的利率）和 $r_{3-t,t}$(3 – t 年的利率)，我们可以求解隐含的远期利率作为观测利率的函数，即：

$$f_{1,2}=\frac{1+r_{3-t,t}}{1+r_{2-t,t}} \tag{5.2}$$

我们可以将相同的技术应用于所有其他隐含的远期利率，从而求解 $f_{1,2}$、$f_{1,3}$、$f_{2,3}$并确定预期的未来支付。例如，在时间 3 的预期利息支付为 $P\times f_{1,2}$。在时间 t 时，可以简化为（$P\times f_{1,2}$)/($1+r_{3-t,t}$)，用利息支付收益率代替式（5.2）中的折现率：

$$\frac{P \times f_{1,2}}{1 + r_{3-t,t}} = \frac{P}{1 + r_{2-t,t}} - \frac{P}{1 + r_{3-t,t}} \tag{5.3}$$

式（5.3）表明，预期的利息支付可以用已知的零息票率来改写。我们可以对其他利息支付使用类似的方法，从而可以将 FRN 的现金流量写为：

$$P_{FRN} = \frac{P \times r_{1,0}}{(1 + r_{1-t,t})} + \frac{P \times f_{1,1}}{(1 + r_{2-t,t})} + \frac{P \times f_{1,2}}{(1 + r_{3-t,t})} + \frac{P \times f_{1,3}}{(1 + r_{4-t,t})} + \frac{P}{(1 + r_{4-t,t})} \tag{5.4}$$

方程的右侧，式（5.4）等于

$$\frac{P \cdot r_{1,0}}{(1 + r_{1-t,t})} + \left(\frac{P}{(1 + r_{1-t,t})} - \frac{P}{(1 + r_{2-t,t})}\right) + \left(\frac{P}{(1 + r_{2-t,t})} - \frac{P}{(1 + r_{3-t,t})}\right) + \left(\frac{P}{(1 + r_{3-t,t})} - \frac{P}{(1 + r_{4-t,t})}\right) + \frac{P}{(1 + r_{4-t,t})} \tag{5.5}$$

式（5.5）折算成现值为：

$$\frac{P(1 + r_{1,0})}{(1 + r_{1-t,t})} \tag{5.6}$$

图5.4 显示从时间 t 角度看 FRN 的现金流量是 $P(1 + r_{1,0})$。因此，我们将 FRN 的现金流视为零息债券的现金流量，到期日为 1 - t 期。

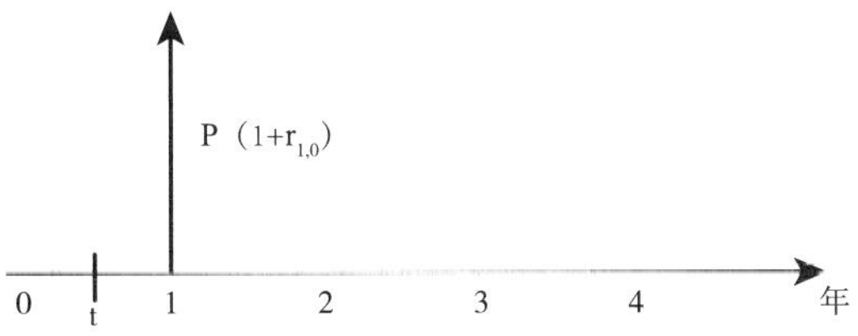

图 5.4　FRN 的估计现金流

资料来源：J. P. Morgan/Reuters, RiskMetricsTM - Technical Document, Fourth Edition, 1996, New York December 17, 1996.

请注意，如果图 5.3 中的现金流是相对于零时间（FRN 的开始）计算的，而不是时间 t，那么现金流将简化为 P(t=0 时)，即 FRN 在开始时的现值。

5.1.1.3　简单的利率互换

进行利率互换的投资者通过交换利息流来改变他们相对于利率不确定性的风险敞口。为了理解如何来表示一个简单利率互换的现金流，可以将一个互换理解为由一个固定和一个浮动利率工具所组成的投资组合。具体而言，固定利率方可以由一个不交换本金的简单债券来表示，而浮动利率方是一个 FRN。约定本金只用来确定利息支付金额，并不进行本金交换。

图 5.5 显示了一个收到固定利率和支付浮动利率的利率互换现金流。同样，假定计算互换在开始之后时间 t（在第 0 年和第 1 年之间）的现金流。固定边的现金流仅为在以后 4 年的固定利息支付日，被处理为持有 4 个零息债券的头寸。浮动边的现金流可用与 FRN 的支付完全一样的方式导出（除了现在是浮动支付的空头）。

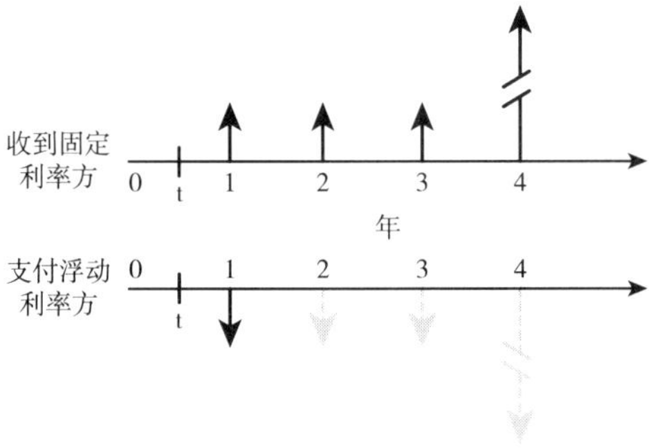

图 5.5　简单利率互换的现金流

资料来源：J. P. Morgan/Reuters, RiskMetricsTM - Technical Document, Fourth Edition, 1996, New York December 17, 1996.

互换浮动方现金流映射的现值由式（5.7）给出：

$$\frac{P(1+r_{1,0})}{1+r_{1-t,t}} \tag{5.7}$$

其中，P 是互换的本金。这一现金流与式（5.6）给出的 FRN 现金流类似，因此，可以将互换浮动方的现金流表示成有效期为 1 - t、面值为 $P(1+r_{1,0})$ 的零息票债券的空头。现金流映射也同时给出了互换的定价，假如投资者得到固定而支付浮动利率，则：

$$互换的价值 = 简单债券(B_{固定}) - 浮动利率债券(FRN) \tag{5.8}$$

5.1.1.4　远期互换

远期互换（forward starting swap）与简单互换不同，它没有预先设定浮动利率。而是交易双方在未来的某一日期进入到利率互换协议。图 5.6 显示了远期互换的现金流。

假定某个投资者在距到期日还有不到 5 年的某个时刻 t 进入某个远期开始互换，

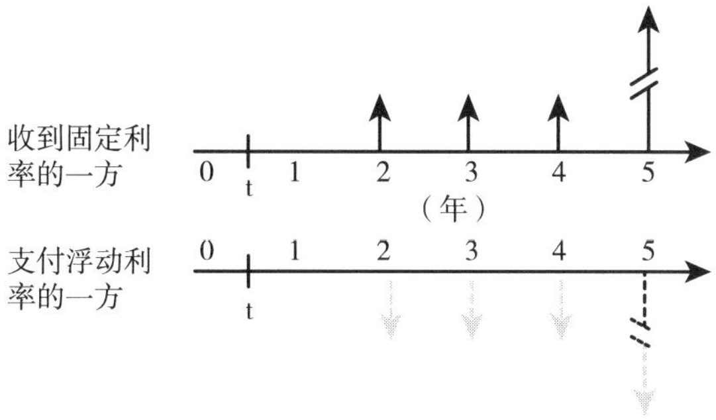

图 5.6 远期互换的现金流

资料来源：J. P. Morgan/Reuters, RiskMetricsTM – Technical Document, Fourth Edition, 1996, New York December 17, 1996.

互换的开始日期（即当确定利率时）为第2年年末。即从第3年开始，以后每年按浮动利率支付直到第5年末。这一工具的现金流基本上与简单利率互换相同，但第一个浮动支付未知。

固定方仍为各时点现金流贴现到时间 t 的现值。在浮动方，同样由隐含的远期利率确定。浮动支付的现金流映射如式（5.9）所示：

$$\frac{P}{1 + r_{2-t,t}} \tag{5.9}$$

图 5.7 描绘了浮动方现金流。此时现金流映射等价于一个 2 – t 期零息债券的空头。

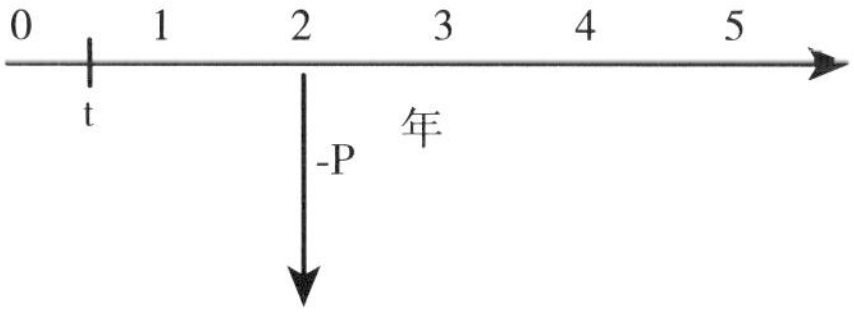

图 5.7 远期互换浮动利率支付的现金流

资料来源：J. P. Morgan/Reuters, RiskMetricsTM – Technical Document, Fourth Edition, 1996, New York December 17, 1996.

5.1.1.5 远期利率协议

远期利率协议（FRA）是一种锁定利率的合同，该利率将在未来的特定时期内应用于某个名义本金。典型的 FRA 以生效日期、协议期限、远期利率和本金金额表示。例如，3 ×6FRA 将利率锁定为自签订合同之日起 3 ~6 个月的 3 个月期间，这相当于从3个月后开始锁定3个月的借款利率。FRA通常在远期利率协议期开始时以现金结算。一般而言，FRA的定价就好像在结算日t_f借入名义本金N并以到期日t_m的利率r_x偿还名义本金和利息，

$$Ne^{-z_f t_f} - N[1 + r_x(t_m - t_f)]e^{-z_m t_m}$$

其中z_f和z_m分别是从现在到t_f和t_m的零息债券收益率。

图5.8描述了该FRA的现金流量。

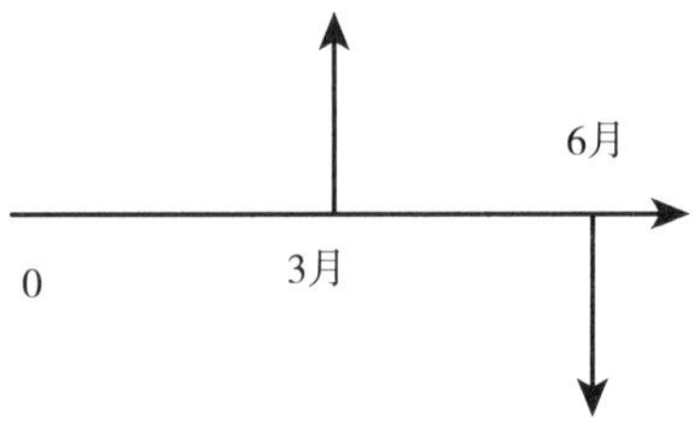

图5.8　FRA的现金流

资料来源：J. P. Morgan/Reuters, RiskMetricsTM – Technical Document, Fourth Edition, 1996, New York December 17, 1996.

我们可以通过做多当前3个月利率和做空当前6个月的利率来复制这些现金流，如图5.9所示。图5.9中的虚线箭头不再代表浮动支付。虚线和实线箭头分别代表与6个月零息债券空头和3个月零息票债券多头相关的现金流。使用图5.9而不是图5.8中的现金流的好处是，后者需要有关远期利率的信息，而前者则不需要。

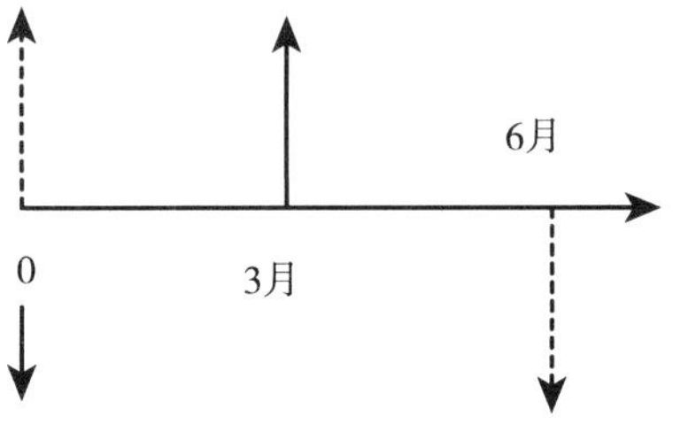

图5.9　复制3×6FRA的现金流

资料来源：J. P. Morgan/Reuters, RiskMetricsTM – Technical Document, Fourth Edition, 1996, New York December 17, 1996.

5.1.1.6　利率期货

现在考虑一张3月期欧洲美元期货合约（它在3个月后到期）多头的现金流映

射。用时间0表示当前日期，可以将此现金流表示成一个3个月后的现金流出和6个月后的现金流入，如图5.10所示。

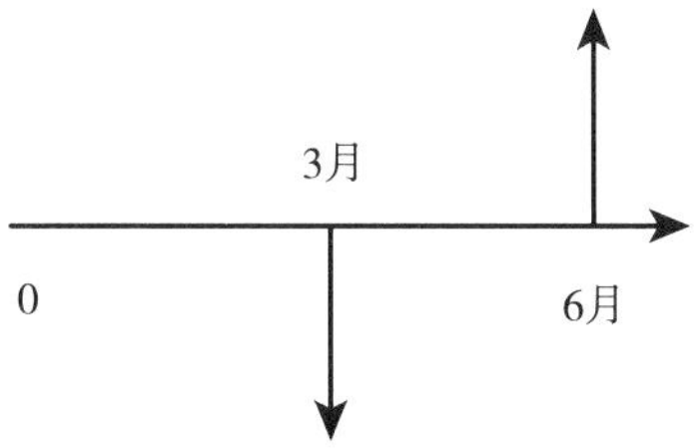

图5.10 3个月欧洲美元期货的现金流

资料来源：J. P. Morgan/Reuters, RiskMetricsTM – Technical Document, Fourth Edition, 1996, New York December 17, 1996.

更具体地说，如果当前3个月的欧洲美元存款利率为7.20%，该期货合约的购买者将在3个月内面临981 800美元的现金流出，并在6个月内有现金流入1 000 000美元。然后，我们可以将这些现金流量表示为当前3个月的利率，并将这笔资金投资于当前的6个月利率。因此，如图5.11所示，这个欧洲美元期货合约的现金流可以用3个月的空头头寸和6个月的多头头寸来复制。

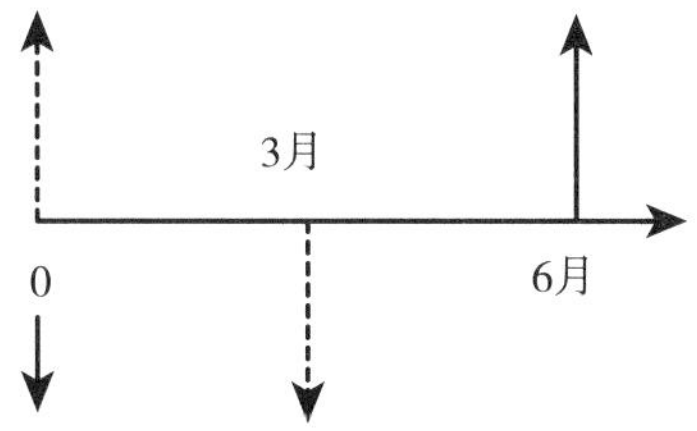

图5.11 复制欧洲美元期货合约的现金流

资料来源：J. P. Morgan/Reuters, RiskMetricsTM – Technical Document, Fourth Edition, 1996, New York December 17, 1996.

5.1.2 外汇

金融头寸是用基准货币或“本国”货币来表示的。例如，中国机构用人民币报告风险，而美国机构使用美元。风险经理的风险描述不能独立于报告风险的货币。如考虑两位投资者。一位投资者以人民币为基础，另一位以美元为基础。两位投资者都购买美国政府债券。以人民币为基础的美元投资者面临利率和汇率风险，以美元为基础的投资者只面临利率风险。因此，衡量外汇风险的重要步骤是了解外汇头寸如何产生现金流。

5.1.2.1 现货仓位

描述现货外汇头寸的现金流是微不足道的。向上和向下箭头分别代表外汇的多头和空头头寸。

5.1.2.2 远期外汇头寸

外汇（FX）远期合约是一个在未来某一时刻、按某一指定远期汇率、以一定数量某种货币交换另一种货币的协议。对一个远期外汇头寸的映射是通过将其表示成两种货币的利率和一个即期汇率的函数来实现的。例如，图 5.12 显示了一个外汇远期的现金流，它允许投资者在 6 个月末以某一预先设定的远期美元汇率用人民币购买美元。

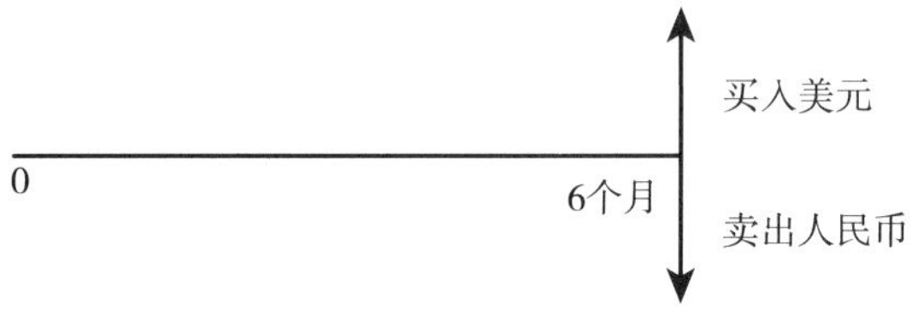

图 5.12　6 个月后用人民币买美元的外汇远期

资料来源：J. P. Morgan/Reuters, RiskMetricsTM – Technical Document, Fourth Edition, 1996, New York December 17, 1996.

我们可以复制这一现金流，即在时间 0 以 6 个月期人民币利率（r_{RMB}）借人民币，并立即换成美元，并以美元利率（r_{USD}）将这些美元进行投资。这一方案将产生一个 6 个月末的美元现金流入和人民币现金流出，它们与远期合约现金流等同，如图 5.13 所示。

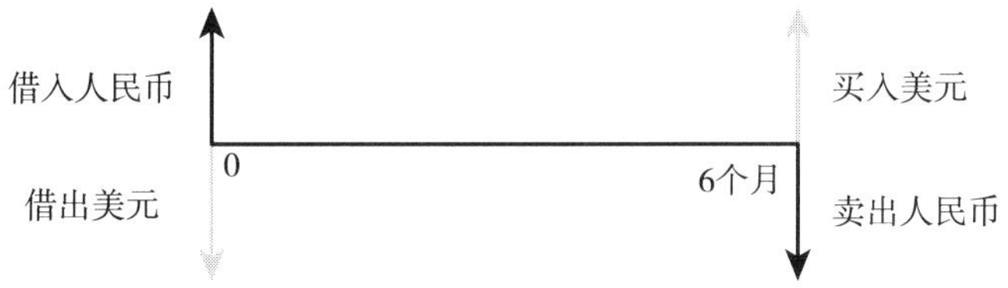

图 5.13　复制外汇远期的现金流

资料来源：J. P. Morgan/Reuters, RiskMetricsTM – Technical Document, Fourth Edition, 1996, New York December 17, 1996.

利用利率头寸复制未来外汇现金流的能力源于利率平价（interest rate parity,

IRP)。现在来说明它成立的条件。以即期汇率 S_t 表示以单位外国货币计价的本国货币（如 S_t 计为人民币/美元）。远期汇率 F_t 为在时间 t 所观测到的未来汇率，它锁定了在未来某一时间 t 的即期汇率。在利率平价的假定下，式（5.10）成立：

$$F_t = S_t \times \frac{1 + r_{RMB,t}}{1 + r_{USD,t}} \tag{5.10}$$

由于能够根据利率平价（IRP）将外汇远期的现金流转换成等价的借或贷的头寸，它意味着持有外汇远期头寸包含暴露在汇率风险和利率风险两方面的现金流。

5.1.2.3 货币互换

货币互换也称为货币掉期（currency swap)，其中互换双方的每一方是以不同的货币计价的。例如，固定方收到固定利率的美元，而浮动方则收到浮动利率的人民币。不同于利率互换，货币互换在互换的开始和结束时要交换名义本金。

图 5.14 为一个货币互换的现金流，其到期期限为 4 年，以年为单位收到固定利率的美元和支付浮动利率的人民币。为保持完整性，图 5.14 中给出了与初始本金交换有关的现金流。

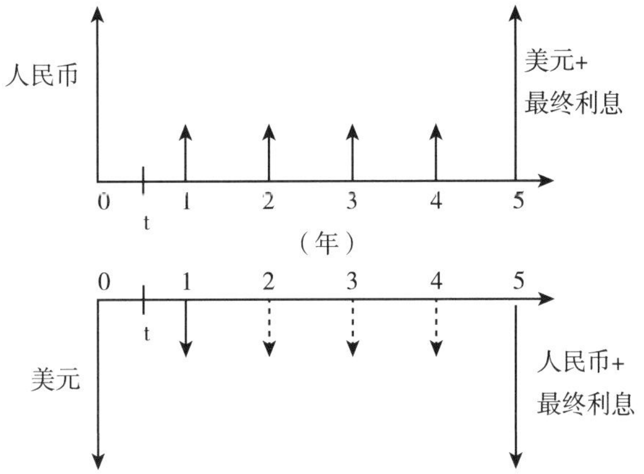

图 5.14 货币互换的实际现金流

资料来源：J. P. Morgan/Reuters, RiskMetricsTM – Technical Document, Fourth Edition, 1996, New York December 17, 1996.

从进入互换的时间 t（在第 0 年和第 1 年之间）来看，互换的固定利率边的现金流与前面给出的简单债券（美元）的现金流相同。而支付浮动利率边的现金流则与一个浮动利率债券（人民币）空头的现金流相同。

5.1.3 股票

股票现金流量是以本币等额价值表示的简单现货头寸。除持有股票的风险外，在持有国外的股票头寸还受外汇风险的影响。

5.1.4 商品

可以使用类似于利率的框架来解释商品的敞口。现货市场（您今天购买产品并存储到使用的时间）以及未来发生的交易（如在一个月内实际交付产品）都会有风险发生。

5.1.4.1 商品期货合约

商品期货合约使投资者能够相对轻松地交易产品以供日后交割，并且还可以作为商品生产者的价格锁定和风险转移机制。这些合约为市场参与者提供了有关商品价格期限结构的宝贵信息。

5.1.4.2 商品互换

当机构参与商品市场时，不必局限于期货合约。它们可以进行互换交易以改变它们在利率、货币和/或商品风险上的敞口。典型的商品互换需要机构支付（接收）固定金额以换取相对于某个指数而收到（支付）的可变金额（如天然气期货合约的每日价格的平均值）。在许多方面，商品互换与利率互换相似。但不同的是，商品互换的标的工具质量差别很大，从而使交易条款更加复杂。

5.2 将实际现金流映射为 RM 现金流

一般而言，每个金融工具都可以产生多笔现金流，每笔现金流都发生在一个特定的时间。当考虑大量的金融工具时，就会产生数量更多的现金流日期组合。因此，处理如此之多的现金流的波动性和相关性来计算 VaR 是不现实的。为了能更容易地估计与工具现金流量相关的风险，RM 简化了现金流的时间结构。这一简化方法涉及现金流量映射，即将实际发生的现金流重新映射到所谓的 RM 顶点上，以生成 RM 现金流。

5.2.1　RM 顶点

RM 为现金流设置了以下 14 个固定的时间：

1 月、3 月、6 月、12 月、2 年、3 年、4 年、5 年、7 年、9 年、10 年、15 年、20 年、30 年。

以上这些固定的时间称为 RM 的顶点。这些顶点有两个重要的属性：

对于所有线性和非线性工具，它们在现在和将来的任何时间都是固定的（RM 偶尔可以重新定义这些顶点以跟上市场趋势）。

RM 数据集为每个顶点提供了现成的波动率和相关性（并且仅针对这些顶点）。

映射实际现金流需要在两个最接近的 RM 顶点之间拆分现金流（除非现金流恰好与 RM 顶点重合）。如第 6 年发生的现金流表示为第 5 年和第 7 年现金流的组合。图 5.15 显示了在第 6 年发生的实际现金流如何映射为在第 5 年和第 7 年顶点发生的综合现金流。

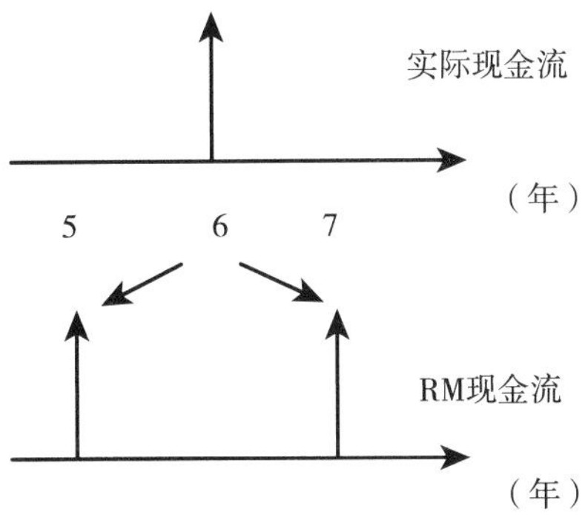

图 5.15　RM 现金流映射

资料来源：J. P. Morgan/Reuters, RiskMetricsTM – Technical Document, Fourth Edition, 1996, New York December 17, 1996.

映射实际现金流要对最接近的两个顶点的现金流进行加权，满足以下三个条件：

（1）保持市值相同：两个最近的 RM 顶点的现金流的总市值必须等于原现金流的市值。

（2）保持风险相同：两个最近的 RM 顶点的现金流组合的市场风险必须等于原现金流的市场风险。

（3）保持符号相同：两个最近的 RM 顶点的现金流必须与原现金流有同样的符号。

在实际现金流的到期时间正好与 RM 标准期限重合的情况下，100% 的实际现金流正好分配到对应的 RM 顶点上。满足上述三个条件的现金流映射不同于金融业常规的映射方法。金融业普遍采用的分配现金流的方法遵循以下两个规则：

（1）保持市值相同：两个顶点期限的现金流之和必须等于实际到期期限的现金流。

（2）保持久期相同：两个顶点期限现金流组合的久期必须等于实际现金流的久期。

像这样的现金流映射类似于杠铃式交易，在保持久期中性的条件下，把已有头寸重置为两个在收益率曲线上的金融工具的组合。

5.2.2 计算 RM 现金流

为了将实际现金流量分配到 RM 顶点，RM 提出了一种基于金融收益方差（σ^2）的方法。使用方差的优势在于它是与 RM 计算 VaR 的简单方法，而不是更加复杂的 Delta-gamma 或蒙特卡洛方法密切相关的风险指标。

为了方便必要的映射，RM 数据集为用户提供了很多国家市场上的许多金融工具的方差和相关性数据。例如，对美国政府债券市场，RM 数据组提供了 2 年、3 年、4 年、5 年、7 年、9 年、10 年、15 年、20 年和 30 年零息债券的方差和相关性数据。

以图 5.15 所示的例子来说明如何将一个实际现金流转换成 RM 现金流。分别以 α 和（1 − α）的比例将实际现金流分配到第 5 年和第 7 年的顶点。以下给出的过程不仅仅局限于固定收益工具，而是适用于所有金融工具的未来现金流。

（1）计算实际现金流的时间插值收益率。根据 RM 数据集提供的 5 年期和 7 年期收益率，通过时间线性插值的方法得到 6 年期的收益率 y_6，可以表示为：

$$y_6 = \hat{a}y_5 + (1 - \hat{a})y_7;\ 0 \leqslant \hat{a} \leqslant 1 \tag{5.11}$$

式（5.11）中：y_6——插值得到的 6 年期零息债券收益率；

$\hat{a}$——线性加权系数，按时间插值得到，在此例中，$\hat{a} = 0.5$；

y_5——5 年期零息债券收益率；

y_7——7 年期零息债券收益率。

如果实际现金流不是正好位于两个 RM 顶点的中间，则 α 和（1 − α）中较大值赋给更接近的那个顶点。

（2）确定实际现金流的现值。根据 6 年期的零息债券收益率 y_6 可以确定发生在第 6 年现金流的现值 P_6。以 P_i 表示发生在 i 年末现金流的现值。

（3）计算实际现金流的标准差。我们可以通过 5 年期和 7 年期零息债券收益率的标准差 σ_5 和 σ_7 的线性插值，得到 6 年期零息债券收益的标准差 σ_6。

因为由 RM 数据集提供的 σ_5 和 σ_7 为 VaR 统计量的形式：$1.65\sigma_5$ 和 $1.65\sigma_7$，因此，$1.65\sigma_6$ 是插值的 VaR。

我们使用以下公式得到 σ_6：

$$\sigma_6 = \hat{a}\sigma_5 + (1-\hat{a})\sigma_7;\ 0 \leqslant \hat{a} \leqslant 1 \tag{5.12}$$

$\hat{a}$——由式（5.11）得到的时间线性加权系数，在此例中，$\hat{a}=0.5$；

σ_5——5 年期价格回报的标准差；

σ_7——7 年期价格回报的标准差。

（4）根据以下公式计算分配系数 α 和（1 − α）：

Variance（r_6）＝Variance［αr_5＋（$1-\alpha$）r_7］或以下等价公式：

$$\sigma_6^2 = \alpha^2\sigma_5^2 + 2\alpha(1-\alpha)\rho_{5,7}\sigma_5\sigma_7 + (1-\alpha)^2\sigma_7^2 \tag{5.13}$$

这里 $\rho_{5,7}$ 为 5 年期和 7 年期收益率的相关系数（$\rho_{5,7}$ 在 RM 数据集中以相关矩阵的形式提供）。

式（5.13）可以写成二项式的形式：

$$a\alpha^2 + b\alpha + c = 0 \tag{5.14}$$

式（5.14）中，

$$a = \sigma_5^2 + \sigma_7^2 - \rho_{5,7}\sigma_5\sigma_7$$

$$b = 2\rho_{5,7}\sigma_5\sigma_7 - 2\sigma_7^2$$

$$c = \sigma_7^2 - \sigma_6^2$$

α 的解由下式给出：

$$\alpha = \frac{-b \pm \sqrt{b^2 - 4ac}}{2a} \tag{5.15}$$

式（5.15）会产生两个解。我们选择满足以上列出的三个条件的解。

（5）将实际现金流映射到 RM 的顶点。6 年期的实际现金流分割成两个部分 α 和（1 − α），分配 α 部分到 5 年期 RM 顶点和（1 − α）部分到 7 年期 RM 顶点。

运用以上步骤，根据以下实际数据计算 RM 的现金流映射。假定当前是 2019 年 7 月 31 日，6 年后将发生 100 美元的现金流。假设 RM 的日数据集提供的统计量如

表5.1所示，从中我们可以计算出如表5.2所示的数据。

表 5.1　　RM 日数据提供的数据　　单位：%

y_5	5 年期收益率	6.605
y_7	7 年期收益率	6.745
$1.65\sigma_5$	5 年期债券价格回报波动率	0.5770
$1.65\sigma_7$	7 年期债券价格回报波动率	0.8095
$\rho_{5,7}$	5 年和 7 年期债券价格回报间的相关性	0.9975

表 5.2　　由 RM 日数据计算得到的数据

y_6	6 年期收益率〔由式（5.11），这里 $\hat{\alpha}=0.5$〕	6.675%
σ_6	6 年期债券价格回报的标准差〔由式（5.12）〕	0.4202%
σ_6^2	6 年期债券价格回报的方差〔由式（5.13）〕	1.765×10^{-3}%
σ_5^2	5 年期债券价格回报的方差	1.223×10^{-3}%
σ_7^2	7 年期债券价格回报的方差	2.406×10^{-3}%

资料来源：J. P. Morgan/Reuters, RiskMetricsTM – Technical Document, Fourth Edition, 1996, New York December 17, 1996.

为了求解 α，我们将表5.1和表5.2的值代入式（5.14），求得以下的值：

$$a=2.14\times10^{-6}$$
$$b=-1.39\times10^{-5}$$
$$c=6.41\times10^{-6}$$

用它们在式（5.15）中，求得解 $\alpha=6.218$ 和 $\alpha=0.498$。这里放弃第一个解，因为 $(1-\alpha)$ 违反了保持符号一致的条件。

由以上的第二步开始，计算得6年后100美元的现值为67.862美元，即6年期的现金流。可以将它的49.82%（33.81美元）分配到5年期顶点和50.18%（34.054美元）分配到7年期顶点。由此得到RM现金流映射如图5.15所示。

以上的例子说明了如何将单个的实际现金流映射到RM顶点。在实际中，投资组合包括许多的现金流，每个现金流都必须映射到RM顶点上。在这样的情况下，现金流映射只需要重复以上的方法。

5.3　VaR 计算举例

以下将使用两种度量 VaR 的方法进行计算：线性工具的简单 VaR 和非线性工具

的 Delta-gamma VaR。方法的选择取决于头寸的类型是线性还是非线性。

在简单 VaR 方法中，RM 假设证券收益率服从条件多元正态分布，并且头寸价值的相对变化是标的资产收益率变化的线性函数。将 VaR 定义为投资组合相对变化分布的 5% 分位数，计算 VaR 为 1.65 乘以投资组合标准差，其中，1.65 的倍数来自正态分布。该标准差取决于基础工具收益的波动率和相关性以及现金流的现值。

在 Delta-gamma 方法中，RM 继续假设证券的收益是正态分布的，但允许头寸的价值与基础工具收益率之间存在非线性关系。具体来说，允许二阶或 gamma 效应，这意味着投资组合相对变化的分布不再是正态的。因此，不能再将 VaR 定义为投资组合标准差的 1.65 倍。相反，需要通过两个基本步骤计算 VaR。首先，计算投资组合收益分布的前四个矩，即均值、标准差、偏度和峰度。其次，找到一个具有相同四阶矩的分布，然后计算该分布的 5% 分位数，从而得到 VaR。

5.3.1 政府债券单一现金流映射

假设在 1995 年 3 月 27 日，一个投资者持有法国国库券，面值为 10 万法郎（法国法郎已于 2012 年 2 月停止流通），息票率为 7.5%，到期日为 2005 年 4 月。该债券在未来 10 年中每年支付 7 500 法郎的息票，并在到期日返还本金。其中一个现金流发生在 6.08 年，在 5 年和 7 年的 RM 顶点之间（见表 5.3）。

表 5.3　　1995 年 3 月 27 日的 RiskMetrics 数据

RM 顶点	收益（%）	价格波动率（$1.65\sigma_t$）	收益波动率（$1.65\sigma_t$）	相关性矩阵 ρ_{ij}	
				5 年	7 年
5 年	7.628	0.533	1.50	1.000	0.963
7 年	7.794	0.696	1.37	0.963	1.000

资料来源：J. P. Morgan/Reuters, RiskMetricsTM – Technical Document, Fourth Edition, 1996, New York December 17, 1996.

除了该现金流现值的价格波动（$1.65\sigma_{6.08}$）之外，可以轻松地从 RM 数据集中获得现金流映射所需的所有数据。运用现金流映射需要满足三个条件，并运用式（5.11）~式(5.15）和表 5.3 的 RM 数据，可以求解出分配系数 $\alpha = 0.4073$。因此，原来 7 500 法郎的现金流（现值为 4 774 法郎）必须映射为现金流为 1 944 法郎（原始现金流的现值的 40.73%）的 5 年期债券和现金流为 2 829 法郎（原始现金流量现值的 59.27%）的 7 年期债券的组合。进一步可以得到第 5 年和第 7 年 RM 顶点的

VaR 为 10.313 法郎和 19.733 法郎。最后可以算出该头寸的 VaR 值为 29.794 法郎。现金流映射如表 5.4 所示。

表 5.4　　单个现金流的 RM 映射

			第 1 步	第 2 步*		第 3 步		第 4 步	第 5 步
息票现金流	期限	收益率（%）（实际）	收益率（%）（$y_{6.08}$）（插值）	（现值）$_{6.08}$	价格波动率（$1.65\sigma_t$）（RM）	价格波动率（$1.65\sigma_{6.08}$）（插值）	RM 顶点	分配系数	RM 现金流
		7.628			0.533		5 年	0.4073	1.950
7 500	6.08 年		7.717	4 774		0.624			
		7.794			0.696		7 年	0.5927	2.824

注：*本例中 $\hat{a}$ = 0.46。

资料来源：J. P. Morgan/Reuters, RiskMetricsTM - Technical Document, Fourth Edition, 1996, New York December 17, 1996.

5.3.2　政府债券多个现金流映射

可以使用与上例中单个现金流量相同的方式映射一组完整的头寸。

以下示例采用 5.3.1 中的工具，即 1995 年 3 月 27 日发行的 10 年法国国库券，并根据 5.2.2 描述的方法分解所有现金流成分，以构建详细的 RM 现金流映射图。表 5.5 显示了如何将市场价值为 97 400 林吉特的 100 000 法国法郎名义头寸分解为 9 个有代表性的现金流现值。表 5.5 还给出了每个 RM 顶点现金流的 VaR 和分散化的 VaR。

在该例中，请注意第一个现金流（1995 年 4 月 25 日）相对于 3 月 27 日不到一个月的时间内发生，但是以 100% 权重分配给 1 个月的 RM 顶点。100% 分配的原因是 RM 数据集中没有定义短于一个月的顶点的数据集。

货币市场利率波动率用于 2 年以下的顶点，零息政府债券波动率用于 2 年和其他顶点。

该例中，政府债券分散化的 VaR 为 727 法郎，占总市值的 0.7%。

5.3.3　远期利率协议的现金流量映射和 VaR

远期利率协议锁定一个在未来某一特定时期的利率，可以是借方利率（买 FRA），也可以是贷方利率（卖 FRA）。FRA 类似于期货合约，但它是场外工具，可以根据任何到期日定制。

表 5.5　多现金流的 RM 映射

债券数据				RM 顶点			1 个月	1 年	2 年	3 年	4 年	5 年	7 年	10 年	15 年
结算		3 月 30 日		收益波动率			7.00	3.16	2.10	1.74	1.63	1.50	1.37	1.36	1.29
本金		100 000		当前收益			8.25	7.04	7.28	7.39	7.54	7.63	7.79	7.92	8.15
价格		97.4		价格波动率			0.04	0.21	0.29	0.36	0.46	0.53	0.70	1.00	1.46
息票		7.50		相关性矩阵		1 个月	1.00	0.75	0.53	0.48	0.45	0.42	0.33	0.33	0.33
基础		365				1 年	0.75	1.00	0.88	0.81	0.78	0.74	0.61	0.63	0.58
						2 年	0.53	0.88	1.00	0.99	0.96	0.92	0.80	0.82	0.76
						3 年	0.48	0.81	0.99	1.00	0.98	0.95	0.85	0.87	0.81
						4 年	0.45	0.78	0.96	0.98	1.00	0.99	0.91	0.93	0.88
						5 年	0.42	0.74	0.92	0.95	0.99	1.00	0.96	0.96	0.93
						7 年	0.33	0.61	0.80	0.85	0.91	0.96	1.00	1.00	0.99
						10 年	0.33	0.63	0.82	0.87	0.93	0.96	1.00	1.00	0.99
						15 年	0.33	0.58	0.76	0.81	0.88	0.93	0.99	0.99	1.00
日期	现金流	期限	收益	现值	Md. Dur	P. Vol									
1995 年 4 月 25 日	7 500	0.071	8.204	7 456	0.066	0.032	7 456								
1996 年 4 月 25 日	7 500	1.074	7.056	6 970	1.003	0.218		5 594	1 376						
1997 年 4 月 25 日	7 500	2.074	7.284	6 482	1.933	0.292			5 780	703					
1998 年 4 月 25 日	7 500	3.074	7.402	6 022	2.862	0.366				5 505	517				
1999 年 4 月 25 日	7 500	4.074	7.543	5 577	3.788	0.463					5 105	472			
2000 年 4 月 25 日	7 500	5.077	7.635	5 162	4.717	0.539						4 923	240		
2001 年 4 月 25 日	7 500	6.077	7.720	4 773	5.641	0.624						1 944	2 829		
2002 年 4 月 25 日	7 500	7.077	7.798	4 408	6.565	0.703							4 302	107	
2003 年 4 月 25 日	7 500	8.077	7.855	4 072	7.488	0.805							2 589	1 483	
2004 年 4 月 25 日	7 500	9.079	7.895	3 762	8.415	0.905							1 131	2 631	
2005 年 4 月 25 日	107 500	10.079	7.919	49 863	9.340	1.004								49 019	844
				RM 顶点			1 个月	1 年	2 年	3 年	4 年	5 年	7 年	10 年	15 年
				全部顶点映射			7 456	5 594	7 156	6 207	5 622	7 339	11 091	53 239	844
				RM 顶点 VaR			3	12	20	22	26	39	77	530	12

资料来源：J. P. Morgan/Reuters，RiskMetricsTM—Technical Document，Fourth Edition，1996，New York December 17，1996.

因为 FRA 只是一个名义合约，在到期日没有本金交易。若交割时的利率高于参与双方交易时达成的 FRA 利率，则 FRA 的卖方会同意支付给买方按利率差额对名义数量进行贴现的现值。利率差额是该时期的 FRA 利率和届时市场利率之间的差。在大多数情况下，该市场利率为某一币种的 LIBOR 利率。

一般来说，FRA 定价公式如下：

$$Y_{T_S \times T_L FRA} = \left[\frac{1+\left(Y_L \times \frac{T_L}{B}\right)}{1+\left(Y_S \times \frac{T_S}{B}\right)} - 1\right] \times \frac{B}{T_L - T_S}$$

或

$$1 + Y_{T_S \times T_L FRA}\frac{T_L - T_S}{B} = \left[\frac{1+\left(Y_L \times \frac{T_L}{B}\right)}{1+\left(Y_S \times \frac{T_S}{B}\right)} - 1\right] \tag{5.16}$$

式（5.16）中：Y_L——有较长有效期一方的收益率；

T_L——有较长有效期一方以天计的有效期；

B——天数计算惯例（360 天或 365 天）；

Y_S——有较短有效期一方的收益率；

T_S——有较短有效期一方以天计的有效期。

事实上，FRA 允许市场参与者锁定一个远期利率，它等于货币市场隐含的、定期存单间的盈亏平衡利率。一个 FRA 是货币市场利率的线性组合，可以很容易地将其风险程度表示成这些利率组合的函数。

假定在 1995 年 1 月 6 日，投资者以 7.24% 的利率卖出一张 6 × 12FRA，其名义数量为 100 万欧元。这相当于从 6 个月以后，开始锁定一个 6 个月期的投资利率。7.24% 是通过货币市场 6 月和 12 月期利率平衡，并用一般定价公式 $Y_{T_S \times T_L FRA} = \left[\frac{1+\left(Y_L \times \frac{T_L}{B}\right)}{1+\left(Y_S \times \frac{T_S}{B}\right)} - 1\right] \times \frac{B}{T_L - T_S}$得到，该公式也可以写成无套利条件的形式：

$$\left(1 + Y_{12m} \times \frac{365}{365}\right) = \left(1 + Y_{6m} \times \frac{181}{365}\right) \times \left(1 + Y_{6 \times 12FRA} \times \frac{184}{365}\right)$$

其中，Y_{6m}、Y_{12m}分别为 6 月和 12 月期欧元的当前收益率；$Y_{6 \times 12FRA}$为 6 × 12 远期利率协议利率。

这个FRA交易等价于在一个贴现的基础上借100万欧元（即在6个月时间中的总负债为100万欧元），且将所得（969 121欧元）再投资12个月。这一组合能够很容易地映射到RM顶点，如表5.6所示。这两个头寸的当前现值如第（6）列所示。FRA的每一方在1个月后的VaR如第（9）列所示，它是通过将头寸的绝对现值乘以同等期限货币存单的月度价格波动率获得的（又称为独立VaR，即没有相关性的情况）。投资组合的VaR是通过将6月和12月现金流之间的相关性运用到由第（9）列所示的RM顶点VaR估计获得的。

表5.6　　开始时1个6×12欧元空头FRA的映射

观察到的数据		RM数据组					计算出的值			
（1）	（2）	（3）	（4）		（5）		（6）	（7）	（8）	（9）
现金流	期限（月）	收益率（%）	波动率		相关系数矩阵		现值	RM顶点	RM现金流	VaR估计
			收益率	价格	6月	12月				
-1 000 000	6	6.39	6.94	0.21	1.00	0.70	-969 121	6个月	-969 121	2 081
1 036 317	12	6.93	7.42	0.48	0.70	1.00	969 121	12个月	969 121	4 662
					合计		0		0	
				投资组合的VaR						3 530

资料来源：J. P. Morgan/Reuters, RiskMetricsTM - Technical Document, Fourth Edition, 1996, New York December 17, 1996.

交易进行1个月后，由于现金流量的期限缩短（该工具现在实际上是5×11 FRA），该映射变得稍微复杂。5个月的现金流量必须映射为3个月和6个月的RM顶点的组合，而11个月的现金流量必须在6个月和12个月的顶点之间分配（见表5.7）。

进入交易的第1个月，合约市值的变化为1 592欧元。这完全在预测的可能损益范围内（概率为95%），前一个月的VaR估计为3 530欧元。

在到期日前解锁一个FRA，即对冲FRA利率和市场利率之间的利率风险，需要在不是标准到期期限的时间达成一个反向合约。在成交一月之后，投资者如果想解锁此例中的头寸，将不得不报价买入一个5×11的FRA。它是一个非标准到期日的工具，流动性很差，买卖价差很高。在表5.7第（3）列中的利率并没有充分考虑这一因子，它们是由标准到期日的插值利率推导出来的。因为实际市场报价是不利的，降低了交易的收益。这一风险与流动性相关，不能在这里的VaR计算中辨识出来。

表 5.7　　　　持有 1 个月后一个 6×12 空头 FRA 的映射

观察数据		RM 数据						计算值			
(1)	(2)	(3)	(4)		(5)			(6)	(7)	(8)	(9)
现金流	期限（月）	收益率（%）	波动率		相关系数矩阵			现值	RM 顶点	RM 现金流	VaR 估计
			收益率	价格	3 月	6 月	12 月				
			6. 77	0. 10	1. 00	0. 81	0. 67		3 个月	-302 232	-296
-1 000 000	5	6. 12						-975 302			
			7. 91	0. 19	0. 81	1. 00	0. 68		6 个月	-549 300	-1 048
1 036 282	11	6. 65						976 894			
			7. 14	0. 41	0. 67	0. 68	1. 00		12 个月	853 124	3 533
				合计				1 592		1 592	
				投资组合的 VaR							2 777

资料来源：J. P. Morgan/Reuters，RiskMetricsTM - Technical Document，Fourth Edition，1996，New York December 17，1996.

5.3.4　结构性票据

用于估计简单衍生工具市场风险的基本概念可以扩展到更复杂的工具。假设在 1994 年初，当市场普遍认为德国利率将继续下降时，一个投资者已经购买了“与 2 年期利率挂钩的 1 年期指数”。这份为期 1 年的工具表达了这样的看法，即 1 年内 2 年期的德国马克（德国马克已于 2002 年 7 月退出流通，仅以此为例进行说明）互换利率将低于交易达成时的远期利率。工具的条款如表 5.8 所示。

表 5.8　　　　结构性票据条款

发行人	A 公司
格式	欧洲中期票据
发行日	1994 年 2 月 9 日
到期日	1994 年 2 月 9 日
发行价	100%
数量	DEM 35 000 000
票面利率	5. 10%
执行价格	5. 10%
赎回价值	100% +20 *（执行 2 年期的 DEM 互换利率）

注：*虽然这些细节是假设的，但 1994 年销售过类似的产品。

资料来源：J. P. Morgan/Reuters，RiskMetricsTM - Technical Document，Fourth Edition，1996，New York December 17，1996.

这看似复杂，实际上这个交易只不过是一个附带杠杆的长期FRA债券（忽略轻微的凸性问题）。作为该票据的持有人，需要做多3年期互换利率并做空1年期利率，其差额具有显著的杠杆作用。

表5.9显示了如何将杠杆票据分解为两个基础模块的现金流。

表5.9　　一个结构性票据的实际现金流

期限（年）	债券		互换		总现金流
	本金	息票	本金	息票	
1	35 000 000	1 785 000	-376 996 928		-340 211 928
2				19 226 843	19 226 843
3			376 996 928	19 226 843	396 223 771

资料来源：J. P. Morgan/Reuters, RiskMetricsTM - Technical Document, Fourth Edition, 1996, New York December 17, 1996.

1年期3 500万德国马克债券，票面利率为5.10%。

远期互换（1年后开始的2年期互换）。互换的远期本金现金流等于20倍的票据名义金额除以2年期票据的PVBP（基点价格），本例为1.86。远期息票等于远期本金乘以票面利率5.10%。

债券和互换结合产生三个年度现金流，其中投资者卖出1年到期的3.4亿德国马克，分别买入2年到期的1 900万德国马克和3年到期的3.96亿德国马克的债券。在发行时，这些现金流的市场价值相当于3 500万英镑，即该工具的发行价格（见表5.10）。

三个现金流中的每一个都映射到RM顶点，生成表5.1中所示的现金流。

表5.10　　结构性票据的VaR计算（1个月的预测展望期）

观察数据		RM数据库						计算值		
现金流	期限（月）	收益（%）	价格波动率	相关性矩阵			现值	RM顶点	RM现金流	VaR估计
				1年	2年	3年				
-340 211 928	1	5.48	0.33	1.00	0.46	0.43	-322 536 906	1年	322 536 906	1 067 597
19 226 843	2	5.15	0.46	0.46	1.00	0.95	17 389 594	2年	17 389 594	79 644
396 223 772	3	5.22	0.68	0.43	0.95	1.00	340 147 312	3年	340 147 312	2 309 600
				加总			35 000 000			
				投资组合VaR						2 155 108

资料来源：J. P. Morgan/Reuters, RiskMetricsTM - Technical Document, Fourth Edition, 1996, New York December 17, 1996.

使用截至2017年2月9日的波动率和相关性，这种头寸在1个月内的VaR约为

215 万德国马克。

在 3 月 9 日，工具存续 1 个月后，可以使用更新的利率以及更新的 RM 波动率和相关性重复映射和风险评估，表 5. 11 给出了结果。

表 5. 11　　　　结构性票据的 VaR 计算（工具存续 1 个月后）

观察数据		RM 数据库						计算值			
现金流	期限（年）	收益（%）	价格波动率	相关性矩阵				现值	RM 顶点	RM 现金流	VaR 估计
				6 个月	1 年	2 年	3 年				
			0. 16	1. 00	0. 83	0. 58	0. 54		6 个月	-43 218 017	68 023
-340 211 928	0. 9	5. 53						-975 302			
			0. 35	0. 83	1. 00	0. 58	0. 54		1 年	-277 979 823	960 250
19 226 843	1. 9	5. 53						17 399 085			
			0. 65	0. 58	0. 58	0. 94	1. 00		2 年	39 059 679	252 180
19 226 843	2. 9	5. 68						337 230 727			
			1. 03	0. 54	0. 54	0. 94	1. 00		3 年	312 934 965	3 218 971
							加总	30 976 801		-4 203 199	
						投资组合 VaR					3 018 143

资料来源：J. P. Morgan/Reuters，RiskMetricsTM – Technical Document，Fourth Edition，1996，New York December 17，1996.

市场利率的变动导致票据市场价值下降超过 400 万英镑，是使用前 1 个月 RM 波动率和相关性，在 95% 置信水平下预测的最大金额的两倍。为什么？

图 5. 16 显示了 3 年期德国马克互换利率在 1 个月内从 5. 22% 移动 45 个基点至略高于 5. 68%，是 95% 置信水平预期的最高金额的两倍（4. 56% ×5. 22%，即 23 个基

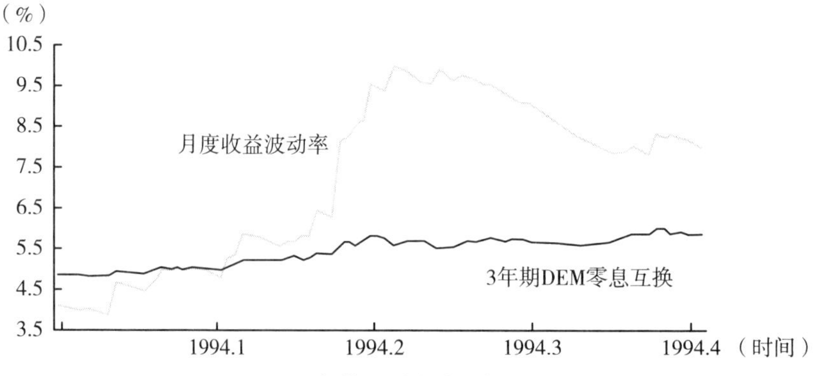

图 5. 16　1994 年第一季度的 3 年期 DEM 互换

资料来源：J. P. Morgan/Reuters，RiskMetricsTM – Technical Document，Fourth Edition，1996，New York December 17，1996.

点)。这显然是一个很大的利率变动。截至 3 月 9 日，RM 波动率估计值从 4.56% 增加至6.37%。这反映了使用指数移动平均估计方法对近期观测值的快速调整。相应地，结构性票据的风险价值在此期间增加了44%，刚刚超过 300 万德国马克。

以上示例表明，通过适当的现金流量映射，可以使用 RM 方法和数据集比较容易地估计复杂衍生工具中的风险。

5.3.5　利率互换

投资者们达成利率互换，通过交换利息流来改变他们对利率不确定性的风险暴露。为了理解它的现金流映射，一个互换可以看作由一个固定和一个浮动利率债券交易的投资组合。互换的固定方可以如一个简单债券一样映射，而其浮动方可看作一个浮动利率债券（FRN)。

若将每一方的价值分开考虑，可以直截了当地估计其市场风险。固定方的投资者像持有简单债券一样，暴露在利率波动下。由于浮动方可以像一个 FRN 那样定价，若利率改变，则用来估价浮动方的远期利率也会变化，所以将按面值重估。对于这组现金流仅需要考虑它们的利率风险。

例如，某个公司达成了一个 5 年期美元利率互换，支付固定的 9.379%，得到与 1 年期美元 LIBOR 挂钩的浮动现金流，名义金额为 100 万美元。为了简化，重置/利息支付日期以年计。表 5.12 给出用于估计此交易市场风险的数据。

表 5.12　　现金流映射和利率互换的 VaR

观察数据				RM 数据						计算值
期限	零率	现金流		价格波动率（%）	相关矩阵					净现值（美元）
		固定	浮动		1 年	2 年	3 年	4 年	5 年	
1 年	8.75	-86 247	1 000 000	0.027	1.000	0.949	0.933	0.923	0.911	913 753
2 年	9.08	-85 986		0.067	0.949	1.000	0.982	0.978	0.964	-85 986
3 年	9.24	-85 860		0.112	0.933	0.982	1.000	0.995	0.984	85 860
4 年	9.34	-85 782		0.149	0.923	0.978	0.995	1.000	0.986	85 782
5 年	9.42	999 629		0.190	0.911	0.964	0.984	0.986	1.000	-999 629
							合计			-343 505
							投资组合 VaR			1 958

资料来源：J. P. Morgan/Reuters, RiskMetricsTM - Technical Document, Fourth Edition, 1996, New York December 17, 1996.

5.3.6 外汇远期

以下是如何计算购买1年期153 000 000 DEM/USD外汇远期的市场风险的示例。购买DEM/USD外汇远期相当于借入美元1年（货币市场空头头寸）并使用它们在1年后购买DEM（外汇空头头寸）。持有期为1天。根据1天的波动率预测，美元的外汇风险为904 922美元（94 004 163×0.963%），详见表5.13。利率风险的计算方法是将每个12个月的当前市场价值（卖出USD和买入DEM）乘以其各自的利率波动率。因此，持有期为1天的VaR为912 880美元。

表5.13　　外汇远期的VaR

观察数据			RM数据					计算值	
工具	现金流	期限	收益（%）	价格波动率	相关性矩阵			美元现值	VaR估计
					DEM外汇	1年期DEM	1年期USD		
DEM即期汇率	—			0.963	1.0000	-0.0035	-0.0042	-94 004 163	-904 922
1年期DEM	153 000 000	1年	6.12	0.074	-0.0035	1.0000	0.1240	94 004 163	45 855
1年期USD	-99 820 670	1年	6.65	0.116	-0.0042	0.1240	1.0000	-94 004 163	-108 624
						合计		94 004 163	
						投资组合VaR			3 530

资料来源：J. P. Morgan/Reuters, RiskMetricsTM - Technical Document, Fourth Edition, 1996, New York December 17, 1996.

5.3.7 股票

考虑一个三资产的投资组合，其中投资者持有股票A、B两家公司以及沪深300ETF各100万元。该投资组合的市场风险VaR是：

$$VaR_P = V_A \times 1.65\sigma_{R_A} + (V_B \times 1.65\sigma_{R_B} + V_{HS300} \times 1.65\sigma_{R_{HS300}}) \tag{5.17}$$

把每一资产的风险映射到股票市场指数上：

$$VaR_i = V_i \times \beta_i \times 1.65\sigma_{R_M} \tag{5.18}$$

式（5.18）中，$1.65\sigma_{R_M}$ = 股票市场指数的RM波动率估计，此例的股票市场指数用沪深300指数代表。得投资组合的VaR为：

$$VaR_P=(V_A\times\beta_A\times1.65\sigma_{R_{HS300}})+(V_B\times\beta_B\times1.65\sigma_{R_{HS300}})+(V_{HS300}\times1.65\sigma_{R_{HS300}}) \tag{5.19}$$

假设 $\beta_A=0.5$、$\beta_B=1.5$，沪深 300 日收益率的波动率为 2.656%。提取共同因子，解投资组合的 VaR 为：

$$\begin{aligned}VaP_P&=1.65\sigma_{R_{HS300}}[(V_A\times\beta_A)+(V_B\times\beta_B)+V_{HS300}]\\&=4.832\%[1\ 000\ 000(0.5)+(1\ 000\ 000)(1.5)+1\ 000\ 000]\\&=4.832\%(3\ 000\ 000)\\&=144\ 960(\text{元})\end{aligned} \tag{5.20}$$

估计多指数投资组合的市场风险的方法与上述过程类似，并要考虑指数与汇率之间的相关性。由于所有头寸用基础货币或本国货币描述，因此需要考虑外汇风险。

5.3.8　商品期货合约

假设 1994 年 7 月 1 日，一个美国投资者购买了名义金额为 1 830 万美元的 6 个月 WTI 期货（100 万桶乘以每桶 18.3 美元的价格）。表 5.14 列出了该日的市场和 RM 数据。

表 5.14　　1994 年 7 月 1 日的市场交易数据和 RM 估计

顶点	LIBOR	期限	WTI 期货		相关性矩阵	
			价格	波动率	3 个月	6 个月
3 个月	5.563	0.250		10.25	1.000	
6 个月	5.813	0.500	18.30	9.47	0.992	1.000

资料来源：J. P. Morgan/Reuters, RiskMetricsTM – Technical Document, Fourth Edition, 1996, New York December 17, 1996.

1 个月的初始 VaR 为 170 万美元，这是在 95% 置信水平下未来 25 个工作日内可能会在此交易中损失的最大金额。由于现金流发生在 6 个月后，整个头寸被映射到 6 个月的 WTI 顶点，因此，可以很容易地在交易日计算此交易的 VaR：

$$\begin{aligned}VaR_{6\text{个月期货}}&=\text{现金流现值}\times RM\ \text{波动率估计}\\&=\left[\frac{18\ 300\ 000}{1+\left(\frac{5.813}{100}\right)\times0.5}\right]\times9.47\%\\&=170(\text{万美元})\end{aligned} \tag{5.21}$$

交易达成1个月后，现金流映射变得稍微复杂一些。表5.15显示了此交易的新的VaR。

表5.15　　商品期货合约的现金流映射和VaR

期限	零息收益率	现金流（现值）	价格波动率（%）	相关性矩阵		RM顶点	RM现金流
				3个月	6个月		
	4.801		6.212	1.00	0.992	3个月	13 084 859
4个月	5.068	17 924 465					
	5.190		5.739	0.992	1.00	6个月	4 839 605
				投资组合VaR			1 417 343

资料来源：J. P. Morgan/Reuters, RiskMetricsTM – Technical Document, Fourth Edition, 1996, New York December 17, 1996.

5.3.9 Delta-gamma方法

考虑一种情况，即以美元为基础货币的投资者目前持有头寸为等值100万美元的6年后到期的法国政府债券和3个月后到期的德国马克的看涨期权。由于市场风险是根据投资组合的收益分布来衡量的，因此计算VaR的第一步是写出该投资组合的收益表达式R_P，其中包括一个法国政府债券和一个外汇期权。此处，收益率定义为投资组合一天中价格的相对变化。投资组合的收益率表达式为：

$$\hat{r}_P = \hat{r}_o + r_B \tag{5.22}$$

其中，r_o是期权的收益率，r_B是法国政府债券的收益率。

现在我们更详细的描述债券和期权的收益率。由于债券产生的现金流与特定的RM顶点不一致，我们必须将其映射到两个最近的RM顶点。假设我们将在6年后到期的现金流的49%映射到5年顶点，51%映射到7年顶点。如果我们分别用r_5和r_7表示5年期和7年期的债券的收益率，则法国政府债券的收益率可以写作：

$$r_B = 0.49r_5 + 0.51r_7 \tag{5.23}$$

期权收益率公式更加复杂。我们将期权的收益率分别写为Delta、gamma、theta的函数。期权的日收益率由下式给出：

$$\hat{r}_o = \alpha\delta r_{USD/DEM} + 0.5\alpha\Gamma P_{USD/DEM} r^2_{USD/DEM} + V^{-1}\theta n \tag{5.24}$$

式（5.24）中，$r_{USD/DEM}$是DEM/USD汇率的日收益；$P_{USD/DEM}$是USD/DEM的现汇

头寸；V 是期权的价格，或者溢价；α 是 $P_{USD/DEM}$ 和 V 的比率，衡量持有期权的杠杆；δ 是期权的 Delta 值，基础汇率的变化衡量期权价值的变化；Γ 是期权的 gamma 值，根据基础汇率的变化衡量 δ 的变化；θ 是期权的 theta 值，衡量期权到期时给定变化的期权价值变化；n 是衡量 VaR 的预测时间，本例中，n 为 1 天。

现在可以将投资组合的收益率写为：

$$\hat{r}_P = 0.49r_5 + 0.51r_7 + \alpha\delta r_{USD/DEM} + 0.5\alpha\Gamma P_{USD/DEM} r_{USD/DEM}^2 + V^{-1}\theta n \tag{5.25}$$

特别地，我们得出对应于均值、方差、偏度和峰度的收益率 r_p 分布的前四阶矩。它们取决于期权的价格、标的证券的当前市场价格、期权的希腊字母和 RM 的协方差矩阵，$\sum$。此例中，$\sum$ 为 r_5、r_7 和 $r_{USD/DEM}$ 的协方差矩阵。

我们用一个简单的例子来描述 Delta-gamma 方法。表 5.16 列出了应用 Delta-gamma 的债券和期权头寸的必要统计数据。

表 5.16　　投资组合条款

债券	期权
$\sigma_5 = 0.95\%$	$\sigma_{USD/DEM} = 1\%$
$\sigma_7 = 1\%$	$\delta = 0.9032$
$\rho_{5,7} = 0.85$	$\Gamma = 0.0566$
$P_B = USD100$	$\theta = -0.9156$
	$V = USD\ 3.7191$
	$P_{USD/DEM} = USD346.3$
投资组合现值 PV = USD 103.719	

资料来源：J. P. Morgan/Reuters, RiskMetricsTM – Technical Document, Fourth Edition, 1996, New York December 17, 1996.

为了计算 VaR，我们需要协方差矩阵：

$$\sum = \begin{bmatrix} \sigma_{6y}^2 & \sigma_{6y,USD/DEM}^2 \\ \sigma_{6y,USD/DEM}^2 & \sigma_{USD/DEM}^2 \end{bmatrix} \tag{5.26}$$

使用表 5.16 中的信息得：

$$\sum = \begin{bmatrix} 0.009025 & 0.008075 \\ 0.008075 & 0.01000 \end{bmatrix}（百分比） \tag{5.27}$$

此外，还需要与投资组合的 Delta 部分相对应的现金流：

$$\tilde{\delta}=\begin{bmatrix}100\\81.352\end{bmatrix} \tag{5.28}$$

对应投资组合的 gamma 部分的现金流：

$$\tilde{\Gamma}=\begin{bmatrix}0\\1\ 708.57\end{bmatrix}\quad \begin{matrix}\text{债券的零 gamma 现金流}\\\text{外汇期权的 gamma 现金流}\end{matrix}$$

以及与投资组合的 theta 部分相对应的现金流：

$$\tilde{\theta}=\begin{bmatrix}0\\-0.2462\end{bmatrix}\quad \begin{matrix}\text{债券的零 theta 现金流}\\\text{外汇期权的 theta 现金流}\end{matrix}$$

表 5. 17 给出了该投资组合分布的隐含矩。

表 5. 17　　投资组合数据

矩	包括 theta	不包括 theta
均值	-0. 1608	0. 0854
方差	2. 8927	2. 8927
偏度系数	0. 2747	0. 2747
峰度系数	3. 0997	3. 0997

资料来源：J. P. Morgan/Reuters, RiskMetricsTM - Technical Document, Fourth Edition, 1996, New York December 17, 1996.

根据上述信息，表 5. 18 给出了该组合在 1 天内对应于三个置信水平的 VaR 估计值。为了对比，还提供了基于正态分布模型的 VaR 和不包括 theta 效应的 VaR。

表 5. 18　　VaR 估计（USD）

1 天预测期：全部投资组合价值 103. 719

VaR 百分比（%）	正态	Delta-gamma（不包括 theta）	Delta-gamma（包括 theta）
5. 0	-2. 799	-2. 579	-2. 826
2. 5	-3. 325	-3. 018	-3. 265
1. 0	-3. 953	-3. 523	-3. 953

资料来源：J. P. Morgan/Reuters, RiskMetricsTM - Technical Document, Fourth Edition, 1996, New York December 17, 1996.

练习题

1. 下列哪些关于因子映射模型的说法是正确的？（　　）

Ⅰ. 在现金流映射方法下，只有固定收益投资组合平均期限相关的风险映射。

Ⅱ. 现金流映射是固定收益投资组合映射中最不准确的方法。

Ⅲ. 在久期映射方法下，债券的风险被映射到具有相同久期的零息债券上。

Ⅳ. 越多的风险因子一般会导致更好的风险度量，但是也需要在建模过程和风险计算上花费更多的时间。

A. Ⅰ和Ⅱ　　B. Ⅰ、Ⅲ和Ⅳ　　C. Ⅲ和Ⅳ　　D. 只有Ⅳ

2. 一个投资组合包括两个零息债券，当前价值均为10元。第一个债券的修正久期为1年，第二个债券的修正久期为9年。收益率曲线是水平的，收益率均为5%。假设所有的收益率曲线平行移动。给定每日收益率的波动率为1%，下列哪一个是该投资组合在95%置信水平下的每日VaR的最好估计？(　　)

A. 1.65元　　B. 2.33元　　C. 1.16元　　D. 0.82元

3. 历史模拟法是基于经验分布和大量风险因子的方法。RiskMetrics方法假设风险因子服从正态分布并使用映射。在哪种情况下历史模拟法比RiskMetrics方法估计的VaR更准确？(　　)

A. 数量较小的新兴市场证券　　B. 数量较小的成熟市场指数

C. 数量较大的新兴市场证券　　D. 数量较大成熟市场指数

4. 一个对冲基金经理需要选择一个针对大型市场中性股票（β值为0）投资组合的风险模型。持有的许多股票都是IPO。下列模型中最好的一个是(　　)。

A. 一个去年估计的没有特殊风险的单一指数模型

B. 一个去年估计的具有特殊风险的对角指数模型

C. 一个将股票头寸映射到行业风险因子的模型

D. 一个完全协方差矩阵模型

5. 计算中国股市中的组合，如某一只基金的组合的VaR值。

6. 计算6.1节所给出的某一金融工具的现金流映射。

7. 一个期权基于B股票指数，目前股票指数为3 000。该股指期权的Delta为0.6，股指的年波动率为24%。使用Delta正态假设，假设1年为260天，那么95%置信水平下的10天VaR是多少？

8. 简述现金流映射与常规的映射方法的区别。

第 6 章　回测检验和压力测试

回测检验和压力测试是 VaR 风险指标体系的重要组成部分，通过回测和压力测试来检验 VaR 指标的真实性和稳健性。

6.1　回测检验

回测是一个系统比较 VaR 预测值与真实收益率的过程。它可以检测模型缺陷，并指出需要改进的地方。回测是银行监管者允许银行使用内部风险度量来决定交易组合监管资本数量的原因之一。回测框架被巴塞尔委员会写进《巴塞尔协议 I》的市场风险修正案。

回测将每日 VaR 的预测值与次日的真实损益值进行比较，如果实际损失超过 VaR，该事件记为异常值。异常值 x 在时间窗口 T 个观测值中的数量可以通过回测检查出来。

6.1.1　回测实例

在介绍 VaR 回测过程和具体测量技巧之前，我们先来关注一下 VaR 的实际表现。图 6.1 给出了美国六大商业银行在 1998 年 1 月到 2001 年 3 月期间，实际资产组合的收益低于 VaR 时的数量，当实际收益高于 VaR 值的时候显示为零。我们使用式（6.1）来绘制时间序列：

$$\frac{\min\{R_{PF,t+1}-(-VaR_{t+1}),0\}}{\sigma_{PE,t+1}} \tag{6.1}$$

式（6.1）中的收益为日收益，VaR 对应的覆盖率为 1%。

根据图 6.1，第 4 个银行低于 VaR 的收益数量为零。一般情况下，银行实际超出 VaR 的损失数量比期望值要小，这意味着银行报告的平均 VaR 要高于其真实 VaR。这

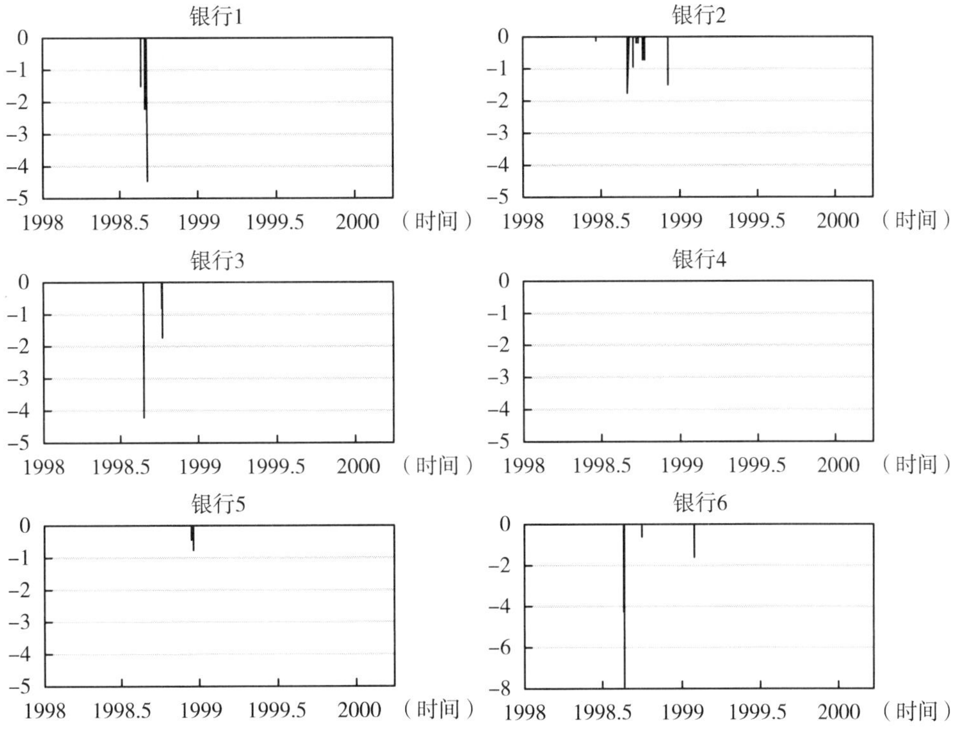

图 6.1 六大商业银行实际收益低于 VaR 的数量

资料来源：彼得·F. 克里斯托弗森著，金永红、章琦、罗丹译：《金融风险管理》，中国人民大学出版社 2004 年第 2 版，第 229 页。

可能由于银行对待风险的态度过于谨慎，或者 VaR 的系统偏差。另外也可能是因为收益包含了与交易不相关的利润，在没有增加资产组合风险的情况下，增加了平均收益。

更重要的是要注意一系列的超出 VaR 损失的分布。对于银行 1、银行 2、银行 3、银行 5 和银行 6，超出 VaR 损失的样本主要集中在一小段时间范围内，这段时间似乎和俄罗斯违约以及 1998 年秋对长期资本管理公司的救助有关。银行之间的违约集中从监管角度来看非常重要，因为可能引起整个国家的银行危机。

超出 VaR 损失的样本集中可能是由于风险模型的错误设定。这些银行可能主要依赖于历史模拟等方法，当市场波动增大时，在更新 VaR 方面较为滞后。这些 VaR 设定的脆弱性，促使利益相关者不得不考虑一系列的后验统计技术。

6.1.2 度量异常值

交易结果是次日实际发生的收益或损失，它往往不能与前一天的 VaR 指标准确对应。所有 VaR 指标都假定一个固定投资组合的资产从前一个交易日收盘到下一个交易日收盘之间发生的损益，而且没有考虑手续费收入。在实际中投资组合是不断交易的，日内交易会增加风险；但手续费收入比较稳定，可以降低投资组合的风险。这些影响可能会相互抵消，但也可能造成实际投资组合的波动比 VaR 预测的波动幅度大或小。所以一般会构造一个虚拟组合，组合的收益由和所有证券实际价格变化相当的固定组合得到，并使用每日数据进行计算。

《巴塞尔协议》建议银行同时采用虚拟组合和实际组合进行回测。综合使用两种方法回测能更全面地反映风险管理系统的质量。

假设用实际组合进行回测发现失效而使用虚拟组合进行回测可行，表明模型有效，但实际交易增加了波动性；相反，如用虚拟组合进行回测也失效，那么结论就是该风险模型有缺陷。

6.1.3　二项分布

考虑一个 $c=99\%$ 置信水平下每日 VaR 指标，这意味着每日异常值发生的概率为 $p=1-c=1\%$。回测的时间窗口为 $T=250$ 天。异常值发生数量的随机变量 x 是 T 次独立的贝努里试验的结果，其中每一次试验结果为 $y=0$ 或 $y=1$，即成功或失败。x 服从二项分布，它的离散密度函数为：

$$f(x)=\binom{T}{x}p^{x}(1-p)^{T-x},\ x=0,1,\cdots,n \tag{6.2}$$

式（6.2）中，$\binom{T}{x}$为从 T 个观测值中取出 x 的组合数。即

$$\binom{T}{x}=\frac{T!}{x!\ (T-x)!} \tag{6.3}$$

参数 p 代表异常事件发生的概率，在 0 ~ 1 之间。二项分布变量的均值和方差为 $E(x)=pT$ 和 $V[x]=p(1-p)T$。

【例 6.1】

我们想知道当真实概率为 1% 时，从 $n=250$ 个观测值的样本中观察到 $x=0$ 个异常值的概率。我们期望从这些样本中观察到平均 2.5 个异常值，但是仅仅因为运气好，会有一些样本没有一个异常值。这个概率为：

$$f(x=0)=\frac{T!}{x!\ (T-x)!}p^{x}(1-p)^{T-x}=\frac{250!}{1\times 250!}0.01^{0}0.99^{250}=0.081$$

因此，在零假设条件下我们预期有8.1%的样本不会出现异常值。我们可以重复计算不同x值的概率。如观察到8个异常值的概率仅为0.02%，这个概率太小了，所以如果观察到8个异常值，我们会质疑异常值发生的概率是不是1%？

6.1.4　正态近似

当T足够大时，可以利用中心极限定理将二项分布用正态分布来近似：

$$z = \frac{x - pT}{\sqrt{p(1-p)T}} \approx N(0,1) \tag{6.4}$$

这提供了一个方便的节点。如果判别准则定义为双尾95%置信水平的检验，那么节点值为$|z| = 1.96$。

例如，对观测到的8个异常值，$z = (8 - 2.5)/1.573 = 3.5$，该值较高，因此这个99%置信水平下产生8个异常值的模型不准确的可能性很大。

6.1.5　回测的巴塞尔规则

当前的模型检验程序通常记录在过去1年中99%置信水平下日VaR异常数。人们很自然地期望250个交易日中1%的异常率，即在过去1年中仅有2.5个异常。巴塞尔委员会基于每日VaR的事后测试建立了一个框架，确定4次以下的异常值是可以接受的，记为绿色区域。如果异常值次数是5或者以上，那么银行就进入了黄色和红色区域，会受到惩罚，导致更高的资本要求（见表6.1）。

表6.1　　巴塞尔的惩罚区域

区域	异常的次数（过去1年）	乘数k值的增加
绿灯	0~4	0.00
黄灯	5	0.40
	6	0.50
	7	0.65
	8	0.75
	9	0.85
红灯	10+	1.00

资料来源：Philippe Jorion, Financial Risk Manager Handbook (6th Edition), John Wiley & Sons, Inc., Hoboken, New Jersey, 2011.

如果异常值次数位于黄色区域，那么监管部门根据出现异常值的原因确定惩罚额度。巴塞尔委员会使用下面的判别标准：

（1）模型基本完整：出现异常值是因为输入变量报告错误，或者计算程序出现错误，这都是严重错误，应该进行惩罚，并立即采取修正措施。

（2）模型本身的精度不够：出现异常值是因为模型不能精确度量风险（如没有足够的风险因子），这同样是严重错误，应该进行惩罚，并要求重新设置模型。

（3）日内交易：即一天之内银行的头寸发生变化，在这种情况下应酌情考虑惩罚额度。如果采用了虚拟组合进行计算，能够使异常值次数降到合理范围内，说明银行的 VaR 模型本身没有问题。

（4）坏运气：即市场的波动性和相关性发生了特殊变化。这些异常值应该每隔一段时间就会发生，这不能说明银行的模型精确度不够，只能说明运气不好。

巴塞尔委员会对于如何运用惩罚条款的描述相当模糊。当异常是由前两个原因造成时，应该运用“惩罚”措施；当是第 3 个原因时，则应该“考虑惩罚”措施；当偏误被追踪到是第 4 个原因时，巴塞尔委员会没有给出成文的指导条款。银行的监管者希望能给出更多的灵活性，可以根据他们认为的适宜性来调整其规则，尤其是在遭遇经济动荡的时期。

当人们对巴塞尔框架了解得越来越多时，也逐渐意识到监管者的政策是在对金融机构不同约束条件下取得的。由于监管者并没有深入到模型的每一个细节，所以回测检验的方法只可能在一种宽松的水平下执行。监管者同时还要对在不同金融机构之间建立起来的规则进行比较。

《巴塞尔协议》（1996a）对内部模型回测检验的规则是直接从失效率检验得出的。首先要确定犯第 1 类错误的比例，即当模型正确时，拒绝该模型的概率。在这种情况下，银行可能仅仅由于运气不好，却遭到本不应当的惩罚。因此，首先选择一个检验，让它有较低犯第 1 类错误的概率，譬如说 5%（取决于检验的成本）。这样，矛盾的中心就转移到监管者因此会犯第 2 类错误，而银行都有动机在它们的 VaR 报告中误导这类错误。

回测检验的关键是要能够区分运气不好和模型确实失效。或者说，需要在犯第 1 类错误和犯第 2 类错误之间做一个平衡。表 6.2 假定了两个 VaR 模型，一个正确的模型（有 99% 的覆盖率）和一个不正确的模型（仅有 97% 的覆盖率）获得某个给定的异常数的概率。对 5 个或更多的异常数，发生犯第 1 类错误的累计概率为 10.8%。这是一个相当高的比例，即 10 家银行就会有 1 家错误地受到惩罚，尽管银行有正确的内部模型。

表 6.2 回测检验的巴塞尔规则发生错误的概率（T = 250）

分类		覆盖率 = 99%		覆盖率 = 97%		
区域	异常值个数 N	概率 P（X = N）（%）	累计犯第 1 类错误的概率 P(X > = N)（%）	概率 P(X = N)（%）	累计犯第 2 类错误的概率 P(X < N)（%）	效力（犯第 1 类错误的概率 P(X > = N)）（%）
绿色	0	8.1	100	0	0	100
	1	20.5	91.9	0.4	0	100
	2	25.7	71.4	1.5	0.4	99.6
	3	21.5	45.7	3.8	1.9	98.1
	4	13.4	24.2	7.2	5.7	94.3
黄色	5	6.7	10.8	10.9	12.8	87.2
	6	2.7	4.1	13.8	23.7	76.3
	7	1.0	1.4	14.9	37.5	62.5
	8	0.3	0.4	14	52.4	47.6
	9	0.1	0.1	11.6	66.3	33.7
红色	10	0	0	8.6	77.9	21.1
	11	0	0	5.8	86.6	13.4

资料来源：田新时编著：《金融风险管理》，清华大学出版社 2014 年版。

更糟的是，犯第 2 类错误的比例也很高。在这一例子中，假定一个真实的 97% 的覆盖率（即错误的模型），监管层会在 12.8% 的可能性下接受它。这样的框架不是有效的。而且在 99% 和 97% 覆盖率下的 VaR 模型之间的经济差别是显著的。假定正态分布，97% 的 VaR 会比官方要求的（99% VaR 模型）小 1.237 倍。这意味着，这种低估会将大幅度降低商业银行的资本金。

这种框架缺乏效力的原因是由于选择了很高的 VaR 置信水平（99%），从而一个可靠的检验也仅能依赖很少的异常。相反，如果我们考虑一个 95% VaR 置信水平的效应（为了保证资本金的数额不会因此而受到影响，必须考虑使用更大的乘数 k），现在必须来确定在巴塞尔框架下犯第 1 类错误对应的异常数节点。对于年平均为 13 个异常数的同样样本，如果异常数超过 17，我们选择拒绝模型。这对应于犯第 1 类错误的概率为 12.5%。我们可以控制犯第 1 类错误的概率使之接近于巴塞尔的构架 10.8%；但现在犯第 2 类错误的概率则大大地降低了，仅为 7.4%。这样，仅简单地改变 VaR 的置信水平，从 99% 降到 95%，就显著降低了允许错误模型的概率。

另一种提高检验效率的方法是增加样本容量。例如 T = 500，如果选择的截至异常数为 8，这对应于犯第 1 类错误的概率为 13.4%，而犯第 2 类错误的概率为 1.7%。

对应于几乎和以上同样犯第1类错误的概率，现在犯第2类错误的概率要低得多，这是一个很大的改进。当 T = 1 000，如果选择截至异常数为14，对应于13.4%犯第1类错误的概率，犯第2类错误的概率仅为0.03%。可见，增加样本容量显著地改进了检验。当然，问题在于现实中可能没有那样多的样本。

6.1.6 对回测检验的评估

需要注意的是，异常值测试只集中于异常值发生的概率，但这个计算方法完全忽略了损失的规模，这是基于VaR风险指标的一个一般缺陷，可以通过CVaR来弥补。

另一个缺陷是它忽略了损失的时间路径。理论上异常值应当在时间期限内均匀分布，但异常值在短时间内接连发生的时间路径揭示了风险度量的缺陷。

例如，即使回测显示在过去一年只产生了4个异常值，超过了巴塞尔规则的要求，如果这4个异常值都发生在上个月，就要引起关注，因为投资组合非常可能在接下来的日子里遭受重大损失。

6.2 极值理论

通常，资产组合的最大风险就是一个或多个大的意外负收益，所以，对收益分布的尾部建模是金融风险管理的重要任务，这就要用到极值理论（EVT）。极值理论认为，大范围分布的极值可以通过一个相对简单的帕累托分布（GPD）来描述。

在极值理论中，几乎所有的结论都基于收益独立同分布的假设。资产收益在长期接近于正态分布，而EVT更关注短期（如日）。遗憾的是，由于方差的时变性，独立同分布假设对于短期是最不合适的，所以我们需要在使用EVT之前得到动态方差序列。因此，需要再次考虑标准化资产组合收益。

$$z_{t+1} = R_{PF,t+1}/\sigma_{PF,t+1} \sim \sum^{i.i.d.} D(0,1) \tag{6.5}$$

但幸运的是，这些标准化收益独立同分布的假设是合理的，因此，我们可以继续将EVT运用于标准收益，然后将EVT与方差模型估计相结合来计算VaR。

6.2.1 极值的分布

EVT只关注分布的尾部，首先要确定我们能够从尾部得到什么。为此将定义分布直方图的临界值为 u。例如，我们假设该临界值为0.02。

极值理论的主要结果是，在任何可以想到的分布中，随着临界值 u 接近于无穷，观察值的分布超过了临界（称它们为 y），收敛于帕累托分布 GPD(y，ξ，β)，其中，

$$\mathrm{GPD}(y,\xi,\beta)=\begin{cases}1-(1+\xi y/\beta)^{\frac{1}{\xi}},\text{如果 } \xi>0\\1-\exp(-y/\beta),\text{如果 } \xi=0\end{cases} \tag{6.6}$$

这里 β >0，y > u。所谓的尾部指标参数 ξ 是关键，因为它控制了分布尾部的形状，尤其是当极值 y 趋于无穷时，尾部接近于零的速度。

由 EVT 覆盖的标准分布结果包括那些高度尾部特性的，如学生 t 分布，其中尾部指标参数 ξ 是正数。当然，这也是金融风险管理中最感兴趣的一种分布，其收益趋于肥尾。

正态分布也是被覆盖的。学生 t 分布和正态分布之间的主要区别是，前者有幂率尾而后者是指数尾。因此对于正态分布，我们有尾部参数 ξ 等于0。

最后，当尾部参数 ξ <0 时，为瘦尾分布，但它们和风险管理不相关，在此忽略。

6.2.2 估计尾部指标参数

我们能使用 MLE 来估计前面定义的 GPD 分布。但是，如果能够假设尾部参数 ξ 严格为正，和风险的实际情况一致，那么将存在一个简单的参数——Hill 估计量。Hill 估计量的思想适合 GPD 分布：

$$F(y)=1-cy^{-\frac{1}{\xi}}\approx 1-(1+\xi y/\beta)^{-\frac{1}{\xi}}=\mathrm{GPD}(y,\xi,\beta) \tag{6.7}$$

对于 y > u，ξ >0。条件分布的定义为：

$$f(y|y>u)=f(y)/\Pr(y>u)=f(y)/(1-F(u)),\text{对于 } y>u \tag{6.8}$$

从 F(y) 的定义我们有：

$$F(u)=1-cu^{-\frac{1}{\xi}} \tag{6.9}$$

我们也可以从 F(y) 得到 y 的密度函数：

$$f(y)=\frac{\partial F(y)}{\partial y}=\frac{1}{\xi}cy^{-\frac{1}{\xi}-1} \tag{6.10}$$

我们现在可以对于所有的观察值 y_i 大于临界值 u 的部分构建似然函数：

$$L=\prod_{i=1}^{T_u}\frac{f(y_i)}{1-F(u)}=\prod_{i=1}^{T_u}\frac{1}{\xi}cy_i^{-\frac{1}{\xi}-1}/(cu^{-\frac{1}{\xi}}),\text{对于 } y_i>u \tag{6.11}$$

其中，T_u 是观察值 y 比 u 大的个数。因此，对数似然函数为：

$$\ln L = \sum_{i=1}^{T_u}\left(-\ln(\xi) - (1/\xi + 1)\ln(y_i) + \frac{1}{\xi}\ln(u)\right) \tag{6.12}$$

对 ξ 求导，并令导数为零，得到尾部指标参数的 Hill 估计量：

$$\xi = \frac{1}{Tu}\sum_{i=1}^{T_u}\ln(y_i/u) \tag{6.13}$$

我们可以通过确保观察值的一部分大于临界值来估计 c 参数，由式（6.14）的密度函数来给出：

$$F(u) = 1 - cu^{-\frac{1}{\xi}} = 1 - T_u/T \tag{6.14}$$

对 c 求解以上方程，得估计值为：

$$c = \frac{T_u}{T}u^{1/\xi} \tag{6.15}$$

因此，大于 u 的观察值的累积密度函数的估计为：

$$F(y) = 1 - cy^{-\frac{1}{\xi}} = 1 - \frac{T_u}{T}(y/u)^{-\frac{1}{\xi}} \tag{6.16}$$

式（6.16）可以在封闭形式下求解，它们不要求数值优化，因此容易计算。

截至现在，我们把极端收益当成丰厚的回报。但作为风险管理者，我们更加感兴趣的是极端负收益对应的巨额损失。因此，我们应该对大的负收益，而不仅仅是收益做 EVT 分析。

6.2.3 选择临界值

到目前为止，我们主要关注 EVT 方法的优点，例如明确地关注尾部，能够单独地分析每个尾部，因此避免无根据的对称假设。但是，EVT 方法的致命缺点是临界值的选择。当选择 u 时，我们必须平衡两个方面：偏差和方差。一方面，如果 u 太大，保留在左边尾部的观察值会很少，对于尾部参数 ξ 的估计值，就会有很大的噪声。另一方面，如果 u 设得太小，那么极值理论可能不成立，意味着对于临界值的右边数据，帕累托分布就不能很好地拟合，也就不能产生无偏的参数 ξ。

模拟研究表明，在日资产收益的典型数据集合中，一个好的规则能够使得临界值的设置对于 ξ 估计，能够保留最大的前 50 个观察值，也就是，我们设 $T_u = 50$。此外，

QQ 图也能给出指导。只有那些明显偏离正态分布的45 度直线的观察值应该用于尾部指数参数 ξ 的估计。

6.2.4 从 EVT 构建 QQ 图

接下来，我们使用 EVT 分布来表示大损失的 QQ 图。定义 y 为标准收益：

$$F(y)=1-cy^{-\frac{1}{\xi}}=1-\frac{T_u}{T}(y/u)^{-\frac{1}{\xi}} \tag{6.17}$$

第一步就是使用之前的 Hill 估计量，从损失 y_i 中估计 ξ 和 c。

接下来，需要计算累积分布函数的反函数，它能够给我们提供分位数。前述的 EVT 累积密度函数为：

$$F(y)=1-cy^{-\frac{1}{\xi}}=1-\frac{T_u}{T}(y/u)^{-\frac{1}{\xi}} \tag{6.18}$$

我们现在设估计累积概率函数为 1 - p，那么只有 p 的概率，标准损失会以此概率比分位数 F_{1-p}^{-1}要大，F_{1-p}^{-1}被定义为：

$$F(F_{1-p}^{-1})=1-p \tag{6.19}$$

从 F(·) 的定义，我们可以求解方程，得到：

$$F_{1-p}^{-1}=u[p/(T_u/T)]^{-\xi} \tag{6.20}$$

我们现在能够通过使用以下关系从 EVT 构建 QQ 图：

$$\{X_i,Y_i\}=\{u[\{(i-0.5)/T\}/(T_u/T)]^{-\xi},y_i\} \tag{6.21}$$

其中，y_i 是第 i 个顺序标准损失。

图 6.2 表示标准 S&P 500 收益中对于大损失 EVT 尾部的 QQ 图。对于这些数据，ξ 的估计值为 0.22。

6.2.5 从 EVT 分位数计算 VaR 和 ES

接下来，我们可以评估资产组合的 VaR。再次使用由下式定义的损失分位数：

$$F_{1-p}^{-1}=u[p/(T_u/T)]^{-\xi} \tag{6.22}$$

来自 EVT 的 VaR，和方差模型相结合，容易计算 VaR 如下：

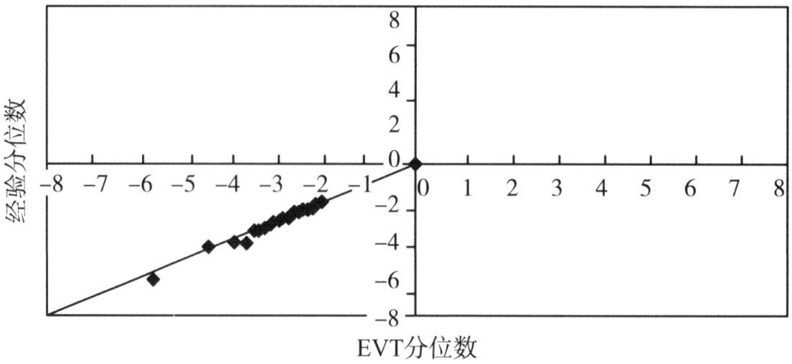

图 6.2 日 S&P500 尾部冲击的 QQ 图和 EVT 分布

注：我们绘制了最大负 S&P 500 GARCH 冲击的分位数，以及 EVT 分布的分位数。直线的斜率为 1。

资料来源：彼得·F. 克里斯托弗森著，金永红、章琦、罗丹译：《金融风险管理》，中国人民大学出版社 2004 年版，第 110 页。

$$VaR_{t+1}^{p} = \sigma_{PF,t+1} F_{1-p}^{-1} = \sigma_{PF,t+1} u[p/(T_u/T)]^{-\xi} \tag{6.23}$$

在覆盖率为 p 的 VaR 中，使用 EVT 损失分布的 1 - p 分位数的原因在于，(1 - p) 100% 损失的分位数和减去收益的 p100% 的分位数相同。

我们通常把 ϕ_p^{-1} 作为来自标准收益的第 p 个分位数来计算 VaR，那么：

$$VaR_{t+1}^{p} = -\sigma_{PF,t+1} \phi_p^{-1} \tag{6.24}$$

但现在我们把 F_{1-p}^{-1} 作为标准损失的第 1 - p 个分位数，那么：

$$VaR_{t+1}^{P} = \sigma_{PF,t+1} F_{1-p}^{-1} \tag{6.25}$$

期望损失可以计算如下：

$$ES_{t+1}^{p} = \sigma_{PF,t+1} ES_{EVT(p)} \tag{6.26}$$

$$ES_{EVT(p)} = -\frac{u}{\xi - 1}[p/(T_u/T)]^{-\xi}, \text{当 } \xi < 1 \text{ 时} \tag{6.27}$$

一般来说，对于肥尾分布，ES 和 VaR 的比例要比正态的高。当使用 EVT 尾部的 Hill 近似时，VaR 和 ES 之间有如下关系：

$$\frac{ES_{t+1}^{p}}{VaR_{t+1}^{p}} = \frac{1}{1 - \xi} \tag{6.28}$$

那么对于肥尾分布，其中 $\xi > 0$，尾部越高，ES 和 VaR 的比例就越大。

图 6.3 画出了正态分布的尾部斜率（黑线）和 EVT 分布（点线），其中 $\xi = 0.5$。图 6.3 中，VaR 在两个分布中都为 2.33。因此，两条曲线之下的概率，在两种情况下均为 1%。但是，风险预测完全不同。正态分布的尾部，随着损失变大，很快就接

近于零。EVT 分布在另一方面表示了一个非常重要的概率，即为超过 5 个标准差的损失概率。

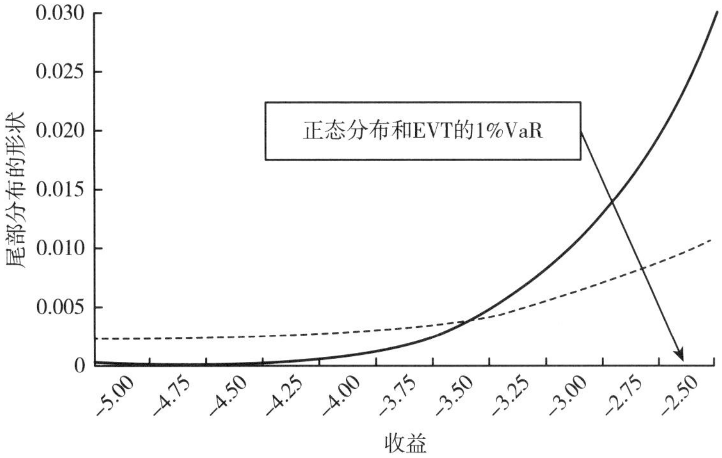

图 6.3　正态分布的尾部形状（黑线）和 EVT（点线）

资料来源：彼得・F. 克里斯托弗森著，金永红、章琦、罗丹译：《金融风险管理》，中国人民大学出版社 2004 年版，第 111 页。

前面的公式表示，当 $\xi = 0.5$ 时，ES 和 VaR 的比值就为 2。因此，即使 VaR 在两个分布中是相同的，ES 估计表明了两个分布的风险预测的不同，因为其中一个是肥尾。VaR 没有揭示这种不同，除非 VaR 是对几个极端覆盖概率的表达。

6.3　压力测试

由于管理大量资产组合的现实约束，风险管理者常使用时间较短的数据样本。如果历史数据不能充分反映未来的潜在风险，将会导致严重的问题。如可用数据可能缺少极端事件。为了弥补历史数据的不足，人为产生主要因子的极端事件来驱动总收益回报，以及从风险模型中评估产生的结果是非常重要的，这就是压力测试。为什么叫作压力测试？因为我们在估计模型时，通过使用不同于实际的数据来压迫模型。压力测试的目的在于确定可能造成灾难性损失的极端情形，但缺点是比 VaR 更加主观。VaR 是客观的，而一个极端的压力情形则可能很难被高管所接受。

压力测试最重要的作用是前瞻性地度量在未来可能出现的极端异常状况下资产组合可能出现的损失，它弥补了现实中极端异常状况样本不足的缺点，旨在揭示在极端异常状况下（这种极端状况可能产生于金融机构内部，也有可能由外部冲击而造成），金融机构可能受到的负面影响，定量判断金融机构能否承受负面影响所造成的损失，提升金融机构对自身资产组合的风险特征的了解，使其能够对资产组合的风险变化进行跨时期管理，帮助金融机构提早做好应对极端异常状况的准备。

6.3.1 压力测试的步骤

压力测试主要分为以下步骤，具体运用时可以灵活调整。

1. 识别

识别的内容包括：可能会出现的潜在极端异常状况，极端异常状况下受到重大冲击的资产组合，极异常状况下发生重大变化的风险变量。

2. 选择

选择具体的测试方法，同时设定测试情景。

3. 实施

实施压力测试，得出测试结果。

4. 分析

分析压力测试的结果，确定测试对象在极端异常状况下的损失，及被测试机构对损失的承受能力。

5. 修正

分析测试过程中存在的问题和不足，对其加以修正；不能修正的部分要给出合理解释，或使用其他方法进行补充研究。

6.3.2 压力测试情景设计

压力测试是一种前瞻性风险的实践方法，专家可以通过使用经济推理或直觉，结合现实的极端事件，较好地估计未来的潜在风险。因此，压力测试是一种可以把主观经验与客观风险模型结合起来的方法。

压力测试在计量过程中的重点是情景的设定及相关性的传导。以下两点在情景设计时需重点考虑。第一，以定量的方式描述压力测试情景，并确保情景的一致性和完整性。宏观经济模型可以有助于这一目标的实现。第二，将冲击由情景扩散到实际投资组合所包含的风险因子上，传导的过程机制应该是稳健的。

1. 风险因子的选择

压力测试情景实际上是对一个事件的描述。为了能够使得压力测试被量化，我们首先需要做的就是将压力测试情景以数量的形式进行描述，即用一组风险因子的冲击来描述一个情景。在构建情景并对其进行量化描述时，需要注意完整性和一致性。

压力测试的测试主体是投资组合，投资组合本身涉及很多的风险因子。我们选择被冲击的风险因子的集合要能清晰而准确地描述我们需要的情景。因此，考虑更多的风险因子是实现完整性的重要方法。一致性要求一组风险因子的冲击能够代表一个有意义的事件，即风险因子的冲击组合应该是合理的，不违反不同的冲击之间存在的统计学或经济学关系。因此，考虑的风险因子越多，一致性就越难保证。因此，完整性与一致性存在矛盾，需要进行权衡。

我们可以借助宏观经济学指标或核心因子来描绘情景。如果能够以某种一致的方式将宏观经济或核心因子冲击与市场风险因子的冲击联系起来，最终会得到一个只需少量因子就可以描绘的情景。此外，如果能够将宏观经济或核心因子冲击与涵盖资产类别和地理区域的多种市场风险因素联系起来、可以获得一个更完整的情景。表6.3中的一组风险因子是在中国设计压力情景时常用的宏观经济因子。

表6.3　　中国压力测试参考风险因子

类别	风险因子
宏观经济	中国实际GDP增长率 通货膨胀率
股票	深圳成分指数 上证指数 沪深300指数
利率	7天回购利率 3个月的Shibor 存贷款利率 国债收益率
信用	信用价差 BBB级企业债收益率
汇率	美元指数
商品期货	黄金Au9999 白银Ag9999 豆粕期货 白糖期货
波动率	隐含波动率

注：Shibor为上海银行间同业拆放利率。

资料来源：中国银行间市场交易商协会教材编写组：《金融风险管理：理论与实务》，北京大学出版社2019年版。

2. 风险因子冲击

风险因子选择完成后，需要设计冲击幅度。冲击幅度的设计可以基于对历史上极端情景的重现，也可以依据数量模型（如宏观经济模型）得到；可以借助反向压力测试的分析结果。还可以按照专家判断直接给出。整体的原则是要尽量保证冲击的一致性。

3. 风险联动机制

第一，压力测试的传导。压力测试是测试整个金融机构或资产组合在极端压力下所受冲击的程度。从当前市场情境下的资产组合的实际状态出发，通过一系列核心因子的冲击定义一个新的市场环境，即压力情景；然后，通过风险因子联动，将情景预测扩展至资产组合所包含的所有因子。经过模型重新定价，我们可以得到压力情景下资产组合的价格水平。通过与当前市场环境下的资产组合价格水平比较，可以得到资产组合在压力环境下受冲击的程度，即资产组合的损益。

第二，预测性压力测试。预测性压力测试是指通过风险因子间的相关性，即风险联动，将冲击由冲击因子传导扩散至整个资产组合的过程。对于风险联动，一种比较经典的传导方式是使用多元回归的方式，即通过最小二乘线性（OLS）将冲击幅度（$x_{applied}$）从核心因子（x）传导到其他因子（y）上，实现因子联动。$y_{predicted}$是其他因子联动冲击幅度。

$$y_{predicted} = \beta^T x_{applied} \tag{6.29}$$

式（6.29）中的 β 是通过方差—协方差矩阵得到的，如式（6.30）所示，

$$\beta^T = Cov(y, x) Cov^{-1}(x, x) \tag{6.30}$$

方差—协方差矩阵的一种业界经典计算方法是 EWMA 模型，即指数加权移动平均模型。以单一因子的波动率计算为示例，EWMA 模型的计算逻辑如下所示：

$$\sigma = \frac{1-\lambda}{1-\lambda^{m+1}} \sum_{k=0}^{m} \lambda^i \times r_{t-i}^2 = R^T \times R \tag{6.31}$$

$$R = \sqrt{\frac{1-\lambda}{1-\lambda^{m+1}}} \times \begin{pmatrix} r_i \\ \sqrt{\lambda} r_{t-1} \\ \vdots \\ \sqrt{\lambda^m} r_{t-m} \end{pmatrix} \tag{6.32}$$

其中，m 为样本区间、λ 为衰减因子、r_t 为风险因子收益率。相关性矩阵的计算为：

$$\sum_{i,j} = \sigma_i\sigma_j\rho_{i,j} = \frac{1-\lambda}{1-\lambda^{m+1}}\sum_{k=0}^{m}\lambda^k r_{t-k}^{(i)} r_{t-k}^{(j)} \qquad (6.33)$$

第三，风险参数设置。如前所示，EWMA 中关键的要素包括风险因子收益率、样本区间和衰减因子。

风险因子的收益率需要根据风险因子的种类进行分类计算。通常可以通过风险参数来设置日收益率、周收益率、月收益率等的数值。收益率周期越长，波动性越低、越稳定。但是收益率周期越长，样本数越少。可以通过时间重叠的方式增加样本数，但收益率样本的自相关性也会因此增加。收益率的选择要根据分析展望期、波动率稳定性等因素综合考虑选择。

样本区间的选择需要在风险参数中进行。通常来说，当市场环境处于极端时期时，波动性越高，风险相关性体现得越明显。设计压力测试时，为了能够满足一致性，让风险相关性体现得更合理，在风险参数中需要设置合理的历史数据区间与情景相配合。

另外，衰减因子的选择也很重要。不同的衰减因子对市场波动性捕捉的有效区间是不一样的。可以说，衰减因子越小，对于当前市场的波动性捕捉就越显著。对于压力测试来说，根据情景设计，需要选择不同的衰减因子。

练习题

1. 下列哪一个是确认 VaR 估计的关键步骤？（　　）

A. 压力测试　　　　B. 情景分析

C. 事后测试　　　　D. 一旦被监管机构批准就不需要

2. 在 90% 的置信水平下，事后测试 VaR 时，在一年 250 个交易日中应该会出现多少个异常事件？（　　）

A. 10　　B. 15　　C. 25　　D. 50

3. 一个大型国际银行交易账户的规模取决于它的交易员观察到的机会。市场风险经理估计在 95% 的置信水平下每日 VaR 为 5 000 万元。现在来评估该风险经理的每日 VaR 估计是否正确。下列哪一项最能证明该经理的 VaR 估计是糟糕的？假设损失是独立同分布的。（　　）

A. 在最近 250 个交易日，出现超过 5 000 万元损失的数目为 8 个

B. 在最近 250 个交易日，最大损失值为 5 亿元

C. 在最近 250 个交易日，损失的均值为 6 000 万元

D. 在最近 250 个交易日，没有一次损失超过 5 000 万元

4. 巴塞尔资本修正案规定 250 个观测值中出现多少次异常事件，银行就被归为“黄色区域”？(　　)

A. 3 ~ 7　　B. 5 ~ 9　　C. 6 ~ 9　　D. 6 ~ 10

5. 极值定理（EVT）提供了对收益率分布尾部评估非常有价值的方法。下列关于 EVT 及其应用的说法哪一个是不正确的？(　　)

A. 需要对临界值进行合理选择，然后决定异常事件观测值的数目，临界值必须充分高以应用定理，但是充分低可以使异常事件观测值数目的估计更加可信

B. EVT 强调被中心极限定理证明的分布（如正态分布）可应用到极值的估计上

C. EVT 的估计面临相当大的模型风险，并且 EVT 的估计结果通常对精确假设非常敏感

D. 因为分布尾部的观测数据是有限的，因此 EVT 的估计结果可能对小样本和其他偏差非常敏感

6. 下列关于压力测试的说法哪些是正确的？(　　)

Ⅰ. 压力测试可以补充 VaR 估计，帮助风险经理确定投资组合关键冲击风险

Ⅱ. 压力测试允许使用没有发生在 VaR 数据回顾期但是有可能发生的场景

Ⅲ. 压力测试的缺点是它具有高度的主观性

Ⅳ. 包含大额损失的情景帮助风险管理者更好的理解投资组合的风险暴露

A. Ⅰ和Ⅱ　　B. Ⅲ和Ⅳ

C. Ⅰ、Ⅱ和Ⅲ　　D. Ⅰ、Ⅱ、Ⅲ和Ⅳ

7. 假定我们由 1 000 个观察值所得出一天展望期的 95% VaR 为 500 万元，将观察值与标准分布进行匹配，损失分布对应于 95% 分位数的概率密度函数值为 0.01，这里损失计量为百万元，请问 VaR 的标准差为多少？

8. 一个价值 1.5 亿元的困境债券投资组合经理，对自己的投资组合进行压力测试。该投资组合的年收益率为 12%，年收益率的波动率为 25%。在过去的两年中，该投资组合有好几天投资组合每日价值的变化超过 3 个波动率。如果该投资组合遭到 4 个波动率的每日冲击，估计该投资组合的价值变化。

9. 简述极值理论。

10. 压力测试包括哪些步骤？

第二篇

信用风险管理

第 7 章　信用风险管理概述

信用风险是金融机构最关心的风险，2007 年开始的金融危机更加凸显了信用风险管理的重要性。因此，许多信用风险管理方法被开发出来。其中，传统方法集中于完善贷款发放标准和风险分散化，而20 世纪90 年代以来则在通过“销售”信用风险资产来管理信用风险，但这些方法都不足以完全有效地管理金融机构所面临的信用风险。

为了更密切地监控信用风险，国际上许多机构开始对交易对手和信用产品进行严密的分析，同时组成专门的团队来解决剩余的结构化信用资产以及监控这些资产的信用质量，特别关注结构化产品的尾部风险，尽量掌握那些看上去发生概率较小却可能导致巨额损失的风险的特征。随着技术进步，许多国际机构提高了预测能力，开发出更好的方法来计算在承压的市场环境下的风险水平。

另外，监管部门也极力鼓励金融机构对信用风险进行监控。美国的金融改革法案致力于防止未来发生金融危机，使美国的金融系统更加透明，因而引入了大量对金融衍生品的监管法规，以帮助机构更好地管理它们的信用风险。巴塞尔委员会也在《巴塞尔协议Ⅲ》中颁发了建议性文件，目的是提高银行的资本水平，当然也是为了金融机构更好地控制信用风险。

7.1　信用风险概述

信用风险是因交易对手未能履行合约义务而造成经济损失的风险，其影响是通过对手违约时重置现金流的成本来度量的。近年来信用风险研究得到了很大发展，在市场风险度量手段快速发展的推动下，一些机构尝试在投资组合的基础上对信用风险进行量化。但信用风险的研究面临特殊的挑战，它需要构建违约概率分布、给定违约情况下的损失分布以及信用敞口的分布，所有这些用于信用损失指标的分布都必须在投资组合的背景下来度量。相比之下，利用风险价值度量市场风险就简单得多。

7.1.1 信用风险成因

信用风险度量系统试图量化因对手违约而造成损失的风险。信用风险的分布可以看成是一个以下变量影响的复合过程：

（1）违约：这是一个离散型变量，对手或者违约或者不违约。违约用违约概率（PD）来度量。

（2）信用敞口（CE）：指对手在违约时资产的经济价值或市值，也被称为违约敞口。

（3）违约损失（LGD）：指因违约造成的损失部分。例如，若违约造成的回收率只有 30%，那么违约损失为违约敞口的 70%。

一个信用资产的多头头寸包含着一个嵌入的期权空头头寸，即在出借款项的同时卖给了借款人一个违约的期权。以一个传统的信用敏感债券为例，信用债券的收益率比无风险债券高，代价是借款人发生违约造成的资本损失。为一个潜在的未来资本损失收取一个风险溢价，这一支付模式等同于一个期权的空头头寸。

一般来说，信用风险度量被用于风险敞口或经济价值接近于其名义价值或票面价值的贷款或债券。这对于债券来说是一个合理的近似，但不适用于衍生产品，因为衍生产品的价值可正可负。

7.1.2 信用风险度量工具的发展

信用风险度量工具的发展经历了以下几个阶段：

1. 名义金额阶段

名义金额就是简单的风险敞口。最初，信用风险通过总的名义数量来度量，用一个乘数，如 8% 乘以名义数量，就得到针对信用风险需要持有的资本储备。这种方法的问题是忽略了违约概率中的变量。

2. 风险加权数量阶段

风险加权数量是对风险敞口进行粗略的风险调整。1988 年，巴塞尔委员会通过信用分级制定了一个非常粗略的信用风险分类，提供了度量每一种名义金额的风险权重。这是推动银行根据风险程度持有充足资本金的首次尝试。

然而这些风险权重过于简单化，使银行有动机在《巴塞尔协议》资本要求下改变他们的资产组合来最大化股东回报，导致商业银行的资产负债表暴露在更大的风险中。如对 AAA 信用等级和 C 信用等级的公司的资本要求并没有区别。因此，对 C 等级公司的贷款比对 AAA 等级公司的贷款更有利可图。银行部门会将其贷款组合转向低评级的贷款人。这导致了《巴塞尔协议Ⅱ》的诞生，它允许银行使用自己内部的和外部的信用评级，这些信用评级更好地诠释了信用风险。

3. 与信用等级相联系的名义金额阶段

银行的资本要求根据其风险敞口的违约概率进行调整。虽然有了改进，信用风险仍然是简单的计算各种风险敞口，然后进行加总，并没有考虑到资产的分散化效应。

4. 内部资产组合信用模型阶段

这一模型将所有的信用风险整合起来，考虑了资产的分散化效应。然而这些内部模型也面临一些新的挑战，因此，目前还未被巴塞尔委员会作为资本充足要求完全接受。

7.1.3　信用风险与市场风险

近年来发展起来的一些度量市场风险的工具，启发了信用风险的度量和管理。虽然如此，市场风险与信用风险有许多重要的区别（见表 7.1）。

表 7.1　市场风险与信用风险的区别

项目	市场风险	信用风险
风险来源	市场风险	违约风险、回收风险和市场风险
分布	对称分布、也可能是肥尾分布	左偏分布
期限	短期（以天为单位）	长期（以年为单位）
汇总	业务/交易部门	整个公司或交易对手

从风险来源来看，市场风险仅来自市场，而信用风险是三种风险来源的复合过程。

与多数市场风险因子不同，信用风险的性质使其服从严重的左偏分布。信用风险与期权空头类似，在最好情况下对手支付所有应付金额，没有损失发生；而在最坏的情况下，所有的应收金额都成为损失。

二者的期限长度也不相同。对于市场风险，调整策略所需时间相对较短，但对于信用风险就需要很长的时间。虽然当前信用衍生产品的出现，使得信用风险容易对冲，但相比市场风险，信用风险头寸的调整还是相当缓慢的。

二者的汇总水平不同。市场风险的限额可以在交易柜台、业务部门加总。而信用风险限额可以在公司层面和交易对手层面加总它的所有头寸。

法律条款对于信用风险来讲非常重要，如可用净额合约来控制敞口。最终违约事件的发生不可避免地要诉诸法律。

7.2 信用风险管理手段

金融危机之后，银行、保险和资本市场中的金融机构认识到，传统的信用风险管理方法固然重要，但已不够有效。在传统方法之外，人们开始寻找和开发更有适应性和创新性的信用风险管理手段。此外，也更加注重理解信用风险和其他风险的相互影响，寻找能够在企业层面整合的风险管理体系。

7.2.1 信用风险管理方式

1. 信用组合模型

大多数金融机构都有自己的内部信用风险模型，其中，信用组合模型已被广泛采用。它使用不同的参数来分解信用风险，这些参数包括行业、地区、信用级别等；并使用数字仿真技术来模拟大量场景，尽量刻画经济的各种状态及其对信用资产组合价值的影响。通过这些分析，资产组合管理者能够得出满足机构风险偏好和业绩目标等各种要求的理想的资产组合。

2. 内部信用评级

信用评级是对一个实体的信用资质的评估，反映了这个实体偿还债务的能力。除了第三方信用评级机构提供的标准评级之外，金融机构也有自己的内部评级。每个金融机构内部评级的方法都有自己的特点，评级系统也可能针对不同的实体和各种复杂的金融产品；而独立的评级机构可能并没有对这些实体和金融工具提供评级。

3. 风险敞口上限

为了控制暴露于单个实体的风险，金融机构会实时监控它们在各个实体和风险类型上的敞口数量，如交易对手、债券发行人、发行类别、产品类别等。金融机构为每个实体预先确定一个信用上限，一旦到达上限，将停止增加与该实体或类别相关的信用，直到该风险敞口下降为止。目的是使机构不至于在某个实体上积累过多的风险敞口，以确保分散风险。在某些市场上，这些限制是法定的，如监管机构会要求特定的金融机构定期或在风险达到一定规模时做出报告，并采取必要措施。

4. 压力测试

压力测试对某些决定模型的重要参数的影响进行测试，从而有助于克服风险模型过度依赖历史数据的缺点。信用风险模型一般建立在有限输入变量基础上，可能难以完全反映风险的真实状况。压力测试通常对不同的场景组合进行测试，为了掌握不同业务线上的完整风险状态，一般是在整个机构的层面上实施的。在许多国家，压力测试已成为风险管理的常规要求，因为它可以帮助金融机构确定并维持充足的资本水平。

7.2.2　缓释信用风险

除了测度和控制信用风险，金融机构也使用风险定价、协议条款、信用保险、信用衍生品、净额结算、抵押等特定的工具来缓释信用风险。

对于授信机构来说，为风险敞口准备风险资本是应对风险的最后一环。信用机构利用标准法或者内部评级法来计算它们的资本要求时，可以考虑信用风险缓释工具的影响，重新计算其风险资产的风险敞口和违约损失率（loss given default，LGD）等。用于提供信用保护的技术以及授信机构采取信用保护的行动、步骤、过程和政策等要保证信用保护在所有相关司法体系或行政地区的法律上是有效的且是强制性的。但信用保护也会带来风险，如抵押物的价值波动风险、承保人的信用风险等，所以要对信用缓释工具最终能降低的风险进行严格的分析计算，风险准备金的减少要以分析结果为依据。

对于资产型信用保护，为降低风险准备金，要求资产具有充分的流动性，价格稳定，信用保护达标，用于计算调整风险敞口的方法是有效的。当债务人发生违约、无偿付能力、破产或其他交易文件中明确的事件时，信用机构有权及时变卖或保留作为信用保护的资产。

担保和信用衍生品等属于非资产型信用保护。对于非资产型信用保护，提供保证的参与方必须是充分可靠的。可以降低风险准备金的可靠担保人主要包括政府和金融担保机构。如果信用品质足够高，母公司担保、子公司或关联实体担保也可以接受。非资产型信用保护存在双重违约的可能性，即债务人和担保人同时违约，但双重违约的概率一般远比无担保的违约概率要小。

信用衍生品作为信用保护也需满足一定的条件才能降低风险准备金。合格的信用衍生品包括信用违约互换、总收益互换和一定程度现金支持的信用连接票据。此外，各种以信用衍生品为基础的组合工具也可以作为合格的信用保护，从而降低风险准备金。

7.3 信用风险模型的发展

过去数十年来，各种需求和驱动促使人们开发更为准确的测度方法，推动了信用风险模型的快速发展。这些需求来自世界范围内破产事件的增加、高质量借款人去中介化、内含违约风险的表外工具大量增加等。学术界和业界开发出更新、更复杂的信用评分和早期预警系统，也开发出新的模型对信用风险进行定价，甚至专门开发模型以更好地测度表外工具的信用风险等。

7.3.1 20世纪90年代之前

20世纪90年代之前为信用市场初期阶段。此时重要的信用产品投资模式为购买并持有。机构投资者和零售债券基金的主要投资对象为投资级别的企业债券组合、企业和个人消费贷款的投资级组合等。交易的主要风险来自利率风险。

20世纪80年代晚期，高收益债券蓬勃发展，此时产生了早期的担保债务凭证（collaterallized debt obligation，CDO），这是第一个信用衍生产品。这段时期，卖空和对冲信用风险的手段很少，金融机构只能进行有限的贷款销售，主要是贷给高评级公司的一些大额联合贷款。

在分析和建模方面，主要是对单个债务人进行基础和定性的评价，贷款给了解的对象。主要采用固定资金成本定价。集中度风险高，银行资产组合的利用效率低。债券市场流动性差，缺乏充足的市场数据来检验和校准模型。由于默顿（Merton）的结构模型建立在权益市场基础上，因此在计算违约概率和债券定价方面并没有表现出实际应用价值。

7.3.2 20世纪90年代

20世纪90年代，是一个信用衍生产品开始发展的年代，债券总收益互换、信用违约互换、债券抵押凭证、以银行贷款组合为基础资产的合成CDO等，都在此时陆续被开发出来。机构可以有效地卖空、对冲和证券化信用风险，并建立定制化配置信用风险资产的机制。

此时，企业倾向于更高的杠杆、更低的信用质量、更少的高级别债券发行人。由于信用衍生品具有评级高、收益高的特点，许多投资者被吸引到这些证券化债务上来。另外，消费贷款证券化产品（住房抵押贷款、汽车贷款、信用卡、学生贷款等）也得到快速增长。

“积极的信用资产组合管理”的概念也在这一阶段形成，信用风险 VaR、风险调整资本配置、边际资本投资决策、集中风险测度和分散化收益等技术与手段被发明并逐渐推广应用。同时，银行开始使用经济资本的概念来进行风险管理。

7.3.2.1 信用违约模型的兴盛

信用违约模型的开发和大量使用标志着信用风险管理发展到一个新的阶段。默顿模型之类的结构模型被用于违约概率估算，并被证明是有效的，KMV 模型得以商业应用。

为了克服结构化模型的缺点，简化模型被引入，以违约密度建模为出发点，对债券和期权进行定价。简化模型对信用资产价值的趋势特征描述更加有效，可以运用于广泛的信用风险资产，产生各种形状的资产价格曲线或利差曲线，实际数据的拟合性好。

在大量的研究中，人们对企业的财务比率和宏观经济变量进行回归分析，并证明以此获得违约概率的方法是行之有效的。特别是对于有大量违约数据的私有企业，回归分析的违约概率能够反映其真实的违约情况。

除了企业财务数据和宏观数据外，人们逐渐发现基于个人和家庭的数据也可以有效地预测违约概率。如建立在消费者特征变量和贷款属性等变量基础上的模型在预测提前偿还房屋抵押贷款概率和损失程度上较为有效。

7.3.2.2 信用资产组合模型的兴起

这个时期的标志性信用风险管理工具是 KMV 和 CreditMetrics 等以结构模型框架开发的信用资产组合管理工具。这些模型使用期权定价公式，根据权益市场中权益资产的相关性导出企业违约的相关性。KMV 模型之所以能够刻画资产组合内的违约关系，是因为其模型基于信用资产组合价值在信用质量迁移和违约两种情况下的变化。KMV 模型自发布以来，已成为许多大银行确定经济基本状况的一个基准。

同时，另一系列的信用资产组合模型也得到快速发展，这就是 Copula 违约模型。最初的 Copula 模型基于联合正态分布，然后根据实际的信用资产组合分布的特点逐渐加入其他分布。Copula 模型被认为是最有效的信用风险管理工具之一，已经被广泛采纳并用于组合信用衍生产品定价。

这一时期也是国际金融监管标准发展史上的重要时间段，因为《巴塞尔协议》在国际上被广泛接受并采用，统一了国际银行业资本测度的标准。同时巴塞尔委员会也开始了《巴塞尔协议Ⅱ》的开发。

7.3.3 21世纪以来

在21世纪次贷危机之前，结构化金融产品和市场出现爆发式增长，各种证券化产品在几年的时间内大量增加，尤其是房屋按揭贷款以及各种新的按揭抵押贷款（次级）证券化都快速膨胀。

抵押贷款证券（collateralized loan obligations，CLO）市场因快速增长的杠杆化贷款和私有权益而加速增长。信用违约互换（credit default swap，CDS）市场呈爆炸式增长，在交易面值上超过基础资产市场规模。CDS指数开始使用，创造了指数市场的流动性，也创造了对各种份额的流动性指数的证券化。各种信用衍生产品被创造出来，信用衍生产品家族快速成长。

信用证券化产品和衍生产品快速发展的原因是，2005年左右，美国的信用利差极度缩小，投资人转而寻求有更大利差的产品。金融机构因应市场需求和自身的资产状况，为提高资产流动性和风险缓释的目的，开发了大量的信用产品。

2007年，美国房地产泡沫破裂，房地产价格极速下降，按揭贷款违约概率上升，住房抵押贷款支持证券（residential mortgage backed securities，RMBS）和由RMBS支持的CDO信用质量急剧恶化，导致更多违约和损失。

随着房地产市场的恶化，次贷危机蔓延。到2008年，美国持有大量按揭贷款的金融机构或遭受强制接管、失败破产，或获得大额政府支持。由于违约事件不断发生，信用市场在此期间的部分时间内停滞，仅有极少量借贷发生，而且信用利差极大。私人按揭贷款证券化市场逐渐消失。

信用违约模型在21世纪得到快速发展，应用范围不断扩大，特别是KMV① 的EDFs（expected default frequencies）被各类金融机构广泛采纳，成为业界预测违约概率的主要工具。其他企业也在此期间发布其信用违约模型，如标准普尔开发的Capital1Q、Kamakura开发的KRM（kamakura risk manager）等。

同样，信用组合模型（credit portfolio models）被越来越多地用于积极的资产组合

① KMV在2002年被穆迪收购。

管理，掌握信用资产组合，配置空方和多方信用资产头寸，最优化组合的收益/风险关系，在此过程中使用大量的量化信用模型。

积极的信用资产管理进一步强化了 Copula 方法的使用，随着基本相关性的引入，关于违约时间的高斯 Copula 模型成为业界定价和对冲合成抵押债务债权及信用指数型债务债权的行业标准工具。另外，半解析式数字分析法（semi-analytic numerical methods）促进了指数型债务债券的计算。此外，为了处理高斯 Copula 的校正问题，开始应用自上而下的组合模型与指数型债务债权的定价技术。

由于信用定价模型建立在违约概率和信用风险市场价值估算的基础上，在数据充分的市场上得到了较为广泛的检验和使用，人们将其应用到对非流动债务和债券的定价上来。最后，消费者资产信用模型也在此期间开发出来。

信用风险模型仍然在持续不断地发展之中，更多的方法被应用到研究违约概率和信用转移的模型中，如有研究者应用信息衰变理论来研究更长时间段的违约概率。根据在实务中的效果，人们在为更多的信用资产开发更新的模型，包括住宅按揭贷款、商业房屋按揭贷款、市政债券、SMEs 或私有企业、消费资产等。随着可利用数据的积累，人们将信用市场的价格数据集成到模型之中，例如房屋价格增长指数等。

为了更全面地了解信用风险的作用和影响，将信用风险模型的研究扩展到与其他风险以及不同风险之间价格构成的关系上，了解信用价值和市场价格的异同，例如市场价格往往包含了流动性风险、交易对手的风险和供给需求关系等，而信用风险的一个重要类型即为交易对手风险。

信用资产组合模型扩展到覆盖更多的资产类别，这将有助于金融机构为违约相关性搭建更好的模型。当今的信用模型考虑了信用周期效应、回收率相关性、信用迁移导致的价格变化等更多因素。人们也更加关注提高交易对手的风险测度、系统性风险测度和风险传染测度等重要事项。

7.4　信用风险管理工具的应用

有两类信用风险管理工具已经快速增长，这使得金融机构可以更好地应对其所面对的信用风险。一类是信用衍生品，另一类是资产证券化。总体上来说，它们都有助于金融机构对信用价值链进行分离。在这两类工具中，信用违约互换和合成证券化市场得到极快的发展，在发达国家已经达到庞大的规模。通过这些工具来管理信用风险时，信用风险从银行部门流向保险和基金投资部门。

信用衍生工具是信用风险管理的金融创新产品，已被广泛的市场参与者使用。衍生品的参与者主要有银行、证券公司、保险公司、对冲基金、养老基金、特别目的载体（special purpose vehicles，SPV）等。许多机构既是信用衍生品的提供者，也是购买者；有些机构还购买自己的衍生产品。对冲基金是信用衍生品的积极交易者，但持有期限都不是很长，它们的年均交易量远远大于其持仓量。保险公司主要作为信用衍生品的净卖出者，为其他机构提供保护。担保机构往往也是衍生品的净卖出者。银行总体上利用信用衍生品来降低信用风险，购买信用衍生品来管理信用风险的银行的风险暴露要比没有使用的小得多，其中，大型银行使用信用衍生品的比例更高。但有些德国银行也是信用保护的净提供者，因为这些银行更多地使用证券化产品而不是衍生品来降低信用风险。市场参与者认识到信用衍生品是支持其快速发展且又有利于风险管理的有效工具。

7.4.1 商业银行的应用

商业银行传统的方法是静态持有借款人的信用风险组合，现在则越来越多地转向动态的方法，将信用组合看作一个近似有效的分散化投资池。不同的金融机构一般具有发起、资金注入和承担信用风险三个明显不同的功能，它们既可以选择某一项功能而不必考虑所有方面，也可以选择作为这三者功能集合体的信用价值链。

商业银行常用信用衍生品来控制其信用风险暴露。银行业使用单名 CD（single-name CDs）来降低大债务人的信用风险暴露，通过证券化产品交易，如贷款抵押债券（collateralized loan obligations，CLO），将信用风险暴露转移给投资者。大型商业银行使用大量的衍生品来管理小额的投资级企业客户导致的信用风险。

银行使用信用衍生品来对冲信用风险的交易活动正在增加，对冲的也不仅仅是投资级别的企业贷款，如欧洲的许多银行在 2000 年后进行了大量的对冲交易。与 20 世纪 90 年代不同，大多数交易中，发行银行卖清了劣后权益层信用风险（first-loss equity tranche of credit risk）。此类信用风险分散不仅包括大企业的贷款，还包括小企业和中型企业的贷款，甚至包括对新兴市场的贷款、衍生品的交易对手暴露等。

7.4.2 投资银行的应用

投资银行帮助企业和政府等机构通过资本市场融资。例如，一家企业想发行债券，投资银行可为其寻求并匹配投资者。投资银行也为发行人承销股票和债券，即保证以预先确定的价格为发行人筹集购买资金。当承销证券时，投资银行可以使用信用衍生品来管理业务中的风险。在承销初期到将风险转移到市场这个时间段，承销商承担了信用风险。利用越来越多的信用衍生品承销商可以较容易地对冲部分信用风险。投资银行交易大量不同类型的金融工具，包括股票、政府和企业债券、外汇和大宗商品（如石油和贵金属）以及其相关衍生工具。大多数时候，投资银行为自己的客户实施交易，客户希望投资银行帮助其进行风险管理。

7.4.3 投资者的应用

随着绝对收益率的降低和信用利差的扩大，由信用风险增加而导致的收益在总收益中的比例增加。投资者越来越将信用风险资产看作一类具有显著特点的资产，投资者在追求预期收益时，开始更多地参与信用市场。

个人投资者能够用信用衍生品来使他们的信用风险暴露与其期望的信用风险偏好相匹配，与现金证券相比，信用衍生品更灵活，也更便宜。个人投资者对信用衍生品的需求是该市场成长的最有力的推动者。

投资者群体是差异化的，他们以不同的方式参与到市场交易之中。他可能是“购买并持有”的投资者，或者是“活跃的投资者”。以往，保险公司和养老基金被认为是购买并持有的投资者，对冲基金被认为是活跃的投资者。可是这种在不同投资者之间的差异正在变得模糊。一个投资者有可能购买并持有一些资产，而对其他部分资产则只是短期交易。

7.5 信用衍生品带来的挑战

虽然信用衍生品为商业银行、投资银行和投资者提供了管理信用风险的工具，但是它们并不完美，其自身也存在一定缺陷，在现实应用中仍会产生一些问题，给信用风险管理带来了新的挑战。

7.5.1 管理信用风险

一个基本的现实是信用衍生品并不能消除信用风险，它们只是将信用风险转移给别的投资者。因此，当遇到信用周期，违约概率普遍上升时，就会有人遭受信用风险损失。虽然信用衍生品并不能消除信用风险，但是它可以转移信用风险，只是它转移的方式并不容易被了解。对于单名信用违约互换来说，理解这点还不成问题，风险暴露几乎与一只企业债券的特征一致；对于信用违约互换指数来说，也不难理解，此时风险暴露类似于一个企业债券组合的特征。但对于复杂的信用衍生品，如 CDO 分层，其信用风险暴露就更加难以理解。市场参与者在交易复杂的信用衍生品时，是否真正了解他们的信用风险暴露是一个问题。

尽管发达国家信用衍生品市场增长快速，但大多数结构复杂的产品都没能在信用周期中真正通过检验。在 2007 年以前，CDO 表现优秀，其在承压的信用周期依然有较小的违约概率，被认为是成熟的信用衍生品。但在 2007 年的次贷危机中，一种抵押物是资产支持证券而不是债券的较新的 CDO，占据了当时 CDO 市场的 60%，其中主要的是 RMBS。随着 2007 年美国住宅价格的下降，按揭贷款违约大面积发生，因衍生品的扩散作用而引发了全球的金融危机。

7.5.2 交易对手风险

信用衍生品合约的交易者也可能违约，这种风险被称为交易对手风险。随着对冲基金在信用衍生品市场中变得越来越重要，交易对手风险就更值得关注，因为对冲基金属于风险更高的交易对手。在交易中，经纪商使用抵押物来降低交易对手的信用风险。根据 2006 年 ISDA 的调查数据，63% 的因信用衍生品产生的交易对手风险暴露有大型经纪商的担保，在对冲基金交易对手方面，更大部分是由抵押物来降低风险的，这往往来自经纪商的要求。

尽管广泛使用抵押和保证金，信用衍生品交易对手的信用风险还是会给风险管理带来挑战。其中最重要的一个是如何测度如此复杂的衍生品的风险暴露。测度交易对手风险暴露的关键是潜在的未来暴露。它需要考虑信用利差和未来违约的可能变化。市场参与者认识到测度复杂的信用衍生品的潜在未来风险暴露的必要性，但也认识到测度的困难程度。用于估计交易对手风险暴露的模型往往难以开发，并且难以校准。

7.5.3 模型风险

复杂的信用衍生品需要复杂的模型来估值和对冲。但绝大多数复杂的信用衍生品都难以做到准确估值和对冲。没有在流动性强的市场中交易的产品被称为盯住模型（mark-to-model），因为模型错误而导致损失的风险被定义为模型风险（model risk）。

模型风险的例子有很多，如标准的分层信用产品模型——高斯 Copula 模型存在模型缺陷。任何模型都是对现实的近似，模型的完善是一个持续的过程，随着分层信用衍生品的发展，相关模型也会逐步完善。2005 年以后，许多研究者试图寻找高斯 Copula 模型的替代模型，但更加完善的模型可能还需等待较长的时间。因此，交易这些信用衍生品的投资者时刻都要考虑如何测度和管理他们的模型风险。

7.5.4　评级机构风险

评级机构在信用衍生品市场中扮演着重要的角色。结构化金融市场和信用衍生品市场极大地依赖信用评级。由于信用衍生品的复杂性，许多投资者使用评级机构的评级来评估他们感兴趣的产品的信用风险。但大型机构投资者并不完全依靠信用评级进行投资决策。评级机构在信用市场中的作用如何，对此一直存在争论，特别是在对复杂的信用衍生品的评级方面。

7.5.5　清算风险

当一个发行人违约时，任何以其债务为参考资产的信用衍生品都应该进行清算。传统做法是，在 CDS 市场，参考发行人债务（reference issuer debts）保护的购买者从保护提供者那里获得债务面值的资金，而将债务转移给保护提供者，这是实物交付（physical delivery）。实物清算是使用 CDS 来对冲债券持有人承担的信用风险的一个自然而然的方法。而现金清算（cash settlement）是 CDS 销售者向 CDS 购买者支付债券面值和违约后债券价值的差价，这时债券的市场价值很难判断，不同的人有不同的估值，显然会降低对冲的效率。随着信用衍生品市场的成长，只要实物清算仍然是 CDS 的标准清算方法，清算风险就会一直存在。

练习题

1. 证券化信用产品成为 2007 年次贷危机爆发的根源，其原因不是下面哪个？（　　）

A. 人们没有利用其他信用管理工具来管理信用风险

B. 证券化信用产品太过复杂，人们并不了解衍生品的风险水平

C. 投机性交易占的比例太高

D. 信用评级机构错误地给予证券化产品过高的信用评级

2. 下列哪个信用风险缓释工具可以降低整个社会的信用风险？（　　）

A. 信用保险　　B. 资产证券化　　C. 信用违约互换　　D. 净额结算

3. 商业银行使用信用衍生品的目的是管理其信用风险，可以实现的是下面哪个？（　　）

A. 通过互换来降低债务人的违约概率　　B. 通过信用违约互换来降低风险暴露

C. 通过证券化来减少风险资产　　D. 通过证券化来分散风险

4. 下面哪个说法是错误的？（　　）

A. 投资银行往往是信用衍生工具的净买入者

B. 投资者参与信用衍生品交易的动机是满足其风险偏好和投资收益目标

C. 信用衍生品可以为投资者带来灵活的资产配置

D. 投资银行购买信用衍生工具的主要目的是获得风险收益

5. 机构能够使用具体的工具来缓释信用风险，现在应用比较广泛的方法有哪些？

6. 资产型信用保护和非资产型信用保护的特点是什么？请举例说明。二者在降低风险准备金方面有什么差异？

7. 什么是信用衍生品的模型风险？

8. 什么是信用衍生品的清算风险？

第 8 章　用统计精算方法度量违约风险

对于需要衡量投资组合的信用风险并遵守《巴塞尔协议》内部评级法的银行而言，借款人的信用质量是非常重要的信息。在银行的公司业务中，通常使用信用评级法；而在零售银行业务中，银行更依赖于统计数据对借款人进行信用评分。

信用评分法的目的是找出能最好地区分违约客户与无违约客户的标准。信用评分不依赖于概念模型，而是依赖于评分函数的统计拟合度。这些函数能够根据借款人的可观察特征得出一个数字分数。

对于公司而言，基于定量数据和定性数据的信用评级最好与专家判断相结合。信用评级是对借款人或特定债券的信用状况的评估，这些评估根据特定债务人相对于其他实体的信用质量给出按序排列的等级。

信用评级或信用评分的目的是估计客户的违约风险。违约风险是信用风险的重要驱动因素，它用违约概率来代理。

度量违约风险主要有以下两种方法：

（1）统计精算的方法，即利用违约的历史数据提供违约概率的客观度量。它提供了真实或自然的违约可能性。该方法对违约概率的度量由信用评级机构提供。除外部评级，也可进行内部评级。

（2）市场价格的方法，即通过债务、股票的交易价格或信用衍生产品的风险中性价格来推断出市场对于违约风险的估计。从风险管理的目的看，由于风险溢价的影响，该方法难以准确度量违约损失，也就很难准确地直接度量违约概率。

8.1　信用事件

一个信用事件是一个离散的状态，它或者发生，或者不发生。信用事件取决于对违约的准确定义。债券违约的定义非常狭窄，当债券的本息没有被按时支付时，债券就发生了违约。信用评级机构标准普尔给出的违约状态的定义如下：

除与真正商业纠纷有关的金融债务外，任何评级或未评级的金融债务第一次发生支付违约。利息没能在到期日支付，但在宽限期内支付的除外。

一般来说，某个债券违约反映了债务人的财务困境，且总伴随其他债务的违约。这就是评级机构除对特定债券进行信用评级外，还要对债券发行人进行评级的原因。但信用衍生产品需要对违约进行更加准确的定义，因为衍生产品的支付直接与信用事件相关。

国际互换与衍生品协会（ISDA）对信用事件的定义为：

（1）破产。包括以下情形：

①债务人（非兼并）进行清算；

②倒闭或无力偿付其债务；

③债权的转让；

④进入破产程序；

⑤指定破产的清算管理人；

⑥由第三方扣押了所有资产。

（2）无力偿还债务，即无力向债权人偿付到期债务。这通常发生在合同规定的宽限期之后并超过一定的金额。

（3）债务/交叉违约，即发生在类似的其他债务上的违约（而不是无力支付款项）。

（4）债务/交叉加速。就是说发生在类似的其他债券上的违约（而不是无力支付款项）导致该债务立即到期。

（5）拒付/延期偿付债务，即当事人拒绝支付，或对该债务的有效性提出异议。

（6）债务重组，就是债务的弃权、延期或重新安排，使债务条件不如原来有利。

其他类型的信用事件包括：

（1）评级下降，即信用等级比原来降低或者退出评级。

（2）货币不可自由兑换，即政府或相关管理机构强制进行外汇管制或其他货币方面的限制。

（3）政府行为，包括政府或监管机构的公告或行为损害了该债务的有效性；发生战争或其他武装冲突，干扰了政府和银行活动的正常运行。

（4）有时也会发生不可预见的情形，如很难判断银行债务重组是否构成一个信用事件。

8.2　信用评分

从早期将评级或违约频率与公司财务特征联系起来的统计模型，到后来发展起来的精密的计量经济方法和神经网络模型，一代代的信用风险模型与违约概率模型不断推陈出新。

评分的原则是使用某些指标，根据借款人的可观察特征，将信用好和信用差的机构分为不同的类别。公司评分模型使用财务比率、盈利能力、杠杆和规模等可观察特征的当前值与历史值。个人评分模型则将人们的收入、年龄和职业活动等与信用状况关联起来。

8.2.1　评分函数

评分函数是在一群人中区分违约客户与无违约客户的统计模型。该函数为所选区分变量的线性组合，这些变量是可以观察到的借款人特征。评分函数可以用来根据信用风险水平对被评分对象排序。区分函数的值就是评分。评分函数的特征系数可以用来解释哪些特征能最好地解释分类。一旦定义了违约，就可以根据对违约统计数据的统计拟合获得评分函数。

公司的评分模型基于借款人的可观察特征，如财务比率。1968 年，奥特曼（Altman）以美国破产企业和非破产企业为样本，以财务比率为研究变量，通过对大量企业的运行状况以及破产分析，运用数理统计，从 22 个财务比率中精选出 5 个最能反映企业的贷款质量的财务指标作为企业财务危机的判别方式，被称为 Z 评分模型。Z 评分模型如下：

$$Z = 0.012X_1 + 0.014X_2 + 0.033X_3 + 0.006X_4 + 0.999X_5 \tag{8.1}$$

式（8.1）中，X_1为营运资金与资产总额的比值，是衡量企业在一定数额的总资本下流动性资金数额大小的指标，反映资产的流动性与规模特征，其中营运资金在数值上等于流动资产和流动负债之差。X_2为留存收益与资产总额之比，反映企业累计盈利状况，此比值会对新成立的企业有一定的排斥作用。X_3为息税前收益与资产总额的比值，反映企业资产的获利能力，由于它没有被财务杠杆和税收因素限制，所以可作为衡量企业是否能够长期稳健地生存下去的一个重要指标。X_4为权益市价与债务总额账面价值的比值，反映企业的偿债能力，体现企业的资本周转率，表示借款人负债额超过其资产额之前或破产之前，企业资产价值（股权市值+债务额）下降的缓冲程度。X_5为销售额与资产总额的比值，反映企业资产的利用效果，说明该企业产生销售收入的能力，同时也反映企业管理层应对市场、参与竞争的能力。

按照这一模型，Z值越小，企业破产的可能性越大。奥特曼认为，识别企业破产和非破产可能性的分界点为2.675。如果Z值大于2.675，企业不太可能破产；如果Z值小于1.81，企业很可能破产；处于1.81至2.675之间的企业，其财务状况不稳定，误判的可能性很大，奥特曼称之为"灰色地带"。

Z评分模型是传统的信用风险判断方法基础上的创新，是一种简单的度量模型，具有计算简单的特点，基本上考虑了企业经营的重大方面，如企业的资产规模、盈利能力、收益状况、支出状况等，因此，它可以从总体上衡量被考察企业的经营状况。其中每个比例输入又从微观上考察了企业经营的具体方面，由此可以发现企业经营的不足之处，是银行信贷管理人员进行风险评估和确认的得力工具。

但Z评分模型也有缺点。它依赖于企业每半年才能获取一次的财务数据，因此时效性不强。Z评分模型属于静态分析，适用于考察经营环境和经营状况按当前趋势稳定发展的企业，如果企业经营状况变化较大，计算结果可能会发生较大的偏差。同时，破产预测灰色区域的存在也降低了该模型的实用性。

1977年，奥特曼、霍尔德曼和纳拉亚南（Altman，Haldeman and Narayanan）结合企业破产问题的研究进展，对Z评分模型进行了扩展和修正，提出了ZETA模型（Zeta credit risk model），将变量扩展到了7个，扩大了模型的适用范围，提高了其准确度。

8.2.2 Logit 模型

专门用于预测违约或无违约的模型，包括线性概率模型和更准确地Logit模型及Probit模型。这些模型使用多变量回归方法，解释变量为可观察到的特征。

在简单的线性概率模型中，事件的违约概率或无违约概率P是多个特征X_i的线性函数，被解释变量为Y，它在无违约时取值为0，在违约时取值为1。如果X为特征向量，那么该模型为：

$$Y = \beta_0 + \sum_{i=1}^{n} \beta_i X_I + \varepsilon \tag{8.2}$$

Y的期望值为违约概率，P(Y=1)，因为：

$$E(Y) = 1P(Y=1) + 0[1 - P(Y=0)] \tag{8.3}$$

给定回归误差项的期望值为零，根据模型公式取期望值：

$$P(Y=1) = \alpha + \beta E(X) \tag{8.4}$$

式（8.4）给出了违约概率的值，它是特征向量 X 的函数。然而，给定 X 的值，线性回归得出的系数不一定使 Y 值落在 0 ~ 1 的范围内。我们应该对模型计算出的 Y 值进行截取，以避免出现这种异常值。Logit 模型避免了这种缺陷。

Logit 模型将 Y 值限定在［0，1］范围内。我们再次将变量 Y 表示为特征 X_i 的线性函数：

$$Y = \alpha + \beta X + \varepsilon \tag{8.5}$$

但是，Logit 模型不是直接将 Y 与某个概率相对应，而是用 Y 作为累积分布函数 F(Y) 的参变量。累积分布函数的值位于［0，1］，且为单调递增函数。累积函数的值对应于一个 Y 值，而 Y 值通过一个已知的分布函数对应于一个概率。

Logit 模型使用 F(Y) 作为累积 logistic 概率分布。然后，概率 P(Y) 可以表示为：

$$P(Y) = \frac{1}{[1+\exp(-Y)]} = \frac{1}{\{1+\exp[-(\alpha+\beta X+\varepsilon)]\}} \tag{8.6}$$

当 Y 很高时，指数接近于零，P(Y) 接近于 1。当 Y 是很大的负值时，指数变得非常高，且 P(Y) 接近于 0。P(Y) 的任何值都可以被视为概率，并且是 Y 的单调函数。由于 Y 从负值变为正值时，P(Y) 从 1 单调下降至 0，因此 P(Y) 可以被视为描述借款人信用状况的数字。为了将 P(Y) 解释为一个概率，方便的做法是将关系式变形为：

$$\exp(Y) = \frac{P(Y)}{1-P(Y)} \tag{8.7}$$

取自然对数：

$$\ln\left[\frac{P(Y)}{1-P(Y)}\right] = Y = a + bX + \varepsilon \tag{8.8}$$

对数函数的参变量为优势比（oddsratio），它等于 exp(Y)，优势比是属于某个类别的概率与不属于该类别的概率之比。优势比的对数为“Logit”。P(Y) 为 Y 的单调递增函数，优势比也是 Y 的单调递增函数。图 8.1 显示了 Y 和 P(Y) 的关系。当 Y = 0 时，对数为 1，优势比也为 1：属于某个类别的概率和属于另一个类别的概率相同，这个共同的概率值为 P(Y = 0) = 1/2。

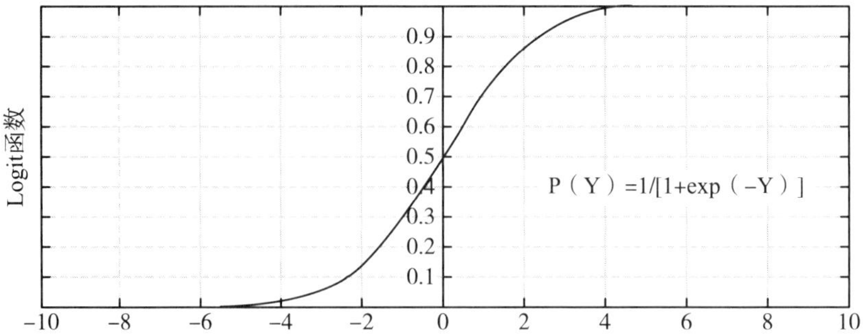

图 8.1　函数 P（Y）

资料来源：若埃尔贝西著，路蒙佳译：《银行风险管理》，中国人民大学出版社 2019 年版。

简而言之，Logit 模型根据线性模型给出了信用事件发生概率的对数值。被解释变量为可观察特征的线性函数，其值为优势比的对数，其指数为优势比本身。

Probit 模型与 Logit 模型类似，但使用了正态分布而非 logistic 分布。Logit 模型和 Probit 模型给出了非常接近的结果，它们仅有的差异是 Logit 模型更容易处理。

8.2.3　死亡率模型

1. 死亡率模型的含义

1989 年，奥特曼、阿斯奎斯、穆林斯和沃尔夫（Altman，Asquith，Mullins and Wolf）提出了死亡率模型（mortality model）。死亡率模型是根据人寿保险的思路来开发的，使用保险精算方法计算出不同信用等级债券的死亡率，以此来表示违约概率。对于信用风险，债务人一般只有违约和不违约两种选择，类似于寿险精算中的投保人死亡和生存两种状态，因而可以借鉴人的死亡率分布来度量债务人违约的概率分布。该模型从寿险保费计算的方法出发，根据债券或贷款（以下以债券指代）在特定时间段的违约概率以及信用等级，利用死亡率分布计算方法为债务人开发出一张死亡表，以此来研究债券或贷款的违约概率。

模型假设：（1）各债券的违约概率相互独立；（2）相同信用等级债券的违约概率相同，不同信用等级债券的违约概率不同；（3）不同信用等级债券的违约概率之间相互独立。

研究步骤：首先，用历史数据统计不同信用等级债券的边际死亡率、累计死亡率以及违约损失率；其次，计算特定年度边际死亡率的加权平均值并将其计入死亡表中，权重由不同年度相对债券发行规模确定；最后，计算债券的累计死亡率，对于期限超过一年的债券，累计死亡率与前期存活率有关。

边际死亡率（marginal mortal rate，MMR）反映了债券在一年内的违约概率，债券第 t 年的边际违约概率可以用下式计算：

$$MMR_t = \frac{\text{第 t 年违约债券总额}}{\text{第 t 年初未偿还债券总额} } \quad (8.9)$$

债券在第 t 年的存活率 SR_t 为：

$$SR_t = 1 - MMR_t \quad (8.10)$$

研究期间（T 年）的累积死亡率：

$$CMR_t = 1 - \sum_{t=1}^{T} SR_t \quad (8.11)$$

死亡率表是信用评级机构违约概率计算的延伸和修正，目前绝大多数的评级机构都采用死亡率模型或是对死亡率模型做进一步的修正，而且其已经被规范化地应用于结构化金融工具的分析。

【例 8.1】

已知等级为 BB 的债券的发行总价值为 100 亿元，发行第 1 年违约的总价值为 4 000万元，第 2 年违约的总价值为 5 000 万元，第 3 年违约的总价值为 1 000 万元。那么，该债券在第 2 年的累计死亡率是多少？

解：该债券第 1 年的边际死亡率为：

$$MMR_t = \frac{4\ 000}{1\ 000\ 000} = 0.004$$

第 2 年的边际死亡率为：

$$MMR_2 = \frac{5\ 000}{1\ 000\ 000} = 0.005$$

则第 2 年的累积死亡率为：

$$MR_2 = 1 - (1 - MMR_1) \times (1 - MMR_2) = 1 - (1 - 0.004) \times (1 - 0.005) = 0.009$$

【例 8.2】

根据死亡率模型，假设某 3 年期联合贷款，第 1 年至第 3 年每年的边际死亡率依次为 0.20%、0.50%、0.50%，则 3 年的累积死亡率为多少？

解：3 年累积死亡率为：

$$\begin{aligned} CMR_3 &= 1 - (1 - MMR_1) \times (1 - MMR_2) \times (1 - MMR_3) \\ &= 1 - (1 - 0.20\%) \times (1 - 0.50\%) \times (1 - 0.50\%) = 1.20\% \end{aligned}$$

【例 8.3】

采用回收现金流法计算违约损失率，若回收金额为 2.3 亿元，回收成本为 0.30

亿元，违约风险暴露为2.5亿元，则违约损失率为多少？

解：违约损失率为：

$$LGD = 1 - \frac{2.30 - 0.30}{2.5} \times 100\% = 20\%$$

2. 死亡率模型的优缺点

死亡率模型的主要优点是，计算简单便捷，可以较容易地利用死亡表来计算单个和组合债券的波动率及预期损失，尤其是在计算债券组合方面非常方便；是在大量样本的基础上统计出来的，因此所采用的参数较少。

死亡率模型的主要缺点是，没有考虑不同债券的相关性对计算结果的影响；没有考虑宏观经济环境对死亡率的影响；为反映债券质量的变化需要随时对死亡率表进行更新，并且数据的计算量非常大；不能处理违约概率呈非线性变化的信用工具，应用范围有限。死亡率的计算需要大量的样本，根据奥特曼和苏吉特（Altman and Suggitt，1997）的分析方法，每一信用评级中需要有10 000个贷款观测值才能在估计中获得99%的置信度。如表8.1所示，统计年度违约概率与信用评级的关系，信用风险事件发生的频率不高，获得大量数据证实模型参数以及预估某个企业的信用级别都存在困难。单个金融机构的信息系统无法达到模型的要求，但是随着大数据的建立以及金融机构之间数据的交易和共享，模型的准确度有望提高。

表8.1　　客户年度违约概率与信用评级的对应关系

信用评级	AAA	AA	A	BBB	BB	B	CCC
客户年度违约概率（%）	0.02	0.04	0.08	0.2	1.8	8.3	28.8

资料来源：周月刚著：《信用风险管理：模型、度量、工具及应用》，北京大学出版社2017年版。

3. 违约概率计算

假定死亡率以指数形式增长：

$$\mu_x = \alpha e^{\beta x} \cdot \varepsilon, \alpha > 0 \tag{8.12}$$

其中，μ_x为信用等级x对应的客户违约概率，α、β为参数，ε为随机误差项。

对式（8.12）进行线性变换，可以得到：

$$\ln(\mu_x) = \ln\alpha + \beta x + \ln\varepsilon \tag{8.13}$$

令 $y = \ln(\mu_x)$、$a = \ln\alpha$、$b = \beta$、$\varepsilon^* = \ln\varepsilon$，则公式（8.13）可以写成：

$$y = a + bx + \varepsilon^* \tag{8.14}$$

这时可以采用最小二乘法对式（8.14）进行参数估计，即可得到违约概率与信用等级的关系式。

8.2.4　神经网络模型

神经网络理论于 20 世纪 40 年代发展起来，但直到 20 世纪 90 年代才在信用风险分析中得以应用。人工神经网络的构造是建立在生物神经系统的基础之上的，通过模拟生物神经网络使现实中的网络具有平行计算和自我学习的能力。与传统的统计方法和 Logistic 回归模型相比，人工神经网络最大的优势在于它具有学习能力，可以依据新样本对环境进行动态调整。神经网络的最大局限是工作的随机性较强、调试成本太高，限制了它的推广和应用。

BP（back propagation）神经网络是目前应用最为广泛的神经网络模型之一。整个网络由三个层次构成：输入层、隐含层和输出层。输入层和输出层都只有一个，输入层中的神经元负责接收来自外界的信息，而输出层负责向外界输出信息；隐含层有一个或多个，隐含层的主要作用是进行信息处理。每一层都由若干个神经元组成，神经元构成网络的节点，节点的输出值由输入值、作用函数和阈值决定。BP 神经网络最主要的特点是信息的正向传播和误差的反向传播。信息的正向传播指的是信息从输入层经隐含层传播到输出层的过程，若经作用函数计算得出的结果与实际输出值不符，就进入误差的反向传播阶段，误差沿原来的通路返回，按梯度下降的方法逐层修正神经元的权重以减少误差，如此循环进行直到输出的结果达到可以接受的精度或预先设定的学习次数为止（见图 8.2）。

BP 神经网络模型由输入—输出函数、作用函数、误差反向算法（BP 算法）、自学习过程四个部分组成。

隐含层和输出层上神经元的输出分别如式（8.15）和式（8.16）所示：

$$O_j = f_j\left(\sum \omega_{ij} x_i - \theta_j\right) \tag{8.15}$$

$$Y_k = f_k\left(\sum \omega_{jk} O_i - \theta_k\right) \tag{8.16}$$

其中，i、j、k 分别代表输入层、隐含层和输出层，f_j、f_k 分别表示隐含层、输出层上神经元对应的作用函数，θ 表示神经元的阈值，x_i 表示来自输入层的信息，ω_{ij} 对应隐含层处理输入层传来的信息时赋予神经元的权重。

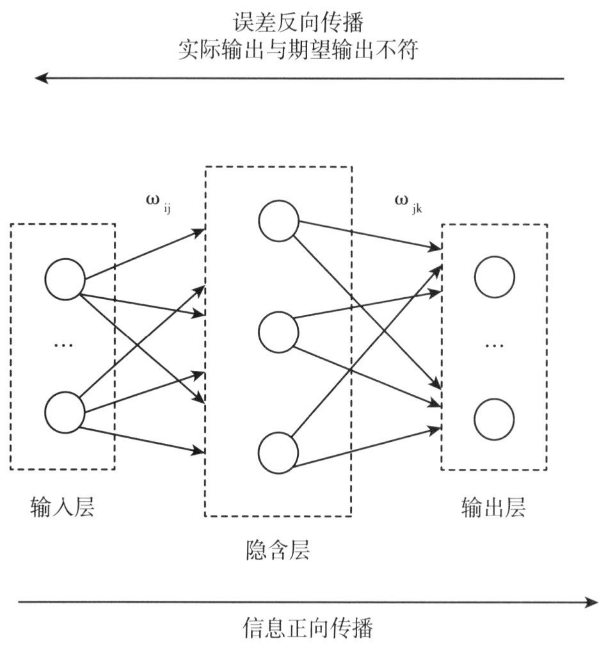

图 8.2　BP 神经网络

资料来源：周月刚著：《信用风险管理：模型、度量、工具及应用》，北京大学出版社 2017 年版。

作用函数指的是神经元对上一层的输入信息所做出的反应，可以是线性函数，也可以是非线性函数。目前应用最为广泛的作用函数是 Sigmoid 函数：

$$f(x)=\frac{1}{1+e^{-x}} \tag{8.17}$$

误差函数为期望输出与实际输出之差的平方和：

$$e=\frac{1}{2}\sum_{k=1}^{q}\left[E_k(n)-Y_k(n)\right]^2 \tag{8.18}$$

其中，k 表示输出层神经元的个数。

自学习过程主要是在外界样本更新下不断进行权重矩阵和误差的修正：

$$\Delta\omega_{ij}(m+1)=h\times\varphi_i\times O_j+a\times\Delta\omega_{ij}(m) \tag{8.19}$$

其中，h 为学习因子，a 为动量因子，φ_i 为输出节点的计算误差。

BP 网络的信息存储主要由网络的结构体系和相邻节点之间的连接权重决定，网络的机构体系指的是网络输入层、隐含层和输出层节点的个数，一般而言，输入层和输出层节点的个数由系统决定，隐含层的节点个数由用户凭经验决定。模型运行的具体步骤如下：

第 1 步，网络初始化，确定各层节点的个数，对网络权重和阈值的初始值设定一个取值区间为（-1，1）的随机数，此外，给定模型的计算精度值和最大学习次数；

第 2 步，输入样本数据和相应的期望输出，对每一个样本进行学习；

第 3 步，根据输入样本计算隐含层神经元的期望输出和实际输出；

第 4 步，利用实际输出与期望输出之间的差值，求输出层的误差和隐含层的误差；

第 5 步，根据全局误差来更新输入层至隐含层节点之间、隐含层至输出层节点之间的连接权重，在样本量为 N 的条件下全局误差为：

$$E = \frac{1}{2N}\sum_{n=1}^{N}\sum_{k=1}^{q}[E_k(n) - Y_k(n)]^2 \tag{8.20}$$

第 6 步，判断全局误差是否收敛到给定的学习精度以内或学习次数达到设定次数，如果满足，则学习结束；否则转向第 2 步继续进行下一轮的学习。

8.2.5　评分模型的准确性：“CAP”

将违约风险指标的准确性进行可视化和量化的一种标准方法是使用“幂曲线”，它也被称为累计准确性曲线或“CAP”。这是一种事后检验方法。它适用于各种违约风险指标：评分、评级以及更多相关指标（如穆迪 KMV 的 EDF）。

CAP（见图 8.3）画出了按风险降序排列时的违约客户累计百分比和客户累计百分比，其中风险是用模型衡量的。债务人按风险评分，在横轴上风险从最高到最低排列。例如，横轴上的 10% 表示整个群体中按信用状况排序时最差的 10%；20% 表示整个群体中按信用状况排序时最差的 20%；等等。最大值为按评分评级的群体的 100%。纵轴显示了违约客户累计百分比。例如，假设群体样本的违约频率为 10%，且样本规模为 1 000 人。观察期内的违约人数占整个群体的 10%。纵轴上的 50% 仅指整个群体的 5%。

当沿着横轴从左向右移动时，违约客户累计百分比增加，但不会超过 100%。如果评分模型是完美的，那么整个群体中的前 10% 将是实际违约客户。在横轴上，按信用评分排序的最差 10% 恰好与纵轴上总违约群体的 10% 匹配。沿着横轴移动到 10% 以外，纵轴上的违约客户累计百分比仍为 100%，即整个群体中的违约比例仍保持 10% 不变。

只有完美模型才能达到 CAP 的上界。当沿着横轴从 0 向右移动到 10% 时，它从 0 增至 100%。向上倾斜的直线表示违约客户所占比例。在模型完美时达到第二条水平

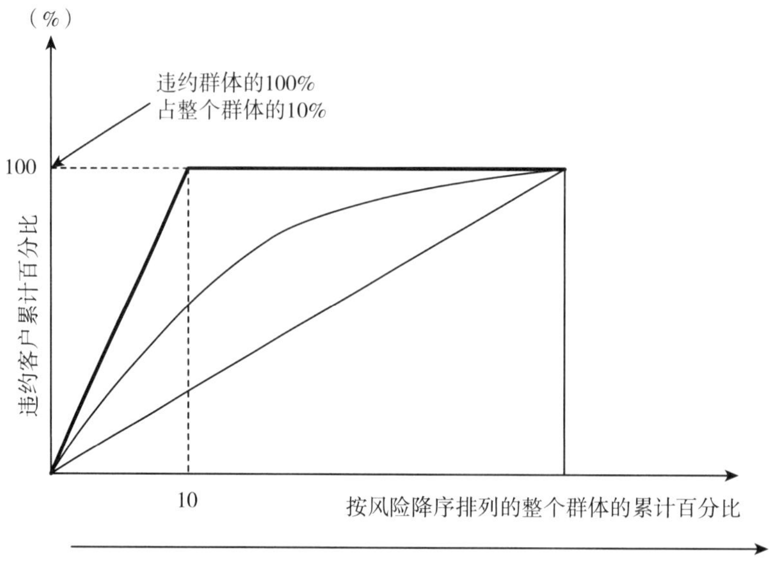

图 8.3　累计准确性曲线

资料来源：若埃尔贝西著，路蒙佳译：《银行风险管理》，中国人民大学出版社 2019 年版。

线，它位于纵轴上的 100% 处，并始于横轴上的 10% 。CAP 的整体上界是由这两条线构成的。

如果评分独立于实际违约，那么它将无法区分违约客户和无违约客户。不管评分值是多少，违约概率和无违约概率都是 50% 。违约客户累计百分比和按模型排序的客户累计百分比相同。这是图 8.3 中的第一条对角线，它是 CAP 的下界。

如果模型确实提供了关于违约客户和无违约客户的信息，那么表示违约客户累计百分比（它是整个群体的函数）的直线将位于上界下方和第一条对角线上方。这表明有些无违约客户被归类为风险类别——这是拒绝“好”客户的二类误差。相反，有些被归类为比违约客户安全的债务人，实际上违约了——这是一类误差。

通过评分可以衡量实际违约客户的累计百分比，并用 CAP 曲线对评分方法进行事后检验。实际 CAP 越接近上界，评分越准确。基尼系数是实际 CAP 曲线和第一条对角线之间的区域与上界和同一条对角线之间的区域面积之比。

$$\text{准确性指标} = \frac{\text{CAP 上界下方的区域}}{\text{实际 CAP 曲线下方的区域}} \tag{8.21}$$

实际 CAP 曲线画出了实际 CAP 曲线下方的区域，这是一条连续的曲线，并在向右移动时单调递增。这片区域是完全根据经验得出的，且可以方便地计算出由两条直线围出的上界下方的区域面积。用第一条对角线作为下界时，准确性指标的最小值为

0，意味着该模型没有区分风险，准确性指标的最大值为 100%。基尼系数越高，模型越良好。可接受的值从 60% 开始，并能继续上升，直至非常接近 100%。

8.3　信用评级

内部评级是银行业中用来确定是否符合巴塞尔监管规定的重要信息。它构成了内部评级法的重要组成部分，银行可以根据这种方法评估信用风险的资本要求。

8.3.1　外部信用评级与内部信用评级

信用评级是一个由评级机构发布的信誉度评估。国际上的主要债券评级机构是穆迪、标准普尔和惠誉。穆迪的信用评级定义是，对债券发行人或其他债务人未来按时向投资者全额偿付到期本息的能力、法律责任和意愿所进行的评价。表 8.2 给出了两大评级机构穆迪和标准普尔对不同信用等级的解释，这些评级适用于长期债务，短期债务评级使用其他符号。两大评级机构对同一债券发行人的评级基本相同。

投资级别，即标准普尔的 BBB 及其以上级别、穆迪的 Baa 及其以上级别。投机级别，或投资以下级别，即剩下的级别。另外，评级机构还进一步细化了分类，如标准普尔把 BBB 级又细分为 BBB +、BBB 和 BBB -，对应穆迪的 Baa1、Baa2 和 Baa3。这些评级代表客观（或统计）的违约概率。这些机构研究追踪了不同期限和初始评级的债券违约的频率，这些频率可用来将评级级别转化为违约概率。

表 8.2　两大评级机构使用的信用等级符号及其含义

机构	等级	含义	符号
标准普尔	AAA 级	信用程度最高	A1 级
	AA 级	信用程度很强	A2 级
	A 级	信用程度良好	A3 级
	BBB 级	信用程度充足但对不利情况敏感	B 级
	BB 级	信用程度存在较大不确定性	C 级
	B 级	信用程度存在重大不确定性	D 级
	CCC 级	信用程度脆弱	
	CC 级	信用程度高度脆弱	
	C 级	尽管出现破产或类似情况，但仍可能履约	
	D 级	无法履约；违约成为事实	

续表

机构	等级	含义	符号
穆迪	Aaa 级	最高级	P－1 级
	Aa 级	高级	P－2 级
	A 级	较高级且有某些风险	P－3 级
	Baa 级	中级；风险不明显	
	Ba 级	有投机因素；存在风险	
	B 级	还款保障较低	
	Caa 级	信用状况糟糕；某些债务可能违约	
	Ca 级	高度投机	
	C 级	前景极差	

资料来源：若埃尔贝西著，路蒙佳译：《银行风险管理》，中国人民大学出版社 2019 年版。

外部评级机构和监管机构的信用评级理念不同。外部评级为投资者提供了必要的债务信用质量信息。评级机构的信用评级更适用于债券而不是发行人的信用状况。同一个发行人通常有多只债券，它们的优先级和担保品不同，高级无担保债务的评级接近于发行人的评级，因为只有当发行人违约时这些债务才会违约。

银行需要依靠自己的内部评级法来区分它们对这些交易对手的敞口风险。银行对借款人而非债券给出内部信用评级。银行根据违约事件中的损失严重性或违约损失率来区分金融工具的风险。在某些交易（如项目融资）中，实体的信用评级无关紧要，而由契约来规范交易行为，当交易的特定风险为主要风险时，应使用特别标准。

内部评级过程通常使用评级网格（rating grids），它列出了对借款人信用质量进行最终评估的标准。和评分模型不同，评级需要某些判断性数据。零售银行业务有大量统计数据，因此可以根据统计模型评估风险。这个过程是机械的，某些特征的影响可以由其他特征的正面影响抵消。在评级过程中，却没有这样的机械效应。

内部评级法使用从定性因素（如公司的优点或缺点）到公司借款人财务数据的不同标准。内部评级法划分的等级数量也不同，通常从 10 个到 30 个不等。和评级机构划分的等级一样，它们有的更简化、有的更详细。穆迪的简化评级法使用三个等级来表示投资级，接下来四级为投机级。穆迪、标准普尔和惠誉的详细评级包括约 20 个等级，但不包括接近违约状态。

银行和评级机构应定期持续审核其评级，或在发生影响发行人信用状况的意外违约事件时审核其评级。评级机构的信用评级常被认为是刚性的，调整不够频繁。评级机构的观点是，长期评级应在准确的基础上保持相对稳定，因为它们评估的是公司信用状况的长期影响因素。

8.3.2 银行的交易对手

内部信用评级适用于银行所有存在风险的交易对手。这些交易对手不仅包括直接借款人，所有和直接借款人有法律联系的交易对手都包含在内，因为他们对借款人的信用状况有潜在影响，如对直接借款人提供担保的公司。

只要直接借款人依赖于一个群体，其信用风险就依赖于该群体的潜在支持。因此贷款人对该群体的风险有隐性间接敞口。在不考虑支持的情况下，银行应该按照与不属于任何群体的独立中小企业相同的方法评估属于某个群体的中小企业(SME)。

交易对手的层级结构记录了不同交易对手的联系，它是评级体系的关键组成部分。交易对手分为不同的实体类别，如控股公司及其所有子公司。监测实体的层级结构并非无关紧要，因为群体之间会不断进行合并和收购，现代评级体系有专门管理这种实体层级结构的模块，它可以帮助分析师确定银行的哪个交易对手有风险。交易对手管理体系应将银行交易对手内部识别码和外部识别码对应起来，并永久监测这种对应关系。

如果已知层级结构，分配给交易对手的敞口就应该遵守风险转移规则。信用敞口被分配给公司，并最终被分配给直接借款人以外的实体，如其所属的集团总公司。风险转移规则定义了贷款人的哪个交易对手有风险，并据此分配敞口。敞口在内部被转移给银行认为最适合分配这些风险的实体。如果没有适当的风险转移，某些不是直接借款人但实际集中了风险的实体的敞口就可能被低估。当相关信用风险是担保人的信用风险时，或者当它取决于证券担保品的发行人的信用质量时，应该使用替代规则。

还有些规则与不同交易对手之间的传染效应相关。例如，尽管子公司没有违约，但集团违约可能引发所有子公司或部分子公司违约。传染不仅是合法的，而且有些传染还遵循内部规定。和某个集团有关系的银行可能做出判断，认为集团总公司违约实际上依赖于群体内部发生的违约事件，而它传染到了整个集团。当债务人的债务需要遵守契约，而群体中的其他债务违约时，该契约将会触发违约，那么传染就是合法的。

交易对手之间的这种相互依赖性与“支持”的概念相关。支持是指集团总公司对子公司提供的财务援助。支持和法律担保不一样，它是没有法律约束力的。它取决于集团总公司向子公司提供担保或资金以支持子公司的意愿。它是一种集团对子公司提供支持的隐性承诺，可能生效也可能不生效。如果忽略这种支持，那么对小型子公司评级时，将把它当作独立公司，由于集团总公司的信用状况通常优于子公司，因此忽略潜在支持将产生误导。为了区分这两种情况，应该评估公司的独立信用状况和将其视为群体一员时的信用状况。

当子公司从集团总公司的实际正面支持中受益时，除非支持实体违约，否则子公司不会违约，风险类似于允许将风险转移给支持实体的正式担保。但这种支持不一定是正面的。当支持增加而非减少违约概率时，就产生了负面支持。例如，支持实体违约可能引发借款人违约，这可能是因为子公司高度依赖于控股公司的业务，或者是因为控股公司在面临困难时可以获取子公司的资产。负面支持会降低直接借款人的信用质量。

负面支持依赖于法律框架，例如，不允许控股公司获取子公司资产时，可能就不存在负面支持。这种关系可能是双向的，存在于支持实体和被支持实体之间。集团总公司的信用状况也可能依赖于子公司是否违约，因为子公司的存续对于控股公司的核心业务至关重要。借款人的违约将引发支持实体的违约，相反的情况也可能发生。在确定接受正面支持或负面支持的子公司的违约概率时，支持的这种模糊效应有直接影响。

除了群体的层级结构，还有其他因素会导致间接敞口。对证券化产品或基金的敞口为对投资组合内基础资产发行人的敞口，“全面考察”政策可以识别出对基础债务人的间接敞口，由于这种信息未披露或者管理起来过于复杂，因此这种政策也存在执行上的困难。

8.3.3 内部信用评级网格

内部信用评级网格有多个组成要素，对直接交易对手的最终评级需要综合这些要素。内在评级评估了借款人作为独立实体的风险，整体评级取决于公司层级结构中的集团支持，前提是存在这种支持。为了评估支持，有必要评估借款人的信用状况、支持实体的信用状况和支持的“力度”。将支持评估与内在评级结合起来，就是对借款人的整体评级。

借款人的评级标准包括对交易对手信用状况的定性评估加上定量指标。对不同行业、不同交易对手类型（如公司与金融机构）使用的标准和权重也不同。此外，评级“模型”不具有抵消性，某些标准可能很重要，并独立于其他标准影响评级。例如，某个主权实体的法律担保可能足以赋予其主权评级而不是直接借款人的独立评级。此外，评级网格内的标准可以抵消，这意味着有利项目和不利项目可以在某种程度上抵消。在某些情况下，对小公司可以使用统计模型，但对大公司需要通过评级网格进行某种判断。

内在分析之后就是支持评估。最终评级是内在评级、支持评估和支持实体的评级（如果有评级的话）的综合。以公司为例，组成最终评级的三个基本要素积累了某些信息，下面用简化网格进行说明（见表8.3）。

表8.3　　某公司的信用评级网格

1. 内在评级	公司
基本要素	
行业	增长潜力、周期性、技术、资本、竞争、管制、地区动态、进入壁垒
地位与市场份额、业务模式	规模与市场份额、收入的多元性和稳定性（高流量小额业务）、业务模式、声誉、联盟
管理与治理	经验与过往记录、目标实现情况、效率
财务指标	
财务指标	债务股权比、管理比率、盈利能力比率（股权收益率、资产收益率）
融资指标	是否有获得不同融资来源的渠道、是否有其他承诺信贷额度
还款能力指标	现金流与收入创造、成本灵活性、偿债能力比率
内在评级	C级
2. 支持	
是否存在支持实体（控股公司）："支持"并不意味着法律担保	
控制公司的核心业务	是
过往支持记录	良好
经济与技术联系	部分
财务性支持	否
支持评估	强
3. 支持实体	
支持实体的评级	B级
4. 综合	
内在评级	C级

续表

支持实体的评级	B级
支持质量	强
是否存在国家评级上限	否
最终评级	B级

资料来源：若埃尔贝西著，路蒙佳译：《银行风险管理》，中国人民大学出版社2019年版。

8.3.4 将评级与违约概率对应

在监管规定的内部评级法中，内部评级应与违约概率对应。在许多情况下，尤其是对于大公司而言，内部违约统计数据是有限的，对于这种“低违约投资组合”，可以用外部统计数据来评估违约频率。

一种推导违约频率的常用方法是将内部评级与外部评级对应，并使用外部评级与违约概率之间的对应关系来弥补从内部评级到违约概率的缺失环节（见图8.4），由于外部评级适用于债券而非发行人，因此内部评级只能与（债券的）外部高级无担保评级比较。这项原则很简单，但执行起来可能会遇到实际困难或依赖于不切实际的假设。

图8.4 从内部评级到外部评级和违约统计数据

资料来源：若埃尔贝西著，路蒙佳译：《银行风险管理》，中国人民大学出版社2019年版。

外部违约频率在使用上也会出现偏差。有评级的公司相对很少，而且银行的投资组合和有评级公司的投资组合的构成也不同。使用外部评级意味着认为有外部评级的公司的投资组合代表了银行的投资组合，这通常与事实不符。例如，我们通常认为小公司的信用状况弱于大公司，那么小公司应该对应较低的评级。这取决于如何设计内部评级网格。

同一家公司的内部评级与外部评级的对应关系通常是不准确的。在某些情况下，内部评级网格可能给出和评级公司相同的评级，其他情况则不然。

只有当内部评级标准和外部评级标准类似时，才有可能比较内部评级与外部评级。相同公司的内部评级和外部评级交叉表格可以揭示它们的不一致性。某些差异可能来自评级日期之间的差异，这种差异可以通过使用时间相距不远的评级进行校正。此外，在进行内部评级和外部评级之前还可能存在某些系统性偏差，这取决于银行信用分析师相对于评级机构的保守程度。这种偏差应该进行纠正。例如，如果对相同公司的银行评级持续低于外部评级，那么就应该根据较高的外部评级调整内部评级，以确定违约频率。通常，内部评级和外部评级的交叉表格应显示矩阵对角线上的匹配集中度，缺乏更好替代指标的情况下，对角线可用于将二者对应起来。

外部评级的基本假设是，对于所有有评级的实体、银行和其他金融机构，给定评级均与某个违约概率相匹配。认为相同评级表示不同类型交易对手的相同风险的标准理由是，专家以相同的方式对信用状况做出了正确的评估。在这种情况下，评级和违约概率一一对应。对于大公司来说，这是一个可接受的假设。然而，认为相同评级的银行、市政府和公司有相同的违约频率，是在某些类别交易对手的违约数量较低情况下的一种假设。

对于低违约投资组合来说通常有两步，从内部评级到外部评级，以及从外部评级到历史违约频率。低违约投资组合没有很多替代选择。违约概率模型提供了根据股价推导出的时点违约概率（见第 9 章），这些市场隐含的违约概率显著高于历史违约统计数据。此外，该模型还允许根据评级类别比较违约概率分布。在相邻评级类别之间，不同评级类别的公司违约概率分布显著重叠。

8.3.5　外部评级的违约概率

8.3.5.1　历史违约率

1. 评级公司的累积违约率

表 8.4 列示了穆迪公司公布的历史违约率数据。这些数据给出了违约公司所占的比重 $\bar{X}$ 是真实违约概率的统计估计量：$E(\bar{X}) = p$。如穆迪公司初始评级为 Baa 的借款人在下一年的平均违约概率为 0.29%，评级为 A 的公司在下一年的违约率为 0.07%，评级等于或低于 Caa 的公司在下一年的违约率为 13.73%。评级越高，违约率越低。因此，可以利用这些信息来估计初始评级的违约率。表 8.5 给出了标准普尔公司公布的历史违约率数据。与穆迪公司 Baa 级公司相似的标准普尔评级为 BBB 的借款人在下一年的平均违约率为 0.23%，A 级公司的平均违约率为 0.06%。

2. 累积违约率随时间变化的速度

表 8.4 和表 8.5 还显示，对于特定的初始评级，累积违约率随时间快速增加。

表 8. 4 穆迪的累积违约率（1920～2007 年） 单位：%

分类	时间（年）																			
评级	1	2	3	4	5	6	7	8	9	10	11	12	13	14	15	16	17	18	19	20
Aaa	0. 00	0. 00	0. 02	0. 08	0. 16	0. 26	0. 37	0. 53	0. 70	0. 90	1. 07	1. 21	1. 36	1. 41	1. 45	1. 53	1. 62	1. 68	1. 77	1. 83
Aa	0. 06	0. 18	0. 29	0. 45	0. 70	1. 01	1. 34	1. 65	1. 95	2. 29	2. 68	3. 10	3. 51	3. 93	4. 25	4. 49	4. 68	4. 88	5. 09	5. 27
A	0. 07	0. 24	0. 50	0. 81	1. 12	1. 45	1. 80	2. 13	2. 50	2. 90	3. 34	3. 77	4. 15	4. 50	4. 92	5. 28	5. 56	5. 81	6. 08	6. 33
Baa	0. 29	0. 85	1. 56	2. 34	3. 14	3. 94	4. 71	5. 48	6. 28	7. 06	7. 80	8. 54	9. 24	9. 89	10. 44	11. 01	11. 53	12. 00	12. 44	12. 91
Ba	1. 34	3. 20	5. 32	7. 49	9. 59	11. 56	13. 36	15. 11	16. 73	18. 44	20. 00	21. 52	23. 04	24. 34	25. 51	26. 64	27. 81	28. 91	29. 85	30. 78
B	4. 05	8. 79	13. 49	17. 72	21. 43	24. 66	27. 59	30. 04	32. 15	33. 93	35. 64	37. 26	38. 69	40. 08	41. 40	42. 68	43. 73	44. 52	45. 07	45. 38
Caa-C	13. 73	22. 46	29. 03	33. 92	37. 64	40. 58	42. 87	44. 92	47. 00	48. 98	50. 99	53. 07	55. 05	57. 11	59. 12	60. 98	62. 63	64. 20	65. 68	67. 13
投资级	0. 14	0. 43	0. 81	1. 23	1. 69	2. 16	2. 63	3. 09	3. 58	4. 08	4. 58	5. 09	5. 57	6. 00	6. 42	6. 79	7. 12	7. 41	7. 71	8. 00
投机级	3. 59	7. 24	10. 75	13. 92	16. 71	19. 18	21. 37	23. 34	25. 11	26. 83	28. 44	30. 00	31. 50	32. 87	34. 13	35. 35	36. 52	37. 57	38. 46	39. 28
全部	1. 41	2. 88	4. 32	5. 63	6. 80	7. 85	8. 80	9. 67	10. 48	11. 28	12. 05	12. 80	13. 50	14. 15	14. 74	15. 29	15. 79	16. 25	16. 66	17. 06

资料来源：Philippe Jorion，Financial Risk Manager Handbook（6th Edition），John Wiley & Sons，Inc.，Hoboken，New Jersey，2011，p477.

表 8. 5 标普累积的全球违约率（1981～2007 年） 单位：%

分类	时间（年）														
级别	1	2	3	4	5	6	7	8	9	10	11	12	13	14	15
AAA	0. 00	0. 00	0. 09	0. 18	0. 28	0. 41	0. 48	0. 59	0. 63	0. 67	0. 67	0. 67	0. 67	0. 73	0. 79
AA	0. 01	0. 05	0. 09	0. 19	0. 29	0. 40	0. 52	0. 62	0. 71	0. 81	5. 37	0. 99	1. 09	1. 17	1. 21
A	0. 06	0. 16	0. 29	0. 45	0. 64	0. 85	1. 11	1. 32	1. 53	1. 76	1. 95	2. 11	2. 26	2. 39	2. 61
BBB	0. 23	0. 65	1. 13	1. 75	2. 38	2. 98	3. 47	3. 96	4. 42	4. 89	5. 37	5. 75	6. 22	6. 68	7. 20
BB	1. 00	2. 93	5. 19	7. 36	0. 30	11. 19	12. 72	14. 05	15. 27	16. 24	17. 13	17. 87	18. 51	18. 96	19. 43
B	4. 57	10. 06	14. 72	18. 39	21. 08	23. 19	24. 94	26. 37	27. 55	28. 74	29. 80	30. 70	31. 61	32. 47	33. 26
CCC	25. 59	34. 06	39. 04	41. 86	44. 40	45. 62	46. 67	47. 23	48. 86	16. 76	50. 50	51. 26	51. 87	52. 50	52. 50
投资级	0. 10	0. 30	0. 52	0. 81	1. 11	1. 42	1. 69	1. 95	2. 19	2. 44	2. 66	2. 85	3. 05	3. 24	3. 47
投机级	4. 11	8. 11	11. 66	14. 57	16. 90	18. 84	20. 45	21. 79	23. 01	24. 08	25. 05	25. 87	26. 64	27. 30	27. 90
全部	1. 45	2. 91	4. 21	5. 33	6. 26	7. 06	7. 73	8. 30	8. 81	9. 29	9. 72	10. 08	10. 44	10. 76	11. 09

资料来源：Philippe Jorion，Financial Risk Manager Handbook（6th Edition），John Wiley & Sons，Inc.，Hoboken，New Jersey，2011，p478.

Baa 级的公司违约率从 1 年的 0.29%，在接下来的 10 年里增加到第 10 年的 7.06%。对于投资级别的借款人，违约率的增加快于时间的增加。Baa 级的违约概率增加的比例为 7.06/0.29 = 24，远大于 10 倍。而与之相反，B 级的违约概率增加的比例为 33.93/4.05 = 8。表明对于投机级别的信用等级，累积违约率增加的速度比时间慢。

3. 历史数据存在小样本问题

但使用历史数据的问题是数据样本太少，信用级别高的公司在长期发生违约的例子很少，如 Aa 级公司在一年内的违约概率为 0.06%，即几乎不发生违约。1939 ~ 2007 年只有两家初始评级为 Aa 的公司在下一年违约，都发生在 1989 年。改变样本时期或有另外的违约数量，都可能对平均违约率产生潜在的影响。

此外，样本空间随期限增加而减少。如标准普尔只公布了 1981 ~ 2007 年的违约概率。1 年期的违约概率是 27 年样本期的均值。但以 15 年期作为一个样本期间，计算 15 年期的平均违约率，则只有 13 个样本数据，样本量太少，且样本数据还相互重叠、互不独立。因此，遗漏或增加某些借款人就可能显著改变所公布的违约率。小样本导致数据不稳定，如级别为 CCC 的债务人的违约率从第 14 年到第 15 年都是 52.50%。此外，若进一步细分级别，违约率并不随信用级别增加而单调递减。

4. 评估评级机构违约率的准确性

可以通过计算其标准差来度量这些违约率的准确性。例如，考虑标准普尔公司的 AA 级公司第一年的违约率，其平均值 $\bar{X}$ 为 0.01%。假设这是通过对总的 N = 10 000 个独立样本的观察得到的。根据二项分布得到其均值的方差为：

$$V(\bar{X}) = \frac{p(1-p)}{N} \tag{8.23}$$

据此计算其标准差约为 0.01%，与均值基本相同，表明该平均违约率实际上并不准确。不能据此将 AA 级和 AAA 级区分开来。如果样本量更小，如在美国以外的市场，或 p 随时间变化，问题会更加严重。

8.3.5.2　累积违约率和边际违约率

表 8.4 和表 8.5 中公布的违约率是初始信用评级的累积违约率，它度量了从初始日开始到第 T 年这段时间内发生违约的总频率。此外，边际违约率的概念也非常有用，它度量第 T 年内发生违约的频率。违约的过程描述如图 8.5 所示。

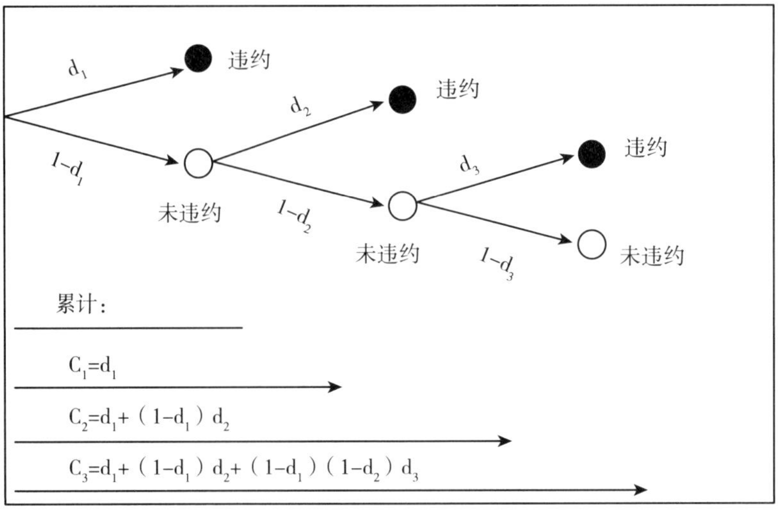

图 8.5　连续违约过程

资料来源：Philippe Jorion, Financial Risk Manager Handbook（6th Edition）, John Wiley & Sons, Inc., Hoboken, New Jersey, 2011.

在图 8.5 中，d_1表示第 1 年的边际违约率，d_2表示第 2 年的边际违约率。要在第 2 年内违约，该公司必须在第 1 年生存下来，然后在第 2 年违约。因此，第 2 年违约的概率为 $(1-d_1)d_2$。

那么到第 2 年的累积违约率为 $C_2 = d_1 + (1-d_1)d_2$，减去 1 再加上 1，得到 $C_2 = 1-(1-d_1)(1-d_2)$。该式更直观一些。它表示 1 减去公司在整个两年期间内生存下来的概率。

我们更正式地定义几个违约率的概念：

$m[t+N|R(t)]$为在第 t 年末评级级别为 R，而在 $T=t+N$ 年违约的债务人的数量。

$m[t+N|R(t)]$为在第 t 年末评级级别为 R，而在 $T=t+N$ 年初未违约的债务人的数量。

第 T 年的边际违约率：即在时刻 t 初始评级为 R，而在 T 年末违约的债务人的数量占 T 年初所剩债务人数量的百分比：

$$d_N(R) = \frac{m[t+N|R(t)]}{n[t+N|R(t)]} \times 100\% \tag{8.23}$$

生存率：即初始评级为 R 而在 T 年并未违约的债务人所占的百分比：

$$S_N(R) = \prod_{i=1}^{N}[1-d_i(R)] \times 100\% \tag{8.24}$$

从开始到 T 年的边际违约率：即初始评级为 R 而在 T 年违约的债务人占 t 年初始人数的百分比。要使该事件发生，债务人必须继续生存直到 t + N - 1，然后在下一年违约，因此该百分比为：

$$k_N(R) = S_{N-1}(R)d_N(R) \times 100\% \tag{8.25}$$

累积违约率：即初始评级为 R 而在 T 年之内任何时刻违约的债务人所占的百分比：

$$C_N(R) = k_1(R) + k_2(R) + \cdots + k_N(R) = 1 - S_N(R) \times 100\% \tag{8.26}$$

平均违约率：我们可以将总的累积违约率表达成平均违约率，其中 d 为每个时期的违约率：

$$C_N = 1 - \prod_{i=1}^{N}(1 - d_i) = 1 - (1 - d)^N \tag{8.27}$$

当我们从年到半年，直到最终使用连续复利计算，平均违约率变为：

$$C_N = 1 - (1 - d^a)^N = 1 - \left(1 - \frac{d^s}{2}\right)^{2N} \to 1 - e^{-d^c N} \tag{8.28}$$

式（8.28）中，d^a、d^s、d^c 分别为利用年、半年和连续复利计算的违约率。这正好与各种利率计算方法的定义相同。

举例：计算累积违约率

考虑一个评级为 B 的公司，其违约率为 $d_1 = 5\%$、$d_2 = 7\%$，计算它的累积违约率。

在第 1 年里，违约率为，$k_1 = d_1 = 5\%$，1 年之后生存率为 $S_1 = 0.95$。第 2 年的违约率为：$k_2 = S_1 \times d_2 = 0.95 \times 0.07 = 6.65$。两年后，生存率为：$(1 - d_1)(1 - d_2) = 0.95 \times 0.93 = 0.8835$。

因此，第 1 年和第 2 年的累积违约率为：$5\% + 6.65\% = 11.65\%$。

可以根据各种信用级别的累积违约率信息画出他们的边际违约率，如图 8.6 根据表 8.4 画出了穆迪公司公布的累积违约率，图 8.7 据此画出了边际违约率。

图 8.7 显示，开始时初始信用级别高的公司，其边际违约率随到期时间上升，但初始信用级别低的公司则随到期时间下降。一个 Aaa 级别的公司在运气最好的情况下，只是保持违约率不变，但通常随时间变糟。而一个 B 级的公司，若经过几年生存下来，其违约率会随时间而下降。

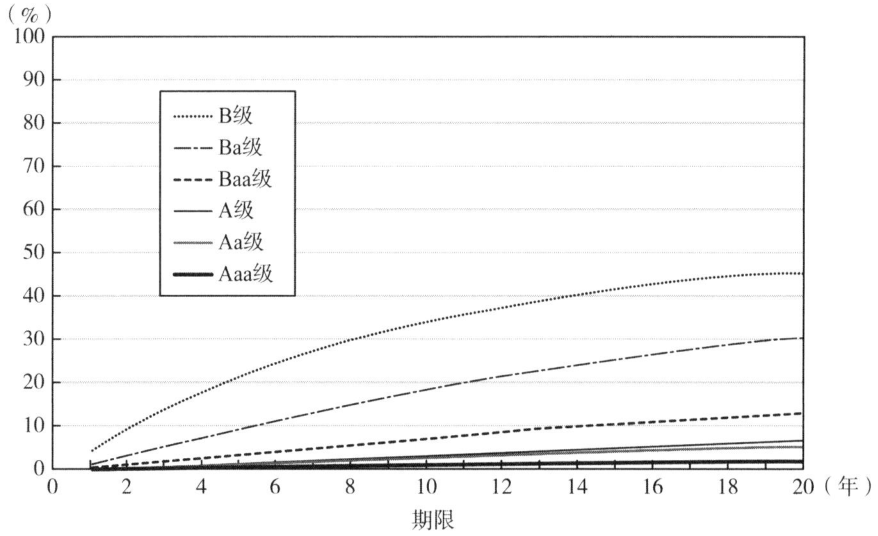

图 8.6　穆迪的累积违约率（1920～2007 年）

资料来源：Philippe Jorion, Financial Risk Manager Handbook（6th Edition）, John Wiley & Sons, Inc., Hoboken, New Jersey, 2011.

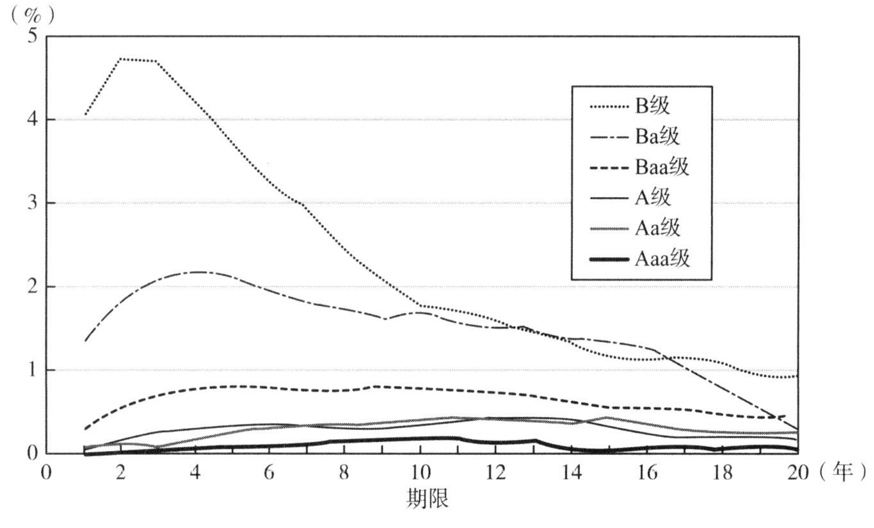

图 8.7　穆迪的边际违约率（1920～2007 年）

资料来源：Philippe Jorion, Financial Risk Manager Handbook（6th Edition）, John Wiley & Sons, Inc., Hoboken, New Jersey, 2011.

8.3.6　迁移概率

如前面提到长期违约率的度量在样本容量较小时存在很多问题。违约率的计算可以通过假设信用等级的迁移是一个马尔可夫过程而简化，这可以用一个迁移矩阵来描述。迁移是信用级别从一个时期到下一时期的变化构成的离散过程。迁移矩阵给出了从期初信用级别转移到期末信用级别的条件概率。通常假设信用级别的迁移服从一个马尔可夫过程，即从一个时期到另一个时期的状态的迁移是相互独立的，迁移没有记忆效应。

表 8.6 给出了一个简化的转移矩阵的例子，其中只有四种状态 A、B、C、D，最后一种状态表示违约。考虑一个在零时刻为 B 级的公司。该公司可能违约的情形为：在第 1 年，概率是 $D[t_1|B(t_0)] = P(D_1|B_0) = 3\%$。在第 2 年，经过第 1 年由 B 到 A，然后在第 2 年由 A 到 D；或者由 B 到 B，再到 D；或者由 B 到 C 再到 D。总概率为：

$$[P(D_2|A_1)P(A_1) + P(D_2|B_1)P(B_1) + P(D_2|C_1)P(C_1)] \times 100\%$$

$$= (0.00 \times 0.02 + 0.03 \times 0.93 + 0.23 \times 0.02) \times 100\% = 3.25\%$$

两年内累计违约概率为 $3\% + 3.25\% = 6.25\%$。

表 8.6　　信用等级迁移概率

期初状态	期末				总概率
	A	B	C	D	
A	0.97	0.03	0.00	0.00	1.00
B	0.02	0.93	0.02	0.03	1.00
C	0.01	0.12	0.64	0.23	1.00
D	0.00	0.00	0.00	1.00	1.00

资料来源：Philippe Jorion, Financial Risk Manager Handbook (6th Edition), John Wiley & Sons, Inc., Hoboken, New Jersey, 2011.

图 8.8 给出了在第 1、第 2、第 3 年不同的违约路径。采用该方法的优点是结果所得的数据更加可靠、稳定。例如，通过该方法得到 15 年期累积违约概率总会比 14 年期的违约概率要大。

违约也和经济活动有关。例如，穆迪公司比较了自 1920 年以来的年违约率和工业生产水平的关系。在 20 世纪 30 年代大萧条时期，违约率有明显的上升趋势。2007 年以来的经济衰退也一样。这些违约率并不能控制信用质量的结构性变化。近年许多债务人的初始评级比过去低，即使经济环境稳定，也会导致更多违约情况的发生。

图 8.9 给出了 1981 ~2009 年投资级别和投机级别债务的违约率。正如预期，投资级别的债券违约率很低，且随时间的变化很小。而投机级别的债券有重大变化，在

1981 年、1990 年、2001 年和 2007 年的经济衰退中达到峰值，因此，经济活动实际上影响了违约概率，且对投机级别的债券影响最显著。

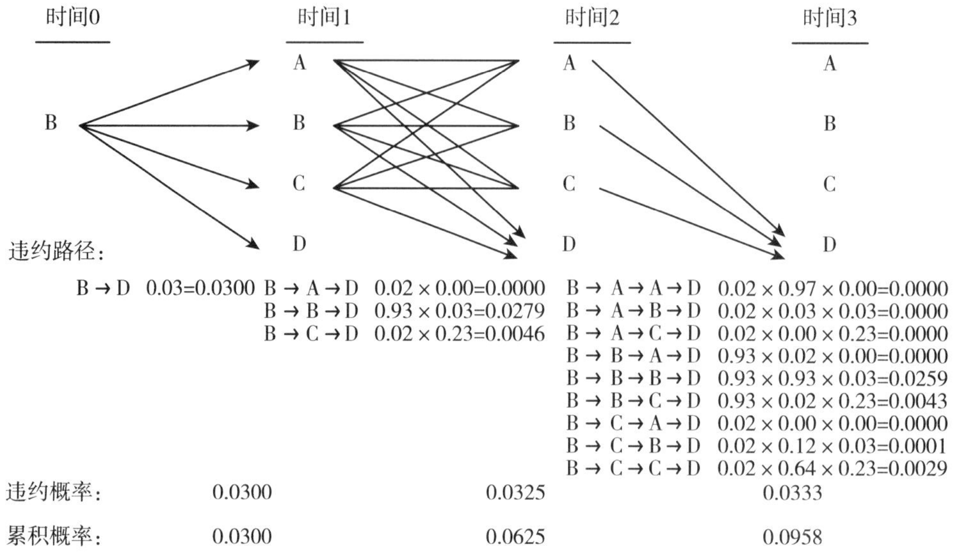

图 8.8　违约的路径

资料来源：Philippe Jorion, Financial Risk Manager Handbook（6th Edition）, John Wiley & Sons, Inc. , Hoboken, New Jersey, 2011.

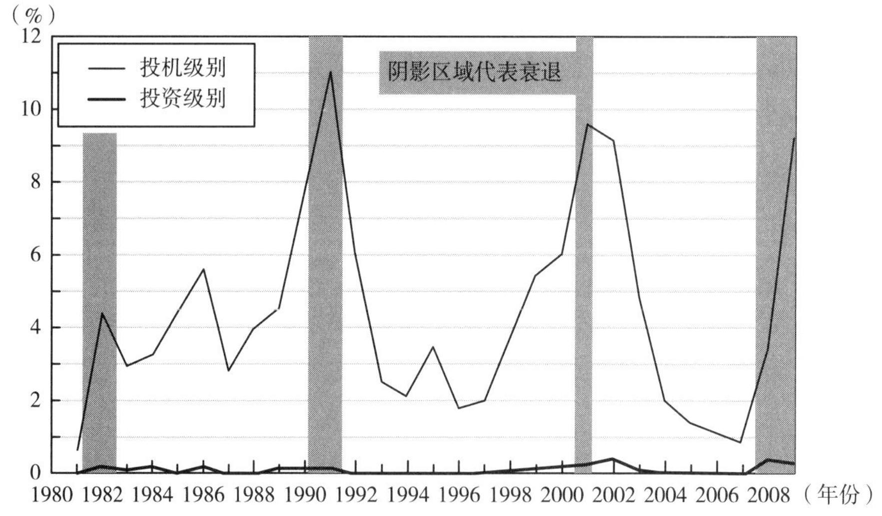

图 8.9　违约的时变性（来自标准普尔的数据）

资料来源：Philippe Jorion, Financial Risk Manager Handbook（6th Edition）, John Wiley & Sons, Inc. , Hoboken, New Jersey, 2011.

8.4 回收率

在违约情况下的剩余价值估计本质上是困难的。在银行家发放贷款或投资者购买债券时，并不认为债务人会破产。因此，特别难以想象债务人在不太可能的违约情况下的立场是什么。回收率的估算在以下几个方面已经有了较多的积累和研究：(1) 债务的优先等级；(2) 工具类型或用途；(3) 违约前X年的信用评级；(4) 债务人的规模和/或行业。但任何历史回收率数据最显著的特征是其广泛的不确定性。任何有价值的信用风险模型必须能够纳入回收率不确定性，以便充分捕捉归因于信用的价值波动。然而，一旦我们考虑到复苏的波动性，我们还必须解决整个投资组合中任何潜在的回收相关性。

8.4.1 回收率的估计

信用评级机构利用刚违约后债务的市场价格来估计回收率。这是对未来回收率的最好估计，它考虑了公司资产的价值、破产程序的估计成本和各种形式的支付（如用权益偿付债务持有人），并把他们折现为现值。

回收率取决于下列因素：

(1) 债权人的偿付优先权。偿付优先权越高，回收率也就越高。

(2) 经济状况。经济处于扩张期时，回收率可能比较高。

(3) 债务人的情况。当借款人的资产是有形资产，之前的评级越高时，回收率也越高。如发电厂之类的公用设施公司有更多的有形资产，相应地有更高的回收率。有更高利息保障倍数和更高评级的公司一般具有较高的回收率。

(4) 违约的类型。与破产相比，困境交易通常有较高的回收率，不像公司破产导致所有债务违约，困境交易只是涉及违约的金融工具。

信用评级也包括违约后损失。同一债务人可能有不同种类的债务，这些债务由于受保护程度不同，评级也不同。有较低优先权的债务，评级也较低。

表8.7不仅显示了平均值，也显示了标准差、最小值、最大值以及10%和90%分位数。回收率变动范围很大。此外回收率和违约率呈负相关关系。在债券违约较多的年份，违约后的债券价格比平常要低。这种相关性会导致更大的信用损失。

表 8.7 **穆迪全球公司债务的回收率**

优先权	次数（次）	均值	标准差	最小值	10%分位数	中位数	90%分位数	最大值
所有银行贷款	310	61.6	23.4	5.0	25.0	67.0	90.0	98.0
设备信托	86	40.2	29.9	1.5	10.6	31.0	90.0	103.0
高级担保债券	238	53.1	26.9	2.5	10.0	34.0	82.0	125.0
高级无担保债券	1095	37.4	27.2	0.3	7.0	30.0	82.2	122.6
高级次级债券	450	32.0	24.0	0.5	5.0	27.0	66.5	123.0
次级债券	477	30.4	21.3	0.5	5.0	27.1	60.0	102.5
低次级债券	22	23.6	19.0	1.5	3.8	16.4	48.5	74.0
所有债券	2368	36.8	26.3	0.3	7.5	30.0	80.0	125.0

注：基于1982～2002年的违约债券价格。
资料来源：Philippe Jorion, Financial Risk Manager Handbook (6th Edition), John Wiley & Sons, Inc., Hoboken, New Jersey, 2011.

据穆迪估计，高级无担保债券的平均回收率为37%。银行贷款通常有担保，回收率较高，在60%左右。次级债券回收率最低，在20%～30%之间。

法律环境也是影响回收率的主要因素。国家法律的差异会导致回收率的差异。表8.8显示，北美的回收率比欧洲的高。用刚刚违约后的债务交易价格来估计回收率较为合理，因为公司破产的程序漫长，经常要拖好几年。计算支付给债务持有人的总的支付价值很复杂，要考虑货币的时间价值。

表 8.8 **穆迪的平均回收率（欧洲和北美）** 单位：%

投资工具		欧洲	北美
银行贷款		47.6	61.7
债券	高级担保债券	52.2	52.7
	高级无担保债券	25.6	37.5
	高级次级债券	24.3	32.1
	次级债券	13.9	31.3
	低级次级债券	NA	24.5
	所有债券	28.4	35.3
	优先股	3.4	10.9
	所有投资工具	27.6	35.9

注：基于1982～2002年的违约债券价格。
资料来源：Philippe Jorion, Financial Risk Manager Handbook (6th Edition), John Wiley & Sons, Inc., Hoboken, New Jersey, 2011.

这可能是市场不同或者交易价格含有风险溢价的原因。因为投资者都想将违约证券从投资组合中剔除，交易价格可能被人为压低了。即购买违约债券后，到期回收，会产生收益。一类叫困境证券基金的对冲基金，就是选择困境中的证券进行投资，然后从证券升值中获利。

8.4.2 回收率的分布

回收率的最大特征，不是其平均值的可预测性，而是不确定性。损失率限制在风险敞口的0~100%之间。如果我们对回收率一无所知，也就是说，如果我们认为所有可能的回收率都是同等可能的，那么我们将它们建模为0~1之间的均匀分布。均匀分布有一个平均值为0.5，标准偏差为0.29($\sigma = \sqrt{1/12}$)。

用β分布，我们可以捕捉这种广泛的不确定性和回收率分布的一般形状同时保持在0~100%的范围内。β分布在形状上是灵活的，可以通过特定的均值和标准差来完全制定。图8.10显示了使用表8.8中列示的一些统计数据的不同优先级别的贝塔分布。

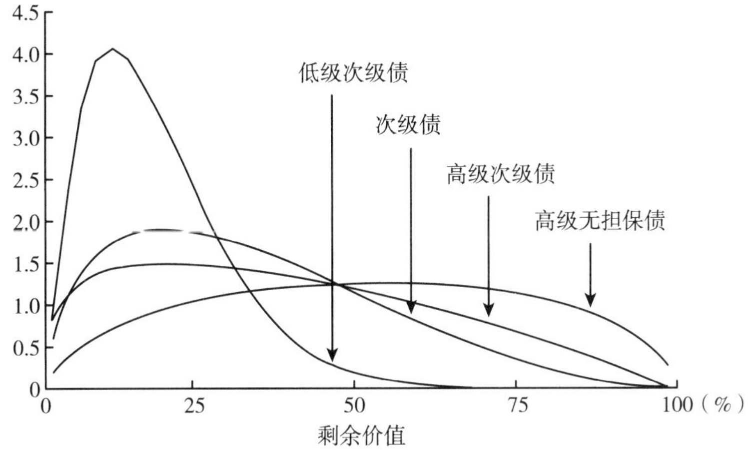

图8.10 不同优先级别的贝塔分布示例

资料来源：J. P. Morgan, Bank of America, Bank of Montreal, BZW, Deutsche Morgan Grenfell, KMV Corporation, Swiss Bank Corporation, Union Bank of Switzerland, CreditMetrics™—Technical Document, New York, April 2, 1997.

对于使用解析方式来计算投资组合的信用风险，这种分布的完整表示是不必要的。而在模拟框架中，则需要用到完整分布的形状。

练习题

1. 下列事件中哪个不是标准普尔定义的“信用事件”?(　　)

A. 破产　　B. 赎回债券　　C. 评级下降　　D. 无力偿付债务

2. 考虑一个向三个不同债券其中之一进行的投资。你的投资要求任何一个投资的债券至少达到两大评级公司的投资级别。下面哪一个债券符合你的投资要求?(　　)

A. A 债券得到标准普尔的 BB 级和穆迪公司的 Baa 级

B. B 债券得到标准普尔的 BBB 级和穆迪公司的 Ba 级

C. C 债券得到标准普尔的 BBB 级和穆迪公司的 Baa 级

D. 以上均不符合要求

3. ABC 公司在 2014 年 1 月 1 日成立，它的期望年违约率为 10%。假设季度违约率为一个常数，那么 ABC 公司在 2014 年 4 月 1 日前不违约的概率是多少?(　　)

A. 2.40%　　B. 2.50%　　C. 97.40%　　D. 97.50%

4. 一个 A 级别债券在第 1 年、第 2 年、第 3 年的边际违约概率分别为 0.300%、0.450% 和 0.550%。假设违约都发生在年末。计算未来三年每年年末的累计违约概率。(　　)

A. 0.300%，0.750%，1.300%　　B. 0.300%，0.150%，0.250%

C. 0.300%，0.749%，1.295%　　D. 0.300%，0.449%，0.548%

5. 回收率一般取决于交易对手的商业模式及其资产价值和规模。下列哪类交易对手的回收率最高?(　　)

A. 一个在市场上交易活跃的公司　　B. 潮流产品的网络销售商

C. 一个资产密集型制造类企业　　D. 一个高杠杆的对冲基金

6. 某公司希望向 A 银行申请贷款，该公司的主要财务比率为：营运资本/总资产 = 0.50，留存盈余/总资产 = 0.30，息税前的收益/总资产 = 6.84，股权的市场价值/总负债的账面价值 = 36.47，销售额/总资产（资产周转率） = 1.22（次）。根据 Z 评分模型，A 银行是否可以向该公司发放贷款?

7. 某公司发行了总价值为 3 000 万元的债券，某投资机构预计该债券发行第 1 年违约的期望价值为 12 万元，发行第 2 年违约的期望价值为 15 万元，发行第 3 年违约的期望价值为 20 万元。则该债券在第 3 年的期望累计死亡率是多少?

8. 死亡率模型存在哪些缺点?

9. BP 神经网络模型由哪几部分组成?

第 9 章　使用市场价格度量违约风险

信用风险也可以用证券的市场价格来评估。证券价格会受到违约的影响，包括公司债券、股票和信用衍生工具。由于金融市场拥有大量信息，因此证券市场价格能提供更精确度量信用风险的标准。本章将阐述如何使用市场价格来推导违约风险。

9.1　使用债券价格度量违约风险

为了评估交易对手的信用风险，考虑该交易对手发行的信用敏感债券。假定违约是一种均等影响所有债务的状态。

9.1.1　价差和违约风险

简单起见，假设一个一期债券最终一次性支付 100 元，可以利用价格 P^* 来计算市场决定的收益率 y^*：

$$P^* = \frac{100}{(1 + y^*)} \tag{9.1}$$

计算出的 y^* 的值可以与相同时期的无风险收益率 y 相比较。债券的支付可以用一个简化的违约过程来描述，如图 9.1 所示。在到期时，债券可能违约，也可能不违约。如果不违约，其价值为 10 元；如果发生了违约，其价值为 $f \times 100$ 元，其中 f 为回收率。定义 f 为该时期的违约率。该如何评估该债券的价值？

运用风险中性定价原理，将两种状态的债券价值的数学期望用无风险收益率折现，就可以得到债券的当前价格。因此有：

$$P^* = \frac{100}{(1 + y^*)} = \left[\frac{100}{(1 + y)}\right] \times (1 - \pi) + \left[\frac{f \times 100}{(1 + y)}\right] \times \pi \tag{9.2}$$

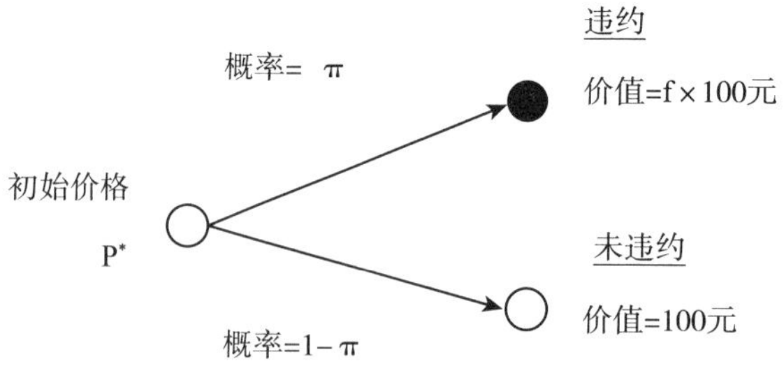

图 9.1　一个简化的债券违约过程

资料来源：Philippe Jorion, Financial Risk Manager Handbook (6th Edition), John Wiley & Sons, Inc., Hoboken, New Jersey, 2011.

注意风险中性估价中折现用的是无风险收益率 y，因为在风险中性估价中没有风险溢价。重新整理得：

$$(1+y)=(1+y^{*})[1-\pi(1-f)] \tag{9.3}$$

因此得违约率为：

$$\pi=\frac{1}{(1-f)}\left[1-\frac{(1+y)}{(1+y^{*})}\right] \tag{9.4}$$

假设收益率和违约概率很小，忽略二次项，可以简化为：

$$y^{*}\approx y+\pi(1-f) \tag{9.5}$$

移项得：

$$y^{*}-y\approx\pi\times(1-f)$$

上文表明信用价差 $y^{*}-y$ 度量了信用风险，即 $\pi\times(1-f)$。如果违约率为零或违约损失率为零，就不存在潜在的信用损失。

以下考虑多期的情形，设期限为 T。每一期中都用复利计算利率和违约概率。定义 π^{a} 为平均年违约率。假设只有一次性支付，现值为：

$$P^{*}=\frac{100}{(1+y^{*})^{T}}=\left[\frac{100}{(1+y)^{T}}\right]\times(1-\pi^{a})^{T}+\left[\frac{f\times100}{(1+y)^{T}}\right]\times[1-(1-\pi^{a})^{T}] \tag{9.6}$$

也可以写成：

$$(1+y)^{T}=(1+y^{*})^{T}\{(1-\pi^{a})^{T}+f[1-(1-\pi^{a})^{T}]\} \tag{9.7}$$

应用累积违约概率进一步简化为：

$$\frac{1}{(1+y^*)^T}=\left[\frac{1}{(1+y)^T}\right]\times(1-\pi)+\left[\frac{f\times 1}{(1+y)^T}\right]\times[1-(1-\pi)] \qquad (9.8)$$

或者：

$$\frac{1}{(1+y^*)^T}=\frac{1}{(1+y)^T}\times[1-\pi(1-f)] \qquad (9.9)$$

更进一步近似为：

$$y^*\approx y+\left(\frac{\pi}{T}\right)(1-f) \qquad (9.10)$$

当我们有不同期限的风险债券时，以上公式也可以用来计算不同期限的违约概率。如考虑两期的债券，利用式（9.3）来计算得到第一期的违约概率 π_1。利用式（9.7）计算得到两期的年均违约概率 π_2。第二期的边际违约率 d_2 可通过式（9.11）得出：

$$(1-\pi_2)^2=(1-\pi_1)(1-d_2) \qquad (9.11)$$

因此，可以从一系列零息债券中得出远期违约概率的期限结构。实际中如果考虑付息债券，计算将变得复杂。因为需要考虑在每一期中违约和没有违约的支付额。

9.1.2 风险溢价

以上的方法基于风险中性的假设条件。和期权定价方法一样，假定资产的价值都以无风险利率增长，并且以相同的无风险利率折现。因此，违约概率立 π 是一个风险中性度量，而不一定与客观实际的违约概率相等。

定义客观违约概率为 π'，折现率为 y'，那么当前的价格也可以表示为以风险利率 y' 折现的真实的期望值：

$$P^*=\frac{100}{1+y^*}=\left[\frac{100}{(1+y')}\right]\times(1-\pi')+\left[\frac{f\times 100}{(1+y')}\right]\times\pi' \qquad (9.12)$$

利用式（9.4）只能得到一个风险中性的违约概率。通常情况下，如果投资者要求补偿其所承担的风险，债券价格中应该包含一个风险溢价 rp：

$$y^*\approx y+\pi'(1-f)+rp \qquad (9.13)$$

该风险溢价必须与债券的某些风险指标以及投资者的风险厌恶程度相联系才有意义。另外，风险溢价可能包括流动性溢价和税收效应。

公司债券和没有信用违约风险的相同债券之间的收益率差异反映了期望损失，即年违约率乘以违约损失，再加上一个风险溢价。

【例 9.1】违约率的推导

比较一个 10 年期的国债和一个 X 地区性银行发行的 10 年期债券，中诚信将其评级为 AA 级。二者按半年复利计算的收益率分别为 5% 和 6%。假设 X 银行债券的回收率为面值的 50%，那么信用价差反映的违约率是多少？

利用式（9.9），可以得到：$\pi(1-f)=1-(1+y/2)^{20}/(1+y^{*}/2)^{20}=0.0927$。

因此，$\pi=9.27/(1-50\%)=18.54\%$。此后 10 年内 X 银行债券的累积违约率为 18.54%，该违约率高于相同信用级别的历史数据。如果将这些历史违约率作为未来的违约率，那么信用价差的很大部分反映了风险溢价。例如，假定信用价差 100 个基点中的 80 个基点反映风险溢价。将收益率 6% 改为 5.2% 时，计算得到的违约率为 1.9%，这更符合该级别债券发行人的真实违约率。

9.1.3 收益率价差的截面分析

以下将转向真实的市场数据。图 9.2 显示了 1998 年 12 月不同信用级别的债券的收益率曲线。信用价差参考表 9.1。这些收益率曲线，根据标准普尔的信用评级，从 AAA 级到 B 级划分。图 9.2 类似于第 8 章的累积违约率曲线。他们随着到期时间的

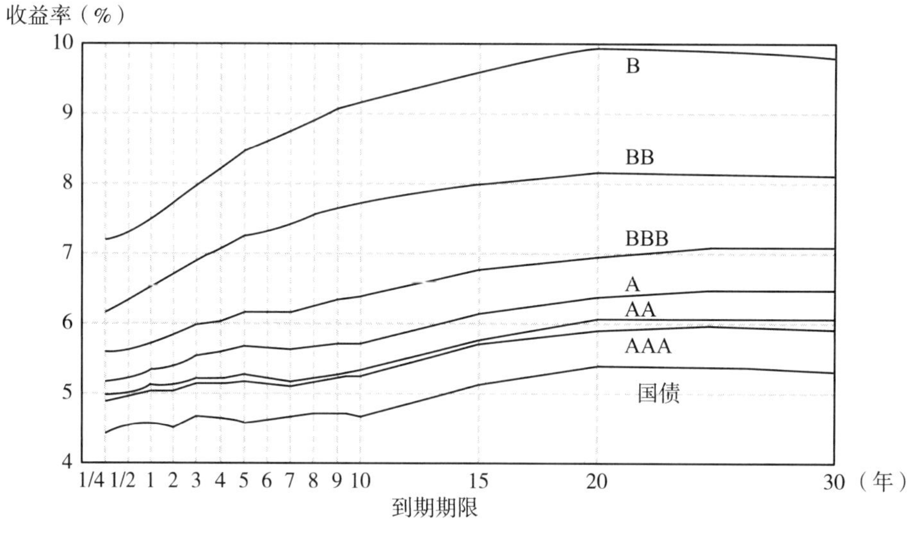

图 9.2 不同信用级别的收益率曲线

资料来源：Philippe Jorion，Financial Risk Manager Handbook（6th Edition），John Wiley & Sons，Inc.，Hoboken，New Jersey，2011.

增加和信用级别的下降而上升。

表 9.1 **信用价差**

到期日	信用级别					
	AAA	AA	A	BBB	BB	B
3 个月	46	54	74	116	172	275
6 个月	40	46	67	106	177	275
1 年	45	53	74	112	191	289
2 年	51	62	88	133	220	321
3 年	47	55	87	130	225	328
4 年	50	57	92	138	241	358
5 年	61	68	108	157	266	387
6 年	53	61	102	154	270	397
7 年	45	53	95	150	274	407
8 年	45	50	94	152	282	420
9 年	51	56	98	161	291	435
10 年	59	66	104	169	306	450
15 年	55	61	99	161	285	445
20 年	52	66	99	156	278	455
30 年	60	78	117	179	278	447

资料来源：Philippe Jorion, Financial Risk Manager Handbook (6th Edition), John Wiley & Sons, Inc., Hoboken, New Jersey, 2011.

国债的收益率曲线最低，代表无风险债券的收益率。AAA 级的债券价差变动范围较小，从短期的 46 个基点到长期的 60 个基点。B 级债券价差变动范围大很多，增长也很快，从 275 个基点到 450 个基点。最后，尽管从 AAA 级到 AA 级债券的违约率上升了近 2 倍，但其收益率的变化范围非常接近。从国债到 AAA 级债券的变化不仅反映统计上的信用风险，还反映了其他因素，如流动性和税收效应等。

以上表明，可以利用公司债券的收益率信息推断信用风险。实际上，债券价格是交易者对信用风险的最好评估，或是对信用风险的真实“赌注”。因此，可以认为债券价格是对信用风险的最好预测，其效果甚至胜过信用评级。评级机构利用公开信息进行信用评级时，已经考虑了债券的市场价格信息。债券价格变动比信用评级要频繁，因此，公司债券的价格变动将先于其信用评级的变化。

9.1.4 收益率价差的时变性

信用价差反映了违约风险导致的潜在损失和可能的风险溢价。有些违约风险是债务发行人特有的，需要对其各方面的财务状况进行详细分析。但有些风险来自共同信用风险因子的影响。而这些共同的风险因子无法通过足够大的信用敏感债券的投资组合分散掉。

经济增长与信用价差的变动呈负相关关系。当经济发展缓慢时，更多公司将出现现金流问题，不能偿还其债券。

图 9.3 比较了穆迪公司评级为投资级别的债券违约率和该 Baa 债券与国债之间的信用价差。阴影区域代表该时期处于经济衰退期。图 9.3 显示，债券违约率和信用价差在经济衰退期都有上升趋势。但信用价差具有前瞻性，它的变动先于违约率的变动，违约率总在经济衰退后期才达到顶峰。同样，2007 ~ 2008 年的信用危机也可以从信用价差的突然扩大预示出来。这反映了较高的风险厌恶和对未来高违约率的预期。

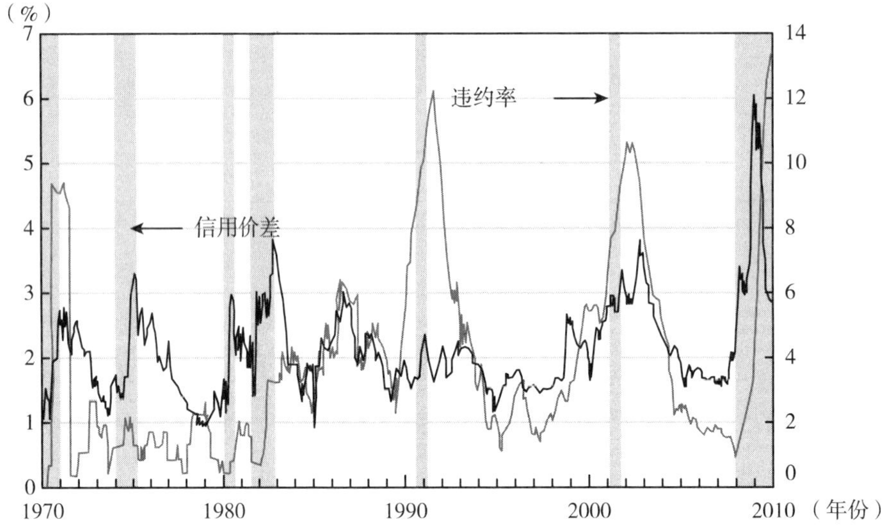

图 9.3 违约率与高信用价差

资料来源：Philippe Jorion, Financial Risk Manager Handbook (6th Edition), John Wiley & Sons, Inc., Hoboken, New Jersey, 2011.

波动性也是一个重要的风险因子。在一个波动性较大的环境中，投资者会要求一个较高的风险溢价，导致信用价差扩大。信用价差的扩大导致流动性枯竭，然后投资者会为持有流动性更差的债券要求更高的价差。

此外，波动性的影响还来自期权渠道。与国债指数不同，公司债券指数中包括了很多可赎回债券。可赎回债券的买方要求更高的收益以弥补所让渡的看涨期权。在其他条件相同的情况下，高波动率提高了看涨期权的价值和债券的收益率。因此，信用价差随波动性增加而增加。

9.2 使用股票价格度量违约风险

只有当债券市场数据比较可靠时，信用价差方法才有用。但不幸的是：

（1）很多国家公司债券市场不发达。这些国家公司债券少，债市交易不活跃。

（2）交易对手没有公开交易的债券或即使有也带有可赎回条款，很难解释其收益率。

（3）债券交易不活跃，公布的价格可能仅由其他债券的当前收益率外推得到。

而很多国家的股市相对发达，更容易获得公司的股票价格。以下将介绍以股票价格为基础的违约风险模型。

9.2.1 默顿模型

默顿（1974）将股票看作公司资产的一个看涨期权，以债券的面值作为执行价格。为简化问题，考虑一个总价值为 V 的公司，有一个一期后到期、面值为 K 的债券。如果该公司的价值超过约定的金额，该债券将得到全额偿还，股东得到剩余的部分。但如果 V 小于 K，那么该公司就会违约，债券持有人只能得到 V，股票的价值变为零。在此过程中，假设没有交易成本，并遵守清算优先顺序。因此，到期时股票的价值为：

$$S_T = \max(V_T - K, 0) \tag{9.14}$$

因为债券和股票价值的总和就是公司的价值，所以债券的价值为：

$$B_T = V_T - S_T = V_T - \max(V_T - K, 0) = \min(V_T, K) \tag{9.15}$$

因此，当前的股票价格体现了对违约率的预测，正如期权价格体现了对期权是否会被执行的预测。

图 9.4 和图 9.5 说明了公司的价值可以划分为债券价值和股票价值之和。债券的价值也可以表示为：

$$B_T = K - \max(K - V_T, 0) \tag{9.16}$$

即风险债券的多头头寸相当于无风险债券的多头头寸加上一个看跌期权的空头头寸，实际上是一个信用衍生品。

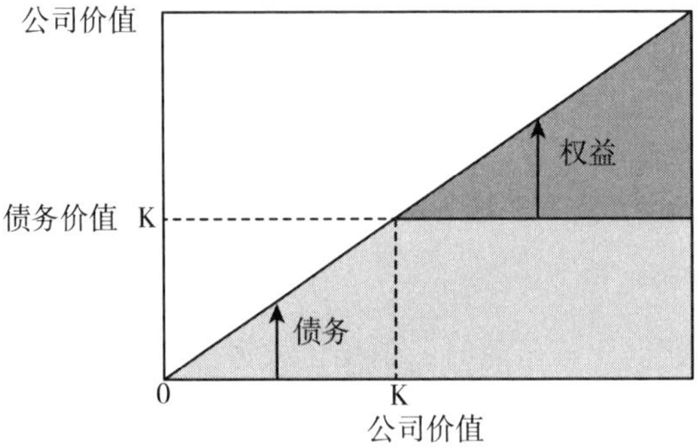

图 9.4　股票作为公司价值的期权

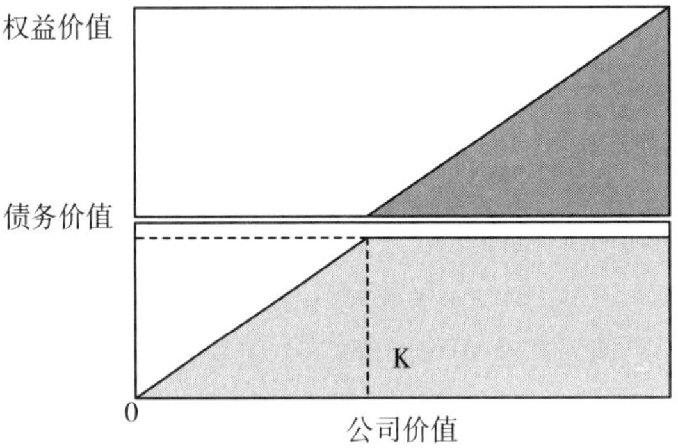

图 9.5　公司价值的构成

资料来源：Philippe Jorion, Financial Risk Manager Handbook (6th Edition), John Wiley & Sons, Inc., Hoboken, New Jersey, 2011.

综上所述，可以把股票看作一个公司价值的看涨期权，其执行价格为债券的面值；可以把公司债券看作是无风险债券减去一个公司价值的看跌期权。

这种方法非常有用，因为它表明公司债券相当于一个期权的空头头寸，也解释了信用损失具有左偏的特征；相反，由于股票有限责任的特征，因此，股票相当于一个期权的多头头寸，即投资者的最大损失为其股票投资。

9.2.2　股票和债券的定价

使用布莱克·斯科尔斯（BS）的分析框架来分析。假定公司价值服从几何布朗运动过程：

$$dV = \mu Vdt + \sigma Vdz \tag{9.17}$$

假设市场是无摩擦的，并且没有破产成本，那么公司价值就是公司股票价值和债券价值的简单相加：

$$V = B + S$$

为了给公司价值定价，需解适当边际条件下的偏微分方程，公司债券的价格为：

$$B = F(V,t),\quad F(V,T) = \min[V, B_F] \tag{9.18}$$

式（9.18）中，$B_F = K$ 为到期时将要偿还的债券面值，即执行价格。

类似，股票的价值为：

$$S = f(V,t),\quad f(V,T) = \max[V - B_F, 0] \tag{9.19}$$

1. 股票定价

由 BS 公式可以得到无红利股票的价值：

$$S = Call = VN(d_1) - Ke^{-r\tau}N(d_2) \tag{9.20}$$

式（9.20）中，N(d) 为标准正态分布的累积分布函数：

$$d_1 = \frac{\ln(V/Ke^{-r\tau})}{\sigma\sqrt{\tau}} + \frac{\sigma\sqrt{\tau}}{2},\quad d_2 = d_1 - \sigma\sqrt{\tau}$$

其中，$\tau = T - t$ 表示距离到期日的时间，r 为无风险利率，σ 为资产价值的波动率。该期权的价值取决于两个因子，$x = Ke^{-r\tau}/V$ 和 $\sigma\sqrt{\tau}$。第一个因子是负债价值比。当 σ 增加和 x 降低时，股票价值也随之增加。

2. 公司价值波动率

BS 模型给出的股票的价值为公司价值的看涨期权。此处的应用与之前的 BS 模型有所不同，使用公司价值 V 和它的波动率，$\sigma = \sigma_V$，计算看涨期权的价值。而这两个变量我们都不能在市场上直接观察到。但如果是一家上市公司，可以观察到公司股票的价值 S，同时要遵守以上的定价公式，此时可以估计股票的波动率 σ_S，根据随机微积分中的伊藤引理，可得：

$$\sigma_S S = \frac{\partial S}{\partial V}\sigma_V V \tag{9.21}$$

式（9.21）中，$\frac{\partial S}{\partial V}$为股票的 Δ，而 $\Delta = N(d_1)$，因此有 $\sigma_S S = N(d_1)\sigma_V V$，即：

$$\sigma_V = \left(\frac{1}{N(d_1)}\right)\sigma_S\left(\frac{S}{V}\right) \tag{9.22}$$

式（9.22）和以上的股票定价公式给出了有关 V 和 σ_V 的方程组，由此可以求得 V 和 σ_V 的值。

3. 债券定价

根据 $B = V - S$ 可以得到债券的价值：

$$B = Ke^{-r\tau}N(d_2) + V[1 - N(d_1)] \tag{9.23}$$

$$\frac{B}{Ke^{-r\tau}} = \left[N(d_2) + \left(\frac{V}{Ke^{-r\tau}}\right)N(-d_1)\right] \tag{9.24}$$

因此，债券价值与公司价值之间的关系为：

$$dB = \frac{\partial B}{\partial V}dV = N(-d_1)dV \tag{9.25}$$

式（9.21）和式（9.25）有时会被用作资本套利交易，它包含了买卖公司不同类型的求偿权，用对冲比率使得风险最小化。当然，这建立在假设模型正确的前提下。

债券价值可用年均信用价差的形式来表示：

$$B = Ke^{-(r+s)\tau} \tag{9.26}$$

可得：

$$s = -\left(\frac{1}{\tau}\right)\ln\left[N(d_2) + \left(\frac{1}{x}\right)N(-d_1)\right] \tag{9.27}$$

债券价值随着波动率增加和杠杆增加而降低。信用价差的方向正好相反。式（9.27）可以推导出各种形式的信用价差期限结构。对于低杠杆和低波动率的公司，信用价差在债券快到期时非常低，并随着到期时间的增加而增加。高杠杆公司的债券具有高信用价差，有斜率向下的期限结构。

4. 风险中性违约的动态研究

在 BS 模型中，$N(d_2)$ 是执行看涨期权的概率，或债券不违约的概率。相反，$1 - N(d_2) = N(-d_2)$ 是风险中性的违约概率。定义 $z = -d_2$，有：

$$z = \frac{\ln\left(\frac{K}{V}\right) - r\tau + 0.5\sigma^2\tau}{\sigma\sqrt{\tau}} \tag{9.28}$$

为了得到实际的违约概率，式（9.28）中的无风险利率可以用公司资产的期望收益率δ代替：

$$PD = N[z] = N\left[\frac{\ln\left(\frac{K}{V}\right) - \delta\tau + 0.5\sigma^2\tau}{\sigma\sqrt{\tau}}\right] \tag{9.29}$$

5. 信用风险定价

在到期日，信用损失为无风险债券的价值减去公司债券的价值，$CL = B_F - B_T$。初始时，期望信用损失为：

$$\begin{aligned} B_F e^{-r\tau} - B &= Ke^{-r\tau} - \{Ke^{-r\tau}N(d_2) + V[1 - N(d_1)]\} \\ &= Ke^{-r\tau}[1 - N(d_2)] - V[1 - N(d_1)] \\ &= Ke^{-r\tau}N(-d_2) - VN(-d_1) \\ &= N(-d_2)[Ke^{-r\tau} - VN(-d_1)/N(-d_2)] \end{aligned}$$

上式的分解非常有用，乘以终值因子 $e^{r\tau}$，可以得到到期日的 ECL：

$$ECL_T = N(-d_2)[K - Ve^{r\tau}N(-d_1)/N(-d_2)] = p \times [\text{风险敞口} \times LGD] \tag{9.30}$$

式（9.30）包括两项，第一项是违约概率 $N(-d_2)$；第二项是发生违约的损失，可以用债券的面值 K 减去发生违约时可回收的价值 $Ve^{r\tau}N(-d_1)/N(-d_2)$ 得到，该项也是违约状态下公司的期望价值。注意此处回收率是内生的，因为它取决于公司的价值、时间和负债率。

6. 信用期权定价

该方法也可以用来为信用敏感债券的看跌期权部分定价。发生违约时，该期权支付 $K - B_T$。债券加上看跌期权的组合的价值等于无风险债券的价值，即 $Ke^{-r\tau} = B +$ 看跌期权价值。因此利用式（9.23），看跌期权的价值为：

$$\begin{aligned} \text{看跌期权} &= Ke^{-r\tau} - \{Ke^{-r\tau}N(d_2) + V[1 - N(d_1)]\} \\ &= -V[N(-d_1)] + Ke^{-r\tau}[N(-d_2)] \end{aligned} \tag{9.31}$$

9.2.3　默顿模型的应用

在给定当前股票和名义债务价值的条件下，可用上述定价公式来评估公司的价值和违约概率。图9.6给出了公司价值的演变，如果公司价值低于负债水平，公司就会违约。用 $N(-d_2)$ 来度量风险中性的违约概率。

实际中违约比图 9.6 复杂得多，需收集关于公司所有负债的信息，包括它们的期限。息票支付也可能违约，所以可将违约概率看成一个相对于变动的最低债务的距离的函数，而不只是在某个目标日期发生的违约。默顿方法是 KMV 公司采用的主要方法，该公司向全球的公司出售估计违约概率（EDF）。默顿方法将在第 11 章详细介绍。

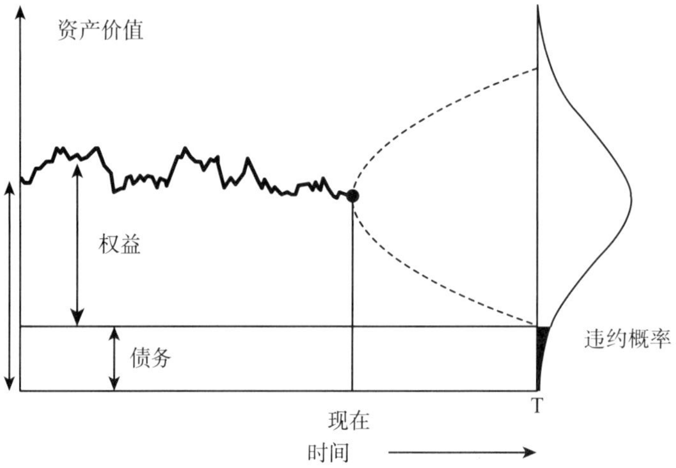

图 9.6　默顿模型中的违约

资料来源：Philippe Jorion, Financial Risk Manager Handbook (6th Edition), John Wiley & Sons, Inc., Hoboken, New Jersey, 2011.

默顿方法有很多优点。第一，它依赖于股票价格而不是债券价格。很多公司交易活跃的股票要多于债券。第二，股票价格的相关性可导致违约的相关性，而用别的方法则很难估算出这种相关性。第三，该模型的最大优点是给出了 EDF 的变化，该变化领先于信用评级的变化。

图 9.7 给出了世通公司 EDF 的变化和信用评级的变化。世通公司于 2002 年 7 月 21 日破产。该公司拥有 1 040 亿美元的资产，是美国当时最大的破产案。直到 2002 年 4 月，其主体评级都是 BBB 级，没有任何发生破产的征兆。相反，从破产前一年开始，其 EDF 开始上升，在 4 月份达到 20%，预示了破产的发生。

默顿方法也有其缺点：

（1）该模型不能对国家的信用风险定价，因为国家没有股票价格。这个问题对信用衍生品尤为突出，因为衍生品市场风险很大部分是国家风险。

（2）该模型依赖于公司资本和风险结构的静态模型。负债水平假定是不随时间变化的。同样，该模型无法处理增资对债务持有者的保护。且实际中债券可以在任何

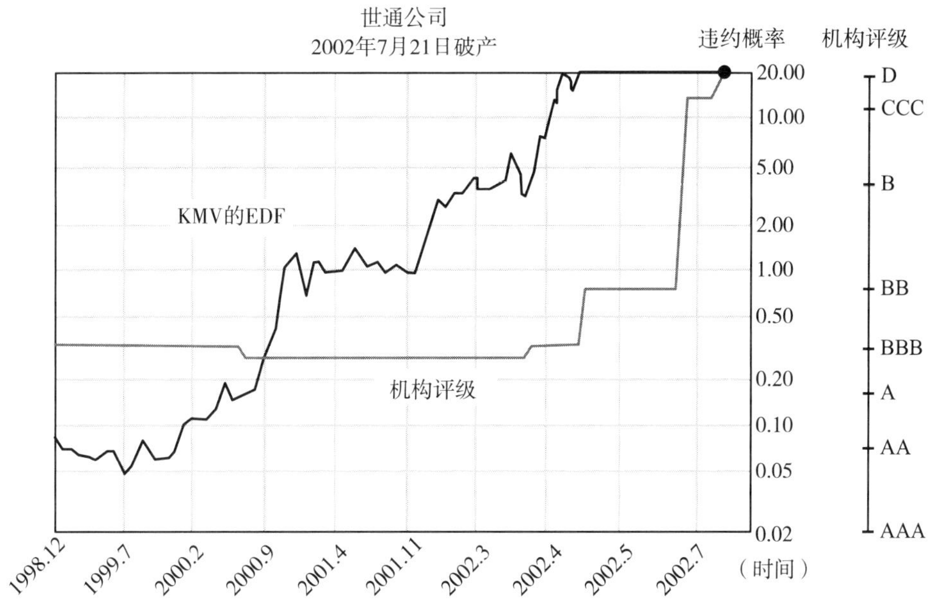

图 9.7 世通公司 EDF 和信用评级

资料来源：Philippe Jorion, Financial Risk Manager Handbook（6th Edition）, John Wiley & Sons, Inc., Hoboken, New Jersey, 2011.

时刻到期，所以该模型需要扩展以符合实际情况。但这种扩展看起来不容易取得突破。

（3）管理层可能会实施一些新项目。这些举措不仅能增加股票价值，而且能够增加股票的波动性，从而扩大信用价差。这与默顿模型的基本思想背道而驰。模型认为在其他条件相同的情况下，较高的股票价格反映了较低的违约率，因此信用价差应该较小。

（4）不能解释观察到的信用敏感债券的信用价差幅度。最新的研究试图加进其他风险因子进行解释，如利率风险，但不能令人满意。因此这些模型在跟踪 EDF 随时间变化方面最为有用。实际上，KMV 模型根据实际违约数据对风险中性违约概率进行了校正。

9.2.4 默顿方法举例

考虑一个公司资产价值 $V = 100$ 元，波动率为 $\sigma_V = 20\%$。实际中，须通过观察到的股票价格和波动率迭代得到 σ_V。时间 $\tau = 1$ 年，用连续复利计算的无风险利率为 $r = 10\%$。债券面值为 $K = 99.46$ 元，它意味着无风险利率下的现值为 $Ke^{-r\tau} = 90$ 元，

杠杆因子 $x=0.9$。

利用默顿模型进行分析，先计算当前的股票价格为：

$$S=VN(d_1)-Ke^{-r\tau}N(d_2)=100N(d_1)-90N(d_2)=73.57-59.98=13.59(\text{元})$$

其中，$d_1=\ln1.11/0.2+0.2/2=0.1054/0.2+0.1=0.63$，$N(d_1)=0.7357$；$d_2=0.62-0.2=0.43$，$N(d_2)=0.6664$。

所以当前债券价格为：

$$B=V-S=100-13.59=86.41(\text{元})$$

即债券的收益率为：

$$\ln(K/B)/\tau=\ln(99.46/86.41)/1=14.07\%$$

或者收益率价差为4.07%。看跌信用期权的现值为：

$$P=Ke^{-r\tau}-B=90-86.41=3.59(\text{元})$$

以上计算得出了 $N(d_2)=0.6653$ 和 $N(d_1)=0.7347$。因此风险中性违约概率 EDF $=N(-d_2)=1-N(d_2)=33.47\%$。注意，这可能与实际的或客观的违约概率不同，因为股票很可能以比无风险利率10%高的速度增长。

最后，使用公式（9.30）：

$$ECL_T=N(-d_2)[K-Ve^{r\tau}N(-d_1)/N(-d_2)]=p\times[\text{风险敞口}\times LGD]$$

分解到期日的期望损失得：

$$ECL_T=0.3347\times\left[99.46-110.56\times\frac{0.2653}{0.3347}\right]=0.3347\times[11.85]=3.96(\text{元})$$

该式将违约概率和违约导致的损失11.85元结合起来，得出到期日的期望损失为3.96元，该值也就是看跌期权价值的终值，即 $3.59e^{r\tau}=3.96$ 元。

需要注意的是，该模型需要很高的杠杆率，这里为 $x=90\%$，才能得到比较合理的信用价差4.07%。这意味着负债权益比为 $0.9/0.1=900\%$，有点高得不切实际。如果杠杆降低为 $x=0.7$，信用价差收缩得很快，变为0.36%。当杠杆降为 $x=50\%$ 或更低时，预测的信用价差就趋于零。虽然杠杆看起来很正常，该模型却不能得出可测定的信用价差。也许该模型在跟踪估计违约概率（EDF）的时间变动方面最有用。

练习题

1. 一年的无风险利率为5%，公司债券的一年期收益率为6%。假设公司债券的

回收率为75%，那么该债券的市场价格反映的违约概率是多少？（　　）

A. 1.33%　　B. 4.00%　　C. 8.00%　　D. 1.60%

2. 1年期的BBB级债券与1年期的国债之间的价差为2%。价差中的非信用因素（如流动性风险和税收）为8%。假设债券的损失率为60%，那么该债券的市场价格反映的违约概率是多少？（　　）

A. 3.33%　　B. 5.00%　　C. 3.00%　　D. 2.00%

3. 一个风险分析师希望找到一个跨国石油公司发行的评级为BB的1年期附息债券的信用价差。如果当前的年无风险利率为3%，BB级债券违约率为7%，违约损失率为60%，那么该债券的到期收益率是多少？（　　）

A. 2.57%　　B. 5.90%　　C. 7.45%　　D. 7.52%

4. 下列说法哪一个是正确的？（　　）

A. 债券价差的变动将先于信用评级的变化

B. 债券价差的变动将滞后于信用评级的变化

C. 债券价差的变动与信用评级的变化同时发生

D. 两者在发生变化的时间上没有关系

5. 假设XYZ公司发行了两种债券，根据下表每半年进行支付：

剩余到期时间	息票（半年30/360）（%）	价格（元）	国债利率（银行贴现率）（%）
6个月	8.00	99	5.50
1年	9.00	100	6.00

发生违约时的回收率为50%。简单起见，假定每个债券只会在每个付息期末时违约。市场默认的XYZ公司的风险中性违约概率为（　　）。

A. 前6个月比后6个月大　　B. 两个付息期都相同

C. 后6个月比前6个月大　　D. 无法确定

6. 交易对手资产的哪种期权可以较好地与当前信用风险头寸的暴露相比较？（　　）

A. 看涨期权空头　　B. 看跌期权空头

C. 敲入看涨期权空头　　D. 两值期权

7. 下列变量中，哪一个是KMV模型违约概率的主要驱动变量？（　　）

A. 股票价格　　B. 债券价格　　C. 债券收益率　　D. 贷款价格

8. KMV度量的结果称为期望违约概率，下列关于它的说法哪一个是正确的？（　　）

A. 它随公司杠杆的下降而降低

B. 它随公司股票价格的上升而升高

C. 它是默顿模型的风险中性违约概率

D. 它可以告诉投资者一个债券的违约风险与投资组合中其他债券的违约风险之间的关系

9. 在默顿模型中，在其他条件既定的情况下，以下哪些情况发生，公司债务的价值会上升？（   ）

A. 公司价值下降　　　　B. 无风险利率下降

C. 到期时间增加　　　　D. 公司价值的波动率下降

10. 默顿模型用来预测违约率。它有较强的假设条件，因此在应用中会遇到实际困难。下列说法哪一项不是该模型的假设局限或者实际应用困难？（   ）

A. 该模型依赖于只有一项债务的简单资本结构

B. 资产价值的波动率无法估计，因为公司价值不能交易

C. 该模型假设债务不付息，而大多数公共债务是付息的

D. 该模型假设无风险利率为常数

11. HG公司的资本结构有两部分组成：面值为100万元的5年期零息债券和股票。当前公司的资产价值为13 000万元。公司价值的期望变化率为25%。公司资产的年波动率为30%。假设公司价值服从对数正态分布，波动率恒定。公司风险管理部门估计默顿模型的违约距离，即$\left[\ln\left(\frac{K}{V}\right)-\delta\tau+0.5\sigma^{2}\tau\right]/\sigma\sqrt{\tau}$。在给定违约距离的前提下，估计的违约概率是多少？

第 10 章　信用风险敞口

信用风险敞口是金融工具在有效期内暴露在违约风险中的金额，也称为违约风险敞口。如果银行业务仅仅发放贷款，风险敞口实际就是贷款的面值。随着互换市场的发展，信用风险敞口的度量也越来越复杂。互换的初始价值一般为零，这意味着一开始没有信用风险。但当互换合约到期时，它会变成一个正值或负值。

10.1　金融工具的信用风险敞口

信用风险敞口是资产在其有效期内的各个时点上价值大于零的部分。具体而言，假设资产在 t 时刻的价值为 V_t，当前风险敞口：

$$CE_t = \max(V_t, 0) \tag{10.1}$$

潜在风险敞口表示了在未来某一时刻或某一段时间的风险敞口。不同种类金融工具有不同的风险敞口特征。当前和潜在风险敞口的度量推动了信用风险的合规资本要求。

10.1.1　贷款或债券

作为资产负债表中的资产，贷款或债券的当前和潜在风险敞口都是面值，也就是借出和投资的金额。更准确地说，是给定当前利率情况下资产的市场价值，但这个数值与面值相差不大。对于应收账款和贸易信贷来说，风险敞口也是名义金额，因为其潜在损失就是到期金额。

10.1.2　担保

担保是银行签订的表外协议。银行承保或者同意承担第三方的责任。风险敞口是名义金额，一旦发生违约，将支付全部金额。本质而言，担保是不可撤销的，即在违约发生时，是一种无条件的、受法律约束的责任。

承兑汇票也是一种担保责任，即一家银行同意到期支付汇票的面值。另外，信用证也向第三方提供了一种在债务人违约时支付债务金额的担保。

10.1.3 承诺

承诺也是一种表外协议，银行对一项未来交易作出承诺，而该交易在未来某个时刻可能产生信用风险敞口。如一家银行可以提供票据发行的融资便利，即对某个借款人定期发行的票据保证一个最低的价格。如果票据无法以这个最低价格在市场上发行，银行承诺用固定的价格购买。

这种承诺比担保风险小，因为这是一种可撤销承诺。即在交易对手信用质量下降时，银行有撤销合约的权利，该权利降低了银行的信用风险敞口。

10.1.4 互换或远期

这些表外项目是不可撤销的承诺，要求根据事先安排的条款购买或出售一些资产。根据风险因子的变化，这些金融工具的当前和潜在风险敞口会从零变到一个很大的值。

考虑交易商与某交易对手进行的互换交易。假设市场风险一定，交易商将来的整体风险敞口取决于合约性质。当只有在到期时才有一笔现金流交易时，风险因子的漂移遵循扩散过程，并在到期时有最大影响。货币互换就是这种情况，汇率漂移随着时间的推移而可能增加。还有些合约（如利率互换）存在摊销效应——剩余现金流的数量随着时间的推移而减少，扩散效应和摊销效应趋于彼此抵消。当摊销发生在早期时，潜在敞口随着时间的推移而增加；当以摊销效应为主时，价值开始下降，到期时，变现价值变为0。利率互换价值的最大偏离发生在现在和到期日之间的某个时间。峰值出现在剩余期限的1/3～1/2之间。

图10.1比较了没有摊销效应的货币互换和有摊销效应的利率互换未来的整体预期风险敞口。利率互换的预期风险敞口的起始值为零，然后随时间变化有所增加，最后有所下降。而货币互换则随时间变化持续增加。原因是货币互换交易包含最终面值的互换，进行面值互换时，汇率有较大的不确定性。因此，货币互换中交易对手违约风险的影响要远大于利率互换交易。

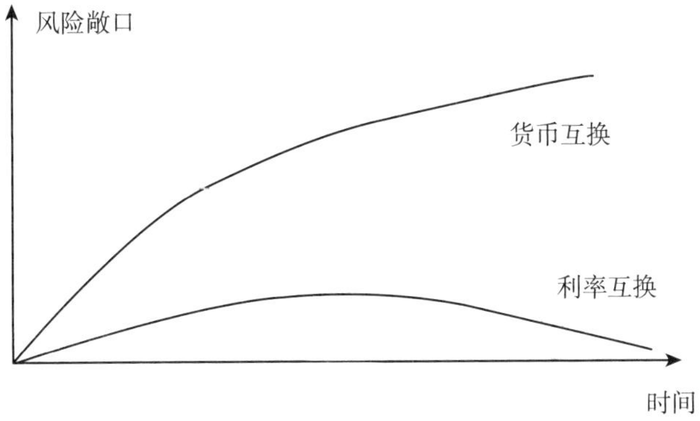

图 10.1　利率互换与货币互换的预期风险敞口比较

类似的协议是回购协议，是指一家机构先把资产出售给另一家机构，然后承诺在将来的某个时刻买回资产。

10.1.5　期权多头

期权也是一种可能产生信用风险敞口的表外项目。当前风险敞口和潜在的风险敞口也都根据风险因子的变化而变化。风险敞口不可能出现负值，因为期权总是具有正的价值或至少价值为零，即 $V_t \geqslant 0$。

10.1.6　期权空头

和期权多头不同，期权空头的当前风险敞口和潜在的风险敞口都是零。这是因为在买方全额支付期权费的情况下，出售期权的银行只能产生一个负的现金流。

风险敞口还与内嵌期权的特征有关。比如内嵌美式期权的实值互换的持有者，会在对方的信用评级开始恶化的时候执行期权，这比同等的欧式期权的风险敞口小。

10.2　信用风险敞口调整因子

在降低风险敞口的持续努力中，金融业开发了许多方法来限制风险敞口，包括盯市、保证金、抵押、头寸限制、利率调整和净额结算协议等。其他调整方法还包括第三方担保以及购买信用衍生产品。

10.2.1 盯市

盯市是降低现有风险敞口的最基本形式。盯市需要定期对合约价值的变化进行结算，如每日结算。对 OTC 合约，交易双方可能约定以更长的周期进行结算，如月度或者季度。如果盯市条款对交易双方是对称的，则称为双向盯市；否则，如果只设定单方损失，称为单向盯市。

长期以来，盯市被交易所用于应对信用风险，这是因为包括散户在内的各类投资者都可以参加交易所的交易，它们更有可能违约。而在 OTC 市场中恰恰相反，相互交易的机构之间保持长期合作关系。

在每日盯市的机制中，当前风险敞口降为零。但由于合约价值可能在下一次结算前发生变化，仍然存在潜在风险敞口。它产生于：

（1）盯市期之间的时间间隔；

（2）当交易对手违约时进行清算所需的时间。

对于散户，经纪人通常可以在一天之内快速对头寸进行结算。但当头寸很大时，如当经纪人处理和长期资本管理公司（LTCM）之间的交易时，清算周期可能会长得多。之所以对 LTCM 进行救助，就是担心当所有的经纪商都同时清算与 LTCM 的合约时，可能会造成金融市场的崩溃。

但盯市也引入了其他类型的风险，特别是：

（1）操作风险，这是由于需要追踪合约的价值并进行每日收支。

（2）流动性风险，这是由于机构需要保持足够的现金以吸收合约价值的波动。

10.2.2 保证金制度

可以通过保证金制度来保护潜在的风险敞口。保证金是指为了建立头寸而需要提前预付的现金或者证券。保证金的目的是为潜在风险敞口提供一个缓冲。

交易所需要客户在建立新的头寸时预先支付初始保证金，这些保证金作为履约保证，以抵消由于客户违约而可能导致的未来损失。合约的收益和损失都会计入权益账户的保证金中。一旦权益账户的价值低于一个临界值，即维持保证金，就应当增加资金。

保证金的设定与价格波动和头寸类型有关。后者分为投机和对冲。合约价值变化越大，保证金越大。对于对冲者，保证金通常低一些。假设没有基差风险，期货头寸的损失可以用现货的盈余进行补偿。某些交易所设置的保证金，可以覆盖99%的最大每日价格变动。这就是信用风险的每日VaR系统。

10.2.3 抵押

OTC市场允许使用证券代替现金作为抵押，这种抵押保护了当前风险敞口和潜在风险敞口。抵押的价值超过所欠资金的那一部分金额称为估值折扣（haircut）。抵押通常根据ISDA信用支持附件进行管理。

估值折扣反映了违约风险和市场风险。安全的交易对手一般具有较低的估值折扣。但也取决于资产的下行风险，如现金的估值折扣可以为零，意味着对当前风险敞口给予了完全保护。政府债券根据短期、中期和长期的不同期限，可以要求1%、3%和8%的估值折扣。在价格波动加剧的情况下，交易对手违约和抵押物损失价值的可能性会增加，因此也就要求更高的估值折扣。

10.2.4 头寸限制

可以通过设定交易对手的头寸限制管理信用风险敞口。应同时考虑与某个交易对手之间的所有合约，对投资组合进行估值。

为便于执行限额，交易信息应该集中到总部的系统中，为每一个交易对手生成一个风险敞口曲线，用于管理不同到期期限信用额度的使用状况。与同一交易对手进行新交易时，应该考虑对总风险敞口产生的增量效应。

这些限制也可以在金融工具的层面上设定。对于互换来说，风险敞口上限要求一旦合约价值超过某一数值，就要进行支付。其效果如图10.2所示。

10.2.5 再盯市

控制风险敞口的另一种方法是再盯市。再盯市要求合约在某些固定的日期盯市，包括：

（1）通过现金交易，使得盯市价值回到零。

（2）根据当时的市场价值重新设定息票利率或者汇率。

例如，一个10年期互换，在5年后通过现金支付使风险敞口降为零。此后，它就是一个剩余期限为5年的互换的风险敞口。

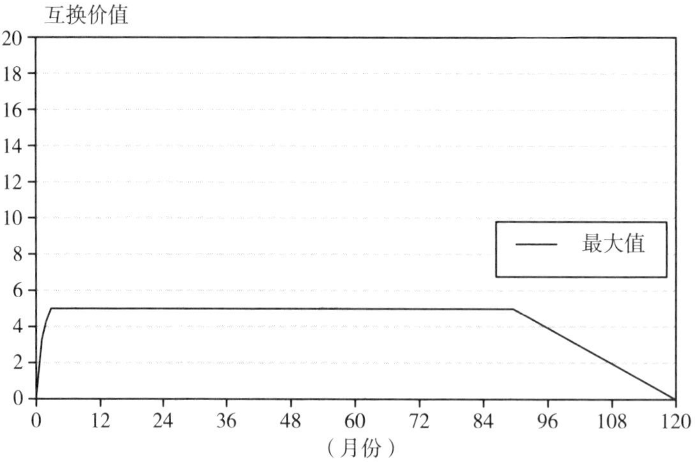

图 10.2　风险敞口上限的效应

资料来源：Philippe Jorion, Financial Risk Manager Handbook (6th Edition), John Wiley & Sons, Inc., Hoboken, New Jersey, 2011.

10.2.6　净额结算协议

净额结算协议可能是最强有力的控制风险敞口的方法，它为一组合约的支付提供净额结算。在发生违约前，交易对手不能在对负价值合约停止支付的同时，却要求收取正价值合约的支付金额。因此该系统将风险敞口降低到净额结算协议所覆盖的所有合约的净支付，防止了违约交易对手的选择性支付。

净额结算可分为三种类型：

1. 净额支付

净额支付涉及同一种货币几个求偿权的每日抵消。如利率互换，只支付浮动利率和固定利率的净额。

2. 合约替代净额

合约替代净额指取消交易双方之间的一些合约，用新的净额支付合约来代替。如在一个远期交易中，A 必须支付 800 万欧元给 B，以此交换支付 1 200 万美元。在另一个远期交易中，A 必须从 B 处收取 500 万欧元，以此交换支付 600 万美元。在合约替代净额中，这两个合约简化成 A 支付 300 万欧元给 B，以此换取 600 万美元。

3. 违约轧差

违约轧差涉及在发生破产或者特定违约事件时，根据主协议终止所有的交易。这些交易根据市值进行净额结算。违约事件发生时终止金融合约的权利，是金融风险有效管理的核心。没有终止条款，交易对手将眼睁睁地看着他们的合约价值在破产过程中波动，而这个过程可能要持续数年。

表10.1给出了一个包含4个合约的例子。如果没有净额结算协议，前两个协议的风险敞口是每个正值部分之和，即1亿元。相反，如果前两个合约处于净额结算协议中，他们的价值将互相抵消，得到净风险敞口为10 000 - 6 000 = 4 000（万元）。假如合约3和合约4不在净额结算协议中，风险敞口将增加到4 000 + 2 500 = 6 500（万元）。

表10.1　　净额支付和非净额支付的风险敞口比较　　单位：万元

合约	合约价值	风险敞口	
		没有净额结算	1和2的净额结算
		净额结算协议之下	
1	+10 000	+10 000	
2	-6 000	+0	
总计，1和2	+4 000	+10 000	+4 000
		没有净额结算协议	
3	+2 500	+2 500	
4	-1 500	+0	
总计，1到4	+5 000	+12 500	+6 500

在净额结算下，净风险敞口为：

$$净风险敞口 = \max(V, 0) = \max\left(\sum_{i=1}^{N} V_i, 0\right) \tag{10.2}$$

如果没有净额结算协议，总风险敞口是所有正值合约之和。该值通常大于等于在净额结算协议下的风险敞口。

$$总风险敞口 = \sum_{i=1}^{N} \max(V_i, 0) \tag{10.3}$$

净额结算的好处取决于合约的数目和合约之间的相关性。N越大，相关性越小，净额结算的好处就越大。这可以从表10.1中得到验证。如果所有合约同时变为正值，或有较高的相关性，则不能从净额结算获得好处。

图10.3和图10.4给出了银行与同一交易对手签订的包含两个互换的投资组合净额结算效果。在两种情况下，利率升高或下降的概率相同。

在图10.3中，银行收取10年期和5年期的固定利率。图10.3的上半部分表示利

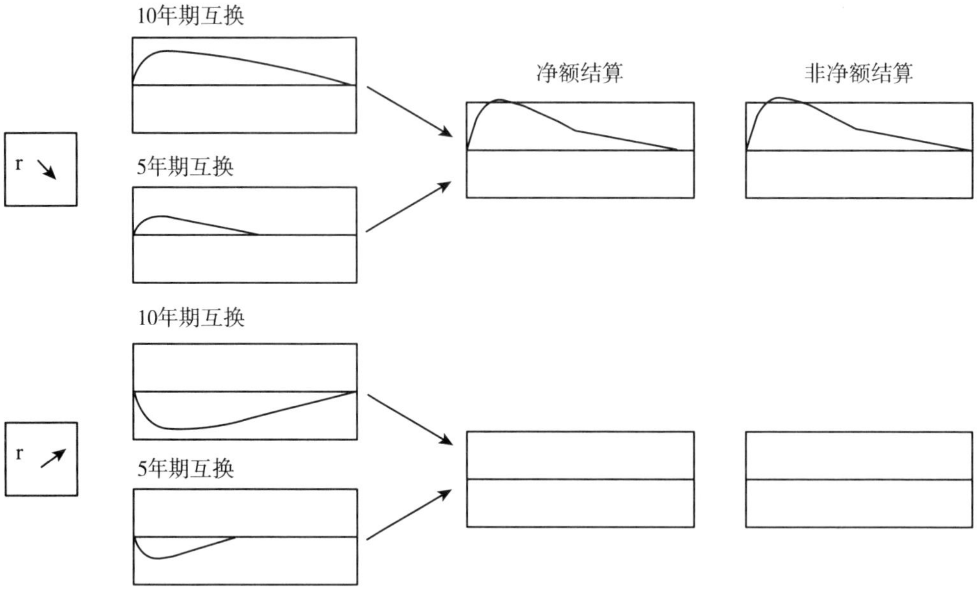

图 10.3 两个多头头寸的净额

资料来源：Philippe Jorion, Financial Risk Manager Handbook (6th Edition), John Wiley & Sons, Inc., Hoboken, New Jersey, 2011.

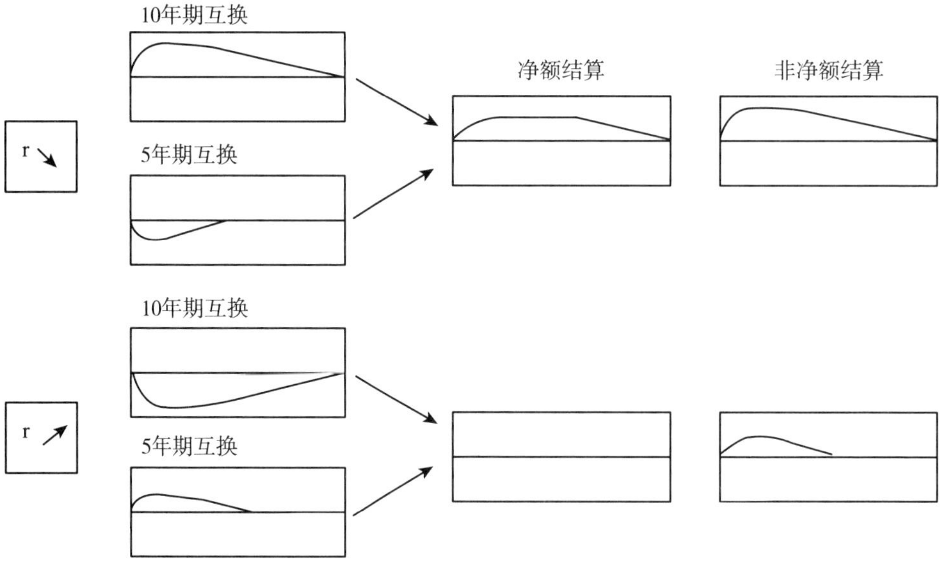

图 10.4 多头和空头头寸的净额支付

资料来源：Philippe Jorion, Financial Risk Manager Handbook (6th Edition), John Wiley & Sons, Inc., Hoboken, New Jersey, 2011.

率下降时的最大信用风险敞口，两个合约都存在正的风险敞口，将两个相加就可以得到总的组合风险敞口。是否存在净额结算没有差别，因为两个头寸同时为正。图 10.3 的下半部分表示当利率上升时的最大风险敞口。两个头寸以及它们组合的风险敞口都为零。

在图 10.4 中，银行收取 10 年期固定利率，支付 5 年期固定利率。当利率下降时，第一个互换是正值，第二个互换是负值。在净额结算下，最大风险敞口会降低。相反，如果没有净额结算，那么风险敞口与 10 年期互换的风险敞口相同。当利率上升时，第一个互换的价值为负，而第二个价值为正，但净额结算下风险敞口为零。如果没有净额结算，那么风险敞口与 5 年期互换的风险敞口相同。

净额结算的效应，可以根据国际清算银行的统计数据对 OTC 衍生品市场进行评估。截至 2014 年 12 月，OTC 市场的名义价值加起来为 630 万亿美元。这么庞大的总市值，如果按照所有正值合约的加总计算，为 20.88 万亿美元。而在完成双边净额结算后的信用风险敞口降低到了 3.36 万亿美元，因此净额结算使风险敞口降低了 84%。

10.3　信用风险调整因子

信用风险调整因子用于应对信用风险敞口或违约风险以及它们的组合。

10.3.1　信用触发因子

信用触发因子是指当合约任意一方的信用评级低于某一水平时，另外一方有权将互换结算为现金。这些不是风险敞口修正因子，目的在于降低违约概率。例如，如果交易对手的信用评级低于 A 时，所有未结算合约都可以终止，则违约概率将会降低至当交易对手的评级为 A 或是高于 A 时违约的概率。当一个公司的信用评级逐渐恶化时，这些触发因子非常有用，因为很少有公司会从投资级别突然变为破产。

10.3.2　时间看跌期权

时间看跌期权或称为相互终止选择权。指合约的任意一方都可以无条件地在合约中规定的未来一个和多个交易日期中止交易。这一选择权降低了双方的违约风险和违约敞口。如果风险敞口较大，而一方的信用评级开始下降，允许另一方终止合约。

触发因子和时间看跌期权之类的或有要求，可能会造成严重的后果。他们在公司经营不佳的状态下抽回流动性，将对公司流动性造成更大的压力。如安然公司某些证券中的触发因素迫使公司支付大量的现金，加速了公司的破产。这些条款与其说是保护债权人，不如说是触发了破产，对所有债权人造成了不利影响。

10.4 衍生品交易的 CVA

考虑衍生产品交易商与交易对手之间的双边清算的情形，并讨论交易商如何对信用风险进行评估。

10.4.1 CVA

在场外衍生产品市场的双边清算过程中，交易商对每一个交易对手都要计算一个信用价值调整量（credit value adjustment，CVA）。这一数量是对交易对手违约所带来的预期损失的估计，所有交易对手的信用调整量都要从交易商的资产负债表上衍生产品总价值中扣减。某个时间段的 CVA 价值总和的变化还要计入该段时间的损益表中。

假定时间 T 代表与某交易对手的衍生产品交易的最长期限，为了计算 CVA，将从 0 到 T 的时间区间划成若干个小区间（如从现在起到 1 个月，从 1 个月到 3 个月，等等）。假定第 i 个时间区间起始为 t_{i-1}，结束为 t_i（$t_0=0$）。假定时间段的数量为 n，定义 q_i 为对手在第 i 个时间段的风险中性违约概率；v_i 为在违约发生时交易商对于交易对手在第 i 个时间段中点值的净预期风险敞口（考虑抵押品以后）的当前价值；R 为交易对手违约时，无抵押债务的回收率。

假定净风险敞口与对手违约概率不相关，对手在第 i 个时间段违约所产生的预期损失的当前值为：

$$(1-R)q_iv_i$$

T 时间内整体预期损失为：

$$\mathrm{CVA}=\sum_{i=1}^{N}(1-R)q_iv_i \tag{10.4}$$

变量 q_i 可以使用交易对手的信用价差估计。假定 s_i 为交易对手对应于时间 t_i 的信用价差，从时间 0 到 t_i 的平均风险率（平均违约概率）为：

$$\lambda_i = \frac{s_i}{1 - R} \tag{10.5}$$

从时间 0 到 t_i 不违约的概率为：$e^{-\lambda_i t_i}$。

因此：

$$q_i = e^{-\lambda_{i-1} t_{i-1}} - e^{-\lambda_i t_i} \tag{10.6}$$

根据第 8 章 T 期内的累积违约概率公式：

$$C_N = 1 - (1 - d^a)^N = 1 - (1 - d^s/2)^{2N} \rightarrow 1 - e^{-d^c N}$$

或者有：

$$q_i = \exp\left(-\frac{s_{i-1} t_{i-1}}{1 - R}\right) - \exp\left(-\frac{s_i t_i}{1 - R}\right) \tag{10.7}$$

v_i通常通过蒙特卡洛模拟计算得出。即在风险中性世界，从时间 0 到 T 之间，对市场变量进行模拟，这些模拟变量决定了交易商与交易对手的交易价值。在每个模拟抽样中，对于每个小的时间段的中点，计算交易商对交易对手的风险敞口，然后求得这些风险敞口的均值。v_i等于对应于第 i 个区间的均值的贴现。

在实践中，为了保证计算的可行性，可对计算过程进行一定的近似，计算交易组合将来价值的模型可能会比计算交易组合当前价值的模型更简单，也可能会比产生标的变量将来分布的模型更简单。

10.4.2 价值为正的单笔交易的 CVA

假定某交易商与一个交易对手进行了一笔衍生品交易，对于交易商而言，交易价值一直为正，对交易对手而言，价值为负（如交易商从对手处买入期权）。假定交易中没有抵押品。简单起见，假定衍生品的最终回报只能在产品到期时获得。

在将来任意时刻，交易商对这个交易对手的风险敞口等于交易的价值，因此，在t_i时刻的预期风险敞口的贴现值（v_i）等于交易在 t_i时刻预期价值的贴现值。因为已假定在期满之前交易没有任何回报，交易在 t_i时刻预期价值的贴现值等于产品的当前价值。

因此，CVA 可以写成：

$$CVA = \sum_{i=1}^{n}(1-R)q_i v_i = (1-R)f_0\sum_{i=1}^{n}q_i \quad (10.8)$$

其中，f_0 是无违约风险前提下的衍生产品价值。假定 f_0^* 为将交易对手违约可能考虑在内的衍生产品价值：

$$f_0^* = f_0 - CVA$$

或者：

$$f_0^* = f_0\left[1-(1-R)\sum_{i=1}^{n}q_i\right] \quad (10.9)$$

这意味着在这一情形下，对手违约对衍生产品价值的影响是将其价值按一定比率减小，该比率如式（10.9）所示，等于风险中性累积违约概率乘以 1 减去回收率的乘积。

现在考虑一个由交易对手发行的无抵押零息债券，债券在 t 时刻支付 1 000 元。定义 B_0为无违约风险时的债券价格，B_0^* 为债券的实际价格。假定在违约时，债券的支付优先权与衍生产品支付的优先权等同。因此违约时衍生品的回收率等于债券的回收率，类似于式（10.9），可以得出：

$$B_0^* = B_0\left[1-(1-R)\sum_{i=1}^{n}q_i\right] \quad (10.10)$$

由式（10.9）和式（10.10）两式得：$\frac{f_0^*}{f_0}=\frac{B_0^*}{B_0}$

如果 y 为在 T 时刻到期的无风险零息债券的收益率，y^* 为在 T 时刻到期的、由衍生产品交易对手发行的零息债券收益率，即 $B_0 = e^{-yT}$与 $B_0^* = e^{-y^*T}$从而有：

$$f_0^* = f_0 e^{-(y^*-y)T} \quad (10.11)$$

式（10.11）表明，衍生产品的价格等于无风险的衍生产品价格以 y^*-y 的价差进行贴现。

【例 10.1】

考虑公司 X 在场外市场卖出的一个 2 年期的期权，在无违约前提下期权价值为 3 元。假定由公司 X 发行的 2 年期零息债券的收益率比相应的无风险利率高 1.5%，期权的实际价值为：

$$3e^{-0.015\times2}=2.91$$

10.4.3 单一远期交易

考虑交易商与对手之间的一笔远期交易，其中交易商要在将来时刻 t 以固定价格买入资产。假定交易中没有抵押品，资产在今天的远期价格为 F_0（已知），在时间 $t(t\leqslant T)$ 远期价格为 F_t（未知）。远期交易在时间 t 的价值为：

$$(F_t - K)e^{-r(T-t)}$$

其中，r 为无风险利率（假定为常数）。

在时间 t 的风险敞口为：

$$\max[(F_t - K)e^{-r(T-t)},0] = e^{-r(T-t)}\max[(F_t - K),0] \tag{10.12}$$

风险敞口的当前价值等于在时间 t 支付回报 $\max[(F_t - K),0]$ 的衍生品的贴现值，该衍生品是关于远期价格的期权，由期权公式得出该衍生品的价值为：

$$e^{-rt}[F_0N(d_1) - KN(d_2)]$$

其中，

$$d_1 = \frac{\ln\left(\frac{F_0}{K}\right) + \sigma^2 t/2}{\sigma\sqrt{t}},\quad d_2 = \frac{\ln\left(\frac{F_0}{K}\right) - \sigma^2 t/2}{\sigma\sqrt{t}}$$

其中，σ 为资产远期价格的波动率。根据式（10.12），在时间 t 的风险敞口的当前值为：

$$e^{-rt}[F_0N(d_1) - KN(d_2)]$$

因此，根据式（10.4）有：

$$v_i = e^{-rT}[F_0N(d_{1,i}) - KN(d_{2,i})] \tag{10.13}$$

其中，

$$d_{1,i} = \frac{\ln\left(\frac{F_0}{K}\right) + \sigma^2 t_i/2}{\sigma\sqrt{t_i}},\quad d_{2,i} = \frac{\ln\left(\frac{F_0}{K}\right) - \sigma^2 t_i/2}{\sigma\sqrt{t_i}}$$

【例 10.2】

假定银行和一家矿产公司签署了一笔关于黄金的远期交易。远期合同规定，2 年后银行将以每盎司 1 500 美元的价格买入 100 万盎司的黄金。黄金的远期价格为每盎司 1 600 美元，矿业公司在第 1 年的违约概率为 2%，在第 2 年的违约概率为 3%。假定矿业公司违约的时间发生在每年的年中。无风险利率为每年 5%，预测矿业公司违约回收率为 30%。在黄金远期合约 2 年期满时，远期价格的波动率为 20%。

根据以上条件和式（10.13）有：

$$v_1 = e^{-0.05\times 2}[1\ 600N(d_{1,1}) - 1\ 500N(d_{2,1})]$$

其中，

$$d_{1,1} = \frac{\ln(1\ 600/1\ 500) + 0.2^2 \times 0.5/2}{0.2\sqrt{0.5}} = 0.5271$$

$$d_{2,1} = \frac{\ln(1\ 600/1\ 500) - 0.2^2 \times 0.5/2}{0.2\sqrt{0.5}} = 0.3856$$

由此得出 $v_1 = 132.38$，进而：

$$v_2 = e^{-0.05\times 2}[1\ 600N(d_{1,2}) - 1\ 500N(d_{2,2})]$$

其中，

$$d_{1,2} = \frac{\ln(1\ 600/1\ 500) + 0.2^2 \times 1.5/2}{0.2\sqrt{1.5}} = 0.3860$$

$$d_{2,2} = \frac{\ln(1\ 600/1\ 500) - 0.2^2 \times 1.5/2}{0.2\sqrt{1.5}} = 0.1410$$

由此得出 $v_2 = 186.65$。

其他变量的取值为 $q_1 = 0.02$，$q_2 = 0.03$，$R = 0.3$，因此：

$$CVA = (1 - 0.3) \times (0.02 \times 132.38 + 0.03 \times 186.65) = 5.77$$

假设没有违约，远期合约的价值为 $(1\ 600 - 1\ 500)\ e^{-2\times 0.05} = 90.48$；将对手违约考虑在内，远期合约的价值为：$90.48 - 5.77 = 84.71$。

还可以推广到矿业公司违约发生更为频繁的情形。

练习题

1. 一个类似互换和远期的金融工具在哪种情况下会产生信用损失？(　　)

A. 市场利率朝有利于你的方向变动

B. 市场利率朝不利于你的方向变动

C. 市场利率朝不利于你的方向变动并且对手违约

D. 市场利率朝有利于你的方向变动并且对手违约

2. A 银行考虑它对 B 银行的信用风险敞口。下列哪些交易会增加它对 B 银行的信用风险敞口？(　　)（多选）

A. 从 B 银行处购买看跌期权　　B. 出售给 B 银行看涨期权

C. 出售给 B 银行远期合约　　D. 从 B 银行处购买 S 公司的次级贷款

3. 下列哪种头寸会产生最大的潜在信用风险敞口？(　　)

A. 1 年后交易 3 000 盎司黄金的多头

B. 两年后交易 3 000 盎司黄金的多头

C. 两年后交易 3 000 盎司黄金的空头

D. 出售一个两年后交易 10 000 盎司黄金的平均期权

4. 如果对手在到期之前违约，下列哪种情况会产生信用损失？(　　)

A. 你持有 1 年期欧元/美元远期合约的欧元空头，并且欧元升值

B. 你持有 1 年期欧元/美元远期合约的欧元空头，并且欧元贬值

C. 你卖出一个 1 年期 OTC 欧元看涨期权，并且欧元升值

D. 你卖出一个 1 年期 OTC 欧元看涨期权，并且欧元贬值

5. 如果我们假设和一个给定的交易对手之间交易的投资组合 VaR 可以用来度量潜在信用风险敞口，下列哪一项不能用来降低信用风险敞口？(　　)

A. 净额结算协议　　B. 抵押

C. 信用衍生产品　　D. 和不同交易对手进行的抵消交易

6. 下列关于和交易对手签订净额结算协议的影响的说法，哪一项是正确的？(　　)

A. 它会对信用风险敞口起到增加作用或者没有影响

B. 它会对信用风险敞口起到降低作用或者没有影响

C. 它会对净多头的信用风险敞口起到增加作用，对净空头的信用风险敞口起到减少作用

D. 它的影响要取决于实际信息

7. 评级为 AAA 的银行 X 和评级为 A－的银行 Y 交易一份 10 年期利率互换（半年支付一次）。由于银行 Y 的信用评级较低，银行 X 担心其风险敞口。下列哪一种措施可以帮助银行 X 转移对于银行 Y 的风险敞口？(　　)

A. 和银行 Y 签订一份 CSA 并且建立抵押管理系统

B. 互换盯市每 6 个月执行并重新设置一次

C. 在第 5 年再盯市

D. 将息票每半年支付一次的频率降低为每一年支付一次

8. 你需要在 1 年后以每桶 25 美元的价格购买 10 000 桶原油。原油价格的变动率假设服从均值为 0、年波动率为 30% 的正态分布。保证金会在信用风险敞口超过 50 000 美元后的 2 天内交付。1 年有 252 个交易日。假设保证金协议是强制执行的，下列哪个选项最接近在保证金协议下 95% 置信水平的 1 年期信用风险敞口？(　　)

A. 50 000 美元　　B. 58 000 美元　　C. 61 000 美元　　D. 123 000 美元

9. 假设 BSM，一个大型衍生品交易商，持有和一个交易对手的 6 份合约，都在纽约进行交易（同样的法律环境）。这些合约的当前市值为 125、75、25、－10、－65、－140。假设 BSM 当前没有和交易对手之间签订法律强制执行的净额结算协议。到目前为止，如果它和交易对手之间签订法律强制执行的净额结算协议，BSM 暴露于其交易对手的信用风险敞口将改进多少？(　　)

A. 0　　B. 10　　C. 215　　D. 225

10. 下列关于交易对手风险敞口的说法哪一项是正确的？(　　)

A. 潜在的未来风险敞口是在一个高置信水平下期望风险敞口在未来某天的最小值

B. 净额结算、担保协议和提前结算条款都是信用风险转移的例子

C. 当前的风险敞口是指暴露于附属公司的风险敞口

D. 错误的风险敞口是与信用质量高度相关时的风险敞口

11. 将本章最后的例子推广为违约更频繁的情况，假定违约发生在每个月的中间，第 1 年每个月发生违约的概率为 0.00167，第 2 年每个月发生违约的概率为 0.0025。计算该远期合约的 CVA 和考虑违约的远期合约价值。

第 11 章　组合信用风险管理

前面几章介绍了如何估计单个信用事件的违约概率、回收率和信用风险敞口，本章将介绍如何对整个投资组合的信用风险进行度量和管理。传统的信用风险度量是孤立的，仅仅通过非常粗略的总体信用限额来衡量对投资组合的影响。现代信用风险模型在投资组合的基础上度量风险。基于组合分散化的理论基础，信用风险管理在应用中相对更加复杂。尤其是很难估计违约概率和违约时间之间的相关性。

11.1　度量信用损失的分布

11.1.1　步骤

度量信用风险导致的损失的分布，需要综合考虑违约概率、信用风险敞口和回收率等信息。简单起见，只考虑违约模式（DM）中的损失，也就是考虑仅仅由于违约事件，而不是由于市场价值改变所导致的损失。对于一种金融工具，其潜在的信用损失为：

$$\text{信用损失} = b \times CE \times LGD \tag{11.1}$$

式（11.1）包括随机变量 b，当离散状态的违约事件发生时，违约概率（PD）p 取值为 1；信用风险敞口（CE）；违约损失率（LGD）。根据这些定义，信用损失为正值。

对于一个包含 N 个交易对手的组合，其信用损失（CL）为：

$$CL = \sum_{i=1}^{N} b_i \times CE_i \times LGD_i \tag{11.2}$$

其中，CE_i 为考虑所有合约的净额结算协议后，对交易对手 i 的信用风险敞口。

信用损失的分布非常复杂，典型的关于信用风险的信用净重置价值（NRV）描述，即：

$$NRV = \sum_{i=1}^{N} CE_i \tag{11.3}$$

式（11.3）以当前价值计算。这是在所有交易对手都同时发生违约（$b_i = 1$），并且回收率为零的条件下发生的最大损失。但这不能提供任何有用的信息。

年报里会披露企业的净重置价值。但它既没有考虑违约概率，也没有考虑违约概率和信用风险敞口之间的相关性。对于现实中的信用损失估测，必须借助蒙特卡洛模拟过程才能实现。一旦对整个组合完成这种测算，就获得了信用损失在目标时期的分布状况。

图 11.1 描述了一个典型的信用风险损失分布。不同于市场风险因子的分布，信用风险损失分布高度左偏。信用风险损失分布和期权空头头寸的分布相似。默顿模型将这种特征表达为：持有一个风险债券相当于持有一个无风险债券和一个期权空头头寸。

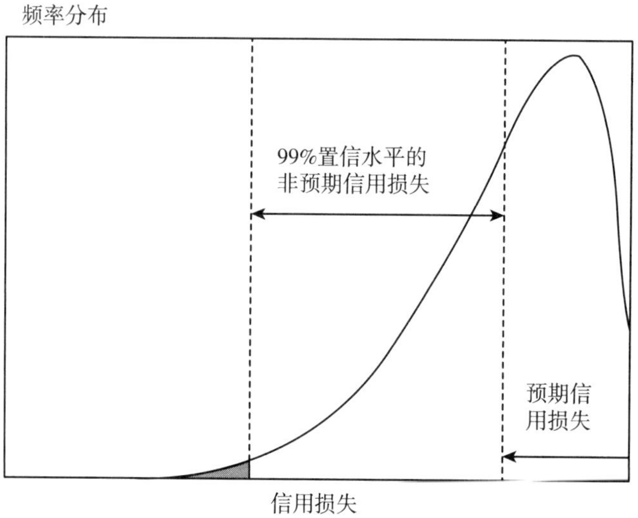

图 11.1 信用损失的分布

资料来源：Philippe Jorion, Financial Risk Manager Handbook (6th Edition), John Wiley & Sons, Inc., Hoboken, New Jersey, 2011.

11.1.2 主要特征

信用风险损失分布可以分为：期望信用损失（ECL）和非期望信用损失（UCL）。

1. 期望信用损失

期望信用损失代表信用损失的平均水平，资产组合的定价应保证其至少能够覆盖期望信用损失。对债券而言，意味着债券的价格应该足够低，或收益率足够高，从而弥补期望信用风险。对衍生品而言，应该将期望信用损失作为持有的金融产品定价的影响因素来考虑。对于贷款，应该根据期望损失来计提贷款拨备。期望信用损失只取决于违约概率。

2. 非期望信用损失

最大信用损失代表在某一置信水平（如99.9%）上不会超过的损失额，相当于分布的分位数。用最大信用损失减去期望信用损失得到非期望信用损失。金融机构应有足够的资本金来覆盖非期望信用损失，保证在大的意外事件面前能够保持正常经营。非期望信用损失取决于违约概率和违约相关性。

11.1.3 相关性的影响

这里的关键是在组合水平上度量风险，同时也揭示了不同类型风险之间的相关性。

1. 违约事件 b_i 之间的相关性

在债务人数量很多并且相关性很低的情况下，信用风险损失的分布很窄。这种情况下银行可以使用杠杆。如《巴塞尔协议Ⅰ》要求资本充足率不得低于8%，这意味着最大的杠杆比例为12.5。相反，高相关性会导致同时违约，从而扩大信用损失分布的尾部，增加非期望信用风险损失。在完全相关的极端情况下，特定置信水平下的最大损失就是资产组合的全部名义金额之和。在这种情况下，银行不能使用任何杠杆，它的资产必须由同样数量的自有资本覆盖。

2. 违约事件 b_i 和信用风险敞口 CE 之间的相关性

错向交易发生在风险敞口与违约概率之间正相关的情况。如在亚洲金融危机之前，许多美国银行贷给亚洲公司美元或签订互换协议。很多亚洲公司没有美元收入来源，反而使用本国货币进行投机。当本国货币贬值时，美国银行的头寸变为实值状态，但由于许多交易对手违约而无法收回。正向交易发生在对交易对手的交易进行对冲的情况。如交易的单边损失可以由对冲操作的收益来抵消。综上，正向交易可以降低信用风险，此时交易对手可以进行对冲。相反，错向交易会产生经营风险敞口和违约概率之间的正相关性。

3. 违约事件 b_i 和违约损失率 LGD_i 之间的相关性

图 11.2 为 1982 ~2009 年间投机级别债券的回收率和违约概率之间的散点图。在经济衰退期，如 1990 年、1991 年、2001 年和 2009 年债券的回收率明显比其他年份低。这几年违约概率也很高，从而扩大了信用损失分布的尾部。如果忽略这一点，信用 VaR 会低估风险。

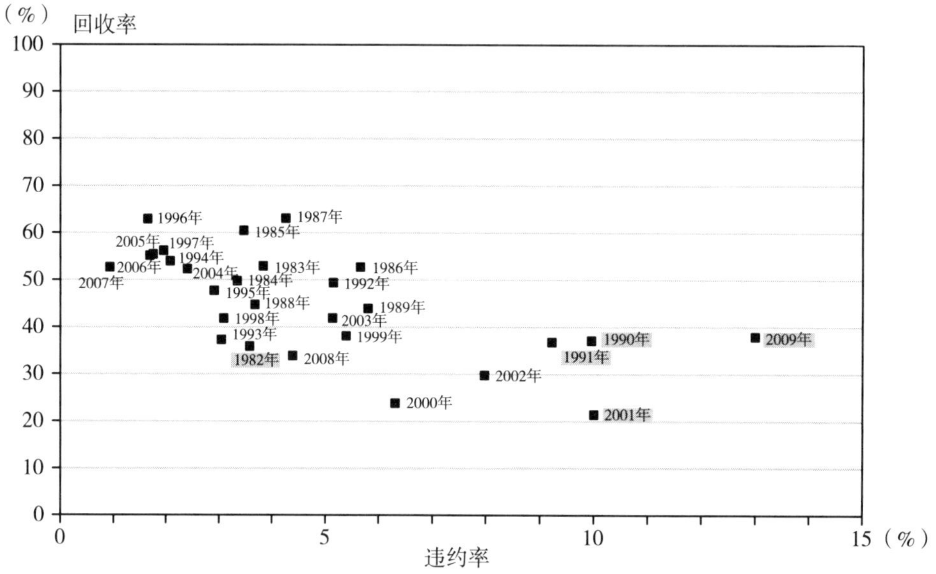

图 11.2 违约率和回收率

资料来源：Philippe Jorion, Financial Risk Manager Handbook (6th Edition), John Wiley & Sons, Inc., Hoboken, New Jersey, 2011.

11.2 度量期望信用损失

11.2.1 目标期间的期望信用损失

出于定价的目的，需要计算期望信用损失，它可以表示为：

$$E[CL] = \int f(b,CE,LGD)(b \times CE \times LGD)\,db\,dCE\,dLGD \qquad (11.4)$$

如果随机变量相互独立，联合密度函数可以写成密度函数的乘积，有：

$$E[CL] = \left[\int f(b)(b)db\right]\left[\int f(CE)(CE)dCE\right]\left[\int f(LGD)(LGD)dLGD\right] \quad (11.5)$$

这是期望值的乘积，即：

期望信用损失 = 违约概率 × 期望信用风险敞口 × 期望违约损失率　　(11.6)

举例来说，对于面值1元的5年期BBB级债券回收率为47%，则其期望信用损失为E[CL] = 2.28% ×100 000 000 × (1 − 47%) = 1 200 000 （元）。不管银行持有的是价值100 000 000元的风险敞口，还是100份每份价值100万元的风险敞口，期望损失是相同的，但是损失分布不同。

11.2.2 期望信用损失的时间特征

之前关注固定时间范围内的情况，但给资产组合定价需要考虑资产整个期限内的总信用损失金额，这包括风险敞口、违约概率以及折现因子的时间特征。定义 PV_t 为t时刻支付1元的现值。期望信用损失现值（PVECL）由在每个时点的期望信用损失的折现值加总所得：

$$PVECL = \sum_t E[CL_t] \times PV_t = \sum_t [k_t \times ECE_t \times (1 - f)] \times PV_t \quad (11.7)$$

式（11.7）中，违约概率为 $k_t = S_{t-1}d_t$，或之前没有发生违约的资产在t时刻发生违约的概率。

此外，也可以利用资产在整个期限内的平均违约概率和平均风险敞口来简化计算：

$$PVECL_A = Ave[k_t] \times Ave[ECE_t] \times (1 - f) \times [\sum_t PV_t] \quad (11.8)$$

但如果违约风险和风险敞口随时间变化相互影响，这种方法就只能得到一个近似的结果。例如，与一个信用评级较高的交易对手签订的外汇互换协议，其风险敞口和违约概率都会随时间而增大，因此，取平均值计算的方法会低估信用风险。而在其他情况下，它可能会高估信用风险。

更简化的方法假定ECE为常数，只考虑最终的到期日T，使用累积违约率 c_T 和折现因子 PV_T，得：

$$PVECL_F = C_T \times ECE \times (1 - f) \times PV_T \quad (11.9)$$

11.2.3 举例

表 11.1 说明了如何计算 PVECL。考虑一个 5 年期的利率互换，交易对手在签协议时的信用评级为 BBB 级，互换的本金为 1 亿元，折现因子为 6%，回收率为 45%。假设违约只发生在每年末。为简化，使用了真实世界的违约概率。

表 11.1　　计算互换的期望信用损失

年	违约概率（%）			风险敞口的期望信用损失（元）	给定违约的损失率	折现	总额（元）
t	C_t	d_t	k_t	ECE_t	$(1-f)$	PV_t	$PVECL_t$
1	0.22	0.220	0.220	1 660 000	0.55	0.9434	1 895
2	0.54	0.321	0.320	1 497 000	0.55	0.8900	2 345
3	0.88	0.342	0.340	1 069 000	0.55	0.8396	1 678
4	1.55	0.676	0.670	554 000	0.55	0.7921	1 617
5	2.28	0.741	0.730	0	0.55	0.7473	0
合计			2.280			4.2124	7 535
平均			0.456	956 000			
$PVECL_i$			0.456	956 000	0.55	4.2124	10 100

资料来源：Philippe Jorion, Financial Risk Manager Handbook (6th Edition), John Wiley & Sons, Inc., Hoboken, New Jersey, 2011.

表 11.1 中的第 2 列为 BBB 级资产从第 1 年到第 5 年的累积违约概率 C_t，第 3 列为每年的边际违约概率 d_t，第 4 列为在以前没有发生违约的情况下每年发生违约的条件概率 $k_t=S_{t-1}d_t$，第 5 列为每年末的期望信用风险敞口 ECE_t，第 6 列为给定违约的损失率 LGD，第 7 列为折现因子 PV_t，最后一列给出了 $k_t\times ECE_t\times(1-f)\times PV_t$ 的结果。如最后一列的第一项为 $0.220\%\times 1\ 660\ 000\times 0.55\times 0.9434=1\ 895$（元）。本金为 1 亿元的互换各年期望损失的现值加总结果为 7 535 元，占本金的 0.007%，非常小，不到一个基点。主要是因为风险敞口较小。对于普通债券或外汇互换而言，期望损失则要大得多。

最后一行给出了使用式（11.8）以平均值为基础计算期望信用损失的结果。平均年违约概率为 0.456，将其乘以平均风险敞口 956 000 元以及 LGD，现值加总结果为 10 100 元。这个结果与精确计算的结果具有相同的数量级。

表 11.2 给出了具有不变风险敞口的债券的期望信用损失的计算过程。其期望信用损失为 119.7 万元，大约为上例中互换的 100 倍。这是因为其风险敞口也大约为互换的 100 倍。

表 11.2　　计算债券的期望信用损失

年	违约概率（%）			风险敞口的期望信用损失（元）	给定违约时的损失率	折现	总额（元）
t	C_t	d_t	k_t	ECE_t	(1 − f)	PV_t	$PVECL_t$
1	0.22	0.220	0.220	100 000 000	0.55	0.9434	114 151
2	0.54	0.321	0.320	100 000 000	0.55	0.8900	156 639
3	0.88	0.342	0.340	100 000 000	0.55	0.8396	157 009
4	1.55	0.676	0.670	100 000 000	0.55	0.7921	291 887
5	2.28	0.741	0.730	100 000 000	0.55	0.7473	300 024
合计			2.280			4.2124	1 019 710
平均			0.456	100 000 000			
$PVECL_A$			0.456	100 000 000	0.55	4.2124	1 056 461
$PVECL_F$	2.28			100 000 000	0.55	0.7473	937 062

资料来源：Philippe Jorion, Financial Risk Manager Handbook (6th Edition), John Wiley & Sons, Inc., Hoboken, New Jersey, 2011.

像表 11.1 一样，下一行也给出了以平均值为基础的计算结果。这里期望信用损失为 105.6 万元，由于信用风险敞口并不随时间变动，非常接近精确计算的结果。

也可以直接用 5 年期的累积违约率乘以 1 亿元和违约损失率，结果为 125.4 万元。经过折现，就可以得到其期望信用损失为 93.7 万元，与前面的结果很接近。

11.3　度量信用 VaR

11.3.1　目标期间的信用 VaR

信用 VaR 指的是某一置信水平下的非期望信用损失。利用式（11.1）的信用损失度量方法，可以在目标期间构造一个信用损失的分布函数 f(CL)。对于给定的置信水平 c，最大信用损失（WCL）可以定义为：

$$1 - c = \int_{WCL}^{\infty} f(x)\,dx \quad (11.10)$$

信用 VaR 就可以用对 ECL 的偏离程度来度量：

$$CVaR = UCL = WCL - ECL \quad (11.11)$$

式（11.11）中所有的损失都定义为正值。

CVaR 不同于期望信用损失，它可被看成为缓冲非期望信用损失而应该持有的经济资本的数额。实际上，CVaR 是在整个目标期间（如 1 年）基础上的度量，一旦发生信用问题，这一期间足够银行采取相应的纠正措施。这些纠正措施包括减少风险敞口和调整经济资本，这些措施需要的时间都比应对市场风险所需要的时间长。

11.3.2 使用 CVaR 管理投资组合

一旦算出 CVaR，就可以管理它。投资组合经理可以找出对 CVaR 影响最大的交易。如这些交易盈利性并不好，应将其从投资组合中剔除。

风险的边际贡献可以用来分析某个交易对总体组合风险的增量效应。和市场风险的情形一样，单一信用资产不仅要基于他们自己的风险进行评价，还要考虑他们对组合风险的贡献。对于相同的期望收益率，一个能降低组合风险的交易比增加风险的交易更受青睐。

边际风险分析还有助于设定用于支持头寸的资本报酬。一个信用损失分布的预期信用损失为 10 亿元，非预期信用损失为 50 亿元。银行需要筹集 50 亿元覆盖偏离期望损失的非期望信用损失。但股权资本也需要资本报酬，因此贷款的价格不能仅覆盖期望损失，还要覆盖经济资本的报酬，称之为风险溢价。

11.4 组合信用风险模型

组合信用风险模型可以根据其所使用的方法进行分类，以下介绍四种主要的组合风险模型。

11.4.1 CreditMetrics 模型

1997 年 4 月，由摩根提出的 CreditMetrics，是第一个用于度量组合信用风险的模型。这一系统属于从下至上方法。其中，信用风险由得自信用迁移矩阵的债券信用级别的变化所驱动。在这个模型中，信用质量用一个无法观测的潜变量进行度量，可以解释为债务人的资产价值。这个价值和可以观测得到的股票价格相关，是债务人之间相关性的来源。当资产价值下降到一定程度时，债务人就被假设处于违约状态。因此该模型包括 3 个随机变量：股票价格、资产价值和违约指标。CreditMetrics 模型系统的结构如图 11. 3 所示。

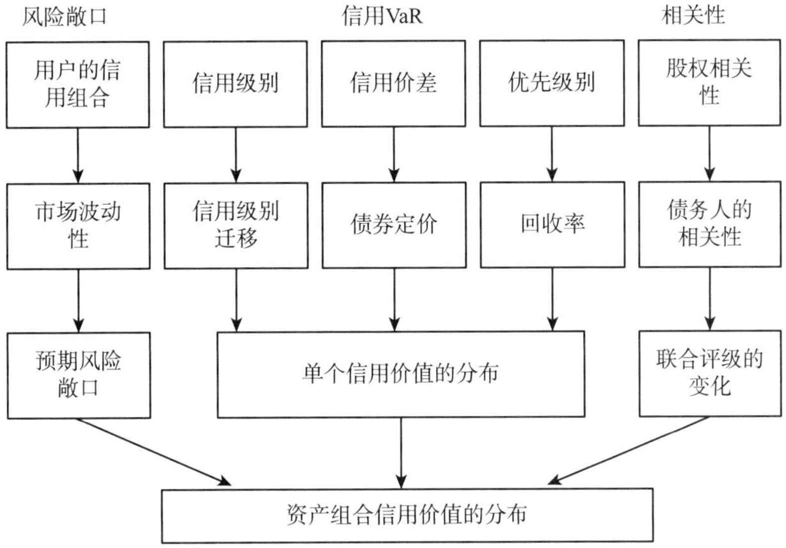

图 11. 3　CreditMetrics 的结构

资料来源：Philippe Jorion, Financial Risk Manager Handbook (6th Edition), John Wiley & Sons, Inc., Hoboken, New Jersey, 2011.

CreditMetrics 先从客户的投资组合出发，按照其风险敞口来分解所有金融工具，评估在目标日期市场波动对期望风险敞口的影响。所涵盖的金融工具范围包括债券、贷款、互换、应收票据、商业承诺和信用凭证。

CreditMetrics 模型认为企业的信用评级可以反映债务人的信用状况，并假定信用评级能真实地反映债务人的信用风险，因而可以通过信用等级迁移概率的分析来测度企业的信用风险。在信用市场上，企业信用的价值取决于其信用等级，当企业的信用评级发生改变时，信用资产的市场价值也会随之改变。可以通过企业的信用等级迁移概率矩阵测度信用资产在不同信用风险下的概率分布，以获取信用资产在一定置信度下的价值。在获取单一信用资产的风险状况后，可以在分析资产组合相关性的基础上进行信用组合的风险管理。由于经济中系统性因素的影响，不同信用资产之间存在相关性，因此可以基于信用资产组合的收益率相关系数，计算信用组合的联合信用等级迁移概率矩阵，进而确定信用组合在一定置信度下的 VaR。

有关 CreditMetrics 模型的具体应用将在第 12 章详细介绍。

11.4.2 KMV 模型

KMV 模型建立在 1974 年默顿使用的期权定价模型基础上。该模型假定企业的资产价值为 V_A，负债的价值为 D，则所有者权益的价值，也即企业的股权价值为 $V_E = V_A - D$。当债务到期时，如果企业资产的价值小于负债的价值，企业会选择违约，因为如果企业通过筹集额外的资金来偿还债务的话，则清偿债务后股东将一无所有；如果企业资产的价值大于负债的价值，股东享有的权益为资产超过负债的部分，因而股东会选择偿还债务以获得剩余的权益部分。可见，我们可以将企业股票的价值看作一份欧式看涨期权，赋予投资者在到期日以事先约定的价格购买股票的权利。在期权到期日，如果企业股价高于执行价格，则期权的价格为股价高于执行价格的部分。否则，股票的价值为零。

对于债务的信用风险，KMV 模型的基本理念是，在负债一定的条件下，企业是否违约是由企业资产的市场价值决定的。在债务到期日企业违约的临界点是企业资产价值等于债务的情况。如果企业债务超过资产价值，企业就会违约。KMV 模型认为股权和期权的定价有相同的基础，因此可以借鉴 Black-Scholes 期权定价公式来确定企业股权价值和资产价值的关系，而企业债务违约概率取决于企业资产价值低于债务的概率。

11.4.2.1 KMV 模型的单个资产分析

1. 利用 KMV 模型计算预期违约概率的步骤

在计算预期违约概率时主要涉及三个时点：起点 0、中间时点 $t(0<t<T)$ 和债务到期时间 T。

第一步：根据 Black-Scholes 期权定价公式计算企业资产价值及其波动率。

A. 计算资产价值

将企业的资产价值 V 看作标的物，将到期债务 D 看作看涨期权的执行价格，利用期权定价公式，可以得到时间 0 时企业的股权价值 S_0 为：

$$S_0 = V_0 N(d_1) - De^{-rT}N(d_2) \tag{11.12}$$

$$d_1 = \frac{\ln\frac{V}{D} + \left(r + \frac{\sigma_V^2}{2}\right)T}{\sigma_V\sqrt{T}}, \quad d_2 = d_1 - \sigma_V\sqrt{T} = \frac{\ln\frac{V}{D} + \left(r - \frac{\sigma_V^2}{2}\right)T}{\sigma_V\sqrt{T}}$$

其中，V_0为资产价值，σ_V为资产价值的波动率，r 为无风险收益率。

同理，在任意时刻 t，企业的股权价值为：

$$S_t = V_t N(d_1) - De^{-r(T-t)} N(d_2) \tag{11.13}$$

$$d_1 = \frac{\ln \frac{V_t}{D} + \left(r + \frac{\sigma_V^2}{2}\right)(T-t)}{\sigma_V \sqrt{T-t}}, \quad d_2 = d_1 - \sigma_V \sqrt{T-t} = \frac{\ln \frac{V_t}{D} + \left(r - \frac{\sigma_V^2}{2}\right)(T-t)}{\sigma_V \sqrt{T-t}}$$

B. 计算资产价值波动率

股权价格关于资产价值的弹性为：

$$\eta_{S,V} = \frac{\frac{\Delta S}{S}}{\frac{\Delta V}{V}} \rightarrow \frac{\Delta S}{S} = \eta_{S,V} \frac{\Delta V}{V} \rightarrow \sigma_S = \eta_{S,V} \sigma_V \tag{11.14}$$

由期权定价公式可得：

$$\frac{\partial S}{\partial V} = N(d_1)$$

则：

$$\eta_{S,V} = \frac{\partial S}{\partial V} \frac{V}{S} = N(d_1) \frac{V}{S} \tag{11.15}$$

可以得到股权和资产价值波动率之间的关系式：

$$\sigma_s = N(d_1) \frac{V}{S} \sigma_V \tag{11.16}$$

为了得到资产价值的波动率，我们需要先求出股票价格的波动率。股票价格的波动率反映了股票收益的不确定性，可以采用历史数据进行计算：

股票价格的日波动率为：$\sigma_S^* = \sqrt{\frac{1}{T-1} \sum_{t=1}^{T} (\mu_t - \bar{\mu})^2}$，其中日收益率为：$\mu_t = \ln\left(\frac{S_t}{S_{t-1}}\right)$。则股票价格的年波动率为：$\sigma_S = \sigma_S^* \sqrt{250}$，其中，T 为天数，$\mu_t$为日收益率，$\bar{\mu}$ 为收益率平均值。

由股权价格和股权价格的波动率即可倒推出企业资产价值和资产价值的波动率。

第二步：计算违约距离（distance to default，DD）。

通常，企业只有在资产价值低于债务的时候才会选择违约，企业可能违约的最小资产价值就是违约点（default point）。从理论上讲，上市企业的资产价值与债务价值相等的点就是违约点，然而根据学者们对大量企业的研究，虽然在企业资产价值与负债的账面价值相等的时候确实有一些企业选择违约，但是大部分企业会继续经营并且以后偿还债务。因此，在 KMV 模型中，违约点一般被定义为企业短期债务和 50% 的长期债务的账面价值之和。在明确企业期末的预期资产价值和当期的违约点后，就可以得知企业的资产价值下降多少会到达违约点。

假定企业的资产价值服从对数正态分布，则违约距离的计算如式（11.17）所示：

$$DD = \frac{\ln \frac{V_0}{D} + \left(r - \frac{\sigma_V^2}{2}\right)T}{\sigma_V \sqrt{T}} \tag{11.17}$$

违约距离越大，表明企业离违约点越远，企业违约的可能性越小；同理，违约距离越小，表示企业离违约点越近，企业的信用风险越大。

由于企业的资产价值不一定服从几何布朗运动，因而 KMV 公司提出了一个计算违约距离的简化方法，将违约距离转化为企业期末资产价值与违约点之间的差额与资产值波动的标准差的比值。

$$DD = \frac{V - DPT}{V_0 \sigma_V} \tag{11.18}$$

对于股票全流通的上市企业，股权价值即为企业的总市值，用股票的市场价格与股票数量的乘积即可得到。在参数的选择上，无风险利率（r_f）通常可以选择一年期国债利率、银行同业拆借利率或一年期定期存款利率来表示。时间参数 t 一般可以选择一年。

第三步：计算预期违约概率（expected default frequency，EDF）。

按照默顿（Merton，1974）的模型假设，企业的资产价值 V 服从几何布朗运动：

$$\frac{dV_t}{V_t} = \mu_V d_t + \sigma_V dZ_t, \quad dZ_t = \varepsilon \sqrt{dt} \tag{11.19}$$

可得：

$$V_t = V_0 \cdot \exp\left[\left(\mu_V - \frac{\sigma_V^2}{2}\right)t + \sigma_V \sqrt{t}\varepsilon\right] \tag{11.20}$$

假设企业只存在一种债务，则可以直接用到期时的债务价值代替违约临界点，来计算违约概率：

$$PD = P(V_T < D) = P\left\{V_t \cdot \exp\left[\left(\mu_V - \frac{\sigma_V^2}{2}\right)t + \sigma_V\sqrt{t}\varepsilon\right] < D\right\}$$

$$= P\left(\varepsilon < -\frac{\ln\left(\frac{V_t}{D}\right) + \left(\mu_V - \frac{\sigma_V^2}{2}\right)\tau}{\sigma\sqrt{\tau}}\right) = N(-d_2) \tag{11.21}$$

违约距离为：

$$DD = d_2$$

预期违约概率为：

$$EDF = N(-DD) \tag{11.22}$$

为便于使用，我们将 KMV 模型的重要公式、参数及其估计汇总到表 11.3 中。

表 11.3　　　　KMV 模型的主要估计量

估计量	计算	参数	参数估计
资产价值	$S_0 = V_0 N(d_1) - De^{-rT}N(d_2)$ 其中， $d_1 = \frac{\ln\frac{V}{D} + \left(r + \frac{\sigma_V^2}{2}\right)(T-t)}{\sigma_V\sqrt{T}}$ $d_2 = d_1 - \sigma\sqrt{T}$	企业资产价值	$V = \eta_{V,S}N(d_1)S$
		资产收益率波动系数	$\sigma_V = \frac{S}{V}N(d_1)^{-1}$
		无风险利率	一般为一年期国债收益率
		违约点	一般为短期负债与1/2的长期负债之和
		到期期限 T	
违约距离	$DD = \frac{\ln\frac{V_0}{D} + \left(r - \frac{\sigma_V^2}{2}\right)T}{\sigma_V\sqrt{T}}$		
预期违约概率	$EDF = N(-DD)$		

资料来源：周月刚著：《信用风险管理：模型、度量、工具及应用》，北京大学出版社 2017 年版。

2. KMV 模型的优缺点分析

KMV 模型的优点在于其建立在期权理论之上，且数据源于企业财务报表和股价，获取方便，可以实时进行债务质量更新，动态反映信用风险水平的变化。其缺点在于模型建立在资产价值正态分布的假设之上，但现实中资产价值不一定满足这个假设。此外，模型没有考虑债务的类型，诸如是否有债务的优先偿还顺序、是否存在担保等，这些都可能影响预测的准确性。

11.4.2.2　KMV 模型资产组合管理

KMV 模型可以应用于信用资产组合风险管理，特别是实现风险分散。KMV 的量化方法融合了马科维茨和夏普的资产组合理论以及默顿—布莱克—斯科尔斯（Merton-Black-Scholes）的期权信用模型。这两个概念性框架非常有用，因为我们可以在此基础上，使用市场数据进行资产组合决策。除了来自权益资本市场的数据，KMV模型还结合了债券市场和信用衍生品市场的信息。

但马科维茨和夏普的资产组合理论只部分适用于信用风险分析，因为他们假设资产收益为正态分布。要将这些理论运用于信用风险管理，需时刻注意模型里的标准差和方差等可能会导致对模型的误解，因为信用资产收益的分布往往不是正态分布。

信用风险分析的问题是确定合适的风险变量，度量信用资产组合的必要风险变量有三个：期望收益、每个资产的风险和每对资产的相关性。每个资产的期望收益和风险可以用以上单个资产分析的方法来度量。在资产组合的应用上，难点在于如何度量资产之间的相关性。

KMV 模型所描绘的信用风险是资产的市场价值、资产波动率和违约时间的函数。两个企业在时间轴上相关性的关键决定因素是它们的市场价值关系，所以如果我们了解企业资产的市场价值之间的相关性，我们就可以用 KMV 模型的分析框架来推导出它们信用风险的相关性。但利用历史数据来计算违约相关性时，KMV 模型有些缺陷，因为如果两个企业从来没有发生过违约，我们就无法用历史数据来估计它们的违约相关性，但又不能断言其不相关。

当缺乏历史数据时，变通办法是使用两个企业所在行业的违约相关性作为这两个企业违约相关性的估计值，但这种估计值可能有相当大的误差。

11.4.3 CreditRisk+模型

CreditRisk+模型是由瑞士信贷银行金融资产部在财产保险精算思想的指引下，开发出的信用风险管理系统。通过对信贷市场的长期观察，瑞士信贷银行发现，诸如抵押贷款和小企业贷款等类型的很多贷款都具有每笔贷款违约概率很小并且贷款之间相互独立的特点。因而违约事件可以用泊松分布进行描述。

泊松分布是法国数学界西莫恩·德尼·泊松于 1838 年提出的，用于描述统计学中的离散概率现象。泊松分布是二项分布的一种特例，当某些事件发生的概率很小，而样本数量较多时，二项分布就会逼近泊松分布。如果给定时间内随机事件的平均发生次数为 λ，那么 n 次独立实验中，该事件发生 k 次的频率为：

$$P(X=k)=\frac{e^{-\lambda}\times\lambda^{k}}{k!} \tag{11.23}$$

CreditRisk + 模型将违约看作外生的不可预知事件，假定贷款组合内的每项债务是否违约具有随机性，在给定时间内，单项债务的违约概率不变；每项债务的违约概率都很小，并且每项债务是否违约与其他债务违约相互独立。先对单个频段内的债务进行违约概率和损失的估计，然后对所有频段的损失进行加总，得到债务组合的损失分布。

以一个包含 N 笔贷款的组合为例，用 X 表示违约贷款数量，用 p 表示违约事件的平均发生率，则这个贷款组合中有 k 笔贷款违约的概率为：

$$P(X=k)=C_N^k p^k (1-p)^{N-k} \tag{11.24}$$

在贷款很多但是违约贷款率很低的条件下，二项分布趋近于泊松分布：

$$P(X=k)=\frac{e^{-\lambda}\times\lambda^k}{k!}$$

其中，逾期违约数 $\lambda = Np$。

在贷款违约事件中，银行所遭受的损失不仅取决于违约概率，还取决于违约后损失的大小。在 CreditRisk + 模型中，敞口指的是考虑违约损失率的债务价值，等于贷款的未来市值乘以违约损失率。

1. 模型计算信用风险敞口和非预期损失的步骤

第一步：风险敞口频段划分。

首先，对于一个有 N 笔贷款的贷款组合，根据组合中的最高贷款金额设定一个合适的风险敞口频段值 L，将最高贷款额除以频段值即可得到总的频段级数量 m，如果最高贷款额与频段值的比值不是整数，可以通过四舍五入或向上取整得到；其次，按风险敞口的大小将贷款组合中的各笔贷款划分到不同频段级；最后，将各频段级的违约损失进行加总，即可得到贷款组合的损失分布。对贷款组合信用风险估计的目的是了解不同损失水平下违约损失的分布情况。通过频段的划分即可将违约事件的个数转化成违约损失的分布。

对于具体的频段划分，例如，对于一个有 100 笔贷款的组合，其中最大的风险敞口为 20 万元，将敞口频段值设定为 2 万元，则可以得到 10 个级别的敞口频段分别为 z_1，z_2，…，z_{10}，各级别对应的风险敞口规模分别为 2 万元，4 万元，…，20 万元，对于一笔 3.6 万元的贷款，可以将其归类到频段中，该频段对应的风险敞口为 4 万元。

为了确保结果的准确性，模型要求样本数量足够多并且不存在数据分布不均匀的问题。

第二步：估计单个频段级的违约概率和损失分布。

如果处在 z_i 频段的贷款平均违约数为 λ_i，贷款笔数为 $N_i(\sum_{i=1}^{m} N_i = N)$，$z_i$ 对应的风险敞口为 $L_i = L * i$，那么该频段有 n_i 笔贷款违约的概率为：

$$P(n_i) = \frac{\lambda_i^{n_i} \cdot e^{-\lambda_i}}{n_i!}, \quad n_i = 1, 2, \cdots, N_i \tag{11.25}$$

预期损失分布为：

$$ELD(n_i) = n_i L_i \frac{\lambda_i^{n_i} \cdot e^{-\lambda_i}}{n_i!} \tag{11.26}$$

通过对各频段级数据的计算，就可以统计出每个频段级的概率分布和预期损失分布。

第三步：估计贷款组合的违约概率和损失分布。

这个贷款组合中 N 笔贷款的总风险敞口为：

$$TL = \sum_{i=1}^{m} L_i n_i = L \cdot \sum_{i=1}^{m} (i \cdot n_i) = nL \tag{11.27}$$

如果对于贷款组合中任意频段级 z_i 对应的贷款违约数量为 n_i，那么整个贷款组合的违约概率为：

$$P(n_1, n_2, \cdots, n_m) = \prod_{i=1}^{m} \frac{\lambda_i^{n_i} \cdot e^{-} \lambda_i^{*}}{n_i!} \tag{11.28}$$

预期损失分布为：

$$EDF(N) = EDF(n_1, n_2, \cdots, n_m) = nL \cdot \sum_{G} P(n_1, n_2, \cdots, n_m) \tag{11.29}$$

其中，

$$G = \{(n_1, n_2, \cdots, n_m) \mid \sum_{i=1}^{m} i \cdot n_i = n\}$$

第四步：计算非预期损失。

在得出贷款组合的损失分布之后，就可以求出给定置信度下的最大损失。最大信用损失和预期信用损失之差即为经济资本，也就是非预期损失。在获取贷款组合经济资本之后，将其在所有贷款中进行分配就可以知道每笔贷款的经济资本。

2. CreditRisk + 模型的优缺点

CreditRisk + 模型的优点在于对数据施加的限制比较少，只考虑违约和不违约两种情况，因而计算比较简单快捷。其缺点也比较明显，模型是在假定每个频段级平均违约概率不变的条件下建立的，与现实情况存在差别；企业之间经常会互相担保，因此，无法保证贷款相互独立的假设条件；此外，模型没有考虑债务人信用等级的变化以及利率的期限结构，无法精确地度量违约损失。

11.4.4 Credit Portfolio View 模型

Credit Portfolio View（CPV）模型是由麦肯锡公司（McKinsey）于 1998 年开发出的一个用作信贷组合风险分析的多因子模型。CPV 模型运用计量经济学和蒙特卡洛模拟对每个国家不同行业中不同等级的违约和转移概率进行计算，进而得出风险价值。该模型以宏观经济情况为基础来度量违约风险，考虑的宏观经济因素有 GDP 增长率、失业率、汇率、长期利率、政府支出和储蓄等，用于分析贷款组合风险和收益。该模型认为宏观经济因素的改变是导致信用质量变化的原因，因而用 CPV 模型衡量信用风险时不对企业的特殊数据进行分析。

1. CPV 模型的基本原理及框架

CPV 模型将信用评级转移概率与宏观经济变量联系起来，由于信贷的顺周期性，当经济处于繁荣时期时债务人的违约概率和违约损失率比较低，而在经济衰退时则较高。运用 CPV 模型分析违约风险，首先是对宏观经济变量进行检验，从中选取一些与违约风险显著相关的变量；其次进行模拟仿真，获取经济扩张和衰退时期的违约概率转移矩阵，计算信用工具组合损失的分布状况；最后是分析当前的经济状况，并由组合损失分布算出违约概率分布。

CPV 模型有以下假设：

第一，信用等级在不同时期的迁移概率受到宏观因素的影响，主要影响因素有经济周期、失业率、GDP 增长率、汇率、长期利率水平等；

第二，宏观经济变量服从二阶自回归 AR（2）过程。

违约概率可以用一个 Logit 函数来描述，由 Logit 变换计算得到的违约概率处于 0 ~ 1 之间，在经济行业环境 j 中单个债务人的违约概率可表示为：

$$P_{j,t} = \frac{1}{1 + e^{-Y_{ij}}} \tag{11.30}$$

其中，$Y_{j,t}$表示由宏观环境 j 在 t 时刻的评级指数，可用下述的多因子模型来表示：

$$Y_{j,t} = \beta_{j,0} + \beta_{j,1}X_{j,1,t} + \beta_{j,2}X_{j,2,t} + \cdots + \beta_{j,m}X_{j,m,t} + v_{j,t} \tag{11.31}$$

其中，$\beta_j = (\beta_{j,0}, \beta_{j,i}, \beta_{j,2}, \cdots, \beta_{j,m})$ 为时期 t 宏观经济环境 j 中的指数评价系数；

$X_{j,i,t}=(X_{j,1,t}, X_{j,2,t}, \cdots, X_{j,m,t})$ 为宏观经济变量；$v_{j,t}$是误差项，独立于宏观经济向量 $X_{j,t}$，服从正态分布。由宏观经济变量服从 AR（2）过程的假设可知：

$$X_{j,i,t}=r_{j,i,0}+r_{j,i,1}X_{j,i,t-1}+r_{j,i,2}X_{j,i,t-2}+e_{j,i,t} \tag{11.32}$$

其中，$X_{j,i,t-1}$，$X_{j,i,t-2}$分别表示宏观经济变量 $X_{j,i,t}$的一阶和二阶的滞后项；$r_j=(r_{j,i,0}, r_{j,i,1}, r_{j,i,2})$ 为要估计的系数；$e_{j,i,t}$表示误差，服从独立同分布，即 $e_{j,i,t}\sim N(0, \sigma_{j,i,t})$ 且 $e_t \sim N(0, \sum_e)$，$\sum_e$ 为误差项 e_t 的协方差矩阵。

对每一个国家来说，宏观经济变量都是给定的。若能收集到足够的样本数据，就可以由上述公式估计出相应的违约概率 $P_{j,t}$和违约概率指数 $Y_{j,t}$。

若采用蒙特卡洛模拟对特定经济环境下的违约概率分布进行计算，首先，将得到的违约概率估计值与不考虑经济环境变化的相应行业历史平均值做比较，当二者的比值小于1时，则认为经济处于繁荣期；反之则认为经济处于衰退期。然后，根据经济状况对信用转移概率进行调整，在经济增长阶段，债务人违约的概率比历史平均水平要低，信用评级上升的概率增大，信用评级下降的概率减小，调整后的信用等级转移的概率分布能够反映真实的宏观经济环境。对上述过程模拟多次，可以得到任意时期各个评级的条件违约概率分布。

2. CPV 模型的优缺点

CPV 模型的优点在于：第一，充分考虑了全球经济、国家宏观经济和行业发展在企业中的作用，打破了用企业历史违约概率的平均值测算企业违约概率的模式。第二，把宏观影响因素加入信用风险评估中，并基于宏观经济环境的变化调整信用评级转移概率矩阵，有助于动态地反映信用风险变化的情况。

CPV 的缺点在于：第一，对违约数据的完整性和可靠性提出了较高的要求；第二，没有债务的期限结构等微观因素；第三，信用评级变化的调整容易受主观因素的影响，有可能降低模型估计的准确度。

11.4.5 组合信用风险模型比较

11.4.5.1 组合信用风险模型特征比较

KMV 模型、CreditMetrics 模型、CreditRisk + 模型和 CPV 模型四种方法是当今国际上最具代表性的信用风险量化模型。它们建立的基础和对风险评估的方法都有所不同（见表 11.4）。

表 11.4　　组合信用风险模型的基本特征

分类	CreditMetrics	CreditRisk +	KMV	Credit Portfolio View
创始者	JP 摩根	瑞士信贷	KMV 公司	麦肯锡公司
模型基础	默顿期权定价理论	保险精算	默顿期权理论	宏观经济周期
模型类型	从上至下	从下至上	从下至上	从上至下
是否盯市	盯市模型	违约预测模型	盯市和违约预测	盯市和违约预测
风险定义	市场价值（MTM）	违约损失（DM）	违约损失（MTM/DM）	市场价格（MTM）
风险驱动因子	资产价值	违约率	资产价值	宏观因素
信用事件	信用级别变化/违约	违约	连续违约概率	信用级别变化/违约
概率	无条件概率	无条件概率	条件概率	条件概率
违约概率估计	企业评级法	泊松分布	风险中性概率法	蒙特卡洛模拟
波动性	常量	变量	变量	变量
相关性	来自股权（结构的）	违约过程（简化的）	来自股权（结构的）	来自宏观因素
回收率	随机	层次内为常量	随机	随机
求解方法	模拟过程/解析	解析	解析	模拟过程
数据要求	长期的跨行业数据，评级机构提供的信用评级、国别和产业指数、单项资产的风险敞口及股票交易数据	风险敞口水平和债务人的违约概率数据	债务人的资本结构、风险利率债务、单项资产的风险敞口以及其他历史数据	宏观经济变量、行业数据
适用范围	对企业和大客户的信用风险度量	银行对零售客户的信用风险度量	对企业和大客户的信用风险度量	对宏观经济因素变化敏感的投机级债务人的信用风险度量

1. 从上至下模型和从下至上模型

从上至下模型用单一统计量对信用风险进行归类，即将许多不同来源的风险都视为同质风险加总到组合的整体风险中，而不考虑个别交易的细节。这种方法对由数量众多的零售信贷组成的信用组合比较适用，但对公司贷款或国家贷款就不太合适。即使在零售组合里，从上至下模型也可能隐含着来自行业或地理位置的特殊风险。

从下至上模型解释了每一种资产的特征，该方法类似于对具有市场 VaR 系统特征的头寸进行结构分解。它适用于公司和资本市场投资组合。从下至上模型对于采取修正措施也有用，因为可以按照其风险结构进行反向操作来修正风险情况。

2. 违约模式模型和盯市模型

违约模式模型只把完全的违约视为信用事件，因此不考虑债券市值或信用评级的变动。盯市模型考虑市场价值的变化和包括违约在内的信用评级的变化。这些公允市值模型提供了对风险的更好估计，这与运用清算期定义的持有期一致。

3. 条件违约概率模型和无条件违约概率模型

条件违约概率模型中包括了宏观经济因子变动通过函数关系对违约概率的影响。显然，在经济衰退期间违约率会上升。无条件违约概率模型具有固定违约概率，并且往往关注的是借款者或特殊因素信息。然而某些环境因素的改变可以通过改变模型参数的方法来实现。

4. 违约相关性模型

由于违约相关性不能直接从组合中的债务人观测到，因此它们必须从模型中推导。

结构模型通过资产的联合变动来解释相关性，例如股票价格。对于每一个债务人，这一价格为代表违约概率变动的随机变量。简化模型通过假设特定违约事件和背景因素间具有某一特定函数关系来解释相关性。例如，不同债务人违约事件之间的相关性，可以通过一般风险因子，如行业和国家风险的负荷来建模。

11.4.5.2 组合信用风险模型的实证比较

ISDA 进行了一项比较各种信用风险模型的调查。这项实证研究由 3 个 1 年期贷款的信用组合组构成，每一个组合的风险敞口总额为 663 亿美元：

投资组合 A：信用质量高，分散化投资（含 500 个贷款）。

投资组合 B：信用质量高，集中投资（含 100 个贷款）。

投资组合 C：信用质量低，分散化投资（含 500 个贷款）。

如表 11.5 所示，所研究的模型包括 CreditMetrics、CreditRisk + 以及两种内部模型，每种模型所考查的时间范围都是 1 年，置信水平都是 99%。表 11.5 中还给出了《巴塞尔协议 I》的标准化资本要求，基本不允许存在信用质量的变化或由分散化带来的影响。实际上，所需要的资本是以贷款名义本金的 8% 为基础的。

表 11.5　　不同信用风险模型计算得到的资本要求　　单位：亿美元

分类	假设相关系数为 0		
	组合 A	组合 B	组合 C
CreditMetrics	7.77	20.93	19.89
CreditRisk +	7.89	20.20	20.74
内部模型 1	7.67	19.67	19.07
内部模型 2	7.24	19.06	17.56
《巴塞尔协议 I》的规定	53.04	53.04	53.04

续表

分类	评估相关系数		
	组合 A	组合 B	组合 C
CreditMetrics	22.64	29.41	114.36
CreditRisk +	16.38	25.74	100.00
内部模型 1	13.73	23.66	96.54
《巴赛尔协议 I》的规定	53.04	53.04	53.04

资料来源：Philippe Jorion, Financial Risk Manager Handbook (6th Edition), John Wiley & Sons, Inc., Hoboken, New Jersey, 2011, P604.

表 11.5 的上半部分检验相关系数为 0 的情况。不管组合信用质量如何，或是否受分散化影响，《巴塞尔协议 I》规则产生相同的资本要求。其结果也全部高于其他模型，为 53.04 亿美元，大致相当于贷款名义本金的 8%。

其他 4 种信用组合模型在资本金计提上基本一致。组合 A 和组合 B 有同样的信用质量，但组合 B 的投资更集中一些。组合 A 有较低的 CVaR，大约为 8 亿美元，而组合 B 则为 20 亿美元。组合 A 和组合 C 的贷款数量相等，但组合 C 信用质量低，组合 C 的 CVaR 从 8 亿美元上升到 20 亿美元。

表 11.5 的下半部分评估了相关系数为正的情况。《巴塞尔协议 I》的资本要求保持不变，因它不考虑相关性。内部模型的资本与前面的情况相比提高了。但不同模型结果的偏离度增大了。有趣的是，对于组合 C 而言，其信用质量较低，其经济资本要求基本上达到《巴塞尔协议 I》要求的 2 倍。说明《巴塞尔协议 I》可能导致不当的信用风险资本要求，银行可能会移动其风险曲线直到经济资本达到监管要求的资本水平。这种向较低信用质量的转移，当然不是《巴塞尔协议 I》的目的，由此导致《巴塞尔协议 II》的产生。

有研究报告比较了《巴塞尔协议 II》和 3 种商业银行信用模型的资本要求。基本组合有 3 000 个不同行业和国家的债务人的 1 000 亿美元组成，平均信用评级为 BBB。表 11.6 给出了违约模型的评估结果。

表 11.6　　信用风险模型比较　　单位：百万美元

分类	期望损失	99.9% 置信水平下的资本
KMV (PM)	563	3 791
CreditMetrics (CM)	562	3 533
CreditRisk +	564	3 662
《巴赛尔协议 II》	607	3 345

资料来源：Philippe Jorion, Financial Risk Manager Handbook (6th Edition), John Wiley & Sons, Inc., Hoboken, New Jersey, 2011, P604.

根据《巴塞尔协议Ⅱ》规则，资本要求为33亿美元，接近于贷款名义本金的4%。3个商业银行信用模型给出的结果与《巴塞尔协议Ⅱ》规则的结果较为接近。该研究报告认为，如果假设一致，那么，PM和CM模型给出的评估结果没有太大差别。当然，这也是因为这些模型都基于相同的联合密度函数，都使用正态Copula，并且使用相同的历史数据。

11.5 总　　结

投资组合信用风险模型将市场风险模型又向前推进了一步。直观上，还是分散化会降低组合的风险。与市场风险不同，风险经理可以观测到市场风险因子的历史变动，但对于一个特定的债务人，却没有违约的历史记录。因此，违约概率都是间接建模的，而估计违约相关性和违约联合密度函数的问题就更为复杂。2007年以前，这些模型都没有经过整个市场周期的检验，市场周期包括经济衰退期。这点非常重要，因为经济衰退会导致违约率的提高、违约相关性的上升以及回收率的下降。

最后，很难验证这些模型在高置信水平（如99.9%）、较长期间（如1年期）里得出的经济资本指标。相反，市场风险模型在99%置信水平下得出的每日VaR可以得到验证，其在1年内平均只有2、3个异常值。因此与市场风险不同，信用风险VaR的估计很难进行事后测试。这解释了为什么监管者质疑这些模型的准确性暂不允许商业银行使用其内部组合模型来计算信用风险资本要求。尽管信用风险模型取得了很大进展，但仍有待更多的改进。

练习题

1. X银行已经同意对一个公司发放贷款。这个贷款将一次性支付5 000万元。该公司有3%的可能性违约，而且通过计算可知最终的贷款回收率为70%。如果需要对期望信用损失计提信用准备金，需要计提多少？（　　）

A. 450 000元　　B. 750 000元　　C. 1 050 000元　　D. 1 500 000元

2. 定义非期望损失（UL）为损失的标准差，期望损失（EL）为平均损失。进一步定义LGD为违约损失，EDF为期望违约频率。下列哪些说法是正确的？（　　）（多选）

A. EL随着EDF线性增加

B. EL通常比UL高

C. UL比EL随着EDF增加得快

D. LGD越低，EL和UL中损失比例越高

3. 在下列交易中，假设每个交易对手都具有相同的信用评级，哪一个交易执行起来更优？（　　）

A. 从交易公司处购买天然气　　B. 从生产商处购买天然气

C. 从经销商处购买天然气　　D. 以上交易无差别

4. 下列哪一个贷款的信用风险最低？（　　）

贷款	1年期违约概率（%）	违约损失率（%）	剩余期限（月）
A	1.99	60	3
B	0.90	70	6
C	1.00	75	9
D	0.75	50	12

5. L先生是一个资产经理，持有价值2亿元的BBB级的债券组合。假设1年期的违约概率是4%，回收率是60%，并且各年之间的违约不相关。那么L先生资产组合的2年期累计期望信用损失是多少？（　　）

A. 640万元　　B. 627万元　　C. 960万元　　D. 948万元

6. 你是H银行的信用风险经理。H银行持有5亿元的国债、一个具有正违约概率的4亿元的贷款和另一个具有正违约概率的1亿元的贷款。违约之间不相关。该银行用CreditRisk+模型计算1%置信水平下的信用VaR。下列哪一种关于VaR的说法是错误的？（　　）

A. VaR或者WCL可以等于0　　B. 信用组合的期望损失超过VaR

C. 信用组合的期望损失一定比VaR小　　D. 以上说法均错误

7. KMV度量了标准正态化的违约距离。违约距离是如何定义的？（　　）

A. （资产的期望价值－加权的债务价值）/资产的波动率

B. 股票价格/股票价格的波动率

C. 股票价格低于某一截点的概率

D. 杠杆乘以股票价格的波动率

8. 一家公司资产的当前价值为5亿元，其负债的当前价值为3亿元。资产价值的标准差为8 000万元。公司没有其他债务。那么使用KMV计算得到的违约距离近似为多少？（　　）

A. 2个标准差　　B. 2.5个标准差　　C. 6.25个标准差　　D. 无法确定

9. 一家公司的相关信息如下。时刻 0 的公司市值为 1 000，时刻 1 的公司市值为 1 200，短期债务为 500，长期债务为 300，资产的年波动率为 10%。根据 KMV 模型，在时刻 1 的违约点和违约距离是多少？(　　)

A. 800 和 3.33　　B. 650 和 7.50　　C. 650 和 4.58　　D. 500 和 5.83

10. 下列哪一个模型是使用期权定价方案来对信用风险资产之间的相关性进行建模的？(　　)

A. CreditRisk +　　B. CreditMetrics

C. 针对上市公司的 KMV　　D. B 和 C 都是

11. 下列哪一个关于 KMV 模型、CreditMetrics 模型和 CreditRisk + 模型应用的说法是正确的？(　　)

A. 这些模型的本意都没有考虑利率或者信用价差的变动

B. 这些模型仅当信用评级变动时才允许违约概率变动，而不是连续变动

C. 使用这些模型计算 VaR 指标是不可行的

D. 这些模型忽视了从一个评级到另一个评级的信用转移

12. 风险分析师试图预测一种风险债券的信用 VaR。该信用 VaR 定义为 99.9% 置信水平下一个月内发生的最大非期望损失的数额。假定该债券的一个月远期价格为 1 000 000元，一年内的累计违约率为 2%。如果其回收率为 0，那么对这种债券的信用 VaR 的最佳估计值为多少？

13. 风险分析师试图设计一个含有两种风险债券的组合信用 VaR。该信用 VaR 定义为 99.9% 置信水平下一个月发生的最大非期望损失的数额。假设每种债券的一个月远期价格为 500 000 元，一年内的累计违约率为 2%。如果违约事件之间不相关，其回收率为 0，那么对这个债券组合信用 VaR 的最佳估计值为多少？

第 12 章　CreditMetrics 投资组合信用风险计算实例

本章将以 CreditMetrics 模型为例，详细说明单个敞口和投资组合信用风险的计算方法。

12.1　单个敞口的风险计算

计算一个债券“投资组合”的信用风险分为三步，如图 12.1 所示。

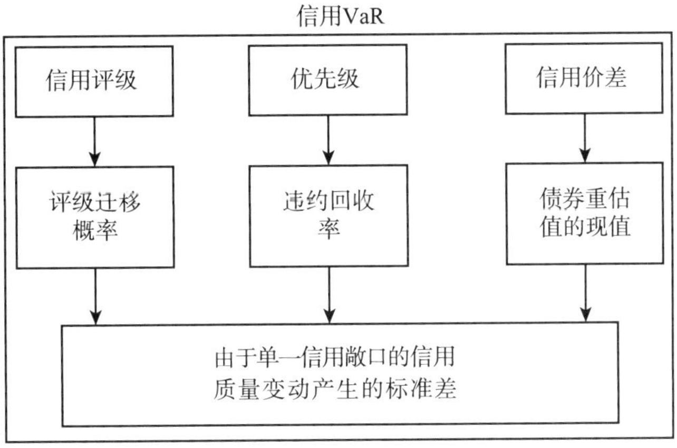

图 12.1　CreditMetrics 方法下的第一个路线

资料来源：J. P. Morgan, Bank of America, Bank of Montreal, BZW, Deutsche Morgan Grenfell, KMV Corporation, Swiss Bank Corporation, Union Bank of Switzerland, CreditMetrics™ – Technical Document, New York, April 2, 1997.

第一步，利用债券发行人的高级无担保债券的信用评级确定违约概率或风险迁移的概率。

第二步，利用债券的优先级别决定它在违约情况下的回收率。每个信用级别的远期零息收益率曲线确定了债券评级的上升（下降）。这两者有助于重新评估债券。

第三步，把步骤 1 的概率和步骤 2 的估值结合起来，计算由于信用质量变化引起的价值波动。

图 12. 1 显示的信用风险框架不同于 Risk Metrics 的市场风险框架。这是因为信用数据的质量和可用性与市场数据大不相同，需要构建无法直接观察的数据。在此过程中，需要模拟价值变化的机制，而不是试图观察价值变化。

以下将以 5 年期 BBB 评级的高级无担保债券为例，详细介绍 CreditMetrics 中用于量化独立风险的每个步骤，这种债券每年支付 6% 的息票，计算的假设风险期为一年。

12. 1. 1 第一步：信用评级迁移

在 CreditMetrics 模型中，风险不仅来自违约，而且来自评级升降导致的价值变化。因此，不仅要估计违约的概率，还要估计在风险范围内迁移到任何可能的信用质量状态的机会。因此，违约被看作从现在起一个时期内可能存在的几种状态之一。

未来期间任何信用评级迁移的概率取决于债务人的高级无担保信用评级。图 12. 2 显示了当前评级为 A、AAA 和 BBB 的债务人的信用质量迁移的概率。对于我们的 BBB 债券，适用最右边的迁移图。

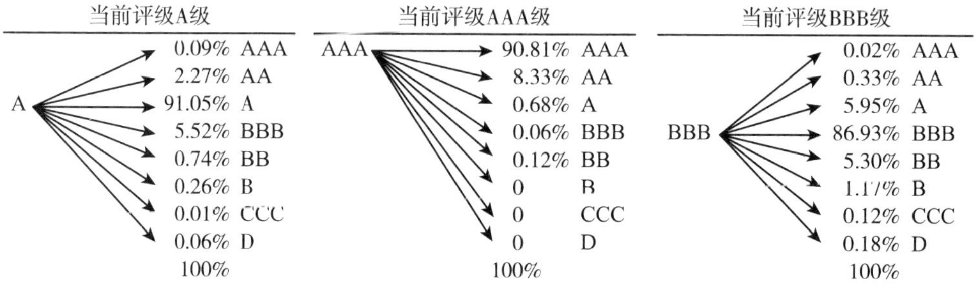

图 12. 2 信用评级迁移示例（1 年风险展望期）

资料来源：J. P. Morgan, Bank of America, Bank of Montreal, BZW, Deutsche Morgan Grenfell, KMV Corporation, Swiss Bank Corporation, Union Bank of Switzerland, CreditMetrics™—Technical Document, New York, April 2, 1997.

更进一步地，我们用信用迁移矩阵来表示每个评级的信用质量迁移概率更加方便（见表 12. 1），它是标准普尔发布的评级迁移数据。

表 12.1　　　　1 年期迁移矩阵　　　　单位：%

初始评级	年底评级								
	AAA	AA	A	BBB	BB	B	CCC	违约	总计
AAA	90.81	8.33	0.68	0.06	0.12	0	0	0	100
A	0.70	90.65	7.79	0.64	0.06	0.14	0.02	0	100
A	0.09	2.27	91.05	5.52	0.74	0.26	0.01	0.06	100
BBB	0.02	0.33	5.95	86.93	5.30	1.17	0.12	0.18	100
BB	0.03	0.14	0.67	7.73	80.53	8.84	1.00	1.06	100
B	0	0.11	0.24	0.43	6.48	83.46	4.07	5.20	100
CCC	0.22	0	0.22	1.20	2.38	11.24	64.86	19.79	100

资料来源：J. P. Morgan, Bank of America, Bank of Montreal, BZW, Deutsche Morgan Grenfell, KMV Corporation, Swiss Bank Corporation, Union Bank of Switzerland, CreditMetrics™ – Technical Document, New York, April 2, 1997.

表 12.1 的左边一列表示现在的信用评级，最上边一行表示年底各种可能的信用评级。如最左下方 0.22% 的数字表明，CCC 评级在一年结束时迁移到 AAA 评级的概率为 0.22%，意味着今天 CCC 评级的信用资产有 0.22% 的时间（在此数据列表的 15 年历史中）在年底会迁移到 AAA 评级。当然，在 1 年内从 CCC 迁移到 AAA 是罕见的，并且可能只代表历史数据中的一个实例。这提出了一个实际问题：基于有限数据的结果会受到估计误差的影响。

我们可以为任何有相似分类的信用评级体系创建转移矩阵。同样，我们将这些分类称为评级类别。无论评级类别如何构建以及有多少类别，都必须指定每个类别的违约概率，以及一个类别中的公司迁移到其他任何类别的概率。此外，出于重估的目的，有必要提供与每个类别相对应的信用差额。

12.1.2　第二步：估值

在第二步中，我们将确定这些信用质量状况所代表的风险范围内的值。每个迁移状态估一个值，因此，在本例中，有 8 个估值。

这 8 个估值分为两类。首先，如果发生违约，我们会根据债券的优先级分类估计回收率。其次，在评级上升（下降）的情况下，我们估计评级迁移导致的信用利差变化。然后，我们对债券的剩余现金流量进行折现，以估计其新的价值。

1. 处于违约状态的估值

如果信用评级迁移至违约状态，可能的剩余价值的回收净额将取决于债务的优先级别。CreditMetrics 提供了一些历史研究。表 12.2 总结了违约状态下的回收率。

表 12.2　　不同等级债券的回收率（面值的百分比） 单位：%

优先等级	均值	标准差
高级担保债券	53.80	26.86
高级未担保债券	51.13	25.45
高级次级债	38.52	23.81
次级债	32.74	20.18
低级次级债	17.09	10.90

资料来源：J. P. Morgan, Bank of America, Bank of Montreal, BZW, Deutsche Morgan Grenfell, KMV Corporation, Swiss Bank Corporation, Union Bank of Switzerland, CreditMetrics™ – Technical Document, New York, April 2, 1997.

表 12.2 显示了平均回收率（中间列）以及回收率的标准差（最后一列）。我们的 BBB 债券是高级无担保债券。因此，我们估计其违约平均值为其面值的 51.13%，在这种情况下，我们假设面值为 100 元。同样根据表 12.2，回收率的标准差为 25.45%。

2. 评级上升与下降的估值

如果信用质量迁移至另一个评级而不是违约，我们需要通过其他方式重估风险。为了获得与评级上升（下降）相对应的风险的债券价值，我们通过以下的步骤对该债券的现值直接进行重估。

第一，获取每个评级的远期零息债券收益率曲线，这些曲线表示为风险级别和债券到期日的函数。

第二，使用这些零息债券收益率曲线，在每个评级类别上重估债券的剩余现金流量。

表 12.3 给出了每个评级类别的远期零息债券收益率曲线。回到我们的 BBB 级债券来说明上述步骤。

表 12.3　　每个信用级别的 1 年远期零息收益率曲线举例 单位：%

级别	1 年	2 年	3 年	4 年
AAA	3.60	4.17	4.73	5.12
AA	3.65	4.22	4.78	5.17
A	3.72	4.32	4.93	5.32
BBB	4.10	4.67	5.25	5.63
BB	5.55	6.02	6.78	7.27
B	6.05	7.02	8.03	8.52
CCC	15.05	15.02	14.03	13.52

资料来源：J. P. Morgan, Bank of America, Bank of Montreal, BZW, Deutsche Morgan Grenfell, KMV Corporation, Swiss Bank Corporation, Union Bank of Switzerland, CreditMetrics™ – Technical Document, New York, April 2, 1997.

首先，让我们确定持有债券头寸所产生的现金流量。回想一下，示例债券以 6% 的比率支付年度息票。因此，假设面值为 100 元，债券在接下来的 4 年结束时每年支付 6 元，在第 5 年结束时债券支付面值加上息票，即 106 元。

现在，我们来计算债券在一年结束时的价值 V，假设债券升级为 A 级，该计算由以下公式得出：

$$V = 6 + \frac{6}{(1+3.72\%)} + \frac{6}{(1+4.32\%)^2} + \frac{6}{(1+4.93\%)^3} + \frac{106}{(1+5.32\%)^4} = 108.66 \quad (12.1)$$

在式（12.1）中，我们使用表 12.3 中 A 级的远期零息债券收益率。为了计算 A 级以外的其他级别债券的价值，我们将用表 12.3 中对应零息债券的利率来代替，计算出不同评级类别的债券现值（见表 12.4）。

表 12.4　　BBB 级含息债券可能的 1 年期远期价格　　单位：元

年底评级	价值
AAA	109.37
AA	109.19
A	108.66
BBB	107.55
BB	102.02
B	98.10
CCC	83.64
违约	51.13

资料来源：J. P. Morgan, Bank of America, Bank of Montreal, BZW, Deutsche Morgan Grenfell, KMV Corporation, Swiss Bank Corporation, Union Bank of Switzerland, CreditMetrics™ – Technical Document, New York, April 2, 1997.

12.1.3　第三步：信用风险评估

我们现在拥有了估算由于信用质量变化导致的 BBB 级债券价值波动所需的所有信息，包括 1 年结束时评级上升、下降和违约的概率，以及每种可能状态下的价值分布，汇总于表 12.5 中。

表 12.5　　计算信用质量变动引起的债券价值波动率

年底评级	概率（%）	含息债券的新价值（元）	概率加权价值（元）	与均值的差值（元）	加权概率差值的平方
AAA	0.02	109.37	0.02	2.28	0.0010
AA	0.33	109.19	0.36	2.10	0.0146
A	5.95	108.66	6.47	1.57	0.1474
BBB	86.93	107.55	93.49	0.46	0.1853
BB	5.30	102.02	5.41	-5.06	1.3592
B	1.17	98.10	1.15	-8.99	0.9446
CCC	0.12	83.64	1.10	-23.45	0.6598
违约	0.18	51.13	0.09	-55.96	5.6358
		均值 = 107.09 元		方差 = 8.9477	
				标准差 = 2.99 元	

资料来源：J. P. Morgan, Bank of America, Bank of Montreal, BZW, Deutsche Morgan Grenfell, KMV Corporation, Swiss Bank Corporation, Union Bank of Switzerland, CreditMetrics™ - Technical Document, New York, April 2, 1997.

前两列的数字分别为迁移的概率和每种情形的价值。我们使用这两列数值来进行风险估计。

1. 计算作为信用风险度量的标准差

我们可以使用两种有用的信用风险指标：标准差和百分位数。首先，我们考虑标准差的计算，为此必须首先计算均值。

请注意，均值只是所有评级类别包括违约的价值的概率加权平均，如表 12.5 所示，估计为 107.09 元，其中包括所有非违约情况的 6 元息票。然后，标准差用来测量各个值与该均值之间离差的概率加权平均。计算完成后，表 12.5 显示由于信用风险而导致的价值变化的标准差为 2.99 元，这可以用来衡量信用风险的绝对值。

在上面的标准差计算中，我们使用 51.13 元作为违约状态时的回收金额（见表 12.2 中高级无担保债券的预期回收率）。但应该注意，存在与此回收率相关的不确定性或标准差。这种不确定性增加了持有债券头寸的整体信用风险。让我们以一种有助于以后纳入回收率不确定性的方式来计算标准差。

令 P_i 为处于任何给定级别状态的概率，并且 μ_i 为每个状态的价值（分别为表 12.5 的第 1 列和第 2 列）。鉴于此我们使用以下公式计算平均值和标准差：

$$\mu_{总} = \sum_{i=1}^{s} p_i \mu_i = (0.02\% \times 109.37 + 0.33\% \times 109.19 + 5.95\% \times 108.66 + 86.93\% \times 107.55 + 5.30\% \times 102.02 + 1.17\% \times 98.10 + 0.12\% \times 83.64 + 0.18\% \times 51.13) = 107.09$$

$$\sigma_{总} = \sqrt{\sum_{i=1}^{s} p_i\mu_i^2 - \mu_{总}^2} = \sqrt{[(0.02\% \times 109.37^2 + 0.33\% \times 109.19^2 + 5.95\% \times 108.66^2 + 86.93\% \times 107.55^2 + 5.30\% \times 102.02^2 + 1.17\% \times 98.10^2 + 0.12\% \times 83.64^2 + 0.18\% \times 51.13^2) - 107.09^2]} = 2.99 \tag{12.2}$$

式（12.2）过于简单，因为它允许债券仅在每个状态内取平均值。通常债券可以在每一种情况下都有价值分布，特别是对于有充分证据的围绕违约回收率的不确定性，我们将这种增加的不确定性纳入如下公式：

$$\mu_{总} = \sum_{i=1}^{S} p_i\mu_i = (0.02\% \times 109.37 + 0.33\% \times 109.19 + 5.95\% \times 108.66 + 86.93\% \times 102.02 + 5.30\% \times 102.02 + 1.17\% \times 98.10 + 0.12\% \times 83.64 + 0.18\% \times 51.13) = 107.09$$

$$\sigma_{总} = \sqrt{\sum_{i=1}^{s} p_i(\mu_i^2 + \sigma_i^2) - \mu_{总}^2} = \sqrt{[\{0.02\% \times (109.37^2 + 0^2) + 0.33\% \times (109.19^2 + 0^2) + 5.95\% \times (108.66^2 + 0^2) + 86.93\% \times (107.55^2 + 0^2) + 5.30\% \times (102.02^2 + 0^2) + 1.17\% \times (98.10^2 + 0^2) + 0.12\% \times (83.64^2 + 0^2) + 0.18\% \times (51.13^2 + 25.45^2)\} - 107.09^2]} = 3.18 \tag{12.3}$$

式（12.3）中，期望值或均值计算与以前保持一致，唯一的区别在于标准差的计算。其中，我们添加了一个分量 σ_i，表示在违约状态下（$i=8$）回收价值的不确定性。回收率增长的不确定性，将标准差从2.99元增加到3.18元，增加了6.32%。

最后，请注意标准差公式的零值。这些零值表示评级状态变化时价值的不确定性。正如违约状态的价值存在不确定性一样，我们预计其他评级状态变化也会使价值存在不确定性。这可能是每个信用评级类别中信用价差的不确定性造成的。CreditMetrics 将此信用利差不确定性设置为0，因为尚不清楚它的哪一部分是系统的。如果有足够的数据来解决这个问题，也可以允许信用利差波动。

2. 计算百分位数水平作为信用风险的度量

另外的风险度量指标是分位数水平。假设我们对债券价值分布的1%分位数水平感兴趣。对大型投资组合而言，分位数水平是更有意义的统计数据。对于这些大型投资组合（事实上，对于任何具有两个以上资产的投资组合）必须通过模拟来计算分位数水平。尽管如此，为了方便举例，计算我们单一债券的分位数水平。

表12.5显示了我们的债券在任何给定信用评级中的概率以及每个信用评级的价值。我们从表12.5的底部开始，从违约状态向上移动到AAA评级状态。随着我们向上移动，我们会保持概率的累积。当概率累积等于或大于1%时就是1%的分位数水平。

让我们来具体分析一下这个累积过程：处于违约状态的概率是 0. 18%，这不到 1%。所以我们累积到 CCC 级状态，处于违约或 CCC 级状态的累积概率为 0. 3%（0. 18% 和 0. 12% 的总和），也达不到 1%。所以我们再向上移动，这次是 B 级债券，与违约、CCC 级债券的累积概率现在等于 2. 17%（0. 3% 和 1. 17% 的总和），现在超过了 1%，因此我们在此处停止并从 B 行读取相应的值，该值等于 98. 1 元，是 1% 分位数水平的值，这比平均值低 8. 99 元。

12. 2 投资组合的风险计算

在 12. 1 节中我们解释了 CreditMetrics 计算单一风险敞口的信用风险的方法。接下来将扩展到两个风险敞口的投资组合。我们以两个特定债券的投资组合为例讲述两个风险敞口的投资组合的风险计算。这两个债券分别是：

债券 1：BBB 评级，高级无抵押债券，6% 的年度息票，5 年到期。

债券 2：A 评级，高级无担保债券，5% 的年度息票，3 年到期。

其中债券 1 与 12. 1 节的单一债券相同。

我们现在更新 CreditMetrics 的路线图为图 12. 3，以显示解决投资组合信用风险问题所需要的额外工作。我们现在必须估计信用质量的非零相关性带来的风险贡献。因此我们必须估计信用质量共同变动中的联合概率。

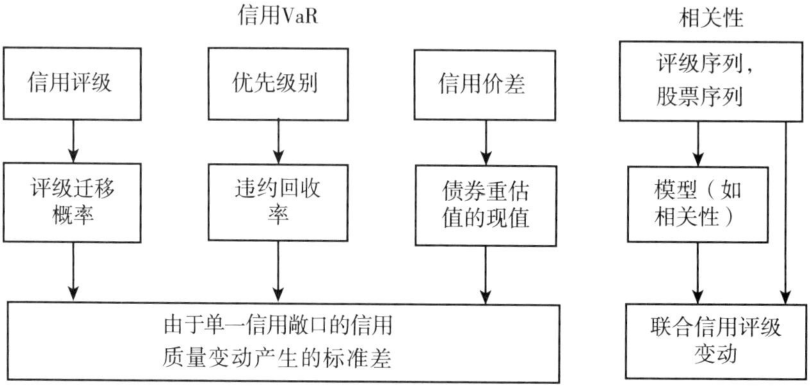

图 12. 3 CreditMetrics 方法下的第一个路线

资料来源：J. P. Morgan, Bank of America, Bank of Montreal, BZW, Deutsche Morgan Grenfell, KMV Corporation, Swiss Bank Corporation, Union Bank of Switzerland, CreditMetrics™ – Technical Document, New York, April 2, 1997.

12.2.1　联合概率

联合概率能使我们正确考虑投资组合的多元化效应。例如，相关性将确定多个敞口同时发生损失的频率。如果信用事件之间的相关性较低，则风险的价值波动也会降低。但是，我们在此不讨论相关性和联合概率之间的关系，而假设联合概率是已知的。稍后，将讨论确定信用质量迁移的联合概率的几种不同方法。

我们已经看到主要评级从 AAA 迁移到 CCC，债务人在一年内的信用质量有 8 种可能的结果。现在我们将两个债务人放在一起考虑。对于这种共同风险的估计，我们需要考虑两个债务人之间所有可能的组合，有 64 种可能的状态。

获得联合概率最简单的方法是假设联合概率等于个体的概率相乘。因此，如表 12.6 所示，两个债务人保持其初始评级的联合概率为 79.15%。这是 86.93%（BBB 评级债券保持 BBB 的概率）和 91.05%（A 级债券保持 A 级的概率）的乘积。

$$79.15\% = 86.93\% \times 91.05\%$$

⇩	⇩	⇩
都保持现有评级的概率	BBB 级保持不变的概率	A 级保持不变的概率

通过对所有 64 个情景重复计算，我们得到表 12.6（1）。但是，只有在两个债务人的信用评级变化相互独立时，即最简单的情况下，这些结果才会成立。

表 12.6（1）　　**零相关性下的联合迁移概率**　　单位:%

债务人 1（BBB）		债务人 2（A）							
		AAA	AA	A	BBB	BB	B	CCC	违约
		0.09	2.27	91.05	5.52	0.74	0.26	0.01	0.06
AAA	0.02	0.00	0.00	0.02	0.00	0.00	0.00	0.00	0.00
AA	0.33	0.00	0.01	0.30	0.02	0.00	0.00	0.00	0.00
A	5.95	0.01	0.14	5.42	0.33	0.04	0.02	0.00	0.00
BBB	86.93	0.08	1.98	79.15	4.80	0.64	0.23	0.01	0.05
BB	5.30	0.00	0.12	4.83	0.29	0.04	0.01	0.00	0.00
B	1.17	0.00	0.03	1.06	0.06	0.01	0.00	0.00	0.00
CCC	0.12	0.00	0.00	0.11	0.01	0.00	0.00	0.00	0.00
违约	0.18	0.00	0.00	0.16	0.01	0.00	0.00	0.00	0.00

资料来源：J. P. Morgan, Bank of America, Bank of Montreal, BZW, Deutsche Morgan Grenfell, KMV Corporation, Swiss Bank Corporation, Union Bank of Switzerland, CreditMetrics™ – Technical Document, New York, April 2, 1997.

风险敞口零相关的假设不现实，因为这些敞口风险变动受到相同宏观经济变量的影响。为了捕捉这种影响，我们将使用一个将公司资产价值与公司信用评级联系起来的模型（将在12.3部分介绍）。在表12.6（2）中，我们给出了应用此模型产生的联合概率。

表12.6（2）　资产相关性为0.3的联合迁移概率　单位：%

债务人1（BBB）		债务人2（A）							
		AAA	AA	A	BBB	BB	B	CCC	违约
		0.09	2.27	91.05	5.52	0.74	0.26	0.01	0.06
AAA	0.02	0.00	0.00	0.02	0.00	0.00	0.00	0.00	0.00
AA	0.33	0.00	0.04	0.29	0.00	0.00	0.00	0.00	0.00
A	5.95	0.02	0.39	5.44	0.08	0.01	0.00	0.00	0.00
BBB	86.93	0.07	1.81	79.69	4.55	0.57	0.19	0.01	0.04
BB	5.30	0.00	0.02	4.47	0.64	0.11	0.04	0.00	0.01
B	1.17	0.00	0.00	0.92	0.18	0.04	0.02	0.00	0.00
CCC	0.12	0.00	0.00	0.09	0.02	0.00	0.00	0.00	0.00
违约	0.18	0.00	0.00	0.13	0.04	0.01	0.00	0.00	0.00

资料来源：J. P. Morgan, Bank of America, Bank of Montreal, BZW, Deutsche Morgan Grenfell, KMV Corporation, Swiss Bank Corporation, Union Bank of Switzerland, CreditMetrics™ – Technical Document, New York, April 2, 1997.

表12.6（2）的联合概率至少有4个特征：

第一，整个表格的概率总和等于100%。

第二，最可能的结果是两个债务人只是保持目前的信用评级。事实上，随着迁移距离的增加，联合迁移的概率变得越来越小。

第三，相关性的作用通常是沿着对角线增加联合概率（如BBB-A）。

第四，每列或每行的总和等于单个债务人的迁移机会。例如，最后一行的总和必须是0.18%，这是BBB级债券的违约概率。

通过对联合概率的讨论，接下来转向我们的两债券投资组合信用风险的计算。

12.2.2　投资组合信用风险

为了计算由于信用质量变化引起的价值波动，我们需要两种债务人之间64个联合状况的两种信息：联合概率和重新估值。信用质量共同变动的联合概率已知，接下来对给定的64种情况下每一种情况的两债券风险敞口进行重新估值，这和计算一个债务人价值波动的情况类似。

我们现在必须在风险范围内确定投资组合的64个可能值，这很容易，因为投资组合在每个成对信用评级等级中的价值仅仅是各个价值的总和。表12.7和表12.8给出了A级债券信用评级迁移后年底的价值和迁移到每种状态的概率。表12.9给出了每种可能的联合评级状态下的投资组合价值。

表12.7　A级债券信用评级迁移后年底的价值　单位：元

年底评级	息票	远期价值	总价值
AAA	5.00	101.59	106.59
AA	5.00	101.49	106.49
A	5.00	101.30	106.30
BBB	5.00	100.64	105.64
BB	5.00	98.15	103.15
B	5.00	96.39	101.39
CCC	5.00	73.71	88.71
违约	—	51.13	51.13

资料来源：J. P. Morgan, Bank of America, Bank of Montreal, BZW, Deutsche Morgan Grenfell, KMV Corporation, Swiss Bank Corporation, Union Bank of Switzerland, CreditMetrics™ – Technical Document, New York, April 2, 1997.

表12.8　A信用级别在年底的迁移概率　单位：%

年底评级	概率
AAA	0.09
AA	2.27
A	91.05
BBB	5.52
BB	0.74
B	0.60
CCC	0.01
违约	0.06

资料来源：J. P. Morgan, Bank of America, Bank of Montreal, BZW, Deutsche Morgan Grenfell, KMV Corporation, Swiss Bank Corporation, Union Bank of Switzerland, CreditMetrics™ – Technical Document, New York, April 2, 1997.

值得注意的是，价值变化的最大可能是下降。实际上，表12.9的大部分数据相对平稳。只有当两个债务人同时遭遇衰退时价值的变化才会很大。图12.4显示了相同数据的概率分布。

表 12.9　　　　所有 64 种可能的两债券组合的年底价值　　　　单位：元

债务人 1（BBB）		债务人 2（A）							
		AAA	AA	A	BBB	BB	B	CCC	违约
		106.59	106.49	106.30	105.64	103.15	101.39	88.71	51.13
AAA	109.37	215.96	215.86	215.67	215.01	212.52	210.76	198.08	160.50
AA	109.19	215.78	215.68	215.49	214.83	212.34	210.58	197.90	160.32
A	108.66	215.25	215.15	214.96	214.30	211.81	210.05	197.37	159.79
BBB	107.55	214.14	214.04	213.85	213.19	210.70	208.94	196.26	158.68
BB	102.02	208.61	208.51	208.33	207.66	205.17	203.41	190.73	153.15
B	98.10	204.69	204.59	204.40	203.74	201.25	199.49	186.81	149.23
CCC	83.64	190.23	190.13	189.94	189.28	186.79	185.03	172.35	134.77
违约	51.13	157.72	157.62	157.43	156.77	154.28	152.52	139.84	102.26

资料来源：J. P. Morgan, Bank of America, Bank of Montreal, BZW, Deutsche Morgan Grenfell, KMV Corporation, Swiss Bank Corporation, Union Bank of Switzerland, CreditMetrics™ – Technical Document, New York, April 2, 1997.

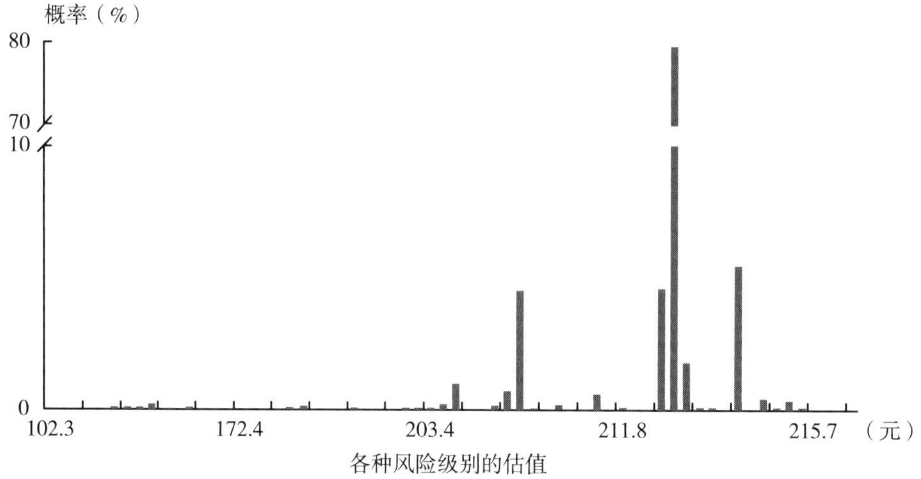

图 12.4　两债券投资组合价值的分布

资料来源：J. P. Morgan, Bank of America, Bank of Montreal, BZW, Deutsche Morgan Grenfell, KMV Corporation, Swiss Bank Corporation, Union Bank of Switzerland, CreditMetrics™ – Technical Document, New York, April 2, 1997.

接下来的重点是计算投资组合的两个风险指标，即标准差和百分位数。就投资组合标准差而言，与单一风险敞口案例中使用的公式相同。唯一的区别是现在我们有 64 种可能的状态，而不是单一敞口情况下的 8 种状态。下式给出了这个两债券组合的标准差计算结果：

均值：

$$\mu_{总} = \sum_{i=1}^{64} p_i \mu_i = 213.63$$

方差：

$$\sigma_{总}^2 = \sum_{i=1}^{64} p_i \mu_i^2 - \mu_{总}^2 = 11.22, \{\sigma = 3.35\} \quad (12.4)$$

从图 12.2、表 12.8 和表 12.9 中可以分别计算得出概率加权的标准差。此外，上述计算忽略了回收率的不确定性（即标准差）对投资组合风险的额外贡献，投资组合的均值和标准差分别为 213.63 元和 3.35 元。

根据前面的计算结果，我们的 BBB 级债券的均值和标准差分别为 107.09 元和 2.99 元。对于 A 级债券，其平均值和标准差分别为 106.55 元和 1.49 元。因此，我们看到均值或期望值直接相加，但风险用标准差衡量，远远低于单个债券风险的加总。

虽然以上只讨论了两资产组合的标准差计算，但已经涉及了计算任何投资组合标准差所需的要素。对于任意投资组合，首先确定所有资产对。其次将每对资产视为子资产组合，并使用本节中描述的方法计算其标准差。最后将这些标准差与单个资产的标准差结合起来，得出投资组合标准差。

在计算了投资组合的标准差后，接下来讨论信用风险的第二个度量指标，即 1% 分位数。我们要做的就是找到一个投资组合的价值，使所有值的累积概率小于 1%。由于在这种情况下，投资组合不超过两个资产，我们可以简单地查看表 12.9 中列示的累积概率，得到 204.4 元的 1% 分位数。这比平均值低 9.23 元。当然，对于较大的投资组合，不可能只通过解析方法计算分位数，必须进行模拟。

12.2.3　边际风险

我们将边际风险定义为一种资产对总投资组合风险的贡献。边际风险使我们能够了解投资组合中风险集中的头寸，以及因多元化而受益的头寸。可以通过向投资组合添加新的敞口而带来的投资组合风险的边际增长，来做出在现有投资组合的背景下是否持有该头寸的决定。

首先使用标准差指标来说明边际风险的计算。回想 BBB 债券投资组合的标准差为 2.99 元，一旦我们增加了第二个 A 级债券，投资组合标准差就增加到了 3.35 元。因此，第二债券的边际标准差等于 0.36 元，这代表 3.35 元和 2.99 元之间的差额。该边际标准差远小于第二个债券的独立标准差，即 1.49 元。这是由多元化分散效应带来的。

接下来描述用分位数度量边际风险，这种方法最适合大型投资组合。回想一下BBB级债券的均值为107.09元，1%的分位数为98.1元。因此，这个百分位数低于平均值8.99元，一旦加入单A级债券，双债券组合的平均值为213.63元，1%分位数为204.4元。这个百分位数比平均值低9.23元。现在可以计算出单A级债券的边际风险，即9.23元与8.99元之间的差额，相当于0.24元。在单一风险敞口上，单A级债券的1%分位数为103.15元，比平均值106.54元少3.39元。边际风险（0.24元）和独立风险（3.39元）之间的差异再次归因于分散化。

以上示例是关于债券投资组合信用风险计算的过程，对于其他资产类型，如应收账款、贷款、贷款承诺、金融信用证和市场驱动的工具，如远期和互换等，原理大致相同，只是在评级更改或违约时重新估值有所不同。

12.3 信用质量相关性

最后，我们将标的公司价值与公司的信用评级联系起来，并且可以从这两方面建立两个债务人的联合概率，并了解两个债务人的公司价值之间的相关性。

12.3.1 资产价值模型

使用资产价值模型法来模拟信用评级的升级、降级和违约的联合概率（所有这些都将统称为信用评级变更）更有现实意义。它涉及两个步骤：

（1）提出一个推动信用评级变化的基础流程。这将在我们最终要描述的事件（评级变化）之间建立联系（但这些事件不容易被观察到），以及建立一个我们可以理解并观察到的过程。

（2）估算上述过程的参数。如果我们在第一步中取得了成功，那么这应该比直接估算联合评级变化概率更容易。

企业的资产价值是推动其信用评级变化和违约的过程。该模型基本上是Merton的期权理论模型。显然，公司资产的价值决定了其偿还债务的能力。我们可以假定存在一个特定的水平，如果公司的资产在明年低于这个水平，它将无法履行偿还义务并将违约。如果只处理由于违约而导致的价值变化，这是一个充分的模型。但是，处理因信用评级变化而导致的投资组合价值变化，将需要一个更加复杂的框架。

我们假设有一系列资产价值水平将决定公司在有关期间结束时的信用评级。例如，考虑一个目前资产价值 1 亿元的 BB 级虚拟公司。假设存在特定的资产水平，使我们可以构建从 1 年后的资产价值到 1 年后的评级的映射，如图 12.5 所示。实际上，假设 1 年后的资产价值决定了当时公司的信用评级（或违约）。图 12.5 中与评级变化相对应的资产价值被称为资产价值门槛。

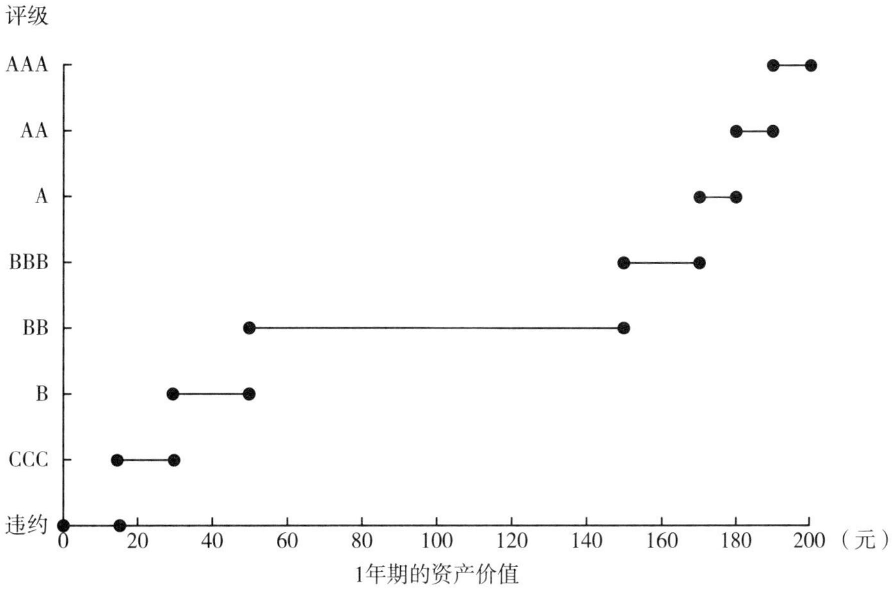

图 12.5　由 BB 级企业资产价值驱动的信用评级迁移

资料来源：J. P. Morgan, Bank of America, Bank of Montreal, BZW, Deutsche Morgan Grenfell, KMV Corporation, Swiss Bank Corporation, Union Bank of Switzerland, CreditMetrics™ – Technical Document, New York, April 2, 1997.

假设已知公司的资产门槛，我们只需要对资产价值的变化建模，以描述其信用评级的演变。为此，我们假设资产价值的百分比变化（即资产"回报"，我们将用 R 表示）是正态分布，并通过均值 μ 和标准差（或波动率）σ 表示其参数。请注意，这种波动性不是 CreditMetrics 输出的信用价值的工具波动性，只是给定公司的资产回报的波动性。为便于说明，我们假设 $\mu=0$。

基于资产价值流程的参数，现在可以在图 12.5 中的资产门槛与公司的迁移概率之间建立联系。重回我们 BB 级债务人的例子，从迁移矩阵可知，债务人 1 年后的迁移概率与表 12.10 的第二列相同。

另外，从上面资产门槛的讨论中，我们知道存在资产收益率的门槛 Z_{Def}、Z_{CCC}、Z_{BBB} 等，如果 $R<Z_{Def}$，那么债务人将会违约；若 $Z_{Def}<R<Z_{CCC}$，则债务人评级降级为 CCC 等。因此，假如 $Z_{Def}=-70\%$，这意味着债务人资产价值下降 70%（或更多）

将导致债务人的违约。

由于我们假设 R 服从正态分布，可以计算出每个事件发生的概率：

$$\Pr\{违约\} = \Pr\{R < Z_{Def}\} = \Phi\left(\frac{Z_{Def}}{\sigma}\right)$$

$$\Pr\{CCC\} = \Pr\{Z_{Def} < R < Z_{CCC}\} = \Phi\left(\frac{Z_{CCC}}{\sigma}\right) - \Phi\left(\frac{Z_{Def}}{\sigma}\right) \quad (12.5)$$

ϕ 表示标准正态分布的累计分布，这些概率列于表 12.10 的第三列。

表 12.10　　BB 级债务人 1 年后的迁移概率　　单位：%

评级	转移矩阵的概率	资产价值模型的算出的概率
AAA	0.03	$1-\Phi(Z_{AA}/\sigma)$
AA	0.14	$\Phi(Z_{AA}/\sigma)-\Phi(Z_A/\sigma)$
A	0.67	$\Phi(Z_A/\sigma)-\Phi(Z_{BBB}/\sigma)$
BBB	7.73	$\Phi(Z_{BBB}/\sigma)-\Phi(Z_{BB}/\sigma)$
BB	80.53	$\Phi(Z_{BB}/\sigma)-\Phi(Z_B/\sigma)$
B	8.84	$\Phi(Z_B/\sigma)-\Phi(Z_{CCC}/\sigma)$
CCC	1.00	$\Phi(Z_{CCC}/\sigma)-\Phi(Z_{Def}/\sigma)$
违约	1.06	$\Phi(Z_{Def}/\sigma)$

资料来源：J. P. Morgan, Bank of America, Bank of Montreal, BZW, Deutsche Morgan Grenfell, KMV Corporation, Swiss Bank Corporation, Union Bank of Switzerland, CreditMetrics™ – Technical Document, New York, April 2, 1997.

资产收益率和信用评级之间的连接如图 12.6 所示，其中提供了叠加在资产收益率分布上的回报门槛。相邻门槛之间的积分对应于债务人在该区域的信用评级的累积概率。

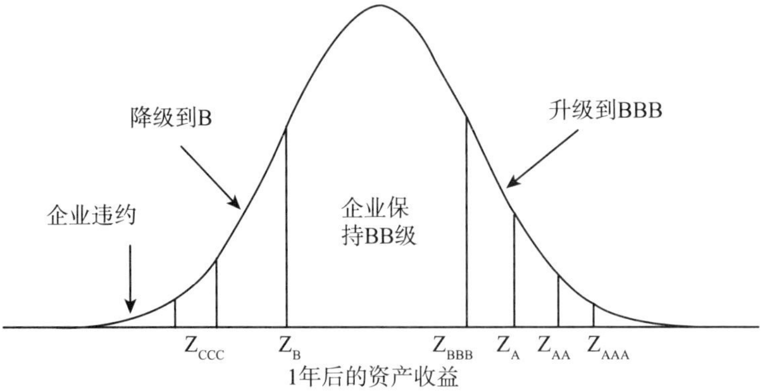

图 12.6　评级变动门槛的资产收益分布

资料来源：J. P. Morgan, Bank of America, Bank of Montreal, BZW, Deutsche Morgan Grenfell, KMV Corporation, Swiss Bank Corporation, Union Bank of Switzerland, CreditMetrics™ – Technical Document, New York, April 2, 1997.

为了完成这一连接，只要简单地使表 12.10 中两列的概率相等。因此，考虑到违约概率，必须有 $\Phi(Z_{Def}/\sigma)=1.06\%$，所以我们可以求解 Z_{Def}：

$$Z_{Def}=\Phi^{-1}(1.06\%)\cdot\sigma=-2.30\sigma \qquad (12.6)$$

其中，$\phi^{-1}(P)$ 给出的值使得概率为 P 的标准正态分布随机变量的取值都位于其左侧。使用这个值，我们可以考虑用 CCC 的概率以求解 Z_{CCC}，用 B 的概率以求解 Z_B，以此类推，得到表 12.11。注意，Z_{AAA}没有门槛，因为任何超过 3.43σ 的回报意味着可以升级到 AAA。

表 12.11　　BBB 级债务人资本回报的门槛值

门槛	数值
Z_{AA}	3.43
Z_A	2.93
Z_{BBB}	2.39
Z_{BB}	1.37
Z_B	-1.23
Z_{CCC}	-2.04
Z_{Def}	-2.30

资料来源：J. P. Morgan, Bank of America, Bank of Montreal, BZW, Deutsche Morgan Grenfell, KMV Corporation, Swiss Bank Corporation, Union Bank of Switzerland, CreditMetrics™ – Technical Document, New York, April 2, 1997.

现在考虑评级为 A 的第二个债务人。用 R′表示该债务人的资产收益率，该债务人的资产收益率的标准差为 σ′，资产收益率门槛分别为 Z'_{Def}、Z'_{CCC}等。表 12.12 列出了迁移概率和资产回报门槛。

表 12.12　　A 级债券的迁移概率和门槛资产回报

评级	概率（%）	门槛	数值
AAA	0.09		
AA	2.27	Z'_{AA}	3.12σ′
A	91.05	Z'_A	1.98σ′
BBB	5.52	Z'_{BBB}	-1.51σ′
BB	0.74	Z'_{BB}	-2.30σ′
B	0.26	Z'_B	-2.72σ′
CCC	0.01	Z'_{CCC}	-3.19σ′
违约	0.06	Z'_{Def}	-3.24σ′

资料来源：J. P. Morgan, Bank of America, Bank of Montreal, BZW, Deutsche Morgan Grenfell, KMV Corporation, Swiss Bank Corporation, Union Bank of Switzerland, CreditMetrics™ – Technical Document, New York, April 2, 1997.

现在我们已根据资产价值流程单独描述了每个债务人的变动情况。为了描述两个信用评级的共同演变，我们假设两个资产收益率相关且服从正态分布，并且它仅用于说明两个资产收益率之间的相关系数 ρ。然后我们得到两变量正态分布的协方差矩阵：

$$\sum = \begin{pmatrix} \sigma^2 \rho\sigma\sigma' \\ \rho\sigma\sigma'\sigma'^2 \end{pmatrix} \quad (12.7)$$

然后，我们知道两个债务人的资产价值如何一起变动，然后可以使用门槛值来观察两个信用评级如何一起变动。

具体而言，假设我们要计算两个债务人保持当前信用评级的概率。这是 BB 级债务人的资产收益率落在 Z_B 和 Z_{BB}之间的概率，而同时 A 级债务人的资产收益率介于 Z'_{BBB}和 Z'_A 之间。如果两个资产收益率是独立的（ρ = 0），那么这个联合概率只是 80.53%（BB 级债务人保持 BB 级的概率）和 91.05%（A 级债务人保持 A 级的概率）的乘积。如果 ρ 不为 0，那么我们可以计算：

$$\Pr\{Z_B < R < Z_{BB}, Z'_{BBB} < R' < Z'_A\} = \int_{Z_B}^{Z_{BB}} \int_{Z'_{BBB}}^{Z'_A} f(r, r'; \sum)(dr')dr \quad (12.8)$$

其中，$f(r, r', \sum)$ 是具有协方差矩阵 $\sum$ 的二元正态分布的密度函数。我们可以使用相同的程序来计算两个债务人 64 种情景下的概率。举个例子，假设 ρ = 20%，我们将得到表 12.13 中的概率。

表 12.13　BB 级和 A 级债务人的联合评级变动概率　单位：%

第一家公司评级	第二家公司评级								
	AAA	AA	A	BBB	BB	B	CCC	违约	总计
AAA	0.00	0.00	0.03	0.00	0.00	0.00	0.00	0.00	0.03
AA	0.00	0.01	0.13	0.00	0.00	0.00	0.00	0.00	0.14
A	0.00	0.04	0.61	0.01	0.00	0.00	0.00	0.00	0.67
BBB	0.02	0.35	7.10	0.20	0.02	0.01	0.00	0.00	7.69
BB	0.07	1.79	73.65	4.24	0.56	0.18	0.01	0.04	80.53
B	0.00	0.08	7.80	0.79	0.13	0.05	0.00	0.01	8.87
CCC	0.00	0.01	0.85	0.11	0.02	0.01	0.00	0.00	1.00
违约	0.00	0.01	0.90	0.13	0.02	0.01	0.00	0.00	1.07
总计	0.09	2.29	91.06	5.48	0.75	0.26	0.01	0.06	100.00

资料来源：J. P. Morgan, Bank of America, Bank of Montreal, BZW, Deutsche Morgan Grenfell, KMV Corporation, Swiss Bank Corporation, Union Bank of Switzerland, CreditMetrics™ – Technical Document, New York, April 2, 1997.

表12.13足以计算仅包含这两个债务人投资组合的价值变化的标准差。请注意，每个债务人的总计只是债务人的迁移概率。要计算较大投资组合的标准差，只需对投资组合中的每对债务人重复此分析过程。

相关性的影响值得进一步讨论。考虑包含这两个债务人的投资组合的最坏情况：一方面，两个债务人都违约。如果资产回报是独立的，则联合违约概率是各个违约概率的乘积，为0.0006%。另一方面，如果资产收益完全正相关（$\rho=1$），那么A评级债务人违约时，BB评级债务人也是如此。因此，它们都违约的概率只是A级债务人违约的概率，0.06%，比不相关的情况高100倍。

在图12.7中，我们说明了资产收益相关性对我们两个债务人的联合违约概率的影响。

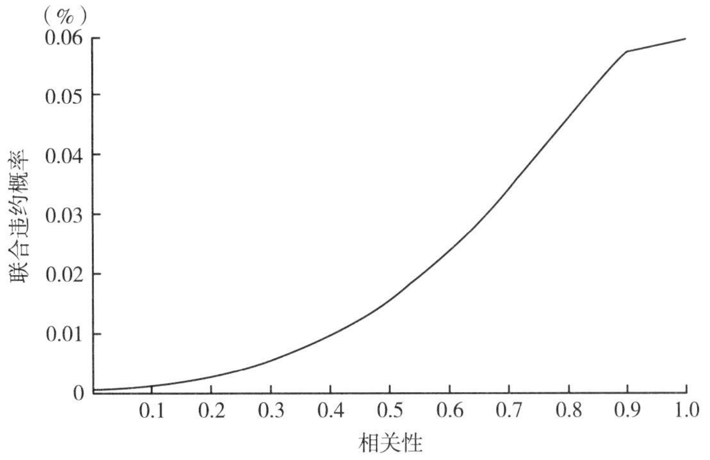

图12.7 联合违约概率作为资产收益相关性的函数

资料来源：J. P. Morgan, Bank of America, Bank of Montreal, BZW, Deutsche Morgan Grenfell, KMV Corporation, Swiss Bank Corporation, Union Bank of Switzerland, CreditMetrics™ - Technical Document, New York, April 2, 1997.

对于债务人，只需要特定评级变化和违约的联合概率，并且在任何计算中都不使用实际的违约相关性。但很多人习惯在违约关联方面进行思考，因此此处略做介绍。对于资产相关性，已经证明可以计算 ρ_A，即债务人1和2都违约的概率。这两个债务人之间的违约关联可以写成：

$$\rho_D = \frac{p_{12} - p_1 p_2}{\sqrt{p_1(1-p_1)p_2(1-p_2)}} \tag{12.9}$$

其中，p_1 和 p_2 分别是债务人1和债务人2违约的概率。从资产相关到违约相关的转换显著降低了相关性。40%～60%范围内的资产相关性通常会转化为2%～4%的违约相关性。

图 12.8 显示了违约相关性如何成为两个债务人违约概率的函数。假设资产相关性为 30%，违约概率为 1bp 至 10% 以上。朝向后方的高“凸起”表明垃圾债券违约相关性远高于投资级别的违约。

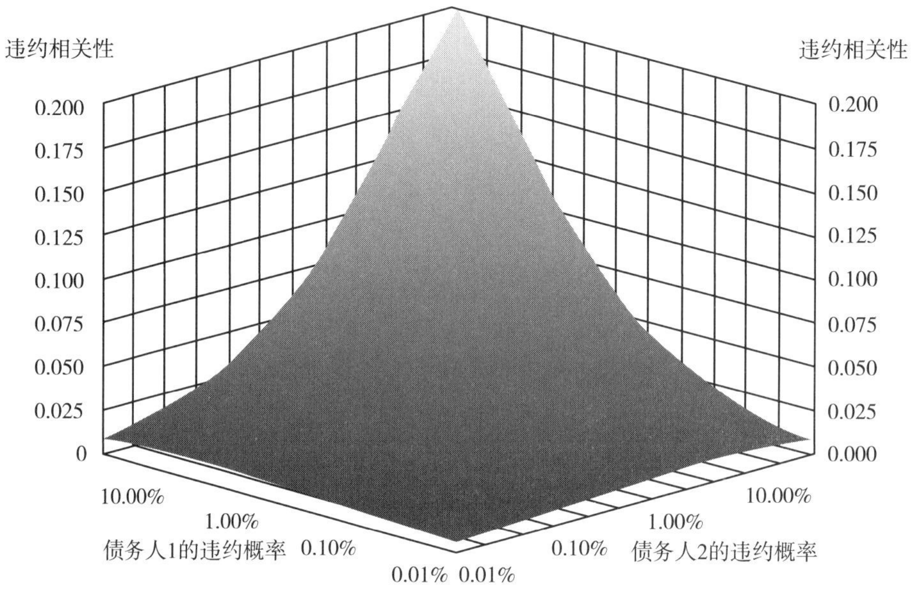

图 12.8　从权益相关性到违约相关性的转换

资料来源：J. P. Morgan, Bank of America, Bank of Montreal, BZW, Deutsche Morgan Grenfell, KMV Corporation, Swiss Bank Corporation, Union Bank of Switzerland, CreditMetrics™ – Technical Document, New York, April 2, 1997.

在式（12.8）中，并没有出现任何波动率 σ 或 σ′，是否是我们在风险模型中忽略了资产的波动性？事实上，我们需要建模的所有波动率都已经由每个债务人的迁移率所捕获。例如，考虑两个具有相同评级（因此具有相同迁移概率）的债务人，但是一个债务人的资产波动率是另一个债务人的 10 倍。我们知道，债务人的信用风险是相同的，而一个债务人有一个更不稳定的资产价值变化流程，这只意味着其资产回报门槛高于另一家公司的资产回报门槛。因此，影响投资组合风险的唯一参数是每个债务人的迁移概率以及资产收益率之间的相关性。

12.3.2　估计资产相关性

估计公司资产相关性有不同的替代方案。最简单的方法是对投资组合中的所有债务人使用一些固定值。这免去了必须估计大量（100 个债务人组合有 4 950 个）个体相关性的工作量，同时仍能提供合理的投资组合风险度量。投资组合中典型的平均资产相关性可能在 20% ~35% 之间。

公司特定相关信息的一个可观察的来源通常是股票收益。这里我们使用股票收益之间的相关性作为资产收益相关性的代理。虽然这种方法具有忽略股票和资产相关性之间差异的缺点，但它比使用固定相关性更准确，并且比信用价差或实际联合评级变化更容易获得数据。

要计算单个债务人之间的相关性，有两个步骤：

首先，利用特定国家的行业指数来构建这些行业之间的相关矩阵。例如，我们可以获得德国化学工业与美国保险业的相关性。CreditMetrics 还报告了每个指数的波动性。

其次，通过参与的行业来映射单个债务人。例如，一家公司可能被映射为 80% 的德国和 20% 的美国，70% 的化学行业和 30% 的金融行业，从而导致 56% 权重的德国化学行业，24% 的德国金融行业，14% 的美国化学行业，6% 的美国金融行业。使用这些权重和上面的国家—行业相关性，就可以获得单个债务人之间的相关性。

以下将提供一个示例来描述单个债务人的权重并计算单个债务人相关性的方法。

12.3.3　数据

CreditMetrics 及其 MSCI 等信息提供商提供了很多国家和地区及其行业指数数据。对于每个指数，考虑最后 190 个周收益率，并计算每个收益率的均值和标准差。如果用 $R_t^{(k)}$ 表示第 t 周第 k 个指数的周收益率，计算该指数的平均周收益率为：

$$\bar{R}^{(k)} = \frac{1}{T}\sum_{t=1}^{T} R_t^{(k)} \tag{12.10}$$

在本例中，T = 190，每周收益率的标准差为：

$$\sigma_k = \sqrt{\frac{1}{T-1}\sum_{t=1}^{T}\left(R_t^{(k)} - \bar{R}^{(k)}\right)^2} \tag{12.11}$$

如上所述，CreditMetrics 为用户提供标准差（波动率）。此外，对于所有指数对，计算每周收益率的协方差：

$$COV(k,l) = \frac{1}{T-1}\sum_{t=1}^{T}\left(R_t^{(k)} - \bar{R}^{(k)}\right)\left(R_t^{(l)} - \bar{R}^{(l)}\right) \tag{12.12}$$

和每周收益率的相关性：

$$\rho_{k,l} = \frac{COV(k,l)}{\sigma_k \sigma_l} \tag{12.13}$$

CreditMetrics 对波动率和相关性的计算与 Risk Metrics 中的标准波动率计算不同，将每个时间序列中的所有回报平均加权，这样做是为了计算相关性，这些相关性对于 Credit Metrics 所使用的较长期间是有效的。这里的统计数据随着时间的推移趋于更加稳定，并且反映了长期趋势，而 RiskMetrics 中的统计数据每天变化更大，反映短期行为。此外，CreditMetrics 计算的相关性基于每周的历史收益。

12.3.4 债权人相关性举例

有了计算国家—行业之间相关性的基础，接下来说明如何应用这些数据来计算单个债务人之间的相关性。计算的步骤如下：

（1）根据每个债务人在国家和行业中的参与情况，为每个债务人分配权数，并说明相关指数不能解释的债务人股权变动的比例。

（2）将每个债务人的标准化收益表示为指数收益和公司特定组成部分的加权和。

（3）使用权重和指数相关性数据来计算债务人之间的相关性。

通过说明债务人的股权价格变动未被相关指数解释的部分，描述了该债务人的公司特定风险或特殊风险。一般来说，一方面，市值较大的公司的价格会密切跟踪指数，而这些公司面临的特定风险很小；另一方面，市值较低的公司的价格将更加独立于指数，公司特定风险将更大。

【例 12.1】

假设我们希望计算两个债务人 ABC 和 XYZ 之间的相关性。我们认为 ABC 仅参与美国化学行业，其股权回报率由美国化学行业指数的收益率的 90% 和公司特定变化的 10% 解释。我们假设这些公司特定的变化独立于指数的变动，也独立于所有其他公司的特定变动。假设 XYZ 参与德国保险行业的 75% 和德国银行业的 25%，并且 XYZ 股权变动的 20% 是公司特定的。

为了应用这些权重并描述单个债务人的标准化收益率，我们需要相关指数的波动率和相关性。表 12.14 给出了这些数据，其中的波动率为周回报。

对于 ABC 公司而言，美国化学行业指数所解释的波动率是公司总波动率的 90%。其余部分由 ABC 公司的个别变动所解释。

因此，我们考虑两个独立的标准正态分布 $r^{(USCm)}$ 和 $\hat{r}^{(ABC)}$，分别代表美国化学行业指数标准化的收益和 ABC 标准化的特定收益。然后我们将 ABC 的标准化收益率写作：

表 12.14 **国家—行业对的波动率和相关性**

指数	波动率（%）	相关系数		
		美国化学业	德国保险业	德国银行业
美国：化学业	2.03	1.00	0.16	0.08
德国：保险业	2.09	0.16	1.00	0.34
德国：银行业	1.25	0.08	0.34	1.00

资料来源：J. P. Morgan, Bank of America, Bank of Montreal, BZW, Deutsche Morgan Grenfell, KMV Corporation, Swiss Bank Corporation, Union Bank of Switzerland, CreditMetrics™ – Technical Document, New York, April 2, 1997.

$$r^{(ABC)} = w_1 r^{(USCm)} + w_2 \hat{r}^{(ABC)} \tag{12.14}$$

我们知道 ABC 的 90% 的波动率是由指数解释的，因此 $\omega_1 = 0.9$。总波动率必须为 1（因为收益率是标准化的），因此 $\omega_2 = \sqrt{1 - \omega_1^2} = 0.44$。

对于 XYZ，我们以类似的方式处理。首先，计算 XYZ 指数变动的波动率，即由 75% 德国保险业和 25% 德国银行业形成的指数的波动率。

$$\hat{\sigma} = \sqrt{0.75^2 \times \sigma_{DeIn}^2 + 0.25^2 \times \sigma_{DeBa}^2 + 2 \times 0.75 \times 0.25 \times \rho(DeIn, DeBa) \times \sigma_{DeIn} \times \sigma_{DeBa}} = 0.017 \tag{12.15}$$

其次，对权重进行扩展，以使 XYZ 标准收益的指数部分的总波动率为 80%。因此，德国保险指数的权重是：

$$0.8 \times \frac{0.75 \times \sigma_{DeIn}}{\hat{\sigma}} = 0.74 \tag{12.16}$$

德国银行业指数的权重是：

$$0.8 \times \frac{0.25\sigma_{DeBa}}{\hat{\sigma}} = 0.15 \tag{12.17}$$

最后，为了使 XYZ 的总标准化回报方差为 1，其收益率个别变动的权重必须是 $\sqrt{1 - 0.8^2} = 0.6$。

至此，我们有了每个公司的标准化权重，即标准化指数收益率的权重，这使我们能够描述标准化的公司收益率。综上，我们通过以下方式描述 ABC 和 XYZ 的回报：

$$r^{(ABC)} = 0.90r^{(USCm)} + 0.44\hat{r}^{(ABC)} \tag{12.18}$$

$$r^{(XYZ)} = 0.74r^{(DeIn)} + 0.15r^{(DeBa)} + 0.6\hat{r}^{(XYZ)} \tag{12.19}$$

其中，$\hat{r}^{(ABC)}$和$\hat{r}^{(XYZ)}$是两家公司的个别收益率。由于个别收益率独立于所有其他收益率，我们可以通过以下方式计算 ABC 和 XYZ 之间的相关性：

$$\rho(ABC,XYZ)=0.90\cdot 0.74\cdot \rho(USCm,DeIn)+0.90\cdot 0.15\cdot \rho(USCm,DeBa)=0.11 \tag{12.20}$$

以上说明了计算债务人之间相关性的方法，并提出了一般化的框架。

值得注意的是，指数波动率实际上不会进入相关性计算，但在我们将行业参与转换为标准权重时在起作用。如在我们的例子中，行业参与分为 75% 和 25%，或 3 比 1，但由于 75% 参与（保险）的行业比其他行业（银行业）更不稳定，保险的标准权重实际上是银行业标准权重的 3 倍多。

12.3.5 债权人相关性概括

为了计算债务人的相关性，需要计算标准权重和这些权重的相关性。

首先，要计算标准权重，考虑一个有 ω_1，ω_2，ω_3 的行业参与的公司，其中指数解释了公司股权变动的 α。

我们通过以下步骤计算公司的标准权重。

计算公司加权指数的波动率，即：

$$\hat{\sigma}=\sqrt{w_1^2\sigma_1^2+w_2^2\sigma_2^2+w_3^2\sigma_3^2+2w_1w_2\rho_{1,2}\sigma_1\sigma_2+2w_2w_3\rho_{2,3}\sigma_2\sigma_3+2w_1w_3\rho_{1,3}\sigma_1\sigma_3} \tag{12.21}$$

标准化每个指数的权重，使指数仅代表公司标准化收益波动率的 α。

标准化如下：

$$w_1=\alpha\times\frac{w_1\sigma_1}{\hat{\sigma}},\quad w_2=\alpha\times\frac{w_2\sigma_2}{\hat{\sigma}},\quad w_3=\alpha\times\frac{w_3\sigma_3}{\hat{\sigma}} \tag{12.22}$$

计算个别收益率的权重 $\sqrt{1-\alpha^2}$。

4 个或更多指数的权重的计算原理同上。

现在假设有 n 个不同的公司和 m 个指数的标准权重，我们希望计算这些公司之间的权益相关性。指数的相关矩阵用 C 表示。由于权重分配在指数和个别收益上，需要创造一个涵盖这两者的相关矩阵 $\bar{C}$。该矩阵将是（m + n）×（m + n），并构造如下：

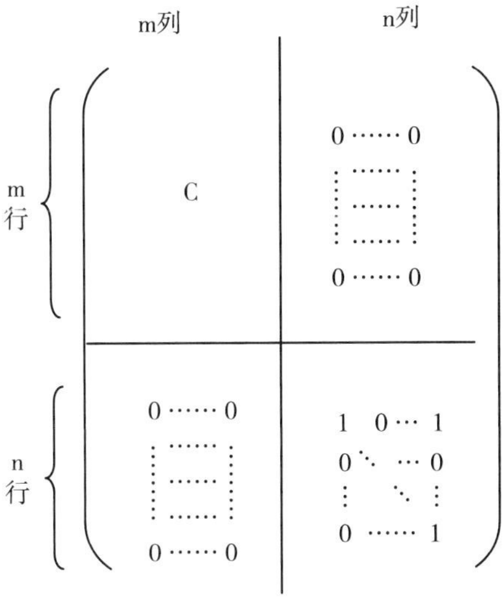

因此，$\bar{C}$ 的左上方是 $m \times m$ 矩阵 C，表示指数之间的相关性；右下角是 $n \times n$ 单位矩阵，反映出每个公司的个别成分与自身具有相关性，与其他公司的个别成分无关；其余部分由 0 组成，反映出个别成分与指数之间没有相关性。对于前一部分的示例（其中 $m=3$ 且 $n=2$），可以表示成：

$$\bar{C} = \begin{bmatrix} 1 & 0.16 & 0.08 & 0 & 0 \\ 0.16 & 1 & 0.34 & 0 & 0 \\ 0.08 & 0.34 & 1 & 0 & 0 \\ 0 & 0 & 0 & 1 & 0 \\ 0 & 0 & 0 & 0 & 1 \end{bmatrix} \tag{12.23}$$

然后我们创建一个 $m+n$ 乘以 n 列的权重矩阵 W，其中每列代表一个不同的公司，每一行代表指数和个别成分的权重。因此，在 W 的第 K 列，第一个 m 将给出第一个公司在指数上的权重，第 $m+n+k$ 项将给出公司的个别收益的权重，其余项为 0。对于上例，矩阵 W 将由下式给出：

$$W = \begin{bmatrix} 0.90 & 0 \\ 0 & 0.74 \\ 0 & 0.15 \\ 0.44 & 0 \\ 0 & 0.60 \end{bmatrix} \tag{12.24}$$

然后 $n \times n$ 矩阵给出所有公司之间的相关性 $W' \times \bar{C} \times W$。

12.4 投资组合的解析计算

本部分将讨论三资产组合及边际标准差的计算。可以简单地将这些计算推广到任意大小的投资组合。

12.4.1 三资产组合

该例是一个由三个资产组成的投资组合，包括前面两个由 BBB 级和 A 级的债券，第三个是一个由 CCC 评级公司发行的两年期债券，支付 10% 的息票。将三个公司分别称为公司 1、公司 2 和公司 3。假设公司 1 发行的名义金额为 4 亿元、公司 2 为 2 亿元、公司 3 为 1 亿元。分别用 V_1、V_2、V_3 表示三个发行人在期末的价值。

表 12.15 给出了 3 家公司的迁移概率，并在表 12.16 中给出了重新估值。

表 12.15 迁移概率 单位：%

评级	迁移概率		
	公司 1	公司 2	公司 3
AAA	0.02	0.09	0.22
AA	0.33	2.27	0.00
A	5.95	91.05	0.22
BBB	86.93	5.52	1.30
BB	5.30	0.74	2.38
B	1.17	0.26	11.24
CCC	0.12	0.01	64.86
违约	0.18	0.06	19.79

资料来源：J. P. Morgan, Bank of America, Bank of Montreal, BZW, Deutsche Morgan Grenfell, KMV Corporation, Swiss Bank Corporation, Union Bank of Switzerland, CreditMetrics™ – Technical Document, New York, April 2, 1997.

表 12.16 未来评级的工具价值 单位：亿元

未来评级	发行价值		
	公司 1	公司 2	公司 3
AAA	4.375	2.132	1.162
AA	4.368	2.130	1.161

续表

未来评级	发行价值		
	公司 1	公司 2	公司 3
A	4. 346	2. 126	1. 161
BBB	4. 302	2. 113	1. 157
BB	4. 081	2. 063	1. 142
B	3. 924	2. 028	1. 137
CCC	3. 346	1. 774	1. 056
违约	2. 125	1. 023	0. 551

资料来源：J. P. Morgan, Bank of America, Bank of Montreal, BZW, Deutsche Morgan Grenfell, KMV Corporation, Swiss Bank Corporation, Union Bank of Switzerland, CreditMetrics™ – Technical Document, New York, April 2, 1997.

利用前面的方法和表 12. 6 中的信息，可以计算每个债券的平均值：

$$\mu_1 = 4.28 \text{ 亿元}, \quad \mu_2 = 2.12 \text{ 亿元}, \quad \mu_3 = 0.97 \text{ 亿元} \tag{12.25}$$

给出投资组合均值 $\mu_p = 7.83$ 亿元。还可以计算三个资产中每个资产的价值方差：

$$\sigma^2(V_1) = 0.014, \quad \sigma^2(V_2) = 0.001, \quad \sigma^2(V_3) = 0.044 \tag{12.26}$$

注意，由于标准差的单位为亿元，因此 $\sigma^2(V_1), \sigma^2(V_2), \sigma^2(V_3)$ 的单位是亿元。

现在需要计算投资组合价值的标准差 σ_p，我们使用标准差的计算公式，得：

$$\sigma_p^2 = \sigma^2(V_1) + \sigma^2(V_2) + \sigma^2(V_3) + 2 \cdot COV(V_1, V_2) + 2 \cdot COV(V_1, V_3) + 2 \cdot COV(V_2, V_3) \tag{12.27}$$

这需要计算各个协方差项：

$$\sigma^2(V_1 + V_2) = \sigma^2(V_1) + 2 \cdot COV(V_1, V_2) + \sigma^2(V_2) \tag{12.28}$$

我们可以算出 σ_p：

$$\sigma_p^2 = \sigma^2(V_1 + V_2) + \sigma^2(V_1 + V_3) + \sigma^2(V_2 + V_3) - \sigma^2(V_1) - \sigma^2(V_2) - \sigma^2(V_3) \tag{12.29}$$

式（12. 29）具有吸引人的特征，它使用单一资产的标准差和两资产组合的标准差来表达投资组合的标准差。因此，为了完成我们对投资组合标准差的计算，只需识别每个两资产子投资组合，计算每个子投资组合的标准差，并应用到式（12. 29）中。

为了计算仅包含这些资产的投资组合的方差，我们利用表 12. 6 中的联合迁移概率，它是前面资产价值模型的输出，假设资产相关性为 30%。除了这些概率，我们还需要 64 个联合评级状态中每个资产组合的价值；表 12.17 给出了这些值。请注意，表 12.17 中的值与表 12.6 的值不同，因为这两个案例中的名义数量不同。

表 12.17　　两资产投资组合在未来评级下的价值　　单位：亿元

公司 1 的新评级（当前为 BBB）	公司 2 的新评级（当前为 A）							
	AAA	AA	A	BBB	BB	B	CCC	违约
AAA	6.51	6.51	6.50	6.49	6.44	6.40	6.15	5.40
AA	6.50	6.50	6.49	6.48	6.43	6.40	6.14	5.39
A	6.48	6.48	6.47	6.46	6.41	6.37	6.12	5.37
BBB	6.43	6.43	6.43	6.42	6.37	6.33	6.08	5.33
BB	6.21	6.21	6.21	6.19	6.14	6.11	5.86	5.10
B	6.06	6.05	6.05	6.04	5.99	5.95	5.70	4.95
CCC	5.48	5.48	5.47	5.46	5.41	5.37	5.12	4.37
违约	4.26	4.26	4.25	4.24	4.19	4.15	3.90	3.15

资料来源：J. P. Morgan, Bank of America, Bank of Montreal, BZW, Deutsche Morgan Grenfell, KMV Corporation, Swiss Bank Corporation, Union Bank of Switzerland, CreditMetrics™ – Technical Document, New York, April 2, 1997.

将表 12.6 的概率与表 12.17 的值中应用于式（12.4）中，我们可以计算出 $\sigma^2(V_1+V_2)=0.018$。类似的，我们指定第一个资产和第三个资产的相关性以及第二个资产和第三个资产的相关性均为 30%，然后创建类似于表 12.6 与表 12.17 的表格。计算得 $\sigma^2(V_1+V_3)=0.083$ 和 $\sigma^2(V_2+V_3)=0.051$。最后，得到 $\sigma_p^2=0.093$，$\sigma_p=0.305$ 亿元。

对于习惯于标准协方差方法的人来说，根据两资产子投资组合的方差计算投资组合方差可能看起来不同寻常。我们拥有三个资产的协方差和相关性所需的所有信息。因此：

$$COV(V_1,V_2)=\frac{\sigma^2(V_1+V_2)-\sigma^2(V_1)-\sigma^2(V_2)}{2} \tag{12.30}$$

$COV(V_1, V_2)=0.0015$。同样可以得到 $COV(V_1,V_3)=0.0125$ 和 $COV(V_2,V_3)=0.003$。这使我们可以计算资产价值之间的相关性：

$$CORR(V_1,V_2)=\frac{COV(V_1,V_2)}{\sqrt{\sigma^2(V_1)\times\sigma^2(V_2)}} \tag{12.31}$$

我们可以得到 $CORR(V_1,V_2)=40.1\%$，$CORR(V_1,V_3)=50.4\%$，$CORR(V_2,V_3)=45.2\%$。

我们将 σ_p 称为投资组合标准差的绝对度量。或者，我们可以用百分比表示这种风险；因此，我们将 σ_p/μ_p（等于4.1%）称为投资组合百分比标准差。

此计算可以非常简单地扩展到更大的投资组合。

12.4.2 边际标准差

投资组合中给定工具的边际标准差是整个投资组合的标准差与不包括相关工具的投资组合的标准差之间的差异。由于我们现在能够计算任意大小的投资组合的标准差，因此可以很方便地计算边际标准差。

考虑前面我们的投资组合中公司1的债券，整个投资组合的标准差为0.46亿元。如果我们去掉公司1发行的债券，那么新投资组合的方差为 $\hat{\sigma}_p^2=\sigma^2(V_2+V_3)=0.051$，标准差为 $\hat{\sigma}_p=0.225$ 亿元。因此，公司1的边际标准差是绝对投资组合标准差与该数字之间的差异，或 $\sigma_p-\hat{\sigma}_p=0.080$ 亿元。因此，我们看到如果去掉公司1，我们可以将总投资组合的标准差减少0.080亿元，这是由公司1发行债券的风险的绝对价值，我们也可以认为工具的风险与其规模无关。为此，我们可以将边际标准差表示为 μ_1 的百分比，即公司1发行债券的平均值。在这种情况下，该数字为1.9%，作为此问题的边际标准差百分比。

边际统计数据与独立数据之间的差异使我们了解多元化对投资组合的影响。请注意，如果我们单独考虑公司1发行的债券，其标准差为0.117亿元。如果该资产与投资组合中的其他资产完全相关，则其对投资组合标准差的边际影响就是这个数量。然而，我们已经看到，公司1的边际影响仅为0.080亿元，因此我们受益于这个债券与其他债券不完全相关。

为了充分描述投资组合的风险，我们需要有关投资组合分布的更多详细信息。为了获取这种更高级的信息，有必要进行基于模拟的分析。

12.5 模　　拟

到目前为止，我们计算风险的方法仅限于解析估值。这种分析方法有两个优点：

一是速度快。特别是对于较小的投资组合，直接计算需要较少的操作，因此可以更快的计算。

二是精确。在计算中没有引入随机噪声，因此风险估计中没有误差。

但是，它也有两个主要的缺点。一是对于大型投资组合，上面的第一个优点不再存在。另一个是将自己限制在解析方法中，限制了可以估计的统计数据。

为了提供更好地描述投资组合价值分布的方法，引入蒙特卡洛模拟法。有以下三个步骤：

（1）情景生成。每个场景对应于我们风险展望期结束时可能的状况。对我们而言，该状况是我们投资组合中每个债务人的信用评级。

（2）价值组合。对于每种情况，我们重新评估投资组合以反映新的信用评级。此步骤为我们提供了大量可能的未来投资组合价值。

（3）结果总结。鉴于前面步骤中生成的价值情景，我们估计了投资组合价值的分布。然后，我们可以选择报告此分布的任意数量的描述性统计数据。

我们将继续考虑以上三个资产的投资组合，BBB、A 和 CCC 级公司发行的 3 年期债券。这些债券的名义价值分别是 4 亿元、2 亿元和 1 亿元。

12.5.1 场景生成

依据前面的资产价值模型，场景生成的步骤如下：

（1）为投资组合中债务人建立资产收益率门槛。

（2）根据正态分布生成资产收益情景。

（3）将资产收益情景映射到信用评级方案中。

在表 12.18 中，我们重申了三个债券发行人的迁移概率。

表 12.18　　迁移概率　　单位：%

评级	迁移概率		
	公司 1	公司 2	公司 3
AAA	0.02	0.09	0.22
AA	0.33	2.27	0.00
A	5.95	91.05	0.22
BBB	86.93	5.52	1.30
BB	5.30	0.74	2.38
B	1.17	0.26	11.24
CCC	0.12	0.01	64.86
违约	0.18	0.06	19.79

资料来源：J. P. Morgan, Bank of America, Bank of Montreal, BZW, Deutsche Morgan Grenfell, KMV Corporation, Swiss Bank Corporation, Union Bank of Switzerland, CreditMetrics™ – Technical Document, New York, April 2, 1997.

然后，表 12.19 中列出了三家公司的资产收益率门槛，这些门槛是使用 12.3.1 部分的方法获得的。

表 12.19　　资产收益率门槛

门槛	公司 1	公司 2	公司 3
Z_{AA}	3.54	3.12	2.86
Z_{A}	2.78	1.98	2.86
Z_{BBB}	1.53	-1.51	2.63
Z_{BB}	-1.49	-2.30	2.11
Z_{B}	-2.18	-2.72	1.74
Z_{CCC}	-2.75	-3.19	1.02
Z_{Def}	-2.91	-3.24	-0.85

资料来源：J. P. Morgan, Bank of America, Bank of Montreal, BZW, Deutsche Morgan Grenfell, KMV Corporation, Swiss Bank Corporation, Union Bank of Switzerland, CreditMetrics™ - Technical Document, New York, April 2, 1997.

回想前面的内容，门槛的标记是这样的：收益率刚好低于给定的门槛，对应于门槛值下标中的等级。也就是说，收益率小于 Z_{BB}（但是大于 Z_{B}）对应于 BB 等级。

为了描述三家公司的资产价值如何共同变动，我们假定每家公司的资产收益率服从正态分布，并给定每对公司的相关性。对于该例，我们假设使用表 12.20 中的相关性。

表 12.20　　示例投资组合的相关性矩阵

分类	公司 1	公司 2	公司 3
公司 1	1.0	0.3	0.1
公司 2	0.3	1.0	0.2
公司 3	0.1	0.2	1.0

资料来源：J. P. Morgan, Bank of America, Bank of Montreal, BZW, Deutsche Morgan Grenfell, KMV Corporation, Swiss Bank Corporation, Union Bank of Switzerland, CreditMetrics™ - Technical Document, New York, April 2, 1997.

为三个债务人的资产收益率生成场景是一个生成相关正态分布变量的简单问题。有许多方法可以做到这一点，如乔勒斯基分解、奇异值分解等。在表 12.21 中，我们列出了由此类方法可能产生的 10 个情景。在每个情景中这三个数字代表三家公司中每一家的标准化资产收益率。

表 12.21　标准化资产收益率的情景

情景	公司 1	公司 2	公司 3
1	-0.7769	-0.8750	-0.6874
2	-2.1060	-2.0646	0.2996
3	-0.9276	0.0606	2.7068
4	0.6454	-0.1532	-1.1510
5	0.4690	-0.5639	0.2832
6	-0.1252	-0.5570	-1.9479
7	0.6994	1.5191	-1.6503
8	1.1778	-0.6342	-1.7759
9	1.8480	2.1202	1.1631
10	0.0249	-0.4642	0.3533

资料来源：J. P. Morgan, Bank of America, Bank of Montreal, BZW, Deutsche Morgan Grenfell, KMV Corporation, Swiss Bank Corporation, Union Bank of Switzerland, CreditMetrics™ - Technical Document, New York, April 2, 1997.

要完全说明我们的方案，只要为资产收益率情景指定评级。例如，考虑表 12.21 中的方案 2。公司 1 的标准化回报为 -2.1060，介于 Z_B（表 12.19 中的 -2.18）和 Z_{BB}（表 12.19 中的 -1.49）之间，相当于新评级中的 BB 级。对于公司 2，收益为 -2.0646，介于 Z_{BB}和 Z_{BBB}之间，对应于新评级中 BBB 等级。继续此过程，我们可以填写表 12.22，它完成了场景生成过程。

表 12.22　映射收益情景与评级情景

情景	资产收益			新评级		
	公司 1	公司 2	公司 3	公司 1	公司 2	公司 3
1	-0.7769	-0.8750	-0.6874	BBB	A	CCC
2	-2.1060	-2.0646	0.2996	BB	BBB	CCC
3	-0.9276	0.0606	2.7068	BBB	A	A
4	0.6454	-0.1532	-1.1510	BBB	A	违约
5	0.4690	-0.5639	0.2832	BBB	A	CCC
6	-0.1252	-0.5570	-1.9479	BBB	A	违约
7	0.6994	1.5191	-1.6503	BBB	A	违约
8	1.1778	-0.6342	-1.7759	BBB	A	违约
9	1.8480	2.1202	1.1631	A	AA	B
10	0.0249	-0.4642	0.3533	BBB	A	CCC

资料来源：J. P. Morgan, Bank of America, Bank of Montreal, BZW, Deutsche Morgan Grenfell, KMV Corporation, Swiss Bank Corporation, Union Bank of Switzerland, CreditMetrics™ - Technical Document, New York, April 2, 1997.

请注意，对于此次数量较少的试验，情景与表12.18中的迁移概率并不完全一致。如在10个场景的4个中，公司3违约，而这种情况发生的概率仅为20%。这些随机波动是蒙特卡洛估计缺乏精确度的根源。随着更多场景的产生，这些波动变得不那么异常。

12.5.2　投资组合估值

对于非违约情景，此步骤与前面没什么不同。对于违约的情景，情况略有不同。回收率不是一个确定量，显示出较大幅度的变化。在违约情况下，这种变化是风险的重要原因。为了对这种变化建模，根据发行人的优先级获得投资组合中每个债券回收率的均值和标准差。如BBB级高级无担保发行人中，回收均值为53%，回收标准差为33%。对每个违约方案，我们根据这些参数的贝塔分布生成随机回收率。然后，这些回收率允许我们获取每个违约方案中的价值。

最后，我们获得每个方案的投资组合价值。表12.23列出了该案例前10个场景的结果。

表12.23　投资组合情景估值　单位：亿元

情景	新评级			价值			
	公司1	公司2	公司3	公司1	公司2	公司3	投资组合
1	BBB	A	CCC	4.302	2.126	1.056	7.484
2	BB	BBB	CCC	4.081	2.063	1.056	7.200
3	BBB	A	A	4.302	2.126	1.161	7.589
4	BBB	A	违约	4.302	2.126	0.657	7.085
5	BBB	A	CCC	4.302	2.126	1.056	7.484
6	BBB	A	违约	4.302	2.126	0.754	7.182
7	BBB	A	违约	4.302	2.126	0.269	6.697
8	BBB	A	违约	4.302	2.126	0.151	6.579
9	A	AA	B	4.346	2.130	1.137	7.613
10	BBB	A	CCC	4.302	2.126	1.056	7.484

资料来源：J. P. Morgan, Bank of America, Bank of Montreal, BZW, Deutsche Morgan Grenfell, KMV Corporation, Swiss Bank Corporation, Union Bank of Switzerland, CreditMetrics™ – Technical Document, New York, April 2, 1997.

值得注意的是，对于特定的债券，在相同（非违约）信用评级的方案中价值相同。对于违约情况并非如此，违约情景中公司3发行的价值不同，因为回收率本身不确定。因此，每个违约方案都需要独立生成的回收率。

12.5.3 结果报告

至此，我们已经创建了许多可能的未来投资组合价值。最后的任务是将这些信息综合成有意义的风险评估。接下来我们将研究创建场景的一些描述性统计量。为了获得关于分布的一些直观感受，首先检查例子中的10个场景的画面，如图12.9所示。对于更多的场景，这个图片将变得更加平滑。

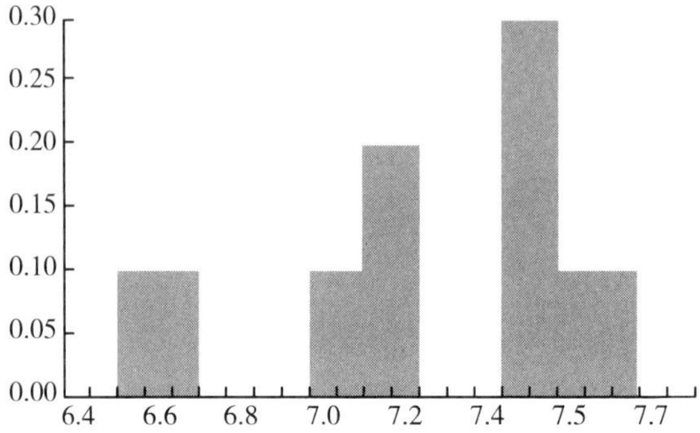

图12.9 投资组合情景频率

资料来源：J. P. Morgan, Bank of America, Bank of Montreal, BZW, Deutsche Morgan Grenfell, KMV Corporation, Swiss Bank Corporation, Union Bank of Switzerland, CreditMetrics™ – Technical Document, New York, April 2, 1997.

我们研究的第一个统计量是能够以解析方式计算的数据：未来投资组合价值的均值和标准差。用 $V^{(1)}$、$V^{(2)}$、$V^{(3)}$……分别表示各场景中的投资组合价值，然后可以计算场景的样本均值（μ）和标准差（σ），如下所示：

$$\mu_p = \frac{1}{N}\sum_{i=1}^{N} V^{(i)} = 7.24\text{ 亿}, \quad \sigma_p = \sqrt{\frac{1}{N-1}\sum_{i=1}^{N}(V^{(i)}-\mu)^2} = 0.37\text{ 亿} \tag{12.32}$$

式（12.32）中N是场景的数量（在例子中，N=10）。

正如之前提到的，平均值和标准差可能不是最好的风险度量工具，因为价值不服从正态分布，我们无法从标准差推断出分位数。因此我们有必要进行模拟，以获取有关价值分布的更多信息。分位数水平的估计是直截了当的。例如，为了计算给定场景的第10%的分位数，我们选择一个级别为x，其中10个场景中一个小于x，而其他9个场景大于x。对于这个场景级别介于6.85亿元和6.70亿元之间。这种不精确是由模拟噪声引起的，随着场景的增加，我们对百分位数的估计将变得更加精确。

到目前为止，我们只考虑了描述投资组合分布的统计量。若要考虑个别资产并确定每项资产对投资组合的贡献程度，我们需要边际统计数据。

一般而言，特定资产的边际统计数据是整个投资组合的统计数据与不包括相关资产的投资组合的统计数据之间的差异。因此，如果我们希望计算投资组合中第三个资产（CCC 评级债券）的第 10% 的边际分位数，我们使用下式：

$$\theta_{(10)}(V_1+V_2+V_3)-\theta_{10}(V_1+V_2) \tag{12.33}$$

其中，V_1、V_2、V_3 分别表示第一、第二、第三个资产的未来值，θ_{10}代表所讨论的价值的 10% 分位数。对于上述情况，整个投资组合的 10% 分位数为 6.64 亿元，而前两个资产的仅为 6.29 亿元，因此，第三个资产的边际标准差为 0.35 亿元。这个边际数字可以解释为我们可以通过去掉 CCC 级债券带来的投资组合风险的降低金额。

通过蒙特卡洛模拟获得的统计数据会受到波动的影响；任何一组情景都不会产生等于投资组合真实均值或 5% 分位数的样本均值或 5% 分位数。因此，给定生成的情景数量，量化我们期望对各种投资组合统计量的估计与其真实值的接近程度是非常重要的。实际上，选择生成情景数量的合理方法是为特定统计量指定所需要的精度级别，并生成足够的情景来实现该目的。

12.6 投资组合案例

我们将研究一个更现实的投资组合案例，并讨论基于模拟的投资组合分析的结果。

12.6.1 投资组合案例

在本例中，考虑了 20 种不同评级和期限的公司债券（每种债券都有不同的发行人）的投资组合。债券具体信息列于表 12.24。该投资组合的总市值为 6 800 万元。

表 12.24 示例投资组合

资产	信用评级	本金（元）	到期日（年）	市场价值（元）
1	AAA	7 000 000	3	7 821 049
2	AA	1 000 000	4	1 177 268
3	A	1 000 000	3	1 120 831

续表

资产	信用评级	本金（元）	到期日（年）	市场价值（元）
4	BBB	1 000 000	4	1 189 432
5	BB	1 000 000	3	1 154 641
6	B	1 000 000	4	1 263 523
7	CCC	1 000 000	2	1 127 628
8	A	10 000 000	8	14 229 071
9	BB	5 000 000	2	5 386 603
10	A	3 000 000	2	3 181 246
11	A	1 000 000	4	1 181 246
12	A	2 000 000	5	2 483 322
13	B	600 000	3	705 409
14	B	1 000 000	2	1 087 841
15	B	3 000 000	2	3 263 523
16	B	2 000 000	4	2 527 046
17	BBB	1 000 000	6	1 315 720
18	BBB	8 000 000	5	10 020 611
19	BBB	1 000 000	3	1 118 178
20	AA	5 000 000	5	6 181 784

资料来源：J. P. Morgan, Bank of America, Bank of Montreal, BZW, Deutsche Morgan Grenfell, KMV Corporation, Swiss Bank Corporation, Union Bank of Switzerland, CreditMetrics™ – Technical Document, New York, April 2, 1997.

对于每种资产，信用评级决定了未来信用评级的分布，从而也决定了未来价值的分布。但是，对于投资组合，我们还必须指定资产的相关性，以描述未来评级和价值的分布。对于此例，我们假设使用表 12. 25 中的相关性。

在表 12. 25 中观察到有五组发行人（资产 1 ~ 4、资产 5 ~ 10、资产 11 ~ 15、资产 16 ~ 18、资产 19 ~ 20，在表格的阴影区域内）资产的相关性较高，而这些群体之间的相关性较低。这可能是投资组合包含来自五个不同行业的发行人；特定行业企业之间的相关性很高，而各行业之间的相关性较低。

12. 6. 2　模拟结果

使用前面的蒙特卡洛模拟方法，我们生成 20 000 个投资组合方案，即在 1 年内

表 12.25 案例组合的资产相关性

	1	2	3	4	5	6	7	8	9	10	11	12	13	14	15	16	17	18	19	20
1	1	0.45	0.45	0.45	0.15	0.15	0.15	0.15	0.15	0.15	0.1	0.1	0.1	0.1	0.1	0.1	0.1	0.1	0.1	0.1
2	0.45	1	0.45	0.45	0.15	0.15	0.15	0.15	0.15	0.15	0.1	0.1	0.1	0.1	0.1	0.1	0.1	0.1	0.1	0.1
3	0.45	0.45	1	0.45	0.15	0.15	0.15	0.15	0.15	0.15	0.1	0.1	0.1	0.1	0.1	0.1	0.1	0.1	0.1	0.1
4	0.45	0.45	0.45	1	0.15	0.15	0.15	0.15	0.15	0.15	0.1	0.1	0.1	0.1	0.1	0.1	0.1	0.1	0.1	0.1
5	0.15	0.15	0.15	0.15	1	0.35	0.35	0.35	0.35	0.35	0.2	0.2	0.2	0.2	0.2	0.15	0.15	0.15	0.1	0.1
6	0.15	0.15	0.15	0.15	0.35	1	0.35	0.35	0.35	0.35	0.2	0.2	0.2	0.2	0.2	0.15	0.15	0.15	0.1	0.1
7	0.15	0.15	0.15	0.15	0.35	0.35	1	0.35	0.35	0.35	0.2	0.2	0.2	0.2	0.2	0.15	0.15	0.15	0.1	0.1
8	0.15	0.15	0.15	0.15	0.35	0.35	0.35	1	0.35	0.35	0.2	0.2	0.2	0.2	0.2	0.15	0.15	0.15	0.1	0.1
9	0.15	0.15	0.15	0.15	0.35	0.35	0.35	0.35	1	0.35	0.2	0.2	0.2	0.2	0.2	0.15	0.15	0.15	0.1	0.1
10	0.15	0.15	0.15	0.15	0.35	0.35	0.35	0.35	0.35	1	0.2	0.2	0.2	0.2	0.2	0.15	0.15	0.15	0.1	0.1
11	0.1	0.1	0.1	0.1	0.2	0.2	0.2	0.2	0.2	0.2	1	0.45	0.45	0.45	0.45	0.2	0.2	0.2	0.1	0.1
12	0.1	0.1	0.1	0.1	0.2	0.2	0.2	0.2	0.2	0.2	0.45	1	0.45	0.45	0.45	0.2	0.2	0.2	0.1	0.1
13	0.1	0.1	0.1	0.1	0.2	0.2	0.2	0.2	0.2	0.2	0.45	0.45	1	0.45	0.45	0.2	0.2	0.2	0.1	0.1
14	0.1	0.1	0.1	0.1	0.2	0.2	0.2	0.2	0.2	0.2	0.45	0.45	0.45	1	0.45	0.2	0.2	0.2	0.1	0.1
15	0.1	0.1	0.1	0.1	0.2	0.2	0.2	0.2	0.2	0.2	0.45	0.45	0.45	0.45	1	0.2	0.2	0.2	0.1	0.1
16	0.1	0.1	0.1	0.1	0.15	0.15	0.15	0.15	0.15	0.15	0.2	0.2	0.2	0.2	0.2	1	0.55	0.55	0.25	0.25
17	0.1	0.1	0.1	0.1	0.15	0.15	0.15	0.15	0.15	0.15	0.2	0.2	0.2	0.2	0.2	0.55	1	0.55	0.25	0.25
18	0.1	0.1	0.1	0.1	0.15	0.15	0.15	0.15	0.15	0.15	0.2	0.2	0.2	0.2	0.2	0.55	0.55	1	0.25	0.25
19	0.1	0.1	0.1	0.1	0.1	0.1	0.1	0.1	0.1	0.1	0.1	0.1	0.1	0.1	0.1	0.25	0.25	0.25	1	0.65
20	0.1	0.1	0.1	0.1	0.1	0.1	0.1	0.1	0.1	0.1	0.1	0.1	0.1	0.1	0.1	0.25	0.25	0.25	0.65	1

资料来源：J. P. Morgan，Bank of America，Bank of Montreal，BZW，Deutsche Morgan Grenfell，KMV Corporation，Swiss Bank Corporation，Union Bank of Switzerland，CreditMetrics™—Technical Document，New York，April 2，1997.

的每个发行信用评级中可能发生 20 000 个未来事件。对于每种情况，我们将获得未来一年的投资组合价值。在图 12.10 ~ 图 12.12 中，我们提供了投资组合价值情景的直方图。请注意每个图上的轴。图 12.10 说明了最常见的情景分布，图 12.11 说明了分布的左尾部分，图 12.12 显示了所有情况中最极端的 5% 的分布。表示相对频率的纵轴在图 12.11 中比在第一个图中小 10 倍，在图 12.12 中比图 12.11 中小 20 倍。

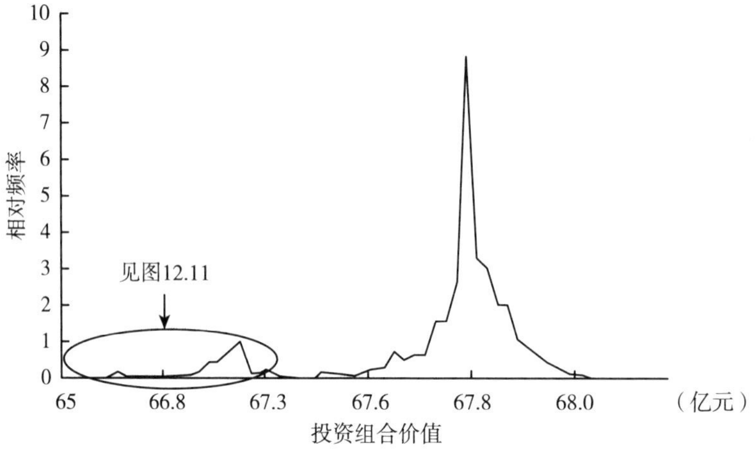

图 12.10　未来投资组合价值的直方图——85% 以上的情景

资料来源：J. P. Morgan, Bank of America, Bank of Montreal, BZW, Deutsche Morgan Grenfell, KMV Corporation, Swiss Bank Corporation, Union Bank of Switzerland, CreditMetrics™ - Technical Document, New York, April 2, 1997.

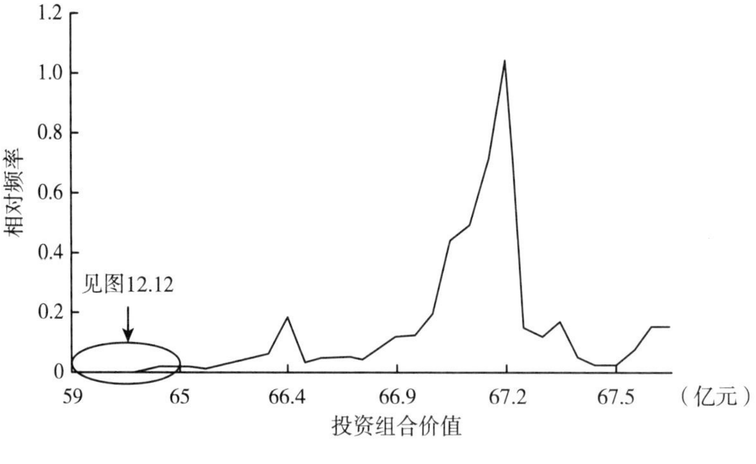

图 12.11　未来投资组合价值的直方图——65% ~ 95% 的情景

资料来源：J. P. Morgan, Bank of America, Bank of Montreal, BZW, Deutsche Morgan Grenfell, KMV Corporation, Swiss Bank Corporation, Union Bank of Switzerland, CreditMetrics™ - Technical Document, New York, April 2, 1997.

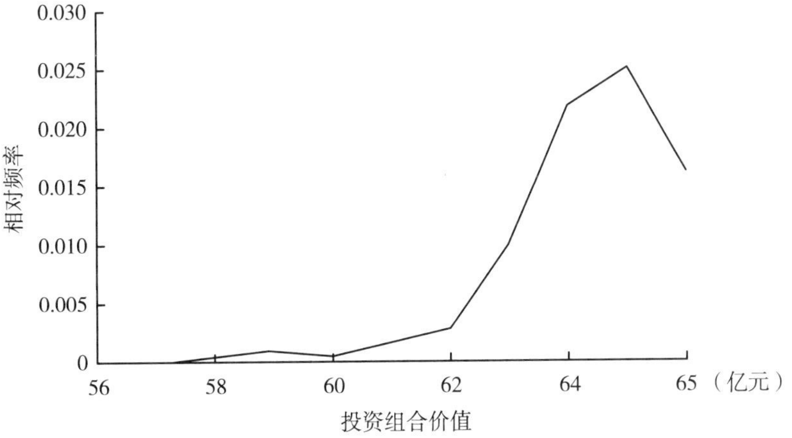

图 12.12 未来投资组合价值的直方图——低于 5%的情景

资料来源：J. P. Morgan, Bank of America, Bank of Montreal, BZW, Deutsche Morgan Grenfell, KMV Corporation, Swiss Bank Corporation, Union Bank of Switzerland, CreditMetrics™ – Technical Document, New York, April 2, 1997.

观察12.10～图12.12可以发现：首先，最常见的情况（图12.10中，几乎9%的情景接近峰值6 780万元）是没有发行人评级变更。此外，在超过一半的情景中没有重大的信用事件发生，并且投资组合升值。

其次，投资组合的价值分布是奇数双峰结构。这是因为违约事件产生的价值变化比任何其他评级迁移都要大得多。因此，投资组合价值的分布主要是由违约发生的数量所驱动。分布中第2个峰（介于6 700万元和6 720万元之间）表示一个发行违约的情景。

左侧的另外两个峰分别代表有两个和三个违约的场景。对于较大的投资组合，这些峰变得更加平滑；而对于较小的投资组合，峰通常更为突出。

无论价值分布形状的具体细节如何，一个明显的特征是严重左偏。本例中的分布没什么不同，显示出价值边际增加的概率很大，而价值显著下降的概率很小。

与前面一样，我们给出投资组合价值的均值和标准差：

均值(μ)=67 284 888元，标准差(σ)=1 136 077元。

如我们之前提到的，平均值和标准差可能不是最佳的风险度量工具，因为损失不服从正态分布，无法使用这些参数推断置信水平。然而，我们可以直接从场景中估计百分位数。

例如，如果我们希望找到5%的分位数（低于我们估计的投资价值的5%的水平），我们按升序对2万个场景进行排序，并将这些排序场景中的第1 000个场景（即6 498万元）作为我们的估计值。从中可以看出模拟方法的优势，因为我们可以估计任意分位数水平。而在解析方法中，因为投资组合不服从正态分布，我们只能计算两个统计量。

表 12.26 提供了未来投资组合价值情景的各种分位数，为了比较并说明投资组合分布的非正态性，我们还给出了在使用样本均值和标准差时估计的百分位数，并假设其服从正态分布。

表 12.26　　未来投资组合价值的分位数

分类	实际情景	正态分布	
分位数（%）	投资组合价值（百万元）	公式	投资组合价值（百万元）
95	67.93	$\mu+1.65\sigma$	69.15
50	67.80	μ	67.28
5	64.98	$\mu-1.65\sigma$	65.42
2.50	63.97	$\mu-1.96\sigma$	65.06
1	62.85	$\mu-2.33\sigma$	64.64
0.50	61.84	$\mu-2.58\sigma$	64.36
0.10	57.97	$\mu-3.09\sigma$	63.77

资料来源：J. P. Morgan, Bank of America, Bank of Montreal, BZW, Deutsche Morgan Grenfell, KMV Corporation, Swiss Bank Corporation, Union Bank of Switzerland, CreditMetrics™ – Technical Document, New York, April 2, 1997.

使用这些情景，1 年内估计有 2.5% 的时间（或 40 年中的 1 年），投资组合价值将下降至 6 397 万元或更低。一方面如果我们使用正态分布假设，估计这个分位数对应于下降至 6 506 万元，这一风险估计更加乐观。

另一方面如果我们检查中位数的变化（50% 的水平），正态分布假设会导致更悲观的预测：有 50% 的机会投资组合的价值会低于 6 728 万元的平均值。相比之下，模拟值指向更高的 50% 中位数，投资组合的价值超过其均值的概率大于 50%。

另一个有意思的观察结果是，场景的第 5% 和 1% 的百分位数分别低于平均值 2 个和 2.9 个标准差。这进一步说明，最好不要使用标准差来推算信贷组合的分位数水平。

12.6.3 评估准确度

对于案例中的 2 万个场景，得到的结果如表 12.27 所示。

表 12.27　　90% 置信水平的投资组合价值统计　　单位：百万元

统计量	下限	估计值	上限
均值	67.27	67.28	67.30
标准差	1.10	1.14	1.17

续表

统计量	下限	估计值	上限
5% 分位数	64.94	64.98	65.02
1% 分位数	62.66	62.85	62.97
0.5% 分位数	61.26	61.84	62.08
0.1% 分位数	56.11	57.97	58.73

资料来源：J. P. Morgan, Bank of America, Bank of Montreal, BZW, Deutsche Morgan Grenfell, KMV Corporation, Swiss Bank Corporation, Union Bank of Switzerland, CreditMetrics™ – Technical Document, New York, April 2, 1997.

对于均值和标准差以及 5% 和 1% 的分位数，置信区间相对紧凑，我们确信根据这些估计值做出的决策。对于更极端的分位数，我们看到真正的损失水平可能比我们的估计值至少高 10%。如果我们希望估算这些水平，最好生成更多的方案。关于需要多少场景来获得精确估计的问题，可以在考虑越来越多场景时检查每个估计的置信区间的演变。

12.6.4　边际风险衡量指标

为了检验每个资产对投资组合风险的贡献，我们计算边际统计量。

作为一个例子，我们考虑标准差。对于投资组合中的每个资产，我们将计算 4 个数字。首先，计算每个资产单一标准差，即计算资产的价值标准差，而不考虑投资组合的其他工具。其次，计算单独的标准差百分比，它表示为标准差与给定资产平均值的百分比。再次，计算每个资产的边际标准差，即给定资产对总资产组合标准差的影响。最后，我们以百分比表示这个数字，给出边际标准差百分比。表 12.28 展示了所有这 20 个资产的 4 个统计数据。

表 12.28　价值变动的标准差

资产	单个资产值			边际值	
	信用评级	绝对值（元）	百分比（%）	绝对值（元）	百分比（%）
1	AAA	4 905	0.06	239	0.00
2	AA	2 007	0.17	114	0.01
3	A	17 523	1.56	693	0.06
4	BBB	40 043	3.37	2 934	0.25
5	BB	99 607	8.63	16 046	1.39
6	B	162 251	12.84	37 664	2.98
7	CCC	255 680	22.67	73 079	6.48

续表

资产	单个资产值			边际值	
	信用评级	绝对值（元）	百分比（%）	绝对值（元）	百分比（%）
8	A	197 152	1.39	35 104	0.25
9	BB	380 141	7.06	105 949	1.97
10	A	63 207	1.99	5 068	0.16
11	A	15 360	1.30	1 232	0.10
12	A	43 085	1.73	4 531	0.18
13	B	107 314	15.21	25 684	3.64
14	B	167 511	15.40	44 827	4.12
15	B	610 900	18.72	270 000	8.27
16	B	322 720	12.77	89 190	3.53
17	BBB	28 051	2.13	2 775	0.21
18	BBB	306 892	3.06	69 624	0.69
19	BBB	1 837	0.16	120	0.01
20	AA	9 916	0.16	389	0.01

资料来源：J. P. Morgan, Bank of America, Bank of Montreal, BZW, Deutsche Morgan Grenfell, KMV Corporation, Swiss Bank Corporation, Union Bank of Switzerland, CreditMetrics™ – Technical Document, New York, April 2, 1997.

特定资产的独立风险和边际风险之间的差异表明了分散化的影响。从总体上看到，对于评级较高的资产，从单独资产到边际风险的减少幅度大于评级较低的资产。这符合我们的推断，即需要更大的投资组合来分散风险较高的信贷工具的影响。

将这些输出结果直观表达的一种方式是绘制边际标准差百分比与每种资产的市场价值的偏差。如图 12.13 所示，图左上角的点代表百分比风险高，但风险敞口规模相对较小的资产；而右下角的数据代表承担信用损失的可能性较小的大额风险敞口。请注意，两个坐标的乘积（即百分比风险乘以市场价值）给出绝对边际风险。图 12.13 中的曲线表示具有相同绝对风险的点；落在曲线上方的点具有更大的绝对风险，而低于曲线的点有更小的绝对风险。

基于上述讨论，我们可以借助曲线确定投资组合风险的五大贡献者。其中一些“罪魁祸首”显而易见：一方面，资产 7 是 CCC 级发行人，其违约概率大得多，而资产 18 是 BBB 级，但风险敞口相当大。另一方面，其他“罪魁祸首”风险归于与其他工具的相关性及自身的特征。例如，资产 9 具有相对安全的 BB 评级，但与资产 7（CCC 级发行人）有 35% 的相关性，而资产 16 评级为 B，但与资产 18 具有 55% 的相关性。最后，按绝对值计算，资产 15 是风险最高的资产，这似乎同样是由于与其他两个与自身相同评级的 B 级资产的相关性为 45%。

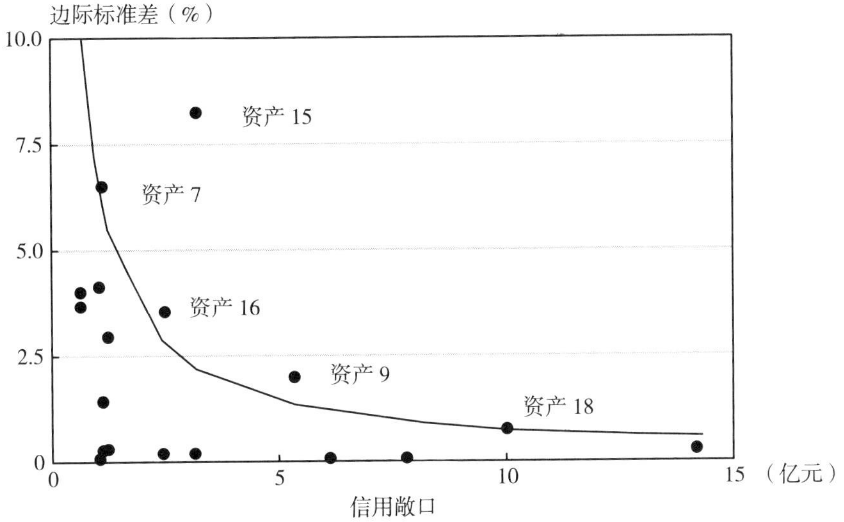

图 12.13 示例投资组合的边际风险与现值比较

资料来源：J. P. Morgan, Bank of America, Bank of Montreal, BZW, Deutsche Morgan Grenfell, KMV Corporation, Swiss Bank Corporation, Union Bank of Switzerland, CreditMetrics™ – Technical Document, New York, April 2, 1997.

练习题

1. A 公司提供了关于 A 级债务人的迁移数量表：（1）迁移到 AAA 级的为 2 个；（2）迁移到 AA 级的为 5 个；（3）停留在 A 级的为 40 个；（4）迁移到 BBB 级的为 2 个；（5）发生违约的有 3 个。基于以上信息，年初级别为 A 的债务人在年末评级下调的概率为多少？（　　）

A. 13.46%　　B. 13.44%　　C. 9.62%　　D. 3.85%

2. 一个迁移概率表包含充足信息，除了（　　）。

A. AA 级的公司在五年内降为 B 级的概率

B. 从 BB 级降为 BBB 级的债券价格

C. B 级债券的违约概率

D. 高收益债券上升为投资级别的概率

3. CreditMetrics 模型本质上是一个（　　）。

A. VaR 模型　　B. 信用评分模型　　C. 线性回归模型　　D. 以上都不是

4. 下列关于 CreditMetrics 的说法错误的是（　　）。

A. CreditMetrics 模型是从资产组合的角度来看待信用风险的

B. CreditMetrics 模型基本原理是信用等级变化分析

C. CreditMetrics 模型将单一信用工具放入资产组合中衡量其对整个组合风险状况的作用

D. CreditMetrics 模型组合的违约遵从泊松过程

5. CreditMetrics 模型认为债务人的信用风险状况用债务人的（　　）表示。

A. 信用等级　　B. 资产规模　　C. 盈利水平　　D. 还款意愿

6. 下列关于违约概率说法错误的是（　　）。

A. 违约概率是指借款人在未来一定时期内发生违约的概率

B.《巴塞尔新资本协议》中，违约概率被定义为借款人内部评级 1 年期违约概率与 3 个基点中的较高者

C. 计算违约概率的 1 年期与财务报表周期以及内部评级的最长时间完全一致

D. 违约概率与违约频率不是同一个概念

7. 当确定风险暴露由于信用质量变动产生的资产价值标准差时，CreditMetrics 模型使用了 3 个主要因子。下列哪一个不是该模型使用的因子？（　　）

A. 信用评级　　B. 优先级别　　C. 股票价格　　D. 信用价差

8. 一家银行使用 CreditMetrics 方法得出的信用评级迁移的结论来计算 1 年后贷款组合盯市价值的分布，包括使用（1）信用评级迁移矩阵；（2）当前的远期利率曲线；（3）通过债务人股票收益率推导出的信用评级迁移结果之间的相关性。用贷款组合的分布来计算银行的全面风险，该银行通常会低估它的风险，原因是它忽略了（　　）。

A. 利率的期限组合

B. 信用评级的迁移

C. 价差风险

D. 国债利率和信用价差之间的负相关性

9. 一个 ABC 公司发行的两年期零息债券的当前市场评级为 A。市场预期一年后 ABC 公司债券评级保持为 A，下降到 BBB 或者上升到 AA 的概率分别为 80%、15% 和 5%、假设无风险利率为 1%，与 AA、A 和 BBB 级别债券的信用价差分别为 80、150 和 280 个基点。所有的利率都以年复利计算。该零息债券在一年后的期望价值最接近多少？（　　）

A. 97.41　　B. 97.37　　C. 95.89　　D. 92.44

10. 如下表所示。假定借款人在第一年中的信用等级从 BBB 级上升到 A 级，那么对于发放贷款的金融机构来说，它所发放的这笔贷款在第一年结束时的现值或市值为多少？

远期风险贴现期限结构

信用级别分类	第一年	第二年	第三年	第四年
AAA	3.60	4.17	4.73	5.12
AA	3.65	4.22	4.78	5.17
A	3.72	4.32	4.93	5.32
BBB	4.10	4.67	5.25	5.63
BB	5.55	6.02	6.78	7.27
B	6.05	7.02	8.03	8.52
CCC	15.05	15.02	14.03	13.52

11. 假设该笔 BBB 级债券价值 V 服从正态分布，则该笔贷款的均值为？

一年后某 BBB 级贷款的价值及变化

年末评级	评级变化的概率 P（%）	贷款价值（元）	价值变化 ΔV
AAA	0.02	10 935.29	182.20
AA	0.33	10 917.24	164.15
A	5.95	10 864.30	111.21
BBB	86.93	10 753.09	0
BB	5.30	10 200.64	-552.45
B	1.17	9 808.59	-944.50
CCC	0.12	8 362.34	-2 390.75
违约	0.18	5 113.00	-5 640.09

12. 接上题，在正态分布下，该笔 BBB 级贷款在 99% 和 95% 的置信水平下的信用风险估值分别为多少？

第三篇

其他风险管理

第13章　操作风险管理

金融业在衡量和管理市场和信用风险方面已经有了标准的方法，下一个目标是操作风险，它是造成财务损失的一个重要原因（见表13.1）。银行监管机构正推动金融业朝着更好地控制操作风险的方向发展。巴塞尔委员会已经为操作风险设定了资本要求，以降低市场和信用风险。这项新的资本要求约占资本总额的12%。因此，这迫使金融业密切关注操作风险。

13.1　操作风险的含义

13.1.1　操作风险的重要性

在表13.1罗列的这些巨额损失中，基本都可以追溯到一个流氓交易员，或一起内部欺诈案件。这些失败的案例是市场风险和操作风险的混合。通常，这些事件导致了巨大的直接资本损失，有的甚至导致破产。除了这些直接成本之外，银行还因为声誉受损而遭受巨大的间接损失。

表13.1　　　　操作风险导致的损失

时间	机构名称	损失	事件
2008年1月	兴业银行	49亿欧元	交易员杰罗姆·科维尔（Jerome Kerviel）通过欺骗系统，未经授权建立了价值高达490亿欧元的股指期货头寸。虽然这家银行有足够的资本来承受损失，但其声誉受损
2002年2月	爱尔兰联合银行	6.91亿美元	流氓交易员约翰·拉斯纳克（John Rusnack）把他3年中在日元/美元的外汇市场上的损失隐藏在该公司在美国的一个分支机构，使这家银行的声誉受损

续表

时间	机构名称	损失	事件
1997 年 3 月	纳特韦斯特银行	1.27 亿美元	互换交易员基里亚科斯·帕布伊斯（Kyriacos Papouis）故意通过错误定价和高估期权合约来掩盖损失，使这家银行的声誉受损，最终被苏格兰皇家银行接管
1996 年 9 月	摩根·格伦费尔资产管理公司	7.2 亿美元	基金经理彼得·杨（Peter Young）越权违规操作导致了巨大的损失。MGAM 的德国德意志银行（Deutsche Bank）同意向该基金的投资者提供补偿
1996 年 6 月	住友银行	26 亿美元	一位铜交易员滨中泰南在过去 3 年中积累了大量未报告的损失，在他控制的铜市场份额达到 5% 之后，他因伪造和欺诈被判入狱，因此被戏称为 5% 先生。他的行为使这家银行的声誉受到严重损害
1995 年 9 月	大和银行	11 亿美元	银行在美国的附属机构中的一名债券交易员井口俊英隐瞒账户亏损长达 11 年之久。事后，这家银行被宣布破产
1995 年 2 月	巴林银行	13 亿美元	衍生品交易员尼克·里森（Nick Leeson）两年来积累了大量未报告的损失，导致巴林银行破产
1994 年 10 月	信孚银行	1.5 亿美元	该银行卷入了一场备受瞩目的诉讼，一名客户指控其不当销售。虽然银行与他达成和解，但其声誉严重受损。后来被德意志银行收购

13.1.2　操作风险的定义

对于操作风险的定义，存在长期争论。经过多次行业咨询，巴塞尔委员会最终确定了一个正在成为行业标准的定义。即操作风险是指由于不完善或失灵的内部流程、人员、系统或外部事件而导致损失的风险。这不仅包括常见的内部业务事件，也包括外部事件，如外部欺诈、安全违规、监管影响或自然灾害。它还包括法律风险，当一项交易被证明在法律上不可执行时就会产生法律风险。然而，这一定义不包括战略风险和声誉风险，因为它们很难被量化。

巴塞尔委员会把由内部流程、人员、系统和外部事件引发的操作风险相应划分为 7 大类型：内部欺诈，外部欺诈，就业制度和工作场所安全，客户、产品和业务活动，实物资产损坏，业务中断和系统故障，执行、交割和流程管理事件，并进一步细分为 20 个二级分类和 70 个三级分类，如表 13.2 所示。

表 13.2 **巴塞尔银行监管委员会操作风险损失分类**

一级分类	含义	二级分类	三级分类
内部欺诈	故意骗取、盗用财产或规避、违反监管规章、法律法规或公司政策而导致的损失，此类事件至少涉及内部一方（不包括歧视及差别待遇事件）	行为未经授权	故意隐瞒交易
			未经授权的交易品种（造成财务损失）
			故意错误估价
		盗窃和欺诈	欺诈/信用欺诈/不实存款
			盗窃/勒索/挪用公款/抢劫
			侵占或盗用资产
			恶意损坏资产
			伪造
			票据欺诈
			走私
			窃取他人账户/假冒他人身份
			纳税违规/故意逃税
			贿赂/回扣
			内幕交易（非出于公司利益）
外部欺诈	第三方故意骗取、盗用财产或规避法律法规导致的损失	盗窃和欺诈	盗窃/抢劫
			伪造
			票据欺诈
		系统安全	黑客攻击损失
			窃取信息（造成财务损失）
就业制度和工作场所安全	违反就业、健康或安全方面的法律法规或协议，个人工伤赔付或因歧视及差别待遇事件导致的损失	劳资关系	薪酬、福利及劳动合同终止相关问题
			有组织的劳工活动
		安全环境	一般责任（滑到和坠落等）
			违反员工健康及安全规定事件
			劳工补偿
		歧视及差别对待	所有涉及歧视的事件
客户、产品和业务活动	因疏忽未对特定客户履行专业义务（如诚信义务和适当性要求），或产品性质或设计缺陷导致的损失	适当性、披露和诚信义务	违背诚信义务/违反规章制度
			适当性/披露问题（了解你的客户等）
			违规披露客户信息
			泄露隐私
			激进销售
			为多收佣金反复交易客户账户
			滥用保密信息
			贷款人责任

续表

一级分类	含义	二级分类	三级分类
客户、产品和业务活动	因疏忽未对特定客户履行专业义务（如诚信义务和适当性要求），或产品性质或设计缺陷导致的损失	不良的业务或市场行为	反垄断
			不良交易/市场行为
			操纵市场
			内幕交易（出于公司利益）
			未经监管批准的业务活动
			洗钱
		产品瑕疵	产品缺陷（未经授权等）
			模型误差
		客户选择、业务开展和风险暴露	未按规定审查客户
			超越客户风险限额
		咨询业务	咨询业务产生的纠纷
实物资产毁坏	实物资产因自然灾害或其他事件丢失或毁坏导致的损失	灾害及其他事件	自然灾害损失
			外力（恐怖袭击、故意破坏）造成的人员伤亡和损失
业务中断和系统故障	业务中断或系统故障导致的损失	系统	硬件
			软件
			网络与通信
			动力输送损耗/中断
执行、交割和流程管理	交易处理或流程管理失败和因与交易对手级外部销售商关系导致的损失	交易认定、执行和维护	错误传达信息
			数据输入、维护或登载错误
			超过最后权限或未履行义务
			模型/系统误操作
			会计错误/交易对手归属错误
			其他任务错误执行
			交割失败
			担保品管理失败
			交易相关信息维护
		监控和报告	未履行强制报告义务
			外部报告不准确（造成损失）
		招揽客户和文件记录	客户许可/免责声明缺失
			法律文件缺失/不完备
		客户账户管理	未经授权使用账户
			客户记录错误（造成损失）
			客户资产过失损失或损毁
		交易对手	非客户交易对手不良表现
			与非客户交易对手的纠纷
		外部销售商和供应商	外包
			与外部销售商的纠纷

资料来源：中国银行间市场交易商协会教材编：《金融市场风险管理：理论与实务》，北京大学出版社 2018 年版，第 260 ~ 262 页。

《巴塞尔协议Ⅱ》还将损失事件按照八大业务类别进行分类：（1）公司财务；（2）交易和销售；（3）零售银行；（4）商业银行；（5）支付和结算；（6）代理服务和托管；（7）资产管理；（8）零售经纪。

这些定义为操作风险事件的分类建立了行业标准。这些风险事件都根据矩阵分类（即按事件类型和业务种类）来收集公共数据库的风险损失。如操作风险数据交换协会（ORX）为匿名交换操作风险损失数据提供了一个平台，这些数据收集在 ORX 全球损失数据库中。

13.2　操作风险管理流程

与市场和信用风险一样，操作风险管理遵循一系列逻辑步骤：主要包括操作风险识别、评估、计量、检测、控制、缓释、应对和报告等环节。

13.2.1　操作风险识别

操作风险识别是指对公司管理活动和业务流程中存在的可能带来直接或间接损失的主要操作风险进行识别并确定其性质的过程，其范围应涵盖公司各个层面的业务和管理流程，是操作风险管理的基础，可以通过流程梳理等操作风险管理工具实现。

操作风险识别的目的在于丰富并完善基于流程管理的操作风险管理体系，充分、及时地挖掘流程中的潜在风险，归纳并明确当前的控制措施。操作风险识别的具体流程如下：识别业务及管理领域；识别业务及管理流程；识别关键流程环节；识别流程环节中的固有风险；识别固有风险控制点；监控和报告风险识别进展。

13.2.2　操作风险评估

在识别出潜在的操作风险之后，就要以流程环节为基点进行操作风险评估，即针对识别出的操作风险点，评估其操作风险程度并确定是否可接受。

操作风险评估应按照统一标准，对潜在操作风险事件的固有风险暴露、剩余风险暴露和控制有效性等进行评估，并结合对应流程的风险容忍度，确定操作风险暴露是否在可接受的范围内。操作风险评估可通过风险与控制自我评估等管理工具实现。操作风险评估的目的是对公司操作风险及其管理情况进行判断，以确定操作风险管理关注的重点领域和环节。

13.2.3 操作风险监测

操作风险监测是对各类与操作风险相关的信息及指标等进行日常监测，以了解、分析公司的操作风险状况及控制措施的有效性，及时发现政策制度、流程环节、内部控制等出现的问题并采取相应改进措施。动态、持续、有效的操作风险监测对操作风险管理至关重要。操作风险监测可通过关键风险指标（KRI）、损失数据收集（LDC）等工具实现。

在操作风险监测中，公司首先要构建关键风险指标监测体系，设定关键风险指标的门槛，并动态跟踪关键风险指标的数据信息。关键分析指标门槛可以细分为关注门槛和报告门槛。当关键风险指标达到关注门槛时，相关的业务部门应该关注所提示的关键风险；当关键风险指标达到报告门槛时，操作风险管理部门就会主动向上级报告，促使相关的业务部门改进。在关键风险指标用于操作风险监测过程时，应该非常注重数据信息的收集、保存和分析，而且在这个动态跟踪的过程中，还要注意随时做出相应的调整。关键风险指标监测是一项动态的工作，是公司决策机构制定并实施操作风险管理措施的必要条件。

公司各部门、各分支机构对操作风险损失事件的监测应遵循重要性原则、及时性原则、统一性原则和谨慎性原则。

13.2.4 操作风险控制、缓释与应对

操作风险控制是在操作风险识别与评估结果的基础上，设计对应的控制措施对识别与评估出的操作风险进行防范和控制。控制方法包括但不限于权责划分、限额管理、资格认定、复核检查、行为监控、自动化操作、流程控制、风险政策、培训机制等，且应形成系统、完整的体系，使公司的操作风险水平保持在可控范围内。同时，公司应将内部控制作为加强操作风险管理的有效手段，与此相关的内部控制措施包括但不限于对各项业务制定严格规范的流程管理，各部门、各岗位间划清业务边界；部门之间具有明确的职责分工，相关职能适当分离，以避免潜在的利益冲突；主管及关键岗位轮岗轮调、强制性休假制度和离岗审计制度；员工具有与其从事业务相适应的业务能力并接受相关培训；对基层操作风险管控奖惩兼顾的激励约束机制等。

操作风险缓释是指公司根据操作风险识别、评估和计量等结果，通过服务外包、

保险购买等一系列缓释方法，对操作风险进行转移、分散、降低、规避等，将其调整到可接受范围内。

风险自我评估小组完成风险评估工作后需要制订与实施控制优化方案。该小组根据剩余操作风险与控制质量评估表，找出不可接受的剩余操作风险，以及控制措施存在缺陷的操作风险，并制订和实施上述操作风险的改进和控制优化方案。

13.2.5 操作风险报告

操作风险报告是指对操作风险总体状况和风险事件等进行描述、分析和评价，并按照规定路径进行报送的操作风险管理活动。

巴塞尔委员会定期监控银行操作风险报告并要求银行进行报告，希望银行能提供风险预期，而不只局限于汇报历史风险数据，预期中应该包括对未来的展望和关键市场变量的假设及其对银行的影响。风险报告不仅要涵盖所有重要的风险（信用风险、市场风险、流动性风险、操作风险及这些风险的重要组成部分），还应该包括与风险相关的度量（如监管资本、经济资本、压力测试结果、融资头寸和计划、流动性比例预测等）。

操作风险报告应满足真实性、及时性、准确性和保密性要求。公司需建立完整的操作风险报告体系，明确报告的种类、路径、内容、格式和频率，以及对各主体的具体要求等。各部门、各分支机构均应定期、不定期撰写操作风险报告并按统一规定报送。发生重大操作风险事件时，各部门、各分支机构应立即上报，并在职权范围内采取相应措施控制操作风险，防止损失的扩大和蔓延。

13.3 流程梳理

流程梳理是指通过体系化的梳理方法，对全公司各业务及管理活动进行盘点，搭建层次分明的流程框架，明确其主流程、子流程与操作环节，识别各流程环节对应的控制点及潜在操作风险，并建立起流程、风险、控制、岗位及内外部规章制度的关联关系的过程。流程梳理主要目的在于识别业务和管理活动中潜在的操作风险事件及公司现行的相应控制措施。流程梳理应遵循客观性、及时性和重要性原则。

13.3.1 建立操作风险字典库

建立操作风险字典库是操作风险管理实施的基础工作。操作风险字典库包括流程字典库、控制字典库、操作风险事件类型库、风险因子库及操作风险和控制措施评估标准等。

公司应基于各部门流程梳理结果固化全公司各业务及管理板块和类型、主流程、子流程及操作环节、建立涵盖公司各业务板块及管理活动的流程规范，形成流程字典库，为流程分析及改进提供基础，同时提高全公司各部门间的沟通效率。

公司需在明确各业务及管理流程的基础上，依据操作风险事件类型库、风险因子库及控制字典库识别每个流程步骤对应的操作风险点、引发操作风险事件的驱动因素及对应的控制措施。

通过上述操作风险字典库的建立和推广，可协助全体员工在一致的基础上进行操作风险的识别与评估，支持在全公司层面的操作风险汇总、比较与分析，形成一套适用于全公司的统一的操作风险管理语言，统一操作风险管理标准，包括风险、控制、损失等分类标准和评估标准，再通过工具模板将标准嵌入操作风险管理三大工具的具体应用，实现操作风险管理体系的有效落地。

13.3.2　流程梳理步骤

流程梳理主要涉及三大步骤：流程盘点、流程框架建立、流程梳理与识别。

流程盘点即针对公司现有的各项业务及管理活动进行盘点，针对识别出的业务及管理活动，对流程的主要操作环节、业务/管理板块牵头管理部门、相关的执行部门与岗位、涉及相关的信息系统等进行分析和确认。针对流程主要的内容，进行共性比较，并归纳总结共性较高的流程。基于风险管理成本与效益均衡的原则，在明确梳理标的额的同时，合并共性较高的流程。

流程框架建立即对公司各项业务与管理活动进行分类整合，划分为不同的子流程，并将属性类似的子流程合并形成主流程，并以业务/管理板块、业务/管理条线为基础，对各主流程进行分类汇总整理，最终形成层次分明的流程框架。基于已搭建的流程框架，应依据各项业务和管理活动的具体操作流程，明确各子流程所包含的流程步骤并进行详细描述说明。

流程梳理与识别原则上以主流程为标的，识别各主流程项下每个流程步骤对应的控制措施，归纳其中涉及的主要控制类型，明确控制频率、控制方式、控制设计部门、控制运行部门及岗位。同时，依据巴塞尔银行监管委员会规定的操作风险事件类型，梳理其中可能存在的操作风险事件，并识别可能会造成风险事件爆发的原因。

13.4 损失数据收集

损失数据收集（LDC）是对操作风险损失数据的识别与收集、填报和管理等。

13.4.1 损失数据识别与收集

操作风险损失数据有两个来源：内部和外部。内部损失数据除了可以作为风险评估实证分析的基础，还可以作为验证风险量化模型输入与输出变量的工具，也可视为实际损失与风险管理、控制决策之间的桥梁。不过，由于大部分金融机构的内部损失数据有限，若仅以内部数据作为衡量操作风险的基础，存在样本数过少的问题，可能造成统计结果失真，所以需要适时引用外部损失数据，特别是当公司面临非经常性、潜在重大损失的可能时。

1. 内部损失数据

一般来说，内部损失资料的收集比较简单易行，收集成本较低。内部损失数据的收集途径可分为主动报送、被动报送及匿名报送等。公司全体员工均负有操作风险事件及损失数据的报送责任，发现或知悉操作风险事件应及时上报。

通常，通过以下渠道发现的损失数据的缺漏，公司应要求相关人员进行报送，即“被动报送”。

- 日常工作中发现的事件与违规行为；
- 从总账当中交叉比对操作风险损失数据的账务；
- 部门对其内部风险或问题进行内部排查所发现的事件及违规行为；
- 法律合规检查记录中查找出的损失事件；
- 定期不定期稽核检查中发现的事件或违规行为；
- 外部审计发现的事件与违规行为；
- 监管检查发现的违规行为及监管处罚事件；
- 重大客户投诉与纠纷事件；
- 公司员工违规积分考核情况；
- 诚信举报线索。

匿名报送机制的建立可以在一定程度上消除员工对报送操作风险事件及损失数据的顾虑，鼓励全体员工积极、及时报送损失数据，是对主动报送、被动报送途径的有机补充，有助于公司内部损失数据的及时、全面、有效收集。

2. 外部损失数据

近年来为了方便损失数据的收集和储存，由不同主体倡导建立的操作风险损失数据库纷纷涌现，这些数据库大致可分为三类。

第一类是由各家金融机构自己建立的、收集分析内部损失资料的内部损失数据库。目前许多国际大型商业银行都创建了自身的损失数据库，为量化分析和管理奠定基础。

第二类是由行业协会建立的行业数据库。这类数据库一般通过签订协定，在一定的保密原则下，金融机构将其内部损失数据提交给行业协会，协会将数据进行整理和分析。作为回报，参与机构可利用该数据库补充自身内部数据，并得到相关分析报告。目前主要是银行业协会建立的银行间数据库，如英国银行家协会（BBA）构建的全球操作风险损失数据库（Global Operational Loss Database）、操作风险损失数据交换协会（The Operational Risk Data Exchange Association）建立的ORX数据库，以及美国银行家协会（American Banker Association）建立的行业数据库等。

第三类是由达到一定金额（阈值）而须公开披露的损失数据组成的外部数据库，如普华永道开发的OpVar数据库，该数据库只记录超过100万美元的损失。

另外，2003年，包括花旗集团、高盛、瑞士信贷第一波士顿、美洲银行、摩根大通、雷曼兄弟、美林、摩根士丹利及瑞士银行在内的20家全球最大的金融机构已开始组建名为全球监管信息数据库。该数据库利用了全球超过2万个信息来源和数据库，其中包括过去30年美国监管机构所采取的惩戒措施，这些监管机构包括证券交易委员会、全美证券交易商协会和纽约证交所等。

13.4.2 损失数据填报

操作风险事件发生后，应及时上报，并在详细了解操作风险事件的原因、过程、影响等事实信息后，对操作风险事件及损失数据进行填报。对于所有操作风险事件，均需发起对应的行动计划进行整改。因此，填报内容包括但不限于事件基本信息、损失金额（预计损失金额、已确认损失金额等）、损失分配、非财务影响、行动计划（整改措施、整改措施负责部门等）、责任主体等。操作风险管理部门应对所报送信息的完备性、合理性和规范性进行确认，并定期或不定期地对全公司操作风险损失事件进行内容真实性与完整性的验证和检查。

13.4.3 损失数据管理

对操作风险损失数据收集和上报后，还应根据事件的进展和变化及整改措施的推进，进行跟踪和后续管理，包括数据的补充、更新、完结等。

若填报后操作风险事件信息有所更新，包括但不限于产生了新的损失、成本或回收金额，或事件调查处理有重大进展等，需对操作风险事件及损失数据进行更新。对相应行动方案，应及时督促执行并跟踪整改的落实和完成情况，在整改完成后及时填报。当操作风险事件满足完结条件时，则认定操作风险事件结束。

13.5 关键风险指标

关键风险指标用于操作风险管理事中监控的总体工作分为两个阶段：设计阶段和管理阶段。

13.5.1 关键风险指标设立

各部门、分支机构应根据日常运行中潜在的操作风险因素、内外部操作风险事件记录、操作风险识别与评估结果、同业关键风险指标设立等情况，在职责范围内设立关键风险指标。

关键风险指标设立包括建立关键风险指标清单、指标筛选及确定、明确指标信息和数据收集计划与阈值设定四个步骤。

1. 建立关键风险指标清单

建立关键风险指标清单即通过充分识别关键操作风险与控制，设计出可反映操作风险及控制水平变化的，或总结实际损失次数或金额的备选指标，形成清单以供后续筛选。

2. 指标筛选及确定

关键风险指标的筛选，主要依据指标参考性、数据可获取性、数据质量、指标更新频率及专家意见等，从关键风险指标清单中挑选出可使用的关键风险指标。

指标参考性，主要从预警性和风险敏感性两个方面进行评估。数据可获取性是指关键风险指标所需的数据易于从现有系统、纸质文档、电子文档中获取。数据质量主要从数据的一致性、准确性和完整性三个方面进行考量。

公司层级关键风险指标，需要充分收集公司操作风险管理的偏好、目标、管理期望等，结合公司操作风险管理水平，参考公司指标库，予以确定。

业务层级关键风险指标则应根据实际业务开展情况，从关键风险指标清单中选取或新增反映业务操作风险管理需要的关键风险指标，予以确定。

3. 明确指标信息和数据收集计划

指标信息包括但不限于指标名称、指标说明、指标层级、指标类型。

数据收集计划包括但不限于指标管理部门、指标监控部门、指标负责人、监控频率、指标更新日程、指标计算公式、基础数据项、数据来源、数据来源部门与提供人员岗位。

4. 阈值设定

针对每一个指标，都需要根据业务实践和管理经验，综合判断其各项数值区域所对应的风险可接受程度及后续对应管理措施，并结合部门现行管理标准对已确定指标进行阈值设定。通过阈值的设定，公司可依据关键风险指标实际数值的落点，分析风险与控制水平是否在可容忍的范围内，并据此采取行动计划。一个指标可设置多个阈值，依据风险管理的需求，赋予各阈值前后区间不同的意义。

13.5.2 关键风险指标监控

关键风险指标监控即按照所制订的数据收集计划，定期收集所需监测关键风险指标的数据，统计关键风险指标取值情况。同时，定期关注关键风险指标的数值变动情况，并在日常关键风险指标监测中针对指标落入的不同区间，发出不同的风险预警信号，采取不同的操作风险管理方式或及时发起行动计划。

13.5.3 关键风险指标检视与调整

对关键风险指标基本要素及管理体系的运行质量和效果进行评估和质量验证，并结合公司经营管理及风险变化情况对关键风险指标进行检视与调整。关键风险指标的调整包括对指标本身的调整、替换或取消，对数据收集计划的调整以及对阈值的调整等。

为检验关键风险指标设置的合理性，可应用指标覆盖率验证关键风险指标对操作风险与控制的覆盖程度。

指标覆盖率是指关键风险指标的映射情况，通过汇总统计出关键风险指标对各控制措施的覆盖程度（即关键风险指标映射的操作风险因子、操作风险事件、控制措施类型在多少控制措施中出现，去除重复的控制措施），进而求出关键风险指标的覆盖率。若覆盖率较低时，需要依据操作风险与控制评估结果等因素，补充相应关键风险指标进行定期监测。

以某业务板块为例，单个指标覆盖率和整个业务板块所有指标覆盖率的计算公式分别为：

$$\text{业务板块单个关键风险指标覆盖率}=\frac{\text{业务板块单个关键风险指标在该板块下涉及的控制措施数量}}{\text{该业务板块下控制措施总数}} \tag{13.1}$$

$$\text{业务板块所有关键风险指标覆盖率}=\frac{\text{业务板块下设置的所有关键风险指标在该板块下涉及的控制措施数量}}{\text{该业务板块下控制措施总数}} \tag{13.2}$$

13.6 评估操作风险

操作风险的评估方法可以大致分为自上而下法和自下而上法。

13.6.1 方法比较

自上而下法试图在最广泛的层次上度量操作风险，即使用公司范围或行业范围的数据进行估计，然后，估计结果被用来确定需要留出多少资本作为防范这种风险的缓冲。这些资本被分配给各业务单元。

自下而上法从单个业务单元或流程级别开始，然后将结果汇总起来，以确定公司的风险概况。自下而上法的主要好处是，它可以像基于风险价值（VaR）的市场风险度量体系一样，让人们更好地理解操作损失的原因。用于管理操作风险的工具可分为六类：

（1）审计监督。这包括外部审计部门对业务流程的审查。

（2）关键的自我评估。每个业务单元确定操作风险的性质和程度，包括对预期的损失频率和严重程度进行评估，以及对风险如何控制的描述，使用工具包括清单、问卷和研讨会。最后通过自下而上法汇总结果。

（3）关键风险指标。这种方法由简单的度量方法组成，这些度量方法提供了风险是否随着时间而变化的信息。这些早期预警信号可以包括审计分数、员工流动率、交易量等。当这些指标增加时，操作风险事件更有可能发生。这些客观的度量方法允许风险管理人员通过应用回归技术来预测损失。

（4）收益波动。这种方法包括在剔除市场和信贷风险的影响后，对收益进行时间序列分析，并计算其波动性。这种风险度量方法使用简单，但存在许多问题。该指标还包括商业和宏观经济风险引起的波动，这些风险不属于操作风险。此外，这种措施是事后的，并没有考虑到控制质量的改善或下降。

（5）因果网络。网络描述了由一系列不同原因引起的损失是如何发生的。因果关系是通过条件概率联系起来的。然后在网络上运行模拟，生成一个损失分布。通过关注风险的驱动因素以及使用自下而上法提高了对损失的理解。因果网络最适用于涉及有许多活动的复杂工作流的过程。

（6）保险精算模型。这种模型将损失的频率分布与严重程度分布相结合，得出了操作风险导致的损失的客观分布。可使用自上而下法或自上而下法。

13.6.2 精算模型

损失分布方法（LDA）精算模型从历史数据中估计损失的客观分布，在保险业中得到了广泛的应用。这种模型综合了两种分布：损失频率分布和损失严重程度分布。损失频率分布描述了在固定时间间隔内损失事件的数量。损失严重程度分布描述了一旦发生损失其数值的大小。损失严重程度可以根据历史数据制表，例如，度量损失严重程度的 y_k 时，可以根据 k 时刻通货膨胀和当前商业活动的某些指标进行调整。将 P_k 定义为 k 时刻的消费者价格指数，将 V_k 定义为业务活动度量，如交易数量。我们可以假设损失的严重程度与业务量 V 和价格水平 P 成正比，损失以时间 t 为单位度量。

$$x_t = y_k \frac{P_t V_t}{P_k V_k} \tag{13.3}$$

损失严重程度分布有很长的尾部，代表了非常大的损失。理想情况下，它们应该包括内部和外部数据。内部数据代表了公司的实际控制环境。然而，可能没有足够的数据。另外，因为这家银行还在经营，这些数据还有生存偏差。因此，数据将没有足够的尾部事件，而尾部事件对于构建极端损失至关重要。为了解决这一问题，监管机构要求使用外部数据。但这些方法也有缺点：其他银行的规模和控制体系可能无法与使用数据的银行很好地匹配；由于一些银行可能不愿意透露其弱点，外部数据库报告的业务损失可能是不完整的；巨额损失更难以隐藏，这就产生了数据捕获偏差。另外，数据库仅记录超过最低100万元的损失，因此产生了截断偏差。不过，这些数据来源可以通过场景进行补充。它可以表示可能出现的，但通常不会出现在内部或外部数据中的巨大损失。用变量n定义损失频率分布，n表示在这段时间内损失发生的次数。密度函数为：

$$\text{损失频率的概率密度函数} = f(n), n = 0, 1, 2, \cdots \tag{13.4}$$

可以用以下几种分布来描述损失，如二项式、泊松、负二项式或几何分布，所有这些分布都要求n是正整数。如果设x是损失发生时的严重程度，则其密度函数为：

$$\text{损失严重程度的概率密度函数} = g(x \mid n = 1), x \geqslant 0 \tag{13.5}$$

可以用对数正态分布、韦伯分布、伽马分布或指数分布等来描述，所有这些分布函数都要求x为正，最常见的组合是泊松分布和对数正态分布。

最后，这段时间内的总损失由随机发生次数的单个损失之和给出：

$$S_n = \sum_{i=1}^{n} x_i \tag{13.6}$$

表13.3提供了两个这样分布的简单示例。我们现在的任务是把这两个分布合并成一个分布，即这段时期的总损失。假设损失发生的频率和严重程度是独立的，这两个分布可以通过卷积过程组合成总损失的分布。例如，卷积可以通过列表来实现。列表系统地记录所有可能的组合及其相关的概率，如表13.4所示。一般来说，卷积必须用数值方法来实现，因为对于一个系统的表格来说，变量的组合太多了。

表13.3　　样本损失频率和严重程度的分布

频率分布		严重程度分布	
概率	频率	概率	严重程度（元）
0.6	0	0.5	1 000
0.3	1	0.3	10 000
0.1	2	0.2	100 000
期望	0.5	期望	23 500

资料来源：Philippe Jorion, Financial Risk Manager Handbook（6th Edition）, John Wiley & Sons, Inc., Hoboken, New Jersey, 2011.

我们从最明显的情况开始：没有损失，概率是0.6。接下来，只有一个损失的情况。由表13.4可知，损失1 000元的概率为：$P(n=1) \times P(x=1\ 000) = 0.3 \times 0.5 = 0.15$。同样，对于一次性损失10 000元和100 000元，概率分别为0.09和0.06。然后，我们将求解所有损失，这两个损失可能由许多不同的组合造成。例如，1 000 元的损失可以发生两次，总共2 000 元，概率为0. 1 ×0. 5 ×0. 5 =0. 025。发生一次1 000 元的损失和一次 10 000 元的损失，总共损失 11 000 元，概率为：0. 1 ×0. 5 ×0. 3 = 0. 015。我们重复这些步骤，直到穷尽所有组合。

表 13. 4　　损失分布的列表

损失发生次数	第一次损失（元）	第二次损失（元）	总损失（元）	概率
0	0	0	0	0. 600
1	1 000	0	1 000	0. 15
1	10 000	0	10 000	0. 090
1	100 000	0	100 000	0. 060
2	1 000	1 000	2 000	0. 025
2	1 000	10 000	11 000	0. 015
2	1 000	100 000	101 000	0. 010
2	10 000	1 000	11 000	0. 015
2	10 000	10 000	20 000	0. 009
2	10 000	100 000	110 000	0. 006
2	100 000	1 000	101 000	0. 010
2	100 000	10 000	110 000	0. 006
2	100 000	100 000	200 000	0. 004

分类损失（元）	累计频率（%）
0	60. 0
1000	75. 0
2 000	77. 5
10 000	86. 5
11 000	89. 5
20 000	90. 4
100 000	96. 4
101 000	98. 4
110 000	99. 6
200 000	100. 0

资料来源：Philippe Jorion, Financial Risk Manager Handbook（6th Edition）, John Wiley & Sons, Inc. , Hoboken, New Jersey, 2011.

结果分布如图 13. 1 所示，并在图 13. 1 的下半部分显示表 13. 4 的分布情况。与通常一样，损失被记录为正值。值得注意的是，表 13.4 使用简单的损失分布（只有三种情况）创建了一个复杂的损失分布。我们可以计算预期损失，它只是两个分布的期望值的乘积，或者 E[S] = E[N] × E[X] = 0.5 × 23 500 = 11 750(元)。然而，风险管理是关于非预期的损失。因此，风险经理也应该报告使概率大于 95% 的最低的数值。这大约是 10 万元，其概率是 96.4%。因此，非预期损失为 100 000 - 11 750 = 88 250（元）。如果操作 VaR 必须包括预期的损失，它就是 100 000 元。根据《巴塞尔协议Ⅱ》的标准，风险价值衡量的是一年内置信水平为 99.9% 的损失。

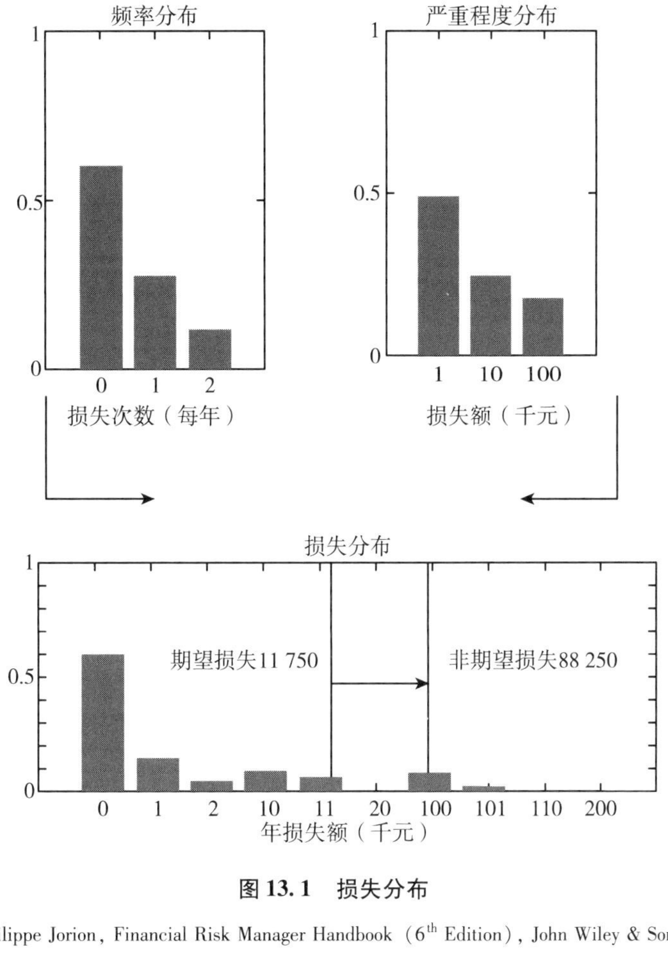

图 13.1 损失分布

资料来源：Philippe Jorion, Financial Risk Manager Handbook（6th Edition）, John Wiley & Sons, Inc., Hoboken, New Jersey, 2011.

现在模拟德意志银行 LDA 的实施。表 13.5 给出了银行定义的事件类型/业务单元矩阵中的单元格。该银行按照《巴塞尔协议》对事件类别进行分组，损失分布是相似的。例如，所有的设施事件归为一类。总共有 23 个单元。

表 13.5 事件类型、业务单元矩阵

事件类型	业务线							
巴塞尔	德意志银行	1	2	3	4	5	6	组
内部欺诈								
外部欺诈	欺诈	1	2	3	4	5	6	7
实物资产破坏								
业务中断	设施				8			
客户，产品，……	CPBP	9	10	11	12	13	14	15
执行，交割，……	EDPM	16	17	18	19	20	21	22
雇佣政策，……	EPWS				23			

资料来源：Philippe Jorion, Financial Risk Manager Handbook（6th Edition）, John Wiley & Sons, Inc., Hoboken, New Jersey, 2011.

下一步是对每个单元的频率和损失分布建模。银行使用来自每个单元内部数据的频率分布，并将其拟合为泊松分布。显然，最终的损失分布对这种分布的响应不敏感。损失严重程度的分布建模更加困难，它使用经验数据拟合主体并用极值理论（EVT）拟合尾部（损失超过5 000万欧元）。该分布对于内部数据、外部数据和场景的组合进行拟合。

然后，银行需要确定事件之间的相关性。在单元内部，损失发生频率之间、严重程度之间和损失发生频率与严重程度之间都有潜在的相关性。在单元之间，损失频率分布之间和严重程度分布之间也存在相关关系。在单元内部，银行忽略相关性，这显然是一个很好的近似，这简化了计算并且看起来与数据一致。频率分布之间的相关关系使用正态COPULA建模。实际上，相关性为正，但不是很高。最高的相关性发生在EDPM单元之间（16到22单元）。

然后，通过蒙特卡洛模拟生成所有这些分布的损失，从而生成下一年的损失分布。这种分布可以用一个VaR指标来概括，2009年，在99.98%的置信水平上，VaR是35亿欧元。这种风险度量可以分解为每个业务单元用于资本配置目的的VaR贡献。最后，业务和控制环境的更改通过直接调整风险指标来实现。银行出于简单和透明选择了这种方法。

练习题

1. 下面哪个事项不属于操作风险？（　　）

A. 某银行由于交易部门没有执行头寸限额管理而被监管部门处罚

B. 某银行的系统出现了瘫痪导致业务无法继续进行

C. 某银行的交易部门负责人离职后，部门近40%的人员同时辞职

D. 银行持有某公司债券因为该公司违反环保规定受到处罚导致债券价格下跌

2. 下列说法中错误的是（　　）。

A. 操作风险的危害性至少和信用风险和市场风险一样大

B. 操作风险的相对较小的损失后果正在向低频率、高危害事件转变

C. 操作风险在《巴塞尔协议Ⅱ》中不包括声誉风险，但包括法律风险

D. 使用类似操作风险计量模型，可以比较容易地量化声誉风险的损失

3. 发现内部损失数据的渠道不包括（　　）。

A. 日常工作中发现的事件与违规行为

B. 部门对其内部风险或问题进行内部排查所发现的事件及违规行为

C. 监管检查发现的违规行为及监管处罚事件

D. 匿名举报线索

4. 关键风险指标的设立不包括（　　）。

A. 建立关键风险指标清单

B. 指标筛选及确定

C. 明确指标信息和数据收集计划

D. 使用指标覆盖率验证关键风险指标对操作风险与控制的覆盖程度

5. 假设某银行操作风险损失的信息如下。那么在置信水平为 95% 的情况下，操作风险 VaR 的估计值是多少（包括期望损失）？

频率分布	
概率	次数
0.5	0
0.3	1
0.2	2

频率分布	
概率	损失（元）
0.6	1 000
0.3	10 000
0.1	100 000

6. 简述操作风险的类型。

7. 简述操作风险管理流程。

8. 流程梳理包括哪几项内容？

9. 评估操作风险的方法有哪些？

第14章　流动性风险管理

流动性风险是金融风险的一个重要来源，但人们尚不能够对其进行正式的度量，因此，巴塞尔委员会尚未针对流动性风险计提资本要求。但流动性对任何银行组织的正常运营至关重要，因此，任何一个金融机构，都应该重视对流动性风险的评估、监控和管理。

流动性风险包括资产流动性风险和融资流动性风险。欧洲银行监管委员会（CEBS）对它们进行了以下定义：

资产流动性风险，又称市场/产品流动性风险，是指由于市场深度不足或市场中断，而不能在不显著影响市场价格的情况下，短时间内变现资产头寸的风险。

融资流动性风险是指机构在债务到期时无法以合理价格融资偿还债务的预期风险。

如果投资组合含有必须以低价出售以满足融资需求的非流动资产，则这两种风险相互影响。

14.1　资产流动性风险

14.1.1　评估资产流动性风险

要评估资产流动性风险，首先对要交易的市场状况进行描述。买卖价差衡量的是在正常市场容量（NMS）范围内买卖某一数量的双向交易成本。如果 $P_{买}$ 为买入价，$P_{卖}$ 为卖出价，中间价 $P_{中间}=[P_{买}+P_{卖}]/2$，价差定义为：

$$S=\frac{[P_{买}-P_{卖}]}{P_{中间}} \tag{14.1}$$

流动性良好的资产买卖价差较小，用紧密性衡量实际交易价格与中间市场报价之间的偏差。流动性资产还具有良好的深度，它用来衡量不会对价格产生太大影响的交易量。

对于较大的交易，资产流动性可以通过价格—数量函数来评估，被称之为市场影响，该函数描述了价格如何受到交易数量的影响。有时，这被称为内生流动性，意思是价格的下跌取决于头寸的大小。相反，正常市场容量内的头寸具有外生流动性特征。

在流动性市场上出售大量资产时，价格可能暂时下降，但很快就能恢复。弹性是衡量交易价格波动消失速度的指标。

对于流动性资产，如国债市场，价格波动会很平缓，这意味着大宗交易对价格影响不大。例如，人们通常可以买卖价差 0.10% 的一半为成本交易 1 000 万元的国债，成本为 10 000 000 ×0.1%/2 =5 000（元），这非常低。

相比之下，非流动性资产是指价差较大且交易可以迅速影响价格的资产。例如，在场外交易（OTC）的银行贷款的价差可高达 10%。出售 1 000 万元将使价格下降 5%，成本为 10 000 000 ×10%/2 =500 000（元），这比前面的例子高得多。两倍的交易量可能会导致更大的价格下跌，比如 8%，足以清空市场。因此，非流动性资产的价格更受当前需求和供给条件的影响，它们通常比流动性资产价格的波动更大。

后一个例子也表明流动性是时间的函数。如果价格—数量函数是陡峭的，立即出售将迫使价格大幅下降。相比之下，耐心的投资者可以通过将交易指令在几天内分开完成以卖出较好的价格，从而降低市场影响。图 14.1 比较了流动性资产和非流动性资产的价格—数量函数。流动性资产的买卖价差较小，市场深度比较大，意味着有较大的正常市场容量。图 14.1 中的直线表明市场冲击有较低的斜率。

一般来说，交易量较大的资产流动性更强。交易成交量反映了投资者的不同看法，但也取决于活跃的投机者。尤其是对冲基金，它们在许多领域进行着积极交易，这增加了市场的流动性。

易于定价的资产也有更好的流动性。一个极端的例子是有固定息票的国债，这是一种简单的金融工具，很容易估值。另一个极端是结构复杂且具有复杂收益结构的票据，参与者很难进行估值和对冲。因此，此类票据的价差远远高于国债。

流动性因资产类别的不同而异，可能因证券而异。在外流通数量较大的证券或最近发行的证券一般具有更大的流动性。热门证券是最近发行的证券，因此更具活力和流动性。其他证券称为非热门证券。比如，最近发行的 30 年期的国债，这是热门证券，但它在另一种 30 年期债券发行后，将变为非热门证券。这两个债券具有相同的

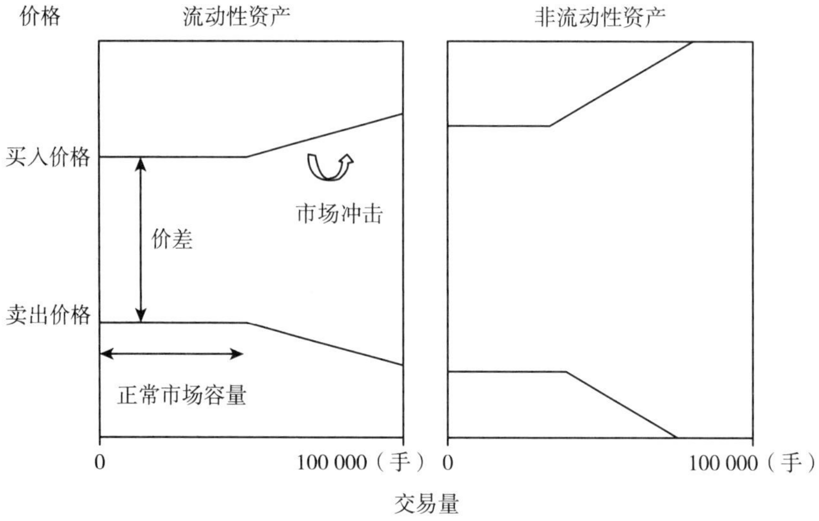

图 14.1　流动性和非流动资产的比较

资料来源：Philippe Jorion, Financial Risk Manager Handbook (6th Edition), John Wiley & Sons, Inc., Hoboken, New Jersey, 2011.

信用风险（即国家信用）及市场风险（即这两个债券期限都接近 30 年）。因为它们都非常相似，它们的收益率差必然是一种流动性溢价。

资产结算成本也取决于资产的可替代性。在交易所集中交易的合约，如期货或普通股，可以很容易地转售给出价最高者，因此是可替代的。相比之下，协商交易的衍生品的平仓需要原始交易对手方的同意。在这种情况下，交易对手可以要求折价平仓。综上所述，资产流动性风险取决于四个因素：（1）市场状况（买卖价差与市场影响）；（2）清算时间展望期；（3）资产和证券类型；（4）资产可替代性。

非流动性也可能是影响整个市场的，并具有时变性。流动性的大规模变化似乎是不定期发生的，包括 1994 年债券市场崩溃，1998 年长期资本管理公司（LTCM）的危机爆发以及始于 2007 年的次贷危机。这种危机被称作安全投资转移，当需求从低品质证券转向高品质证券时，特别是政府债券，就会发生这种现象。低信用等级的市场随着价格下跌而变得缺乏流动性。这反映在公司和政府债券之间收益率价差的扩大上。

14.1.2　流动性调整的 VaR

资产流动性风险很难像市场风险和信用风险那样被量化。通过选择性地增加波动率或时间展望期，可以将非流动性因素大致反映到 VaR 中。但这些调整只是临时性的。

我们可以尝试将买卖价差的影响纳入风险衡量指标中。当价差 S 固定时，流动性调整 VaR(LVaR) 可定义为：

$$LVaR = VaR + L_1 = W\left[\alpha\sigma + \frac{1}{2}(S)\right] \quad (14.2)$$

其中，W 为初始投资组合价值。如果要从零开始测量 VaR（相对于初始投资组合价值），而不是从均值开始，需要从 $\alpha\sigma$ 中减去 μ。

例如，假设我们有 1 000 万元投资于 30 年期国债，每日波动率 $\sigma = 1\%$，买卖价差 $S = 0.10\%$。在 95% 的置信水平下的每日 LVaR 是：

$10\,000\,000 \times [(1.645 \times 0.01) + 1/2\ (0.0010)] = 164\,500 + 5\,000 = 169\,500$（元）

上式中的这个修正项很小。相比而言，前面银行贷款例子中的修正项为 500 000 元。

如果买卖价差变化较大，则式（14.2）可以考虑价差增加，在一定的置信水平下进行调整。价差分布可以用其均值 $\bar{S}$ 和标准差 σs 来描述，最坏情况下的 LVaR 是：

$$LVaR = VaR + L_2 = W\left[\alpha\sigma + \frac{1}{2}(\bar{S} + \alpha'^{\sigma s})\right] \quad (14.3)$$

通过将市场和流动性风险的最坏情况的损失进行加总，假设这两个风险驱动因子之间具有高度相关性。

实际上，估算价差的分布是一项挑战。价差往往在长期趋于稳定，然后在危机时期爆发。因此，价差的分布是高度非正态的。为了在总体水平上度量风险，风险经理还需要对价差之间的相关性进行估计。此外，这个分析假定交易量在正常市场容量之内。否则，立即强制大量出售也会产生市场冲击。

14.1.3　非流动性和风险衡量

资产非流动性给风险度量带来了特殊的问题。在流动性不足的市场中，交易量的减少意味着价格的波动不大。因此，在报告期末的价格一般不代表市场出清交易，并且在没有常规交易的情况下市场将趋于迟滞。这将会在衡量与其他资产类别的波动性和相关性时产生下行偏差。

此外，信息对价格的冲击也很缓慢，从而产生收益率的正自相关，当在较长时间范围应用 VaR 时，平方根法则将失效。

14.2 融资流动性风险

14.2.1 流动性风险指标

流动性风险是2007年信贷危机的主要风险因素。随着商业银行和投资银行在次级资产支持证券的损失不断积累，银行出于担心交易对手违约而不愿放贷。

例如，货币市场的状况可以通过比较短期的利率债和银行间同业拆借市场之间的利率来衡量。短期利率债没有违约风险。相比之下，银行间同业拆借利率都包含信用风险。同业拆借市场利率飙升，反映了信贷市场的紧张状况。

14.2.2 评估融资流动性风险

融资流动性风险是指企业无法在不影响公司日常经营或财务状况的情况下，有效满足预期和非预期的当前和未来的现金流和抵押品需求的风险。

这种风险的后果可以用北岩银行（Northern Rock）的例子来说明。

案例14－1

北岩银行的流动性风险

北岩银行是一家在英国排名前五的抵押贷款银行。如下表所示，截至2007年6月，其总资产达到1 135亿英镑。其中约810亿英镑来自资本市场，只有300亿英镑来自客户存款。北岩银行的商业模式主要依赖资本市场而非零售存款的资金。然而，资本市场融资的波动性比零售存款更大。该银行曾利用这种不同寻常的结构来推动其快速增长。

北岩银行认为自己符合英国金融服务管理局（FSA）要求至少5个工作日的充足流动性资金的规则。然而，该银行没有料到会发生如此持久而影响广泛的信贷危机。

2007年8月，北岩银行开始遭遇展期短期债务和发行证券化贷款的麻烦。新资本利率上升后，开始挤压利润率，导致该银行股价大幅下跌，然而，监管机构认为该银行仍有偿付能力。9月13日，英格兰银行宣布向北岩银行提供紧急金融援助。这一消息引起了银行挤兑。由于英国仅对部分存款投保，储户感到惊慌并在接下来的几天内取回了数十亿存款。9月17日星期一，财政大臣宣布政府将全面担保所有存款。

北岩银行的资产负债　　单位：10 亿英镑

资产		负债	
贷款	96.7	零售存款	30.1
现金	0.8	债务证券	71.0
证券	8.0	其他	10.1
合计	113.5	合计	111.2

资料来源：Philippe Jorion, Financial Risk Manager Handbook (6th Edition), John Wiley & Sons, Inc., Hoboken, New Jersey, 2011.

截至 2007 年底，该银行已无法展期 80 亿英镑的短期债务，并在客户账户上损失了 150 亿英镑。英格兰银行提供的贷款已经增长到 270 亿英镑。在北岩银行两次出售失败后，在 2008 年 2 月 22 日被国有化。

北岩银行是融资流动性风险的受害者，因为它通过短期债务为长期贷款提供资金，而最后这种短期债务无法展期。

表 14.1 提供了评估流动性风险的一般框架。无论是在表内还是表外，融资流动性风险产生于负债方面。根据现金流的可预测性，负债可以分为稳定负债和不稳定负债。

表 14.1　管理银行流动性风险

资产负债表			
资产		负债	
	高流动性资产（现金）		无担保融资
	其他无抵押资产（可作为抵押品）		零售存款
			资本市场融资
	其他有抵押资产		有担保融资
		权益	
			新股发行
表外项目			
资产		负债	
	衍生品		衍生品
	信用票据		金融担保
			贷款承诺
			特殊目的载体

资料来源：Philippe Jorion, Financial Risk Manager Handbook (6th Edition), John Wiley & Sons, Inc., Hoboken, New Jersey, 2011.

对于上市公司来说，股权是稳定的。金融机构可以通过股息政策、股票回购和发行新股的方式来管理其股票的流动性。

在债务方面，可以分为无担保资金和有担保资金。例如，北岩银行发行了457亿英镑的证券化债券以及81亿英镑的担保债券。投资者应该更愿意投资有担保的资产。相反，无担保资金则受发行人违约风险的影响。

在无担保融资类别中，零售存款的稳定性要高于资本市场工具。例如，在压力条件下，货币市场工具的投资者可能要求更高的风险补偿，或者要求缩短投资期限，甚至拒绝展期融资。

在表外负债中，银行提供的贷款承诺、信用证和财务担保等将产生流动性的或有求偿权。因为如果持仓变得无价值，或者合约包含信用触发条款，衍生品交易可能在交易对手方需要更多抵押品时产生危机。事实上，特殊目的载体（SPV）也可能带来或有流动性风险。一些结构，如银行发起渠道，有明确的发行银行的支持，如果特殊目的载体不能展期债务，可能动用银行的流动性额度。其他结构，如结构性投资载体（SIV），可以没有明确的支持，但银行可能会出于商业或声誉等原因提供流动性支持。

现在关注资产负债表的资产方面，资金缺口可以通过资产出售来满足。现金或流动资产可提供立即使用的缓冲。未抵押证券可以反映资产流动性风险的折扣出售。或者，如果允许的话，它们可以通过和私人交易对手或中央银行达成回购协议得到现金。

此外，现金可以来自价内的衍生品头寸。机构也可以达成银行信贷额度，提取资金以备流动性之需。

最后，这些表内和表外信息应与现金流整合。特别是，银行系统已经把资产证券化作为一种减少表内资产的手段。然而，在最近的信贷危机中，银行被迫推迟一些证券化，导致需要融资的大额贷款增加。

案例14-2

AIG的流动性风险

美国国际集团（AIG）是一家全球性的保险集团，曾经是世界上最大的上市公司之一。由于其强大的收入和资本基础，AIG长期享有AAA的最高信用等级。结果，它允许其金融产品部门持有越来越多的头寸。它卖出高层级CDO的信用违约互换，由于它的信用等级很高，未被要求提供抵押品。

2005年3月14日，美国国际集团首席执行官因涉嫌欺诈而被迫辞职。第二天，其信用评级被下调至AA +。降级需要追加12亿美元的抵押品为其互换提供额外担保。在当时，鉴于AIG拥有大约800亿美元的股权，这仍是可控的。

然而，它的信用违约互换（CDS）投资组合继续增长，达到了5 000亿美元。随着次贷危机的爆发，CDO的价值急剧缩水。AIG宣布2008年上半年亏损130亿美元。

2008年9月15日，标准普尔将AIG的信用评级从AA - 下调至A -。因此，AIG被要求提供另外200亿美元的抵押品，但它并没有抵押品可以提供。由于AIG的倒闭会产生系统性的后果，美国政府介入并提供了850亿美元的贷款。10月份，这一数额又增加380亿美元。11月，美国财政部在问题资产救助计划（TARP）下新增了400亿美元的AIG高级优先股。这是最大的私营公司救助计划。显然，金融产品部门的管理者未能为AIG的信用评级下调做好准备。

资料来源：Philippe Jorion, Financial Risk Manager Handbook（6th Edition）, John Wiley & Sons, Inc. , Hoboken, New Jersey, 2011.

14.3 管理流动性风险

14.3.1 流动性风险管理步骤

流动性风险管理需要强有力的内部治理，使用足够的工具来识别、衡量、监控和管理。董事会最终为机构的流动性策略负责。

虽然流动性风险没有单一的衡量标准，但可以用一系列指标评估流动性风险。流动性风险管理从经营流动性开始，它列出了每日需要支付的款项，预测所有的现金流入和流出。然而，这不是一件简单的事情。近年来，支付和结算系统设计的改进缩短了支付的时间，降低了信用风险和操作风险，但却给流动性管理带来了更大的压力。

下一步是策略管理，评估对无担保融资的准入标准以及投资性资产的流动性特征。这涉及对资产流动性风险的评估。

最后，从战略角度整合这些信息，从流动资产和负债以及表外项目开始。这些信息用来建立一个融资矩阵，说明不同期限的融资需求细节。任何资金缺口都应通过借款或出售资产筹集的资金加以弥补。

14.3.2 资金缺口

表 14.2 给出了一个假设的现金流量模式示例（即没有新的业务或资金展期）。这里，融资矩阵从资产负债表项目、贷款、零售存款、其他短期债务和长期债务开始。

这些项目有固定或随机的现金流和到期日。例如，第一类为固定利率债券，它的息票和分期付款都有固定的现金流和到期日。第二类是浮动利率贷款和债券等项目，其中现金流是随机的但到期日是确定的。第三类是可赎回债券或具有灵活赎回时间表的贷款，其中到期日是随机的，但现金流是确定的。第四类是现金流和到期期限都随机的项目，如零售存款，承诺提取信贷额度和循环贷款，需要根据市场经验和产品知识对随机现金流或到期日进行建模估计。

在表 14.2 中，贷款的初始余额为 100。表 14.2 列出了各种到期时间段的现金流入。这些贷款中的一部分通常会在明年偿还。接下来是零售存款、短期和长期债务，预计未来将出现现金流流出。请注意，所有的短期债务预计将在 1 年内偿还。表 14.2上半部分的“资金缺口合计”一行展示了资金缺口的时间表。在这种情况下，1 年的累计资金缺口为 -30。

表 14.2　　融资缺口分析示例

	平衡表	时间特征						
		隔夜	7 天	14 天	1 个月	3 个月	1 年	累计
融资矩阵								
贷款	100	5	5	3	15	5	5	38
零售存款	-50	-5	-5	-5	-8	-5	-5	-33
短期债务	-30	-10	-5	-5	-5	-5	0	-30
长期债务	-30	0	0	0	-5	0	0	-5
资金缺口合计		-10	-5	-7	-3	-5	0	-30
缺口填补								
现金	5	5	0	0	0	0	0	5
未抵押证券	20	10	8	2	0	0	0	20
合计		15	8	2	0	0	0	25
净资金缺口		5	3	-5	-3	-5	0	-5
累计		5	8	3	0	-5	-5	

资料来源：Philippe Jorion，Financial Risk Manager Handbook（6th Edition），John Wiley & Sons，Inc.，Hoboken，New Jersey，2011.

表 14.2 的下半部分列出了缺口填补项目。例如，现金可以立即用于支付资金流出。无抵押证券作为其资产流动性风险的函数，随着时间的推移而出售。资金缺口和缺口填补项目的总和为预期的净资金缺口。正的现金流时间越长，银行越安全。在这种情况下，生存期是累计净资金缺口变为负值的时间，为 1 个月。

14.3.3 压力测试

然而，风险管理就是处理突发事件。因此，机构还应该评估现金流偏离预期路径和资金来源意外被切断的压力情景。机构应该考虑广泛的情况，包括特定机构、特定国家、和全市场范围内的场景。特定国家情景的一个例子是突然限制货币的可兑换性。

此外，在极端压力的情况下，融资流动性风险可能会与资产流动性风险相互作用，因为在这些条件下出售资产可能变得更加困难。由于声誉风险的自我实现特性，机构认为的流动性问题可能会削弱其以合理价格出售其资产的能力。

14.3.4 控制流动性风险

流动性风险可以通过多种方式加以控制，包括依赖更稳定的资金来源和多元化的资金来源、地域和债务期限。同样，资产流动性风险也可以通过多元化手段对某些市场或产品设置限额。资金缺口还应对不同展望期设置限额。一些监管者在流动资产的最低水平、到期日的错配或者对特定资金来源的依赖方面设置限制。

另一个控制流动性风险的工具是惩罚产生流动性问题的业务单元或金融工具。据高级监管集团（SSG）2008 年的报告，在危机期间表现出色的机构都采用了一个在全公司范围内明确考虑流动性风险的视角。这些公司向业务单元的或有流动性风险暴露合理计提资本，以反映在困难的市场环境中获得流动资金的成本。表现良好的机构也对资金流动性、资本及资产负债表进行了有效的管理。

14.3.5 应急资金计划

应急资金计划（CFPs）的目标是在一个流动性压力情景下制定行动计划。在危机情况下，管理层通常没有太多的时间来做出反应，这解释了为什么要预先制定计划。CFPs 应该定义触发事件、明确的业务职责，以及替代资金来源的计划。它还应该考虑到公告执行计划的声誉效应。

一般来说，公开披露流动性风险管理程序有助于打消投资者的疑虑，让他们相信该机构已经制定了处理流动性风险的流程。具有流动性管理系统的银行不太可能使资金提供者失去信心。下面是德意志银行流动性风险披露的例子。

案例 14－3

德意志银行的流动性管理

德意志银行（DB）是德国领先的商业银行。截至 2007 年 12 月，它拥有 20 200 亿欧元的资产和 3 290 亿欧元的风险加权资产。该公司拥有 370 亿欧元的股东权益，一级资本充足率为 8.6%。

DB 的流动性风险管理方法始于每天预测当天的现金流，并考虑央行的融资渠道。然后介绍了流动性风险管理策略，涉及无担保资金来源的获取以及其资产的流动性特征。例如，银行从零售存款中获得 25% 的无担保资金，从资本市场中获得 20%。在资产流动性方面，银行为不同资产分配流动性价值；该公司还持有 250 亿欧元的高流动性证券组合，以防范短期流动性挤压。最后，战略视角包括资产负债表上所有资产和负债的到期情况以及发行策略。

银行采用压力测试和情景分析来评估突发压力事件对其流动性状况的影响。假设事件包括外部冲击，如市场风险事件、新兴市场危机和系统性冲击，以及内部冲击，如操作风险事件和评级降级（例如，从 AA 降至 AA－）。在这些情境中，银行假定所有到期客户的贷款都将需要展期并需要资金，而债务展期将受到部分影响，从而导致资金缺口。然后，银行对平衡资金缺口所需的步骤进行了模拟，其中包括抛售资产以及未担保融资转为担保融资。对于每个场景，下表显示了在 8 周的时间内的累积资金缺口，以十亿欧元为单位，以及使流动性恢复平衡状态所需的融资量。

单位：十亿欧元

情景	资金缺口	缺口填补
市场风险	5.5	98.9
新兴市场	27.7	117.1
系统性冲击	20.4	70.9
操作风险	13.9	106.7
信用评级下降一个等级	28.1	129.3
信用评级下降三个等级	108.6	129.3

资料来源：Philippe Jorion, Financial Risk Manager Handbook (6th Edition), John Wiley & Sons, Inc., Hoboken, New Jersey, 2011.

14.4 《巴塞尔协议》对流动性监管的要求

2010 年 12 月，巴塞尔委员会出台了《巴塞尔协议Ⅲ：流动性风险计量、标准和监测的国际框架》，在进一步完善流动性风险管理定性要求的同时，首次创建了全球统一的、可计量的流动性监管标准，突出了流动性风险监管的重要性。此次引入的流动性风险监管的两个量化指标，分别为短期监管指标流动性覆盖率（liquidity coverage ratio，LCR）和长期监管指标净稳定资金比例（net stable funding ratio，NSFR）。该框架涵盖了商业银行资产负债表内、表外各项产品，有助于监管当局全面识别银行短期和长期流动性风险趋势。

其中 LCR 的目的是在满足资本充足率的前提下，确保银行拥有足够的优质流动性资本，从而提高银行应对短期流动性风险的能力，保障其基本的流动性要求；NSFR 则使银行通过更为稳定、持久和结构化的融资渠道支持资产负债表内、表外风险暴露和资本市场业务活动，防止银行在顺周期时期过度依赖批发性融资，从而提高银行应对长期流动性风险的能力，保障其更高的流动性要求。

14.4.1 流动性覆盖率

《巴塞尔协议Ⅲ》的流动性覆盖率是指优质流动性资产与未来 30 天内的现金净流出之比，监管标准为不低于 100%。其计算公式为：

$$\text{流动性覆盖率} = \frac{\text{合格优质流动性资产}}{\text{未来 30 天现金净流出量}} \tag{14.4}$$

它是衡量银行短期流动性风险程度的指标，旨在确保压力情景下，银行能够运用自身持有的、无变现障碍的优质流动性资产，应对 30 天内业务产生的资金需求，以避免在政府危机救助方案实施前倒闭。中国银监会 2014 年发布的《商业银行流动性风险管理办法》中的 LCR 指标，是根据《巴塞尔协议Ⅲ》的要求，并依照我国银行业的实际情况将其引入实施的，二者在适用对象和具体监管标准上有一定区别。

1. 压力情景

计算流动性覆盖率时的压力情景假设，是监管机构参照以往危机中的实际案例设定的，其中包括单个机构和整个系统在 2007 年全球金融危机中所受到的冲击，主要有存款流失、市场融资能力下降、资产质量下降、银行向客户提供的信用、流动性便利支用量意外增加、追加融资交易或衍生品交易的抵押品、银行出于声誉或其他非契约性因素考虑而可能增加的流动性需求等。

2. 分子

流动性覆盖率的分子是优质流动性资产，由一级资产和二级资产构成，其中二级资产占比最高不得超过40%。即使在严重的压力情景下，无论通过出售还是抵（质）押融资的方式，优质流动资产都应保持良好的变现能力。因此优质流动性资产通常具有以下特征：低信用风险和市场风险；易于定价且价值平稳；与高风险资产的低相关性；在广泛认可的发达市场中交易；具有活跃且具规模的市场；具有负责任的做市商；存在多元化的买卖方，市场集中度低；从历史上看，在系统性危机发生时，市场显示出向这类资产转移的趋势；在压力时期，这些资产能够不受任何限制地转换成现金以弥补现金流入和流出形成的缺口；在银行中明确作为紧急资金来源，并由负责流动性风险管理的部门控制。

3. 分母

流动性覆盖率的分母是未来30日的净资金流出，等于现金流出减现金流入。

未来30天现金流出分为存款流失、市场融资能力下降、衍生品相关的现金流出、表外产品相关的现金流出、应付利息及拆借等五类，不仅涵盖了资产负债表内、表外各个项目，还包含了没有体现在表内外的潜在资金流出。其中对于存款流失造成的现金流出，监管部门根据存款主体和存款目的分类，赋予了不同的流失率。从存款主体看，储蓄和小企业的存款主体众多、规模较小、风险分散，流失率较低；大中型企业、公营部门的流失率较高；考虑危机的传染效应，金融机构面临的风险最大，因此流失率最高可达100%。从存款目的看，有业务关系的存款流失率较低，没有业务关系的存款流失率较高。市场融资能力下降造成的现金流出，是指银行已经通过抵押资产的方式从市场上融入了资金，该交易将于30天内到期，届时债权人将根据银行的抵押物质量，酌情决定是否续借及续借资金的比例。如果银行以一级资产作为抵押取得了融资，则到期偿还的比例为零；如果银行以其他资产作为抵押取得了融资，则到期偿还的比例为15%～100%不等。对于表外产品造成的现金流出，监管部门按照产品和对手不同，赋予不同的流出比例。从产品类型来说，保函、信用证及其他贸易融资工具流出比例较低；从客户分类来说，零售和小企业因风险分散，流出比例较低。

未来30天现金流入分为贷款资金流入、证券借入和逆回购到期流入、其他现金流入三类。其中贷款产生的现金流入是指银行在未来30天内应收回的各项完全正常履约的协议性资金。压力情景下，贷款可能出现逾期或不良，银行将被迫对部分贷款进行展期，借款人不同，逾期或展期比例也不同。证券借入、逆回购到期产生的现金流入与上面提到的市场融资能力下降造成的现金流出相对应，是指银行进行了有资产担保的融出交易，并且将于30天内到期，交易对手还款会产生现金流入。因此根据取得的抵押物不同，续借的比例不同，现金流入比例也不同。其他现金流入是指未包括在以上范围内的30天内的现金流入，包括衍生品交易净应收款、未包括在以上范围内的契约性资金流入。

14.4.2 净稳定资金比例

作为流动性覆盖率指标的一个补充，净稳定资金比例衡量的是，在持续压力场景下，银行仍然有稳定的资金来源用来持续经营一年以上。《巴塞尔协议Ⅲ》要求净稳定资金比例的下限为100%。其计算公式为：

$$净稳定资金比例 = \frac{可用的稳定资金供应量}{稳定资金需求量} \tag{14.5}$$

该指标旨在鼓励银行吸收中长期资金，避免过度依赖短期批发资金来源，控制资产负债总量和结构的错配风险。

1. 压力情景

计算净稳定资金比例的压力情景是指银行将面临一年以上持续压力的情景，具体情景同流动性覆盖率。

2. 分子

净稳定资金比例的分子是可用的稳定资金，包括核心资本、附属资本、其他优先股和存款四类。其中，其他优先股是指超出二级资本限额的优先股，虽然不能计入合格资本，但仍属于可用的稳定资金。存款中剩余期限在一年以上的，不论存款主体是个人、公司还是金融机构，全部可以计入分子；而剩余期限在一年以内的金融机构存款则不能计入。对于不同类型的资金来源，根据其稳定程度，需要乘以一个因子再求和。可用稳定资金的因子如表14.3所示。

表14.3　　可用稳定资金因子

ASF因子（%）	类　别
100	一类资本和二类资本； 优先股，以及到期期限超过一年的借贷
90	零售及小型商业客户提供的“稳定”活期存款和一年内到期的定期存款
80	零售及小型商业客户提供的“亚稳定”活期存款和一年内到期的定期存款

续表

ASF 因子（%）	类　别
50	非金融企业、国家、中央银行、多边开发银行和公营机构提供的活期存款和一年内到期的定期存款
0	其他负债和股权

3. 分母

净稳定资金比例的分母是业务所需的稳定资金，指根据业务需要，占用一年期以上的资金数量，分为债券、股权、贷款、黄金、表外资产、其他资产等。根据资产所需资金支持的持久性，每项稳定资金均需要乘以一个稳定资金因子（见表 14.4），然后进行加总。

表 14.4　　稳定资金因子

RSF 因子（%）	类　别
0	现金； 短期金融工具和债券，以及剩余期限小于一年的对金融机构的贷款
5	风险权重为 0、剩余期限大于一年的针对主权国家或类似实体的可变卖证券
20	剩余期限大于一年、评级高于 AA - 的企业债券； 风险权重为 20% 的主权国家或类似实体的证券
50	黄金、股票和评级为 A + 或 A - 的债券
65	私人住房按揭贷款
85	对个人或小型商业客户提供的剩余期限小于一年的贷款
100	所有其他资产

14.4.3　对《巴塞尔协议Ⅲ》流动性监管规则的修订

2010 年以来，关于流动性监管指标可能带来的负面影响一直争论不休，主要包括以下几个方面：首先，优质流动性资产范围过于保守，可能导致在此衡量标准下银行业流动性资产缺乏或资产同质化的系统风险；其次，银行将不愿意持有非优质流动性资产和向企业提供长期融资，配置偏好从持有公司债券转向持有政府债券，抬高融资成本、紧缩信贷，给实体经济带来冲击；再次，为了在指标上硬性达标，银行将转向增持盈利性低、流动性高的资产，而减持那些盈利性更高、流动性较差的资产，导致银行息差下降，盈利能力也因此被削弱；最后，监管规则将政府债券划分为优质流动性资产的“一刀切”做法不合理，任何评级的国内主权债券都被视为高流动性资产，将激励银行积累国内主权债券。该制度对主权债务危机时期缺乏考虑，如欧债危机使得一些国家的政府债券折价更严重，即使是持有主权债券，其价格波动也有可能使银行承担更高的风险。

实际上，接连受到金融危机和欧债危机重创的银行纷纷表示难以在 2010 版流动性监管规则的截止日期（2015 年）之前增加流动性，甚至有些银行为达标而产生了惜贷行为。同时，欧美通过量化宽松政策刺激信贷扩张，如果此时加强银行监管，将会对冲货币政策效果，影响经济复苏。在 2012 年 11 月，美联储宣布美国无限期推迟《巴塞尔协议Ⅲ》的执行。欧洲央行一方面批评美国不应该无限期推迟《巴塞尔协议Ⅲ》的执行，另一方面也跟随美国步伐推迟实施《巴塞尔协议Ⅲ》。在此背景下，巴塞尔委员会于 2013 年公布了《巴塞尔协议Ⅲ：流动性覆盖率和流动性风险监测工具》。

相比 2010 版的流动性监管规则，2013 版流动性监管规则扩大了分子优质流动性资产的范围，完善了分母计算现金净流出时的流出和流入系数，重申了流动性资产储备在压力时期（包括过渡时期）的可用性，并重新设置了流动性覆盖率的分阶段实施时间表。

1. 扩大了分子中优质流动性资产的范围

优质流动性资产储备由一级资产和二级资产构成。其中，一级资产包括现金、压力情景下能够提取的央行准备金、《巴塞尔协议 Ⅱ》标准法下风险权重为 0 的主权实体、中央银行等发行的可交易证券、风险权重不为 0 的主权实体或中央银行以本外币发行的主权证券或中央银行债务型证券。二级资产包括由风险权重为 20% 的主权实体、央行、非中央政府公共部门实体、多边开发银行发行或担保并可在市场上交易的证券；评级至少为 AA－级的，不是由金融机构或其任何附属机构发行的公司债券和担保债券。

修订稿放宽了二级资产的标准，允许各国当局自由裁定是否在接受更为严格的价值扣减后纳入更多的二级资产。在修订稿中，原来的二级资产被定义为二级 A 资产（2A），各国监管当局可以自行决定是否纳入新的二级 B 资产（2B），其中，2A 级资产包括政府证券、至少 AA－级的公司债券和担保债券等，对应的扣减率也比较低；2B 级资产则有更高的扣减率和更低的总额限制，具体来看，2B 级资产纳入了 A＋级至 BBB－级的公司债券（扣减率为 50%）、某些无产权负担的股票（扣减率为 50%）和 AA 级以上的住房抵押贷款支持证券（扣减率为 25%），同时按照扣减率进行折减后的总额不能超过优质流动性资产总额的 15%。当然，二级资产的最高占比仍然要求不得超过银行优质流动性资产储备的 40%。

2. 放宽了分母中现金流出系数的要求

2013 版流动性监管规则的现金流出系数相比 2010 版规则总体上有所下降，最大降幅达 70%，同时降低有存款保险制度覆盖的存款流出系数。另外，由于 2013 版的流动性监管规则对二级资产重新进行划分，由其担保的批发存款的流失比例也相应做了调整，比如规定由其他 2B 级资产担保的批发存款的流失比例为 50%。此外，2013 版的流动性监管规则还对一些现金流出事项做了新的规定，如由优质流动性资产担保或抵押的衍生工具的流失比例为 0。

流入系数的变化主要集中于“逆回购和融券协议”，该现金流入事项被扩充为“有担保的贷款交易，包括逆回购和融券协议”，并根据二级资产的划分对其流入系数进行了修订。

3. 允许危机时期提取使用流动性资产

修订后，银行在压力期间可以使用正常时期积累下来的流动性资产，因而银行的流动性覆盖率可以被允许低于监管当局设定的最低水平，以避免银行在危机时期更加倾向于储藏流动性而不是释放流动性以帮助市场渡过危机，从而加重而不是缓解整个市场“钱荒”的影响。同时监管当局应就何种情况下才能使用流动性资产池给予额外指导。这一举措也被认为是旨在帮助那些深陷困境的欧元区国家的银行。

练习题

1. 下列关于流动性风险的说法哪一项是正确的？（　　）

A. 当金融机构无法履行支付义务时会产生资产流动性风险

B. 安全投资转移通常反映在公司债券和政府债券收益率价差的减小上

C. 热门证券和非热门证券之间的收益率价差主要反映了流动性溢价，并不反映市场和信用风险

D. 融资流动性风险可以通过设定投资限额及分散化投资的方式进行管理

2. 一个共同基金投资于普通股，其采纳了流动性风险度量。把它的每个持有头寸限制在 30 日平均交易价值最大值的 30%。如果该基金的规模是 30 亿元，那么该基金持有的 240 万元在股票的 30 日平均交易价值上的最大权重是多少？（　　）

A. 24.00%　　B. 0.08%　　C. 0.024%　　D. 80.00%

3. 测量银行流动性状况的指标有（　　）。

A. 现金头寸指标　　B. 核心存款比例

C. 贷款总额与总资产比例　　D. 以上都是

4.（　　）是指在极端情境下，分析评估流动性风险管理模型或内控流程的有效

性，发现问题，制定改进措施的方法，目的是为了防止出现重大损失事件。

A. 情景分析　　B. 压力测试　　C. 融资管理渠道　　D. 应急计划

5. 商业银行流动性风险预警的融资指标/信号的因素有（　　）。

A. 某项业务风险水平增加　　B. 债权人要求提前兑付

C. 资产质量下降　　D. 所发行的股票价格下降

6. 你的CRO让你准备一个预警你的银行流动性问题的指标表单。下列哪些指标是预警潜在流动性问题的指标？（　　）

(1) 快速的资产增长率，特别是购买具有潜在波动性的负债

(2) 资产或负债的集中增长

(3) 负债平均加权久期的增加

(4) 头寸符合或违反内部或监管限制的频率下降

(5) 债务或信用违约互换价差缩小

(6) 交易对手需要提高信用风险暴露的保证金

(7) 到期前CD的赎回增加

A. (1)(2)(6)(7)　　B. (1)(3)(5)(6)

C. (2)(4)(5)(7)　　D. (1)(5)(6)(7)

7. 流动性覆盖率的计算公式为（　　）。

A. 贷款余额/存款余额

B. 合格优质流动性资产/未来30天现金净流出量

C. 流动性资产余额/流动性负债余额

D. 合格优质流动性资产/未来90天现金净流出量

8. 你持有100股A公司的股票，当前价格为50元。股票每日收益率的均值和波动率分别为1%和2%。VaR需要相对初始价值进行度量。股票的买卖价差随时间变化。每日价差的均值和波动率分别为0.5%和1%。收益率和价差都服从正态分布。计算在99%置信水平下的每日流动性调整VaR。

9. 简述流动性风险的种类。

10. 流动性风险指标有哪些？

11. 简述流动性风险管理的步骤。

第 15 章 综合风险管理

金融业已经认识到在公司层面上实施跨越业务部门和风险类型的风险管理的重要性。这是由于多种因素造成的，包括：（1）随着机构扩展运营而增加的全球风险来源风险增加；（2）风险因子之间的相互作用；（3）各类市场风险产品之间的联系以及金融风险的类型。这些联系使得考虑风险和产品之间的相关性变得很重要。强调风险类型之间的交互作用常常被忽视。

试图在更广泛的基础上衡量风险还有另一个更实际的理由。该行业已经在衡量市场风险、信用风险甚至操作风险方面取得了很大进展。风险一旦被测量，就会像风险调整后的资本回报率（RAROC）一样受到惩罚。然而，这一方法的危险在于，它会鼓励人们将风险转移到没有得到很好测量或控制的地方。

所有这些原因都解释了综合风险管理的必要。综合风险管理为整个机构提供了一致的、全局的风险管理方法。这需要使用一致的方法、系统和数据来衡量所有业务部门和所有风险因子。

15.1 综合风险管理

综合风险管理是建立在经济资本（EC）框架之上的，可将其定义为允许机构评估相关风险，并准备资本来覆盖风险行为产生的经济影响的方法和实践。

15.1.1 风险类型

风险集中度量始于对风险类型的经济性质分类。市场风险是指由于市场价格水平或波动导致损失的风险。信用风险是由于交易对手可能不愿意或无法履行合同义务而导致的风险。操作风险一般定义为由于内部流程、系统和人员或来自外部事件失败或不足导致损失的风险。业务风险是指企业收益因下降而产生损失的风险，这是由于收入下降无法通过成本的降低所抵销。一些银行还单独度量其他风险，如流动性风险，或私募股权风险。机构应该在整个公司范围内对以上所有风险进行一致性度量。否则，风险将倾向于流向惩罚最轻或措施最弱的地方。

15.1.2 风险相互作用

风险类别并不能被孤立对待。操作风险可以产生市场风险和信用风险，反之亦然。例如，互换的抵押品支付通过定期按市值计价来降低信用风险，但对现金流管理产生了更大的需求，这增加了操作风险和流动性风险。相反的情况也可能发生在操作失败时：例如，不正确的交易确认可能导致不适当的对冲或更大的市场风险。不正确的互换条款数据输入可能导致错误的市场风险度量以及不正确的信贷风险敞口。

另一个重要的例子是市场风险和信用风险之间的相互作用。错向交易是指市场风险放大信用风险的交易。例如，考虑银行和投机者之间的交易。如果银行在互换中亏损，则信用风险不是问题，因为银行没有信用风险敞口。但是，如果银行在互换交易中获得了巨额利润，这必须以牺牲投机者为代价。如果对方的损失足够大，投机者可能正是因为互换交易而违约。因此，这种交易本质上比交易对手是对冲者的情况更危险。如果对方是对冲者，互换的损失应该被对冲者的收益所抵销。因此，对冲交易对银行来说更加安全，跨风险类型可能会出现复杂的相互作用。

15.1.3 风险汇总

一旦所有风险类别都被正确识别和度量，下一步的风险汇总涉及将风险分布转换为同一时期的同一货币度量，通常是一年。然而，市场风险通常在较短时期进行管理和度量，一般以天为单位。通常的转换使用扩展方法，例如平方根法则。这假定一年中风险状况稳定。然后可以在相同的置信水平通过风险价值（VaR）来汇总。

下一步是不同风险因子的风险指标进行综合。理论上，应该考虑不同类型风险之间的相互作用。做法有以下三种。

第一种方法是简单地将市场风险、信用风险和操作风险这三个风险估计值相加，以得到一个银行总风险的估计值。例如，摩根大通估计其信用风险、市场风险和操作风险的经济资本分别为 500 亿美元、150 亿美元和 90 亿美元，总风险的经济资本为 740 亿美元。然而，这个简单的求和，通常夸大风险，因为它假定最严重的损失将会在三种风险类型中同时发生。

第二种方法采用固定的分散化百分比。这是对求和方法的简单扩展，但适用于固定的多样化收益。在摩根大通的例子中，20% 固定的分散化比例将经济资本从 740 亿美元减少到 590 亿美元。该方法简单且稳健，但对各部分之间的实际交互影响并不敏感。

第三种方法是通过估计方差—协方差矩阵来衡量风险。该方法相对简单直观，可以解释实际交互的变化。然而，使用相关性意味着线性关系。通常，银行假定市场风险和信用风险之间存在高度相关性，业务风险与其他风险的相关性较低，操作风险与其他风险之间的相关性非常低。

实际上，大多数银行通常只采用第一种方法对三种风险值估计进行加总。很少有银行尝试更复杂的技术手段，比如使用 Copula 反映风险因子分布之间的依赖关系。这种方法更灵活，可以刻画非线性相关性，但更难以实现。这与完全模拟法有关，这可能是最灵活、最准确的方法，也是计算量最大的。

15.1.4 资本的定义

这种汇总提供了全面的风险度量标准。经济资本（EC）被定义为企业在特定的置信水平上愿意承受的最大损失。换句话说，EC 是一个 VaR 类型的度量，这代表了公司分配给自我保险的资本数额。这反映出董事会和高级管理层的风险规避。

经济资本不同于储备。公司预留准备金来弥补预期损失。相反，需要资本金来弥补非预期损失。

通常，公司资产负债表上的实际股本数额应该超过经济资本。它也应该超出监管要求的监管资本金，否则可能会将其关闭。

经济资本可以超过或不超过监管资本。在前一种情况下，法规既不具约束力也不相关。然而，在第二种情况下，公司是被迫承担过多的资本，这相当于一种税收。由于全球资本监管不一致，如果其他国家的资本要求较低，可能造成严重的竞争劣势。

15.1.5 单独法和综合法

金融集团的资本框架可用单独法或模块法。在单独法中，对每种风险类型或业务单独计算资本要求后再相加。这种方法适用于监管资本。例如，考虑持有银行和保险公司的控股公司。控股公司层面的资本要求只是每个子公司的资本要求之和。这种方法有以下三个缺点。

第一，资本要求没有考虑分散化效应，在某些情况下可能过高或者过低。

第二，不同的监管机构可能会对同一经济风险施加不一样的资本要求，这是低效的并可能导致监管套利。如《巴塞尔协议Ⅱ》规定对商业银行的交易和银行账户中的信用违约互换（CDS）施加不同的资本要求。由于在交易账户上的资本要求较低，这导致了大规模的信用违约互换从银行账户转移到交易账户。同样，对于商业银行或保险公司的相同风险，资本要求也可能有所不同。

第三，一些附属机构可能受制于较低或不一致的资本要求。美国国际集团（AIG）就是一个很好的例子，这家美国保险公司获得了 1 600 亿美元的政府救助。美国国际集团利用了监管体系中的巨大漏洞，它的金融产品（FP）部出售信用违约互换，为价值 4 410 亿美元的证券提供保险，从而导致了巨大的损失。该部门隶属一家规模庞大且稳定的保险公司，它在没有有效监管的情况下运作。这个监管漏洞已被《多德—弗兰克法案》弥补，该法案建立了金融稳定监督委员会，负责监督可能对金融体系构成威胁的机构，并可能推动美联储对构成系统性风险的机构进行监督。

相比之下，全面经济资本可以采用综合方法进行计算。这需要在三个层面进行加总。

（1）投资组合层面。例如，这包括作为银行信用账户组成部分的商业贷款（这是投资组合）。

（2）业务单元层面。例如，这包括市场、信贷和商业银行子公司内部的风险（这是业务单元）。

（3）控股公司层面。例如，这包括一家控股公司的银行和保险子公司。

模块法在这三个连续的层面上汇总风险。总体而言，在最低的投资组合层面，由于有大量的头寸和较低的集中度，将实现最大的分散化效果。分散化收益通常是 50% 或更多。由于风险因子较少，下一层次的分散化效果较小。对银行来说，分散化收益通常在 20% 左右；而保险公司的比例更高，约为 40%。最后，控股公司层面的多元化收益最低，在 5% ~10% 之间。

15.1.6 说明

表 15.1 给出了德意志银行在整个公司层面上的经济资本分析报告。该银行还在 99.98% 的置信水平下单独估计了市场风险、信用风险和操作风险这三个风险类别在一年内的最大损失。市场风险包括交易风险和银行账户风险（如存、贷款利率风险）。

非市场风险有时被称为资产/负债管理（ALM）风险。对于交易风险，通常用为期一天的 99% 的 VaR 指标来推算经济资本的参数。

表 15.1　　全面经济资本—德意志银行　　单位：百万欧元

分类	2009 年	2008 年	2007 年	2006 年	2005 年	2004 年	2000 年
（1）信用风险	7 453	8 986	8 506	7 351	7 125	5 971	8 200
（2）市场风险	12 515	8 794	3 481	2 994	3 042	5 476	3 700
交易	4 613	5 547	1 763	1 605	1 595	1 581	—
非交易	7 902	3 247	1 718	1 389	1 447	3 895	—
（3）操作风险	3 493	4 147	3 974	3 323	2 270	2 243	2 800
分散化	（3 166）	（3 134）	（2 651）	（2 158）	（563）	（870）	—
合计	20 295	18 793	13 310	11 509	11 874	12 820	14 700
实际核心资本	34 406	31 094	28 320	23 539	21 898	18 727	23 504

资料来源：Philippe Jorion, Financial Risk Manager Handbook（6th Edition）, John Wiley & Sons, Inc., Hoboken, New Jersey, 2011.

除了不同寻常的 2009 年，信用风险占德意志银行的经济资本的最大部分，这是典型的商业银行或拥有大量贷款活动的全能银行。市场风险次之。操作风险也很高，但由于保险范围的增加，最近这种情况有所降低。

最近的调查证实，在广泛的全球银行样本中，经济资本主要反映信用风险，然后是操作风险，最后是市场风险。相比之下，市场风险对投资银行和人寿保险公司来说更为重要。

表 15.1 还显示，该银行在 2000 年没有考虑不同风险类别的多样化影响。这实际上假设了完全的相关性。随着时间的推移，该银行已经完善了其风险模型，实现了分散化的效果。截至 2009 年，总的经济资本估计为 200 亿欧元。该银行的实际核心资本为 340 亿欧元，远高于其对经济资本的估计。

然而，尽管这些模型看起来很精致，但都有局限性。这些复杂的模型需要许多假设和简化，以及拟合分布及参数。这就产生了模型风险。此外，由于置信水平如此之高，对经济资本的估计有可能不够准确。用五位数报告经济资本是相当荒谬的，而且在隐含的精确性方面可能产生误导。然而，财务报告从未提供任何有关风险数字准确性的信息。最后，这些措施假定所有风险都已确定并得到适当的测量。但如在本书第 1 章中所讨论的，“未知风险”是无法衡量的。

15.1.7　综合风险管理与增值

一般来说，综合风险管理是在一个综合的框架中管理公司所有的风险。首先要尝试确定所有的主要风险，并在加总的基础上度量它们。

当然，我们的目标不应是规避所有风险，而应是在公司具有比较优势的方面承担风险。其他风险可以被对冲，尤其是如果在外部资本市场上进行对冲成本不高的话。这将减少公司价值的波动性和财务困境的可能性。此外，更稳定的收入使公司能够从事有价值的项目，避免了当公司现金流吃紧时出现的投资不足问题。

同时，应评估各个项目和业务对公司总体风险的贡献。对公司风险贡献较大的项目应该用更高的门槛报酬率（hurdle rate）来约束。

因此，综合风险管理有助于引导企业承担具有战略性的核心风险，以及企业可以增值的业务风险，因为它比外人更了解它。相反，非核心风险可以在金融市场中对冲掉。

15.2　组织结构

有效组织结构的设计必须反映有效的公司综合风险管理的政策。图 15.1 反映了传统商业银行的典型组织结构。

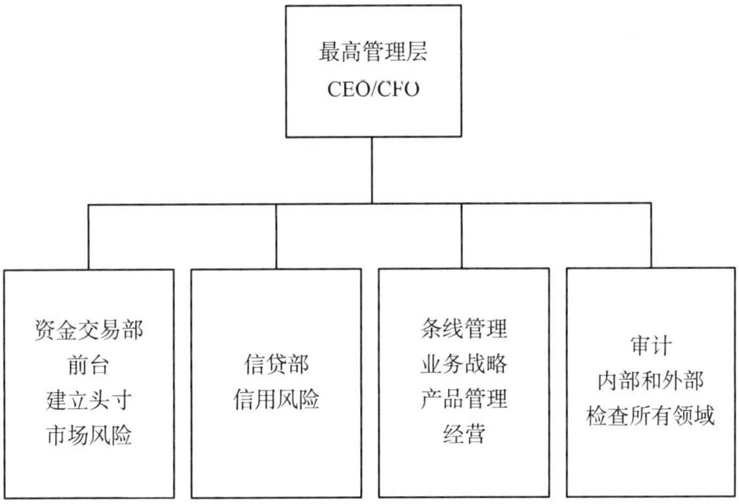

图 15.1　传统商业银行的典型组织结构

资料来源：Philippe Jorion, Financial Risk Manager Handbook（6th Edition）, John Wiley & Sons, Inc. , Hoboken, New Jersey, 2011.

这里的风险主要由业务线控制。在信贷职能范围内，风险经理批准交易、设置风险敞口限额、监视风险敞口限额以及交易对手的财务状况。资金和交易部实行自营交易和对冲。在这个部门，风险经理测量和监视头寸。条线管理制定业务和产品策略，也对经营进行控制。最后，外部或内部的审计职能对公司业务独立检查。

这样的结构有很多问题。最主要的是市场风险管理的结果向交易部门报告，这违反了风险管理的独立性原则。此外，风险管理在不同条线中的分散导致缺乏协调，无法捕捉不同类型风险之间的相关性。信用风险经理更倾向于使用将信用风险转化为操作风险的金融工具，因为操作风险由其他风险经理管理。信用风险和市场风险相互加剧（比如长期资本管理公司）的情况也将被忽视。最后，不同条线之间的模型和数据库可能会不一致。

为了保持独立性，风险经理不应向交易员，而应直接向最高管理层报告。理想情况下，风险管理职能应该是一个全公司范围内的职能，包括市场、信用和操作风险。这样的结构将避免将风险从一个被良好度量的领域推到另一个领域的情况。全公司范围的风险管理能够捕捉不同类型风险之间的相互影响。

职能分离与风险管理独立的理念必须体现在机构的组织结构中。图 15. 2 描述了一个这样的流程图。这个流程图最重要的方面是风险管理单元独立于交易单元。

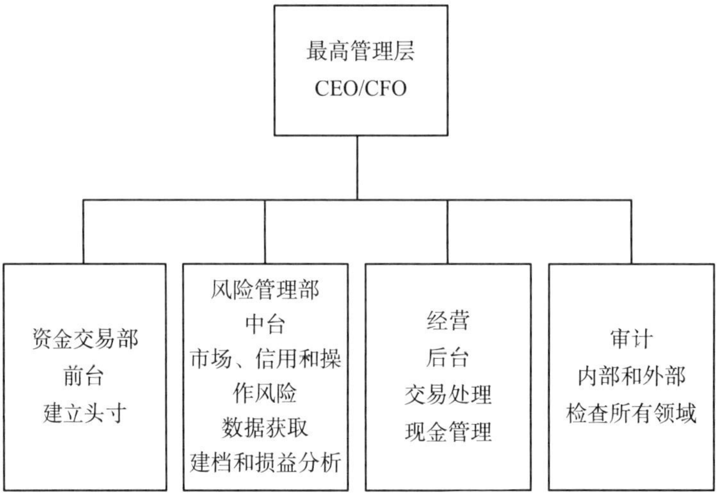

图 15. 2 现代组织结构

资料来源：Philippe Jorion, Financial Risk Manager Handbook (6th Edition), John Wiley & Sons, Inc., Hoboken, New Jersey, 2011.

前台负责交易，受风险管理确定的头寸和 VaR 限制。后台处理交易流程和协调，以及现金管理。中台扩大了职能，包括风险度量和控制。首席风险官（CRO）的职责是：

（1）制定符合整个公司政策的风险管理政策、方法和程序；

（2）审核和批准用于定价和风险度量的模型；

（3）从全局的角度度量风险，并监测风险因子的敞口和变动；

（4）强化对交易员的风险限制；

（5）与高级管理层沟通风险管理的结果。

理想情况下，风险管理职能应该集中在首席风险官下，向他报告监测交易账户的市场风险管理、监测银行账户和交易账户的信用风险管理；监测操作风险的操作风险管理。到目前为止，大多数先进的机构都采用了 CRO 模式。

15.3 约束交易员

15.3.1 交易员薪资

交易员的薪酬结构也应得到适当考虑。通常情况下，交易员的奖金与他们的业绩直接相关，如利润的20%，如果是正值，这种补偿合同的设计是不对称的，就像期权一样。一个成功的交易者年纪轻轻就成了百万富翁。一个赔钱的交易员会被炒鱿鱼。在很多情况下，因为交易员现在有“经验”，会轻松找到另一份工作。

这样的薪酬计划是为了吸引最优秀的人从事交易。不利的一面是，交易员作为一个期权的多头，有着通过增加头寸的风险来增加该期权价值的激励。然而，这可能并不符合该公司的最佳利益。

这种冒险行为可以用各种方法加以控制：

（1）通过修改薪酬合同的结构，以更好地调整交易员和公司的利益（例如，通过发放公司股票或将薪酬与长期业绩挂钩）。

（2）从交易利润中减去基于风险的资本费用，如 RAROC 系统。

（3）任命一个独立的风险管理者。

最后，最近的监管改革对金融企业的薪酬进行了限制。

为了更有效率，风险管理者的薪酬结构必须是独立于交易员表现的。然而，风险管理者的薪酬必须有足够的吸引力来吸引有才能的人。

15.3.2 交易员的限制

在一定程度上，交易风险可以通过适当改变交易员的激励机制来管理。或者，可以通过施加限制来控制这种风险。这些可以分为向后看的限制和向前看的限制。前者包括止损限额（stop-loss limits），后者包括 VaR 式限制。

止损限额是交易者积累亏损后对交易者头寸的限制。这种限制是事后限制，它无法阻止损失的发生。然而，这些限额的目的是阻止交易员试图通过加倍下注来弥补损失。如果市场出现惯性，这些限制能够起到减少损失的作用。

系统性地对交易员施加风险敞口限制，是在损失发生之前控制损失的手段。这些都是根据名义金额、久期或其他风险敞口指标来定义的。例如，一个日元交易员的最大头寸可以设定为 1 000 万美元。这些限额通常考虑交易单元可以承受的最大损失以及风险因子的极端变动设定的。

这些限制的问题在于，它们没有考虑到市场风险的多样化或变动。此外，名义金额不代表最大的损失程度，这时会产生头寸限额套利。此时，交易员只是遵守了限额的表面规定，但没有遵守其实质内容。例如，一个交易员的限额是到期日不超过 5 年、名义金额不超过 1 000 万美元的票据。通常这类票据的久期为 4 年。限额的目的在于限制利率风险敞口。然而，交易员可能会通过投资于久期为 12 年的反向浮动票据来规避约束。

VaR 限额正在成为传统限额的补充。它关注风险分散化和时间变化。基于一系列场景，相同的风险架构可用于实施压力测试限额。在实际操作中，VaR 限额也容易受到套利的影响，因此它们应该与风险敞口限制同时使用。交易员可能会利用风险模型中的弱点，入手估值低的相关头寸。

15.4 风险调整绩效和 RAROC

15.4.1 风险资本

风险度量对业绩评估有深远的影响。在过去，业绩是用资产回报率（ROA）或权益回报率（ROE）等指标来衡量的，根据资产或权益的账面价值对利润进行调整。这种度量方法计算简单，但由于忽略了风险而存在根本缺陷。因此，这些指标可能导致危险的行为，如扩大那些预期回报高但风险也很高的市场或业务。

而现在风险管理人员可以根据支持所有类别风险（包括市场、信用和操作风险）所需的经济资本来评估经营的总风险。这种经济资本，也称为风险资本，本质上是较高置信水平上的在险价值（VaR）。有了这些信息，机构可以就业务选择做出更明智的决定。每项活动都应提供足够的利润来补偿所包含的风险。因此，产品定价不应只考虑预期亏损，还应考虑风险资本的报酬。这是风险调整资本回报率（RAROC）指标的本质。RAROC 是 20 世纪 70 年代末由信孚银行（Bankers Trust）开发的。

15.4.2 风险调整绩效指标

RAROC 是风险调整绩效指标（RAPMs）系列的一部分。以两位交易员为例，他们某年的利润都是 1 000 万元。第一个是外汇交易员，第二个是债券交易员。我们如何比较他们的表现？这对提供合适的薪资以及决定扩大哪个业务项目来说是非常重要的。

假设外汇和债券交易员的票面金额和波动率见表 15.2。票面金额也是交易者账簿的市场价值。债券交易员的交易金额较大，为 2 亿元，但波动性较低，年波动率为 4%；而外汇交易员的交易金额为 1 亿元，波动率为 12%。像信孚银行一样，用 VaR 度量风险资本（RC），如一年内 99% 的置信水平下，假设服从正态分布，VaR 就转化为外汇交易员的风险资本：

$$RC = VaR = 10\,000 \times 0.12 \times 2.33 = 2\,796(\text{万元}) \tag{15.1}$$

而债券交易员的风险资本为：

$$RC = VaR = 20\,000 \times 0.04 \times 2.33 = 1\,864(\text{万元}) \tag{15.2}$$

更准确地，信孚银行根据每周标准差 σ_ω 计算风险资本：

$$RC = 2.33 \times \sigma_\omega \times \sqrt{52} \times (1 - \text{税率}) \times \text{名义金额} \tag{15.3}$$

其中考虑了税收的因素。然后将风险调整后的业绩表示为利润除以风险资本：

$$RAPM = \frac{\text{利润}}{\text{风险资本}} \tag{15.4}$$

并在表 15.2 的最后一列中显示。因此，债券交易员的表现优于外汇交易员，因为该投资活动所需的风险资本较少。一般来说，风险资本应考虑信用风险、操作风险和他们之间的相互作用。

表 15.2　　计算 RAPM

交易员	利润（万元）	票面金额（万元）	波动率（%）	VaR（万元）	RAPM（%）
外汇交易员	1 000	10 000	12	2 800	36
债券交易员	1 000	20 000	4	1 900	54

资料来源：Philippe Jorion, Financial Risk Manager Handbook (6th Edition), John Wiley & Sons, Inc., Hoboken, New Jersey, 2011.

应该注意的是，这种方法是在独立的基础上看待风险的，即利用每个产品的波动性。理论上，为了资本配置的目的，风险应该从银行整个投资组合的角度来看待，并根据银行整体风险的边际贡献来衡量。然而，在实践中，最好是向交易员控制下的风险收取费用，这些风险是指他们投资组合的波动性。

15.4.3　风险调整资本回报率（RAROC）

RAROC 方法可以应用于交易或者业务单元。在每种情况下，第一步是计算支持这项业务所需的经济资本（EC）。这包括市场、信用和操作风险。

RAROC 定义为：

$$\text{RAROC} = \frac{\text{净利润}}{\text{经济资本}} = \frac{\text{预期收益} - \text{成本} + K \times \text{经济资本}}{\text{经济资本}} \tag{15.5}$$

净利润包括：(1) 营业收入减去预期损失；(2) 减去任何直接经营成本；(3) 减去融资成本；(4) 加上经济资本的回报率，它以 k 的速度增长。

为了说明 RAROC 计算，考虑一笔本金为 10 亿元的贷款组合，年利率为 9%，获得 0.9 亿元的收入。经济资本估计为 0.75 亿元，投资于利率 6.5% 的短期国库券，收入为 0.049 亿元。剩余的 9.25 亿元的差额通过利率为 6% 的存款筹集，支付的成本为 0.555 亿元。这家银行的经营成本为 0.15 亿元。贷款的预期违约率是 1%。此时，RAROC 为：

$$\text{RAROC} = \frac{0.9 - 0.555 - 0.15 - 0.1 + 0.049}{0.75} = 19.25\% \tag{15.6}$$

这个数字可以用支持这一贷款组合所需的年预期回报率来解释。它可以与公司的权益资本成本进行比较。如果更高（如高于 19%），该项目会增加股东价值，应该继续进行。

还可以使用 CAPM 进行比较。定义 β_E 为公司股权的系统性风险，以 $\overline{R}_M$ 作为市场溢价，以 R_F 作为无风险利率。该项目可以被接受的条件是当调整后的 RAROC（ARAROC）为：

$$ARAROC = \frac{RAROC - R_F}{\beta_E} > \overline{R}_M - R_F \tag{15.7}$$

练习题

1. 下列哪些关于经济资本和监管资本的说法是正确的？（　　）

（1）监管资本通过确保银行系统中存在足够的资本来使银行健康、稳定地经营。

（2）经济资本是设计用来保持金融机构在特定的置信水平下资本充足。

（3）对于单个银行，经济资本总是低于监管资本。

（4）经济资本的决定以及对不同业务单元的分配是一个策略决定的过程，它会影响业务单元和银行整体的风险。

A.（2）（4）　　B.（1）（2）（3）（4）

C.（1）（2）（4）　　D.（1）（4）

2. 大银行通常会将风险资本分配给信用风险、操作风险和市场风险。下列关于不同风险类型的风险资本分配量的排序哪一个是正确的？（　　）

A. 市场风险比信用风险需要更多的风险资本

B. 信用风险比市场风险需要更多的风险资本，市场风险比操作风险需要更多的风险资本

C. 市场风险比操作风险需要更少的风险资本，但比信用风险所需的风险资本多

D. 信用风险比操作风险需要更多的风险资本，操作风险比市场风险需要更多的风险资本

3. 为了约束交易员行为，银行将对交易员的奖励与其交易账户对 VaR 限额的遵守情况联系起来。为什么银行对交易员基于 VaR 的奖励制度如此谨慎？（　　）

A. 它鼓励交易员选择风险估计较高的头寸，这会导致 VaR 限额的低估

B. 它鼓励交易员选择风险估计较高的头寸，这会导致 VaR 限额的高估

C. 它鼓励交易员选择风险估计较低的头寸，这会导致 VaR 限额的高估

D. 它鼓励交易员选择风险估计较低的头寸，这会导致 VaR 限额的低估

4. 根据巴塞尔委员会的规定，粗略的压力测试应当成为风险度量和风险管理的

重要补充。为了提高压力测试的价值，公司应考虑以下问题，除了（　　）。

A. 让风险经理明确表述公司的损失容忍范围

B. 确定可能产生投资组合损失的情景范围

C. 将压力测试情景按潜在逆向冲击进行排列并评估其概率

D. 确保压力测试是可行的并使其与现有的风险模型框架相一致

5. 5 亿元的贷款业务平均利率为 10%，所有贷款具有相同的违约概率 2% 和违约损失率 50%。经营成本为 1 000 万元，业务投资成本为 3 000 万元。RAROC 用贷款的信用 VaR 估计，为名义金额的 7.5%。经济资本的投资收益率为 6%，则 RAROC 为多少？

6. 简述将不同风险因子的风险指标进行综合的几种方法。

7. 简述金融机构构建资本框架的方法。

8. 可以使用哪些方法约束交易员行为？

9. 简述 RAROC 法的原理和方法。

10. 简述现代风险管理的组织结构。

第 16 章 《巴塞尔协议》

1988 年 7 月 15 日，巴塞尔委员会签署了《巴塞尔资本协议》，该协议是银行业商业监管的基石。它首次规定了国际上活跃的商业银行抵御金融风险持有的最低资本水平。这项协议被称为《巴塞尔协议Ⅰ》，它使用一系列相对简单的规则设定了信用风险的资本要求。此外，1996 年的修订还增加了资本充足率要求。

2004 年 6 月，该协议进行了较大的修订，制定了更多风险敏感的资本要求，并增加了针对操作风险的资本要求。因此，新的协议被称为《巴塞尔协议Ⅱ》。

2007 年开始的次贷危机暴露出监管框架的严重缺陷。这导致了新一轮的修订，非正式地被称为《巴塞尔协议Ⅲ》。巴塞尔委员会在 2009 年 7 月决定在 2010 年 9 月完成对资本要求的重大扩充。

巴塞尔委员会制定了广泛的监管标准，但并不具有法律效力。尽管如此，仍有 100 多个国家在不同的时间和领域采用《巴塞尔协议》。

16.1 《巴塞尔协议》的演进

16.1.1 《巴塞尔协议Ⅰ》

1988 年制定的《巴塞尔协议》在 1992 年生效。最初的目标是为商业银行设定最低资本要求，作为经济损失的缓冲。因此，其主要目标是促进全球金融体系的安全性和稳定性。其次的目标是制定统一的最低标准，为银行业创造公平的竞争环境。该协议适用于国际上活跃的商业银行，如果这些银行倒闭，可能会造成系统性风险。由当地的监管机构决定是否应用于国内其他规模较小的银行。

最初，1988 年的《巴塞尔协议》只涵盖信用风险。《巴塞尔协议Ⅰ》要求银行最低资本水平至少为风险加权资产总额（RWA）的8%。RWA包括表内和表外项目，通过信用风险对资产的风险权重进行粗略的分类。资本包括资产负债表中权益的账面价值和其他项目（如次级债务），并进行调整。这笔资金的目的是作为非预期经济损失的缓冲。较高的资本应该会降低导致金融市场不稳定的失败概率，并保护将资金托付给银行的储户。

16.1.2 1996年修正案

1996年，巴塞尔委员会修订了《资本协议》，并纳入了市场风险。这么做是因为许多银行都在增加其自营交易业务的规模。这项修正案增加了市场风险的资本要求，于1997年底生效。银行可以根据自己的风险管理系统使用标准模型或内部模型法（IMA）。

修正案将银行的资产分为两类：交易账户和银行账户。交易账户代表银行短期持有并准备随时卖出的、逐日盯市的金融工具投资组合。银行账户包括其他金融工具，主要是持有至到期的贷款，常以历史成本为基础估值。

1996年的修正案增加了以下的资本要求：（1）交易账户的市场风险；（2）银行账户的货币和商品风险。作为交换，去掉了交易账户上的债券和股票以及商品头寸（特定风险收费除外）的信用风险资本要求。和以前一样，它仍然包括所有场外交易（OTC）的衍生品，无论是在交易账户还是银行账户。

16.1.3 《巴塞尔协议Ⅱ》

自1988年首次创立资本协议以来，资本市场发生了重大变化。原有的信用风险监管设计也越来越过时，甚至更糟的是，可能助长了一些银行的不良行为。

2004年6月，巴塞尔委员会完成了对《巴塞尔协议》的全面修订。欧盟实施了新的《资本充足条例》。从2007年开始，《巴塞尔协议Ⅱ》适用于欧盟所有银行，2008年开始使用一些高级的方法和模型。美国监管机构将《巴塞尔协议Ⅱ》适用于少数几家大银行，其他银行仍使用《巴塞尔协议Ⅰ》的修订版，因为它执行起来更加简单。《巴塞尔协议Ⅱ》于2008年在美国开始实施，过渡期为3年。

新资本协议的框架基于相互补充的三大支柱：

支柱1：最低资本要求。涵盖了对信用、市场和操作风险的资本要求。与1988年的协议相比，银行有了更多的模型计算风险资本要求。全球银行系统的总资本水平仍然保持不变，占风险加权资产的 8%。

支柱 2：监督审查程序。相对于以前的框架，监管者被赋予更大的责任。管理者需要确保：

（1）银行有一个适当的程序来评估与风险相关的资本要求；

（2）银行切实执行了最低监管资本比率；

（3）当出现问题时，银行能尽快采取纠正措施。

支柱 3：市场纪律。《巴塞尔协议Ⅱ》强调了财务报表中风险披露的重要性。这些风险披露使市场参与者能够评估银行的风险状况和资本充足率状况。新框架规定了披露要求和建议。不符合披露要求的银行将不具备使用内部模型法的资格。因为内部模型法通常会导致资本减少，这为遵守披露要求提供了强大的动力。从本质上讲，那些依赖内部模型的银行必须做到更加透明。

《巴塞尔协议Ⅱ》为信用风险提供了更精确的衡量标准，这通常会导致资本要求降低。然而，为了保持银行资本要求的整体水平，设置了针对操作风险的资本要求。银行必须持有足够的资本，以超过信用风险资本（CRC）、市场风险资本（MRC）和操作风险资本（ORC）的综合。

$$\text{总资本} > CRC + MRC + ORC \tag{16.1}$$

与以前一样，信用风险资本为信用风险加权资产的 8%。MRC 和 ORC 使用其他方法计算。

为增加可比性，用一个比率——资本充足率来衡量银行的资本实力：

$$\frac{\text{资本总额}}{\text{信用风险} + \text{市场风险} + \text{操作风险}} = \text{银行资本比率} > 8\% \tag{16.2}$$

其中，分母中的最后两个部分是根据市场风险资本要求（MRC）和操作风险资本要求（ORC）乘以（1/8%）= 12.5 来计算的。例如，一家银行的信用风险加权资产为 875 元，MRC = 10 和 ORC = 20，分母为 875 + [（10 + 20）× 12.5] = 1 250（元）。然后银行至少要持有 8% × 1 250 = 100（元）的资本充足最低要求。这相当于总的资本要求必须至少是 100 元。

图 16.1 总结了银行账户和风险账户的信用、市场和操作风险的资本要求。银行还可以使用一系列方法来计算风险资本要求（见表 16.1）。

应该注意的是，第一支柱忽略了一些重要的银行风险。特别是，银行账户不包括利率风险。银行确实面临重新定价风险，这种风险源于资产和负债的到期日和重新定价的差异。例如，如果利率上升，使用短期存款为长期固定利率贷款提供资金的银行

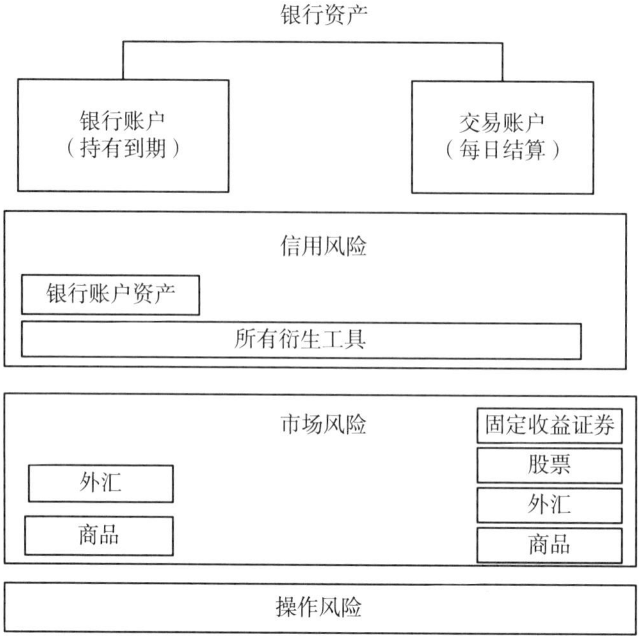

图 16.1　《巴塞尔协议Ⅱ》的风险资本要求概况

资料来源：Philippe Jorion, Financial Risk Manager Handbook (6th Edition), John Wiley & Sons, Inc., Hoboken, New Jersey, 2011.

表 16.1　度量风险的方法清单

风险类别	可采用的方法
信用风险	标准方法（根据《巴塞尔协议Ⅰ》）
	内部评级初级法
	内部评级高级法
市场风险	标准法
	内部模型法
操作风险	基本指标法
	标准法
	高级计量法

资料来源：Philippe Jorion, Financial Risk Manager Handbook (6th Edition), John Wiley & Sons, Inc., Hoboken, New Jersey, 2011.

可能遭受重新定价的风险。然而，衡量这种风险需要对没有固定到期日的存款的复杂行为和贷款提前还款的选择权进行建模。由于这些困难，各家银行管理和度量这种风险的方法存在很多差异。因此，BCBS 决定将这一风险归属于支柱 2。如果机构被认为有更多这种风险，可能需要承担更高的资本要求。

最后，由于流动性风险难以衡量，因此没有正式的流动性风险资本要求。然而，巴塞尔委员会认识到“流动性对任何银行机构的持续经营都至关重要”。

16.1.4 《巴塞尔协议Ⅲ》

2007年开始的次贷危机暴露出监管框架方面的弱点。一些看似资本充足的银行经历了重大损失，不得不依靠政府救助。作为回应，巴塞尔协议委员会对《巴塞尔协议Ⅱ》的框架进行了修改，即所谓的《巴塞尔协议Ⅲ》，它于2010年7月完成修订，其目标是通过增加资本的数量、质量和覆盖范围来增强银行系统的弹性。

（1）资本定义。对资本进行了重新定义，排除了在次贷危机期间未能提供保护的成分。

（2）杠杆比率。对杠杆比率进行了限制。杠杆比率被定义为资本金占整体风险暴露的比率，并将最低杠杆资本比率设定为3%，并在2018年1月1日前被纳入支柱1。杠杆率和资本充足率对银行有双重约束和相互补充的作用，反映了银行两个不同的风险来源，即资产规模过度扩张带来的风险（高杠杆）和高风险资产带来的风险。

（3）流动性要求。引入了全球最低流动性标准。这包括30天的流动性覆盖比率（LCR），它将允许银行将资产转换成现金，以满足压力情景下的流动性需求。超过30天的高流动性资产的股票与净现金流出的比率必须大于100%。除此之外，还有一个净稳定资金比率（NSFR），它能更好地促进资产与负债的匹配。这被定义为稳定资金的可用金额与所需金额的比率，必须大于100%。北岩银行就没有达到这一要求，因为它通过不充足的稳定资金（如长期债务）为长期资产（即长期抵押贷款）提供资金。新规则中的LCR于2015年1月1日前实施，NSFR在2018年1月1日前实施。

16.1.5 《巴塞尔协议Ⅳ》

从《巴塞尔协议Ⅰ》到《巴塞尔协议Ⅲ》，监管趋势从简单到风险敏感，但可比性却在降低。一方面，在计算资本充足率时对内部模型的过度依赖，总会伴随着不透明及其他一些明显的缺点；另一方面，简单的测量方法却缺乏风险敏感性。因此，理想的情况是，新的监管协议不仅应该具备《巴塞尔协议Ⅱ》和《巴塞尔协议Ⅲ》的风险敏感性，而且应该像《巴塞尔协议Ⅰ》那样简单可测量。

新的正在提出中的监管框架——《巴塞尔协议Ⅳ》，建立在对风险资本权重的重新审视的基础上，致力于在简单性、可比性和风险敏感性之间取得良好的平衡。这些监管措施大致可以被分成三大类：（1）提升标准法的风险敏感性和稳健性；（2）改变内部模型法在资本框架中的角色；（3）完成杠杆比率和资本最低标准的设计和校准。

16.2 资本的定义

16.2.1 《巴塞尔协议Ⅰ》和《巴塞尔协议Ⅱ》

1998年的资本充足率规则要求任何国际活跃的银行承担其风险加权资产总额至少需要8%的资本。这在合并报表的基础上应用于商业银行。因此，作为银行集团的控股公司必须满足资本充足率的要求。

衡量资本的起点是银行的财务报表。在《巴塞尔协议》中，“资本”具有比股权的账面价值更广泛的解释。资本的主要目的是吸收损失，为债权人和存款人提供一些保护。因此，资本必须是永久性的，不得对收益收取强制性的固定费用，并且必须在法律上次于债权人和存款人的权利。

《巴塞尔协议》承认以下三种形式的资本：

（1）一级资本，或核心资本。一级资本包括权益资本和公开储备，这大部分是税后留存收益，是最高质量的缓冲。权益资本或股东的资金包括已发行和全额支付的普通股和不可赎回的非累积优先股（也称为优先股）。公开储备对应于资本公积、留存利润和一般储备。商誉从账面净值中被减掉。因为它是购买价值超过账面价值的部分，不代表任何可以缓冲风险的资本。

基于次贷危机的经验，资本的狭义定义得到越来越多的关注。首先，核心资本不包括优先股股本。其次，有形普通股（TCE）不包括优先股和无形资产。无形资产是非货币性的无形的资产，如专利和商标。

$$\text{TCE} = \text{权益} - \text{无形资产} - \text{商誉} - \text{优先股} \tag{16.3}$$

（2）二级资本，或补充资本。二级资本是指资产负债表中能够起到抵御损失、提供保护的成分，但它最终会被赎回或包含对未来收入的强制要求。它包括：

非公开储备，或一些国家的会计准则允许的隐形准备金，是指那些虽未公开披露但已反映在损益表中的储备。

资产重估准备。如按历史购置成本计价的长期持有的股权，可用于在持续经营的基础上吸收亏损，但需要一些折扣，以反映市场波动和未来出售时的税收。

一般拨备/贷款损失准备金，用于抵扣未来未确认的损失。它是贷款损失拨备的结果，即利息收入中扣除的预期可能发生的信贷损失。这些扣除减少了一级资本的留存利润，但可能符合二级资本的要求。

混合债务资本工具，它结合了股权和债务的某些特征。当它们是无担保、次级的和完全支付的证券时，可以作为补充资本，如累积优先股。

次级定期债务，初始的最低期限为五年，并在最后的五年里折扣率为20%的债务。在发生清算时，次级债务的等级低于所有其他债务。

（3）三级资本，仅用于市场风险。三级资本包括短期次级债，期限至少为两年。它可以只涵盖市场风险。

对各种类别的相对数量还有其他限制。首先，在信贷风险的8%的资本要求中，至少50%必须由一级资本支付。其次，三级资本的金额被限制在用于支持市场风险一级资本的250%（如果需要的话，二级资本可取代三级资本）。其他限制均可应用于各类资本。

16.2.2 《巴塞尔协议Ⅲ》

《巴塞尔协议Ⅲ》的主要目标是提高银行资本金的水平和质量。主要的焦点是普通股股本，它被视为具有最佳吸收损失能力的资本。

提高了资本充足率水平。2010年9月，巴塞尔委员会将所需的普通股股本的水平提高至4.5%。一级资本从4%增加到6%。这两个变化已于2013年开始分阶段实施。总资本仍保持在8%的最低水平。

增加了2.5%的资本留存缓冲要求。在压力时期，银行被允许动用这一缓冲资金，但它随后会受到收益分配的限制（例如，支付股息和红利）。该缓冲于2016年1月启动，并于2019年1月1日起全面生效。如表16.2所示，在完全生效时，核心一级、一级和总资本充足率分别为7%、8.5%和10.5%。

增加了一个0～2.5%的反周期缓冲资本。它由普通股构成，但由各国监管部门根据国情而定。这个缓冲资本的目标是在信贷过剩时增加银行资本金，但可能导致风险增加。

表 16.2　《巴塞尔协议Ⅲ》包括资本储备缓冲的年度资本要求（1 月 1 日）　单位：%

资本	2010 年	2013 年	2014 年	2015 年	2016 年	2017 年	2018 年	2019 年
合计	8	8.0	8.0	8.0	8.625	9.25	9.875	10.50
一级资本	4	4.5	5.5	6.0	6.625	7.25	7.875	8.50
核心一级资本	2	3.5	4.0	4.5	5.125	5.75	6.375	7.00
资本留存缓冲	0	0.0	0.0	0.0	0.625	1.25	1.875	2.50

对可以算作一级资本的一部分内容提出了额外限制。例如，排除了海外附属机构中代表少数股权的部分股权。其他被限制的情况还包括一些递延所得税资产和抵押贷款服务权。同时，《巴塞尔协议Ⅲ》废除了三级资本。

对于系统重要性银行要求额外的 1% 的资本金。在不包含反周期缓冲资本金的情况下，系统重要性银行整体资本金（整体一级资本加上二级资本金）将至少是风险加权资产的 11.5%，非系统重要性银行整体资本金将至少是风险加权资产的 10.5%。

因为担心立即改变资本要求将导致私营部门贷款收缩，从而对本已脆弱的经济产生负面影响，这些改变是逐步实施的。如果银行不能筹集到足够的资金来遵守这些新规定，它们将被迫降低风险敞口，从而限制信用扩张。

16.2.3 《巴塞尔协议Ⅳ》

《巴塞尔协议Ⅲ》实施以后，问题集中在：对于几乎相似的风险水平，不同的银行计算出来的风险加权资产水平相差巨大。

巴塞尔委员会在 2014 年 12 月 22 日发布了一个咨询性文件，建议在修订的标准法中，在计算信用风险、市场风险和操作风险时，设置一个最低的资本标准，以实现以下几个目标：第一，确保银行系统的资本标准不低于一个特定的水平；第二，缓和由内部模型法带来的模型误差和测量误差；第三，增加不同银行之间的可比性；第四，降低由于银行特定的模型假设而造成的资本比率的差异；第五，降低开发内部模型的激励。

新的标准法（SA）下的资本要求（CR）等于银行的风险加权资产（RWA）乘以一个最低风险因子（floor factor，f），这个风险因子将在以后被巴塞尔委员会确认，公式为：

$$CR_{SA} = f \times RWA_{SA} \tag{16.4}$$

最低资本标准可以被应用到每个主要的风险类别上，比如信用风险、市场风险和操作风险。对于每一个类别的风险而言，其最低资本是使用标准法计算的资本要求和内部模型法计算出的资本要求中的较大者。总的最低资本是所有类别的最低资本的总和。

另外，最低资本要求也可以被应用到总的风险加权资产中，其值为内部模型法计算出的风险加权资产和修订的标准法计算出的风险加权资产中较大的一个。

16.3 《巴塞尔协议Ⅰ》的信用风险资本要求

16.3.1 表内风险资本要求

我们首先看表内资产，主要包括大多数信贷机构的贷款。理想情况下，资本要求应该区分资产信用质量的差异。

实际上，1988年的《巴塞尔协议》适用于每一种资产，从四个类别中获得风险资本权重，如表16.3所述。每一美元的风险加权名义风险敞口必须由8%的资本覆盖。

表16.3　资产类别的风险资本权重

权重	资产类别
0	现金
	经济合作与发展组织（OECD）国家中央给政府的债权
	以本国货币融资的中央政府的债权
20%	应收现金
	OECD国家注册的银行以及监管的证券机构的债权
	非OECD国家注册的银行剩余期限低于1年的债权
	非本国的OECD国家公共机构的债权
50%	住房抵押贷款
100%	私人部门的债权（公司债务、股票等）
	非OECD国家注册的银行剩余期限大于1年的债权
	不动产
	厂房和设备

资料来源：Philippe Jorion, Financial Risk Manager Handbook (6th Edition), John Wiley & Sons, Inc., Hoboken, New Jersey, 2011.

这些类别提供了非常粗略的信用风险分类。如对经济合作与发展组织中央政府的债权，风险权重设为零，因为这些资产几乎没有违约风险。持有现金的风险权重也被赋值为零。在另一个极端，无论违约或到期的风险如何，对公司的债权（包括贷款、债券和股票）权重为100%。

然后，资产负债表项目的信用风险资本要求（CRC）定义为：

$$CRC(BS) = 8\% \times (RWA) = 8\% \times (\sum_i RW_i \times 名义金额_i) \quad (16.5)$$

其中，RWA代表风险加权资产，RW_i 表示附加于资产 i 的风险权重。

16.3.2 表外项目的风险资本要求

到20世纪80年代末，互换风险敞口已成为银行系统信用风险的重要来源。第一笔互换交易发生在1981年。到1990年，未平仓的头寸增加到3 500亿美元，金额巨大，因此必须为互换的信用风险设定资本要求。但与贷款不同的是，它的名义金额不能代表最大损失。

为了解释这些表外项目，巴塞尔协议通过信用转换因子（CCF）计算出表外项目等价于贷款名义金额的信用风险敞口，该协议将表外资产分为五大类。

（1）贷款的替代工具（如担保、银行承兑汇票和用作贷款和有价证券担保的备用信用证）具有100%的权重（或信用转换系数）。理由是，风险敞口与贷款没有什么不同。以金融信用证举例，它是金融机构为客户提供不可撤销的银行资金。当客户接近信用危机时，信用证资金几乎肯定会被提取。就像贷款一样，所有的名义债务都面临风险。这类资产还包括有追索权的资产出售，其中信贷风险仍由银行承担，以及远期资产购买。

（2）与交易有关的或有事项（如与特定交易相关的履约保函或信用证）有50%的转换因子。基本原理是，履约保函通常是由某些收入来源担保的，并且其风险低于一般金融信用证。

（3）与交易相关的短期自偿性债务（如相关货物抵押的跟单信用证）的转换因子为20%。

（4）期限超过一年的信用承诺（如信用额度），以及票据发行便利（NIFs）的信用转换因子为50%。短期承诺或可撤销承诺的权重为零。这只适用于未提供资金的部分，因为已提供资金的部分作为未偿还贷款，已经出现在资产负债表上。根据《巴塞尔协议Ⅱ》，短期承诺的转换因子为20%。

（5）其他衍生品，如互换、远期和货币、利率、股本和商品的期权，由于其风险敞口的复杂性而被区别对待。

对于前四类表外资产的资本要求，头寸由信用转换因子或信用风险敞口所替代，即：

$$信用风险敞口 = 信用转换因子 \times 名义金额 \tag{16.6}$$

对于最后一类（衍生品），信用风险敞口通过加总净重置价值和一个附加价值来计算。增加的这个附加值是考虑到衍生产品未来的风险暴露：

$$风险暴露 = 净重置价值 + 附加值$$
$$附加值 = 名义金额 \times 附加因子 \times (0.4 + 0.6 \times NGR) \tag{16.7}$$

其中净市值总市值比率（NGR）将在后面进一步讨论。这里，附加因子取决于合同的期限和类型，如表 16.4 所示。它粗略地解释了最大信用风险，这取决于风险因子的波动性和到期日。波动性最高的先是大宗商品，然后是股票，再接下来是货币，最后是固定收益工具。这就解释了为什么货币、股票和大宗商品互换的附加因子比利率工具更大，而且随着到期日的延长而增加。

表 16.4　潜在信用风险暴露的附加因子（名义金额的百分比）

剩余期限	合约				
	利率	汇率/黄金	股票	贵重金属	其他商品
<1 年	0.0	1.0	6.0	7.0	10.0
1～5 年	0.5	5.0	8.0	7.0	12.0
>5 年	1.5	7.5	10.0	8.0	15.0

资料来源：Philippe Jorion, Financial Risk Manager Handbook (6th Edition), John Wiley & Sons, Inc., Hoboken, New Jersey, 2011.

更准确地说，这些数字来自经验模拟，它们测量了匹配的互换在生命周期中最大损失的 80%。两个相互匹配的互换反映了互换交易商的套期保值做法，并有效地将风险敞口分成了两部分，因为只有一笔交易是盈利的。以 5 年期货币互换为例。假设汇率服从于正态分布且忽略利率风险，最大信用风险应该是：

$$WCE = \frac{1}{2} \times 0.842 \times \sqrt{5} \tag{16.8}$$

其中，$\frac{1}{2}$反映了互换的匹配，0.842 对应单边 80% 的置信度。假设年波动率为 10%，则 WCE ＝ 9.4%。这与表 16.4 中 7.5% 的附加值一致。

英格兰银行和纽约联邦储备银行的进一步模拟显示，这些数字也大致相当6个月内95%的损失。例如，在5年期利率互换中，其间最糟糕的风险敞口在80%的置信区间内是1.49%；6个月以来在95%的置信区间内最大的风险敞口是1.58%。这与此类别1.5%的附加值一致。

式（16.7）中的NGR因子表示净额对总额的比例，或当前净市值与总市值之比，通常在0和1之间。这个因素的目的是降低那些附加法定净额结算协议的合约的资本要求。如果没有净额结算协议（即NGR =1时），0.4 +0.6 ×NGR也等于1，附加值没有减少。

相比之下，假设银行有两笔相同的互换交易，交易对手目前估值为 +100 和 -60。总重置价值是正数的和，也就是100。净值为40，NGR比率为0.4。0.4 +0.6 ×NGR =0.64。

另一个极端，如果当前所有合约的净值都为零，则NGR =0，且0.4 +0.6 ×NGR =0.4。这个最小值的目的是为了防止NGR的潜在移动，即使当前为零，也可能随着时间的推移而改变。

然后，把交易对手的风险权重应用于式（16.7）的信用风险敞口，可以计算出风险加权资产。由于此类交易的大多数交易对手往往具有良好的信用，因此表16.4中的风险权重乘以50%。表外项目的信用风险资本要求定义为：

$$CRC(OBS) = 8\% \times (\sum_{i} RW_i \times 50\% \times CE_i) \tag{16.9}$$

【例16.1】互换的信用风险资本要求

考虑与一家国内公司进行1亿元的利率互换。假设剩余期限为4年，目前市场价值为100万元。信用风险资本要求是多少？

解答：由于没有净额，因子0.4 +0.6 ×NGR =1。从表16.4中，我们得到附加因子是0.5。信用风险暴露是：

$$CE = 1\ 000\ 000 + 100\ 000\ 000 \times 0.5\% \times 1 = 1\ 500\ 000(\text{元})$$

这个数必须乘以具体交易对手风险权重和8%的一半，以得出最低水平的支持货币互换所需的资本，为60 000元。

16.4 《巴塞尔协议Ⅱ》的信用风险资本要求

人们普遍认为，《巴塞尔协议》在提高银行资本充足率方面取得了成功。该协议导致1 000家最大银行的总体一级资本比例从1990年的8 400亿美元增加到1998年的15 000亿美元。

随着时间的推移，《巴塞尔协议Ⅰ》的规定显得过时。广泛的监管套利导致了贷款模式的转变，在相同的监管资本水平上，银行总体上承担了更多的信用风险。此外，除了信用风险的分散化不足，1988年的协议还未承认信贷缓释技术，也不承认证券化的影响。《巴塞尔协议Ⅱ》纠正了其中的一些缺陷。

16.4.1 资本的定义

《巴塞尔协议Ⅱ》允许银行在标准法和更复杂的内部评级法（IRB）之间做出选择，标准法是《巴塞尔协议Ⅰ》规则的简单扩展。

对于前者，资本要求如前所述。但是，一般准备金或贷款损失拨备可以包含在二级资本中，但仅限于风险加权资产的1.25%。

相比之下，对于IRB方法，《巴塞尔协议Ⅱ》区分了预期损失和非预期损失。资本应吸收非预期损失，这意味着它无法支持预期损失。通常银行的一般准备金或贷款损失拨备账户是用来覆盖期望信用损失的。因此，《巴塞尔协议Ⅱ》从二级资本中剔除了一般准备金。

16.4.2 信用风险资本要求的计算方法

与以前一样，信用风险资本要求用单个信用资本要求加总计算：

$$CRC = 80\% \times \left(\sum_i RW_i \times CE_i\right) \tag{16.10}$$

其中，RW为风险权重，CE为信用风险敞口。一般来说，资本要求经过校准，以对应一年内支持99.9%置信水平所需的资本金额。

银行现在有三种风险权重方法可供选择。

（1）标准法。这是1988年协议的延伸，但根据外部信用评估机构提供的外部信用评级，对信用风险类别进行了更精细的分类。表16.5描述了新的权重，现在将银行和主权国家分为五类，企业则分为四类。对于主权国家而言，经济合作与发展组织成员国不再享有优惠的地位。对于银行来说，有两种选择。第一种风险权重低于国家的等级，而另一个使用外部信用评级。《巴塞尔协议Ⅱ》还取消了衍生品50%的风险权重上限。

表 16.5　　标准法的风险权重　　单位:%

债权	信用评级					
	AAA/ AA -	A +/ A -	BBB +/ BBB -	BB +/ B -	低于 B -	未评级
主权债权	0	20	50	100	150	100
银行债权—选择 1	20	50	100	100	150	100
银行债权—选择 2	20	50	50	100	150	50
短期债权	20	20	20	50	150	20
债权	AAA/ AA -	A +/ A -	BBB +/ BB -		低于 BB -	未评级
公司	20	50	100		150	100

注：对于选择 1，银行评级基于它所注册国家的评级；对于选择 2，银行的评级基于外部信用评级，短期债权指期限小于 3 个月的债券。

资料来源：Philippe Jorion, Financial Risk Manager Handbook（6th Edition）, John Wiley & Sons, Inc. , Hoboken, New Jersey, 2011.

（2）内部评级初级法（FIRB 法）。根据内部评级法（IRB），银行可以根据监管标准使用其内部信用风险估计值。在 IRB 初级法下，需要银行估计违约概率（PD）和监管者提供基于标准法的其他输入变量。表 16.6 说明 PD 与不同资产类别的风险权重之间的联系。例如，将违约概率为 1.00% 的公司贷款风险权重设为 92.32%，接近《巴塞尔协议Ⅰ》（Basel Ⅰ）的标准风险权重 100%。请注意，零售贷款的风险权重远低于其他贷款，反映了它有更好的分散化。

表 16.6　　IRB 的风险权重　　单位:%

违约概率	公司贷款	住房抵押贷款	其他零售贷款
0.03	14.44	4.15	4.45
0.10	29.65	10.69	11.16
0.25	49.47	21.30	21.15
0.50	69.61	35.08	32.36
0.75	82.78	46.46	40.10
1.00	92.32	56.40	45.77
2.00	114.86	87.94	57.99
3.00	128.44	111.99	62.79
4.00	139.58	131.63	65.01
5.00	149.86	148.22	66.42

续表

违约概率	公司贷款	住房抵押贷款	其他零售贷款
10.00	193.09	204.41	75.54
20.00	238.23	253.12	100.28
50.00	217.87	226.62	105.94

注：该权重适用于LGD=45%，到期期限为2.5年及大型公司（公司的重置资产超过5 000万欧元）的风险暴露。

资料来源：Philippe Jorion, Financial Risk Manager Handbook (6th Edition), John Wiley & Sons, Inc., Hoboken, New Jersey, 2011.

（3）内部评级高级法（AIRB）。在IRB高级法下，银行也可以提供其他输入参数。包括违约损失（LGD）和违约风险敞口（EAD）。将PD和LGD相结合，所有适用的风险敞口都被映射到监管风险权重中。资本要求由风险权重乘以EAD再乘以8%得到。IRB高级法只适用于国家、银行和企业风险敞口，而不适用零售客户的投资组合。

（4）违约相关性因子模型。《巴塞尔协议Ⅱ》仍然通过单个信用资本要求加总计算信用风险资本。事实上，式（16.9）是可加的。这一处理简单而稳健。

但是，对于为什么单个信用资本要求的加总会产生一个反映整个投资组合99.9%的VaR指标目前还不清楚。毕竟，单个VaR求和肯定不会等于投资组合的VaR。结果表明，当违约相关性由单个因子生成时，这种分解求和可以得到投资组合风险的一个很好的近似。巴塞尔委员会选择这个资本要求计算方法来代表具有典型违约相关性的典型规模的银行投资组合。

更准确地说，IRB模型中的风险权重函数基于所谓的渐近单风险因子（ASRF）模型，该模型假设：（1）单个因子；（2）特殊风险的完美分散化。一个充分分散的投资组合中有大量非集中的头寸，在这种情况下，它也被称为高度或无限的分散化。ASRF模型生成了不随投资组合变化的单个资本要求，这意味着它们不依赖于投资组合的其他成分。

表16.6中的风险权重函数是根据PD、LGD和资产的到期日确定的。它包含相关性函数$\rho(PD)$。对企业和零售信贷，它随着PD的增加而降低。低PD的企业信贷之间违约相关系数约为0.24，而对于10%以上较高PD的企业信贷，相关系数降低至0.12。这反映了低信用等级主体的违约概率更加特殊，而较好的信用主体恰恰相反，它们在整体经济状态不好时才倾向于违约。零售信贷的违约相关性较低，从0.16～0.03，反映其更好的分散作用。

（5）方法的采用。拥有简单投资组合的银行可以使用标准法。更加先进的银行可以采用IRB方法。使用IRB方法的银行必须向其监管者证明其已经满足最低要求。

最重要的是，内部评级系统必须一致且可靠。此外，银行开发的评级系统必须得到高层批准，并接受独立监督。

16.4.3 信用风险缓释

《巴塞尔协议Ⅱ》也考虑了信用风险缓释（CRM）技术，如抵押、第三方担保、信用衍生品和净额结算。抵押信用风险敞口是借款人作为抵押的资产。仅针对现金、黄金、上市股票、投资级债券、评级为 BB－或以上的国家证券，或投资于相同资产共同基金。

在标准法下，可进行两种处理。在简单法中，抵押品的风险仅仅代替交易对手的风险，通常要求 20% 的底线。相反，综合法更加准确，也会降低资本要求。

即使风险与抵押品完全匹配，由于违约期间价值的波动，也存在一些信用风险。在最坏的情况下，风险敞口的价值可能上升，而抵押资产的价值可能下降。这种波动率效应可以通过折扣参数（H）来衡量，该参数因金融工具而变化，用 10 天时间 99% 置信水平的 VaR 值近似。例如，对于股票来说，H＝25%。对于现金，该参数为零。

经过风险缓释后的风险敞口为：

$$E^* = E \times (1 + H_e) - C \times (1 - H_e - H_{fx}) \tag{16.11}$$

如果是正数，式（16.11）中 E 为无抵押风险暴露的价值，C 是持有的抵押品当前的市场价值，H_e 是风险敞口的折扣，H_c 是抵押物的折扣，H_{fx}是两者之间货币不匹配的折扣。

在基础方法下，只允许采用综合法。有效违约损失（LGD^*）可由通常违约损失和风险敞口当前价值 E 以及经风险缓释后的风险敞口 E^*得出。

$$LGD^* = LGD \times (E^*/E) \tag{16.12}$$

风险缓释的其他形式是担保和信用衍生品，它们是第三方（称为担保人）提供的对债务人违约的一种保护形式。然而，只有在担保资本质量没有不确定性的情况下，才能获得资本减免。保护必须是直接、明确、不可撤销和无条件的。在这种情况下，可以使用替代原则。换句话说，如果 A 银行从 C 银行购买针对 B 公司违约的信用保护，可以用 C 的信用风险来代替 B 的信用风险。如果银行的信用评级优于 B 的信用评级，将会这样替代。

但也可能会产生概率很低的双重违约。在公司 B 和银行 C 都违约的情况下，A

银行才会发生信用损失。这种双重违约发生的概率通常较低。例如，如果违约是独立的，信用损失的概率是由两个违约概率的乘积给出的。2005 年 7 月，BCBS 采纳了考虑双重违约的新资本金要求：

$$RW_{DD} = RW_0(0.15 + 160 \times PD_g) \tag{16.13}$$

其中，RW_0 为原始资本要求，PD_g 为担保人的违约概率，在这种情况下就是 C 银行。例如，假设 C 银行评级为 A，其违约概率约为 0.1%，得到 $RW_{DD} = RW_0 \times 0.31$，它低于 RW_0。

16.4.4 证券化

《巴塞尔协议Ⅱ》还明确涉及证券化，包括将资产的经济和法律风险转让给第三方，通常称为特殊目的载体（SPV）。如抵押贷款证券（CLO）等资产支持证券，其中的标的资产是银行贷款池。由于在资产负债表上保留贷款的监管资本很高，银行现在经常将贷款转变为可交易证券。

只有在真正销售之后，银行才能从资产负债表中移除这些资产。需要满足以下条件：

（1）重大信用风险必须转移给第三方；

（2）卖方不保留对资产直接或间接控制的权利；

（3）卖方不再承担这些证券附加的义务；

（4）SPV 的持有人有权抵押或交换这些收益。

此外，还涉及两个技术条件。

如果这些条件都满足，那么银行就可以从其资产负债表中移除资产，并受到分层的证券化资产的新风险权重的约束。这些在标准法下的表 16.7 中描述。例如，BBB 级债券的风险权重为 100%。对于评级最低的部分，银行必须持有与名义金额相等的资本，这意味着风险权重为 1 ÷ 8% = 1 250%。

表 16.7　证券化的风险权重：标准法　单位：%

	AAA/ AA -	A + / A -	BBB + / BBB -	BB + / BB -	B + 及以下或未评级
资产层次	20	50	100	350	1250（扣除）

资料来源：Philippe Jorion, Financial Risk Manager Handbook (6th Edition), John Wiley & Sons, Inc., Hoboken, New Jersey, 2011.

16.5 《巴塞尔协议Ⅲ》和《巴塞尔协议Ⅳ》的信用风险资本要求

16.5.1 《巴塞尔协议Ⅲ》的信用风险资本要求

《巴塞尔协议Ⅲ》扩大了资本监督框架的信用风险覆盖范围。它对风险覆盖范围的修改如表 16.8 所示。

表 16.8 《巴塞尔协议Ⅲ》信用风险覆盖范围

风险覆盖	具体措施
交易账户资本要求	制定防止在银行账户和交易账户之间进行监管套利的措施； 资本要求同时覆盖正常市场条件之下的 VaR 和压力条件之下的 VaR； 对于交易业务新增风险提出明确的资本要求，包括违约风险和信用迁移风险
资产证券化风险暴露	提高再证券化风险暴露的风险权重； 减少新资本协议框架中对外部评级的依赖，降低标准法中外部评级的悬崖效应
交易对手信用风险	审慎计量有效预期正暴露； 计提资本因信用估计调整（CVA）导致的损失； 提高大型金融机构的资产相关系数； 提高双边结算衍生品交易的资本要求； 建立合格的中央交易对手标准； 提高交易对手信用风险资本要求

资料来源：中国银行间市场交易商协会教材编写组：《金融风险管理：理论与实务》，北京大学出版社 2019 年版。

16.5.2 《巴塞尔协议Ⅳ》的信用风险资本要求

1. 对标准法和内部模型法计算信用风险的修改

在现行的计算交易对手的风险权重中，外部信用评级起着重要作用。但大部分的交易对手是没有被评级的，因此，对这些交易对手进行风险鉴别就很困难。在《巴塞尔协议Ⅳ》中，外部信用评级不再是一个决定性的计算风险权重的因素。在这种情况下，需要银行能够自己对交易对手进行信用评级。2015 年 12 月 10 日，巴塞尔委员会发布了关于计算信用风险标准法修订的第二个咨询文件。对计算风险暴露时的外部信用评级进行了重新界定，但这次对信用风险权重的修订范围不包括国家主权、中央银行以及公共部门实体。计算其风险权重的修订与之前的差异见表16.9。

表16.9　《巴塞尔协议Ⅳ》标准法风险权重的计算与之前标准法的比较

分类	《巴塞尔协议Ⅳ》之前信用评级标准法	《巴塞尔协议Ⅳ》的信用评级标准法
机构	评级：外部评级； 风险权重：20%～150%	评级：（1）外部评级；（2）没有评级的风险暴露。 风险权重：（1）20%～150%；（2）50%～150%，三个评级A、B、C
公司	评级：外部评级； 风险权重：20%～150%； 没有评级则100%	评级：管辖区域内：（1）允许外部评级；（2）不允许外部评级。 风险权重：（1）20%～150%，如果未评级则是100%，如果是中小企业则是85%；（2）100%，如果是投资级别则是75%，如果是中小企业则是85%
专业贷款	无	评级：（1）允许外部评级；（2）不允许外部评级。 风险权重：（1）跟公司一样；（2）如果未评级或商品融资则是120%，如果是经营性项目融资则是100%，如果是项目前融资则是150%
零售	风险权重：75%，如果是中小企业则乘以0.7619（只在欧洲）	风险权重：（1）满足一定标准则是75%；（2）不满足一定标准则是100%
多边发展银行	评级：外部评级； 风险权重：0或跟“机构”一样	评级：外部评级。 风险权重：（1）满足一定标准则是0；（2）如果有评级则是20%～150%，如果没有评级则是50%

资料来源：中国银行间市场交易商协会教材编写组：《金融风险管理：理论与实务》，北京大学出版社2019年版。

2016年3月24日，巴塞尔银行监管委员会发布了《减少信用风险加权资产的差异——对内部模型法使用的限制》。该文件的目标在于降低监管框架的复杂性，提高可比性，同时解决计算信用风险时资本差异巨大的问题。对于内部模型法的改变主要有三点：第一，减少使用内部模型法的范围；第二，对于模型参数引入最低标准；第三，改变参数估计过程。

2. 对资产证券化的修改

为了解决诸如对外部信用评级过依赖、缺乏风险敏感性、悬崖效应以及特定的风险暴露资本金不足等问题，巴塞尔委员会于2014年12月1日完善了资产证券化框架，该框架在2018年1月实施。资产证券化新的计算方法如表16.10所示。

表 16.10　　资产证券化新的计算方法

对于资产证券化产品，监管资本的通用修改	如果是资产证券化，最低风险权重为 15%；如果是再证券化则为 100%。 多层级的模型，RW 从最低级向上逐渐增加。 如果银行不能使用上面的模型，则使用一级资本扣减或 RW = 125%
资产证券化（内部评级法）	用监管公式来计算； 在计算内部模型法参数的时候，投资组合中至少 95% 应该能够使用 IRB 法
资产证券化（外部评级法）	根据资产证券化产品风险暴露的外部评级、清算顺序以及到期日的不同安排风险权重
资产证券化（标准法）	用监管公式来计算
隐含的修改	在大多数投资组合下，资本需求增加了； 在计算风险权重的时候增加了对数据的要求

资料来源：中国银行间市场交易商协会教材编写组：《金融风险管理：理论与实务》，北京大学出版社 2019 年版。

3. 标准法中对交易对手信用风险暴露的测量

2014 年 3 月 31 日，巴塞尔委员会发布了标准法中对交易对手信用风险违约敞口的新的测量方法，称为 SA-CCR。SA-CCR 将会取代现有的非内部模型法、风险暴露法（CEM）及标准法（SA），并于 2017 年 1 月 1 日生效。SA-CCR 的主要目标有以下几个方面：第一，能够很好地被应用到各种衍生品交易中；第二，能够简单、容易地被补充完善；第三，能够解决风险暴露法和标准法现有的缺陷；第四，能在现有的巴塞尔框架方法的基础上修改；第五，能最大限度地减小所在国监管者和银行的自由量裁权；第六，能在不增加不必要复杂度的情况下，提高资本框架的风险敏感性。

4. 关于交易对手信用价值调整的框架

巴塞尔银行监管委员会于 2015 年 7 月 1 日发布了关于交易对手信用价值调整（CVA）的咨询性文件。该文件的目标有三个：第一，捕获监管资本标准中关于信用价值调整的风险和对冲的所有关键因素；第二，与交易账户的根本性重审的修改保持一致；第三，在不同的会计制度下，与 CVA 的公允价值测量保持一致。

16.6　市场风险资本要求

在 1988 年制定信用风险资本要求后，巴塞尔委员会将注意力转向市场风险，以应对商业银行自营交易活动的增加。《巴塞尔资本协议》于 1996 年修订，增加了市场风险的资本要求，于 1998 年 1 月实施，这就是 1996 年修正案。

市场风险资本要求可用两种方法计算。第一种是标准法，类似于信用风险体系，增加了一个由巴塞尔规则确定的附加项。由于没有充分认识到分散化的影响，这一方法导致了较高的市场风险资本要求。第二种方法称为内部模型法（IMA），它基于银行自身的风险管理系统，比僵化的标准法规则更有适应性。内部模型法是金融监管的重要突破，监管机构第一次根据银行自身的 VaR 系统来确定资本要求。然而，由于银行可能倾向于低估其市场风险，因此内部模型方法还包括基于回溯的严格验证系统。IMA 的另一个作用是激励银行开发风险管理系统，因为 IMA 方法导致的资本要求低于标准法。

市场风险框架已被更新并全面纳入了《巴塞尔协议Ⅱ》。然而，在最近的次贷危机中，一些银行遭受了巨大损失，而这些损失并未被通常的 VaR 数据捕捉到。因此，《巴塞尔协议Ⅲ》对市场风险框架做了一些修改，并于2011年12月31日前实施。最近的《巴塞尔协议Ⅳ》重申了交易账户的根本性，并进一步强调了利率风险。

16.6.1 标准法

这种方法将附加值附加到所有头寸，然后加总所有投资组合。银行的市场风险要求将分别计算利率风险（IR）、股票风险（ER）、外汇风险（FX）、商品风险（CO）、期权风险（OR）敞口。然后，银行的总风险来自五个类别的风险总和。由于风险资本构建遵循预先规定的流程，这种方法被称为标准法。

银行的总风险通过加总第 t 天不同类型的风险 j 得到：

$$MRC_t^{STD} = \sum_{j=1}^{S} MRC_t^j = MRC_t^{IR} + MRC_t^{ER} + MRC_t^{FX} + MRC_t^{CO} + MRC_t^{OP} \quad (16.14)$$

利率风险资本要求是一般市场风险资本要求和特殊风险资本要求的总和，一般市场风险通常随着投资工具久期的增加而增加，特殊风险资本要求则是用来覆盖发行人风险的资本要求。例如，长期投资级信用的权重为1.60%。对于股权风险，一般市场风险资本要求为净头寸的8%；特定风险资本要求为总头寸的8%，除非投资组合既有流动性又有良好的分散性，在这种情况下，投资组合的权重减少到4%。对于货币风险，市场风险资本要求是净多头货币头寸或净空头货币头寸较高者的8%。对于商品风险，有几种可行的方法。在简化法中，风险资本要求是每种商品净头寸的15%。最后，对于期权风险，也有几种可行的方法，简化法适用于银行处理几种有限的买入期权时，资本要求是相关证券和期权费的市场风险资本要求中的较小者。

因此，标准模型实施起来相对直截了当。然而，标准法受到多方面的批评，理由有以下几个。首先，风险分类是任意的。例如，8%的资本要求统一适用于股票和货币，而不考虑实际的回报波动率。不同的货币相对于美元有不同的波动率，这些波动率也可能随时间的推移而变化。

其次，这种做法会导致较高的资本要求，因为风险资本在不同的风险来源之间直接加总，忽视了分散化。例如，固定收益资本要求通过分别计算每种货币的资本要求，然后在不同市场间加总得出。实际上，这种方法是最糟糕的情景，假设最严重的损失在不同来源间同时发生。实际上，这些市场并不是完全相关的，这意味着最严重的损失将低于单个最严重损失的总和。因此，标准法模型没有考虑到分散化的好处，且未能激励银行谨慎地分散风险。这些问题催生了另一种基于内部模型的更灵活的方法。

16.6.2 内部模型法

与简单的标准法相反，内部模型法（IMA）依赖于银行自身开发的内部风险管理系统并作为市场风险资本要求的依据。然而只有在监管机构明确批准后，银行才能使用内部模型法。首先，银行必须满足定性要求。其次，模型的结果必须经过严格的回测过程。这已在第6章中介绍。

1. 定性要求

并非所有银行都能使用内部模型法。监管机构首先必须保证银行的风险管理系统是健全的。因此，银行首先必须满足各种定性标准：

第一，独立风险控制部门。银行必须有一个独立于交易的风险控制部门，并直接向高级管理层汇报。这一结构尽量减少潜在的利益冲突。

第二，回测。银行必须定期进行回测，为内部VaR模型的准确性提供必要的反馈信息。

第三，参与。高级管理层和董事会需要参与风险控制流程，并为风险管理投入足够的资源。

第四，整合。银行的内部风险模型必须与日常风险管理相结合。从而避免银行仅仅出于监管目的计算VaR而忽略其他状况。

第五，使用限制。银行应该使用其风险计量系统来设定内部交易和风险敞口限制。

第六，压力测试。银行应定期对模型进行压力测试。压力测试结果应由高级管理层审核，并反映在管理层和董事会制定的政策和限制之中。

第七，合规性。银行应该保证模型与明文规定的政策一致。

第八，独立审查。应定期对各交易部门及风险控制部门进行独立审查，至少一年一次。

除了这些要求之外，银行的风险模型必须包含足够数量的风险因子，其中“足够”的定义取决于交易活动的范围和复杂性。2009 年的修订需要银行解释为什么在 VaR 计算中遗漏了定价中使用的任何因子。

对于重大的利率风险敞口，收益率曲线风险应该至少有 6 个因子加上影响利差风险的单独因子。对于股权风险，应至少包括对指数的贝塔进行映射；更详细的方法应该包括对行业甚至个人风险因子的建模。在活跃的商品交易中，风险模型应该考虑即期利率和便利性收益的变动。银行也应该考虑期权头寸的非线性价格特征，包括 vega 风险。各风险类别之间的相关性应被明确识别。一个合理的模型还应该考虑风险类别之间的相关性。

2. 市场风险资本要求

满足以上定性标准后，市场风险资本要求将根据以下规则计算：

第一，定量参数。每日 VaR 的计算应基于一套统一的输入变量。

（1）VaR 的期限为 10 个交易日或 2 周。但是，银行可以根据平方根法则来计算每日 VaR。

（2）99% 置信区间。

（3）基于至少 1 年的历史数据的观察期。若采用非等权重方案，则观察期至少有 6 个月的平均时滞。

（4）至少每季度更新一次，或在价格有实质性变化时更新变化（这样就可以发现突然增加的风险）；2009 年的修订版要求每月至少更新一次。

第二，市场风险资本要求。一般市场资本要求应该取前 1 天的 VaR 或过去 60 个交易日的平均 VaR 乘以倍增因子 k 中的较高者。这个倍增因子的确切值由当地监管机构决定，最低为 3。

这个因子的目的是双重的。如果没有这个风险因子，预计银行将有 10% 的概率损失金额超过资本金，或者 4 年一次。这似乎不太审慎。第三，该因子可用做模型被错误指定的缓冲区，例如，假设为正态分布时出现肥尾。第四，附加因子。如果对 VaR 回溯的检验表明银行系统地低估了其风险，则应添加一个附加因子（plus factor）到倍增因子 k 中。这个因子的目的是惩罚对市场做出过分乐观预测的银行。

综上所述，任意一天 t 的市场风险资本要求为：

$$MRC_t^{IMA} = \max\left(k\frac{1}{60}\sum_{i=1}^{60} VaR_{t-i}, VaR_{t-1}\right) + SRC_t \quad (16.15)$$

其中，VaR_{t-i}是银行置信水平为99%的10天VaR，SRC是特别的风险资本要求（稍后讨论）。因子k反映了乘数和附加因子。

第一项由乘数k乘以过去60天的平均VaR。第二项使用昨日的VaR，并且只有在头寸发生显著变化时才具有约束力。实际上，这种情况很少发生。

2009年的修订增加了压力VaR（SVaR）和增量风险资本（IRC）：

$$MRC_t^{IMA} = \max\left(k\frac{1}{60}\sum_{i=1}^{60} VaR_{t-i}, VaR_{t-1}\right) + \max\left(k_s\frac{1}{60}\sum_{i=1}^{60} sVaR_{t-i}, sVaR_{t-1}\right) + SRC_t + IRC_t$$

(16.16)

其中SVaR是当前投资组合在99%的置信水平上10天内的损失，在连续12个月的期间内进行校准。与k一样，乘数k_s最低为3，还要加上一个附加因子，它取决于对常规VaR的回测结果，而不是SVaR。

式（16.16）中，SRC代表特殊风险资本要求，针对特殊因子进行缓冲，包括与单个债券和股票发行者相关的一般风险和事件风险。事件风险包括降级和违约的风险。使用内部模型法的银行可以在其VaR中纳入特殊风险，只要它们满足附加标准，并能够证明它们可以应对突发事件风险。

增量风险资本要求（IRC）涉及违约风险和债务工具的信用迁移风险，应该考虑到违约率之间的相关性。此外，集中度较高的投资组合应有更高的资本要求。对于权益工具，新资本要求应涵盖合并、拆分和收购等事件。该资本要求不适用于依赖货币、无风险利率和商品的头寸。证券化产品不能包括在IRC模型中，即使被用作套期保值时，因为它们受到银行账户的资本要求约束。

基于增量风险指标（IRM）的IRC，在一年以内校准至99.9%的置信水平，至少每周计算一次。这些参数用来避免与银行账户进行套利。IRC是根据12周平均值和最近值的较大值计算得出：

$$IRC_t = \max\left(\frac{1}{12}\sum_{i=1}^{12} IRM_{t-i}, IRM_{t-1}\right) \quad (16.17)$$

流动性期限小于一年的头寸假定由具有相同风险水平的头寸替换或延展。

这些变化导致了市场风险资本要求发生重大变化，通常会增加三倍。这一变化的一半是由于增加了SVaR；另一半来自新的IRC。此外，这些变化将使市场风险资本要求有更小的顺周期性。传统的VaR是基于短期的窗口，良好的市场条件导致低估

VaR 值，其中可能会帮助增加当市场条件恶化时难以管理的风险敞口。SVaR 消除了这种影响，因为风险因子更为稳定。

综上所述，银行的市场风险资本要求为：（1）采用标准法计算的风险资本要求，由算术求和得到；（2）内部模型法得到的风险资本要求；（3）对（1）和（2）的算术求和。

16.7 操作风险资本要求

2004 年最终敲定的《巴塞尔协议Ⅱ》中最重要的新增条款之一是操作风险资本要求（ORC）。它确定了银行为应对经营风险而必须持有的最低资本数额，允许使用三种方法来计算 ORC。2016 年，引入了新的操作风险测量方法。

16.7.1 基本指标法

第一种方法称为基本指标法（BIA）。这是基于业务活动的综合度量。资本要求等于一个固定的百分比（称为 α 因子）乘以一个风险暴露指标，一般定义为总收入（GI）。即：

$$ORC^{BIA} = \alpha \times GI \tag{16.18}$$

其中，α 被设定为 15%。这种方法的优点是简单、透明和可以使用现成的数据，问题是它没有考虑到控制的质量。因此，这种方法主要用于那些管理比较简单的银行。

16.7.2 标准法

第二种方法是标准法（TSA）。在这里，银行的业务被划分为八大业务部门。在每个业务范围内，总收益作为活动规模的指标。然后，资本要求通过将各业务单元总收入乘以一个固定的百分比（称为贝塔系数），并加总得到：

$$ORC^{TSA} = \sum_{i=1}^{8} \beta_i \times GI_i \tag{16.19}$$

各业务部门的贝塔因子如表 16.11 所示。这种方法虽然简单，但更好地反映了各种业务的风险。例如，交易和销售部门权重较高，反映了交易员欺诈导致严重亏损的可能性更大。

表 16.11　　ORC 的 β 因子

业务单元	β 因子（%）
公司金融	18
交易销售	18
零售银行	12
商业银行	15
支付结算	18
机构业务	15
资产管理	12
零售经纪	18

资料来源：中国银行间市场交易商协会教材编写组：《金融风险管理：理论与实务》，北京大学出版社 2019 年版。

16.7.3　高级计量法

第三种方法是高级计量法（AMA）。使用这种方法的银行可以利用自己的内部模型，使用《巴塞尔协议》规定的定量和定性标准来估算所需资本。只有在银行证明自身能够对操作风险进行有效管理和控制的情况下，才被允许使用 AMA。定性标准与使用内部市场 VaR 系统的标准类似。一旦满足这些条件，风险资本要求可以从 1 年期 99.9% 置信水平的非预期损失（UL）中得到：

$$ORC^{AMA} = UL(1\text{ 年},99.9\%\text{ 置信水平}) \tag{16.20}$$

其他量化标准如下：（1）银行必须跟踪至少 5 年的内部损失数据；（2）银行必须使用外部数据；（3）银行必须使用情景分析来评估其对高严重性事件的风险敞口；（4）银行必须考虑经营环境和内部控制因素；（5）存款保险可以用来抵消高达 20% 的操作风险资本。这种方法提供了对操作风险最精确的度量，一般被成熟的机构所采用。

16.7.4　《巴塞尔协议Ⅳ》关于操作风险的标准测量方法

2016 年 3 月 4 日引入的操作风险标准测量法（SMA）的主要目标是替换三个现

有的标准法及高级测量法（AMA），从而简化操作风险资本金的计算。新的方法建立在两个指标的基础上：对操作风险进行测量的业务指标（business indicator，BI）以及公司过去的平均操作损失。SMA 提高了风险敏感性，增加了不同银行和管辖区域内监管资本的可比性，也考虑了利息收入，以防止对 BI 的乱用。另外，还引入了一个新的非调整业务指标（unadjusted business indicator，uBI），用于解决那些通过权重计算出来的具有高净利差机构反而需要更高资本要求的问题。SMA 计算操作风险的资本要求主要通过不同 BI 等级和平均年损失加权计算得出。

BI 作为一个新的代理指标，主要包含三部分内容：第一，利息、经营租赁和股息部分，考虑利息的收入和支出、租赁的收入和支出以及分红收入。第二，服务业务，考虑其他经营性收入和支出、费用收入和支出，以及 uBI。第三，金融业务，考虑交易账户和银行账户的净利润和损失。

练习题

1. 下列哪种说法是一级监管资本最合适的定义？（　　）

A. 股权资本、留存收益和公开储备　　B. 次级债务和非公开储备

C. 股权资本和期限超过 5 年的次级债务　D. 长期债务和贷款损失准备金

2. 考虑一家银行的金融数据（以万元计）：股权资本 62 740 万元；留存收益 6 560万元；非公开储备 3 350 万元；商誉 2 130 万元；次级债务 18 000 万元；特别准备金 11 700 万元；二级资本占一级资本的比例为（　　）。

A. 30.81%　　B. 31.78%　　C. 33.53%　　D. 34.03%

3. 一家《巴塞尔协议》框架下的银行向一家风险权重为50%的公司提供了 1 亿元的贷款，那么银行表内资产的信用风险资本要求是多少？（　　）

A. 800 万元　　B. 400 万元　　C. 200 万元　　D. 100 万元

4. 下列关于《巴塞尔协议Ⅱ》的初级内部评级法和高级内部评价法的说法哪一个是不正确的？（　　）

A. 在高级内部评级法下，银行可以使用自己对 PD、LGD、EAD 以及相关系数的估计，但必须使用监管机构提供的风险加权函数计算风险资本要求

B. 在初级内部评级法下，银行提供自己对 PD 的估计并依赖监管机构对其他风险成分的估计

C. 使用高级内部评级法的银行被寄希望于继续使用这种方法，当然这要在得到监管者同意的情况下才能使用

D. 在初级内部评级法和高级内部评级法下，期望损失都没有包含在信用风险资

本要求中

5. 在新资本协议下，下面哪个公式正确地描述了最低资本充足率的计算公式和监管要求？(　　)

A. 总资本/(信用风险＋操作风险＋市场风险)＝资本充足率＞8%

B. 总资本/(信用风险＋操作风险＋市场风险)＝资本充足率＜8%

C. 总资本/（信用风险＋操作风险＋市场风险）＝资本充足率＝8%

D. 总资本/（信用风险＋操作风险） ＝资本充足率＞8%

6. 下列哪一个描述最符合内部模型法对市场风险资本要求定量参数的规定？(　　)

A. 期限为10天，置信水平为99%，最短样本期为1年，至少每季度更新一次样本

B. 期限为1天，置信水平为95%，最短样本期为5年，每周更新一次样本

C. 期限为1天，置信水平为99%，最短样本期为1年，每月更新一次样本

D. 期限为10天，置信水平为97.5%，最短样本期为5年，每天更新一次样本

7. 某商业银行2010年度营业总收入为8亿元；2011年度营业总收入为11.5亿元，其中包括银行账户出售长期持有债券的净收益1.5亿元；2012年度营业总收入为7亿元，则根据基本指标法，该行2013年应持有的操作风险经济资本为（　　）。

A. 1.325亿元　　B. 1.25亿元　　C. 1亿元　　D. 1.5亿元

8. 高级计量法是指商业银行在满足巴塞尔委员会提出的资格要求以及定性定量标准的前提下，商业银行监管资本要求可以通过（　　）来给出。

A. 内部操作风险计量系统　　B. 外部操作风险控制系统

C. 外部操作风险计量系统　　D. 内部操作风险识别系统

9. 最后一个交易日的VaR（95%，1天）为30 000元，过去60个交易日的平均VaR（95%，1天）为20 000元。乘数k＝3。假设银行投资收益率服从正态分布，则内部模型法下该投资组合的市场风险总资本是多少？

10. 简述《巴塞尔协议》的演进。

11. 简述《巴塞尔协议Ⅱ》的三大支柱。

12. 简述《巴塞尔协议》信用风险资本要求的发展。

13. 如何衡量市场风险资本要求，不同方法之间的联系与区别是什么？

14. 有哪几种方法可以衡量操作风险资本要求？

参 考 文 献

［1］彼得·克里斯托弗森著，金永红、章琦、罗丹等译：《金融风险管理》，中国人民大学出版社 2015 年版。

［2］菲利普．乔瑞著，王博、刘伟琳、赵文荣译：《金融风险管理师考试手册》，中国人民大学出版社 2012 年版。

［3］陆静主编：《金融风险管理》，中国人民大学出版社 2015 年版。

［4］若埃尔·贝西著，路蒙佳译：《银行风险管理》，中国人民大学出版社 2019 年版。

［5］田新时编著：《金融风险管理》，清华大学出版社 2014 年版。

［6］沃尔特 V. 小哈斯莱特编，郑磊、王盛、吴天颖等译：《风险管理》，机械工业出版社 2017 年版。

［7］邬瑜骏主编：《现代金融风险管理》，南京大学出版社 2018 年版。

［8］约翰·赫尔著，王勇、董方鹏译：《风险管理与金融机构》，机械工业出版社 2017 年版。

［9］张金清编著：《金融风险管理》，复旦大学出版社 2016 年版。

［10］周月刚著：《信用风险管理：模型、度量、工具及应用》，北京大学出版社 2017 年版。

［11］中国银行间市场交易协会教材编写组：《金融市场风险管理：理论与实务》，北京大学出版社 2019 年版。

［12］Philippe Jorion, Financial Risk Manager Handbook（6th Edition）, John Wiley & Sons, Inc. , Hoboken, New Jersey, 2011.

图书在版编目（CIP）数据

金融风险管理/鞠荣华编著．—北京：经济科学出版社，2019．10

ISBN 978－7－5218－0997－8

Ⅰ．①金…　Ⅱ．①鞠…　Ⅲ．①金融风险－风险管理　Ⅳ．①F830．9

中国版本图书馆 CIP 数据核字（2019）第 210268 号

责任编辑：杨　洋
责任校对：齐　杰
责任印制：范　艳

金融风险管理
鞠荣华　编著
经济科学出版社出版、发行　新华书店经销
社址：北京市海淀区阜成路甲 28 号　邮编：100142
总编部电话：010－88191217　发行部电话：010－88191522
网址：www．esp．com．cn
电子邮件：esp@ esp．com．cn
天猫网店：经济科学出版社旗舰店
网址：http：//jjkxcbs．tmall．com
北京季蜂印刷有限公司印装
787×1092　16 开　24 印张　450000 字
2019 年 11 月第 1 版　2019 年 11 月第 1 次印刷
ISBN 978－7－5218－0997－8　定价：68．00 元
（图书出现印装问题，本社负责调换。电话：010－88191510）